經義考新校

四

卷六二～卷九四

易 書

［清］朱彝尊 撰

林慶彰 蔣秋華 楊晋龍 馮曉庭 主編

經義考卷六十二

易六十一

方氏鯤易盪

二卷。

存。

鯤自序曰：「余弱齡讀易，困章句二十餘年，始受衍圖之法，蓋衍先後九圖也。其法參伍錯綜，至變至神。九圖既彰，易道斯①著，不必鈎深索隱也。戊寅秋，授經江上，衍圖畢，思易卦之作，羲皇以盪爲序，豈非欲盡卦之材乎？觀其序，而八卦之性情、六十四卦之發揮，思過半矣，於是因之作易盪卦義。」

① 「斯」，文淵閣四庫本誤作「思」。

李延昰曰：「鯤，字夢名①，桐城人，侍御大鎮之弟，侍郎孔炤之從父也。」

鮑氏觀白**易説**

二卷。

存。附載山草堂集。

郝敬序曰：「余宰永嘉時，吴興鮑觀白士龍氏爲郡博士，治易，嘗從先輩講良知，善談名理。余就而問易，手書所言於册見示，卑之無甚高論，忽以爲老生常談耳，乾、坤而後，遂闕如。罷官歸來，下帷覃思，取鮑子言復之，旁薄道理，導窾批郤，豁然四解，深恨當年未竟其藴也。余晚歲學易，三益之友如鮑子，真空谷②之足音已③，録其遺草，以當蘭金。」

張氏伯樞**易象大旨**

三卷。

存。

---

① 「夢名」，文淵閣四庫本作「夢明」。

② 「空谷」，四庫薈要本誤作「空容」。

③ 「已」，依文淵閣四庫本應作「也」。

徐盛全曰：「伯樞，山陰人。」

吴氏桂森**象像述**

五卷。

〔校記〕

四庫本及予家藏舊鈔本均作周易像象述，又予家本六卷。（易，頁一八）

存。

桂森自述曰：「象像述者，述啓新先生錢子之易也。先生有象像三書，曰管見，曰像抄，曰續抄。其大旨以乾、坤兩畫爲人儀，以天、地、雷、風、水、火、山、澤八物爲人象，而謂之像者，以全象備於人，則人必成其爲象，斯成其爲人也。惟知像象爲人，而乃知一卦一爻皆人身中物，爻象之辭皆言人身上事。故易至深也，而實至顯，至賾①也，而實至近。三書之外，又畫人象圖以析其義，斯義也，啓鑰開關，無異以司南指來學之路也。然則先生之書詳矣，又何必述乎？蓋森於庚戌受業，於癸丑設皐，比延先生於東林，得覩像抄，隨讀隨聽，而見先生之言不盡於書也。又於丁巳負笈黿山，得讀續抄，朝夕從遊，而見先生之意不盡於言也。於是間有所述，以呈先生，先生爲面訂之，惜未及半，而先生逝矣。夫先生之書，猶不足盡先生，而況述之者，又安能彷彿先生乎？然而寧述焉者，使有好易者見之，知像象之旨，其

①「賾」，文淵閣四庫本誤作「頤」。

意不在於言，而言不在於書若此。天啓乙丑十一月。」

嚴繩孫曰：「桂森，字叔美，無錫人。從顧端文、高忠憲諸公講學，以序貢應廷試，歸，遂絶意仕進。學易於毗陵錢啓新先生，日夜探索，幾忘寢食。天啓中，逆瑺毁東林書院，及瑺敗，叔美亟謀興復，建麗澤堂，又購小齋曰來復，講易於其中，學者稱爲素衣先生。」

鄭氏維嶽**易經意言**

六卷。

存。

高兆曰：「維嶽，晉江人。意言六卷，萬曆壬寅自序，戊申刊於建陽。」

吴氏繼仕**周易象變述旨**

二卷。

易辭述旨

二卷。

易占

一卷。

易數

三卷。

俱未見。

休寧名族志：「吴繼仕，字公信，以貢授耀州判官。」

華氏時亨**周易箋注**

未見。

錢謙益曰①：「無錫華時亨，字仲通，學於高忠憲。忠憲之被急徵也，仲通先期刺知之，忠憲整衣冠，依彭咸之遺則，仲通相之也。奄黨詰責，漏泄甚厲，人咸指目仲通，監司素重仲通，得不問。忠憲既殁，仲通褎衣大帶，自命東林弟子，門人日益進。甲乙以後，著書不輟，有春秋法鑒録，又箋注易、書、三禮。」

① 「錢謙益曰」，四庫薈要本作「錢陸燦曰」，文津閣四庫本作「常州府志」。

唐氏大章**易經合疏**

未見。

黄虞稷曰："仙遊人。"

黄氏渾**周易如是編**

二卷。

未見。

建昌新城縣志："黄渾，字會泉。萬曆中貢生，永安教諭。"

陸氏基仁**易元**

未見。

平湖縣志："陸基仁，字元卿。太學生，著易元、尚書傳、詩説纂元、禮記導窾諸書。"

喻氏有功**周易懸鏡**

七卷。

存。

甘士价曰：「高安喻混初嗜性命之奥，究象數之微，教授湖、湘，游於閩、粤、燕、薊、吴、越，足跡半天下。蒐羅易奥逾四十年，得諸異人講授爲多。晚與新都胡圭方契論，演周易懸鏡七卷。首明太極、河圖、洛書之秘，次陳意言象數之微，又次闡先後天策軌之妙，又次載歷代帝王經世甲子之序，而末纂左、國繇象占驗，并郭氏洞林附之。學者得此，用易如鑑照然，謂之懸鏡，不誣也。」

劉宇序曰：「是①數相傳爲宋邵康節先生作，余按：康節之學，具在皇極經世一書，而經世實用，則周天之數一十二萬九千六百，分部而倍之，以極乎二萬八千二百一十兆九百九十萬七千四百五十六億，以盡乎萬物之數。大而天地，小而動植飛走，莫不有數存焉。初無有云軌與策者，是軌策之數，非康節作也。載觀祝泌經世鈐②，其傳康節之學，乃云以字翻切，視何聲音，配爲天地卦，以卦中動静起元會運世，得數若干，以屬何甲乙數，因之以定萬物之生滅。洪纖曲折，推測惟艱，一差百謬，千里毫釐，是故非一宿所能辨也。然世稱康節應對如響，亦何神速？如是意者，必操易簡之術，一覽了然，若軌策者，其遺法與？不然，何經世以千百十零配元會運世，而軌策與之同法，若出一人之手邪？喻君混初數學淵源於康節，採摘百家，彙而成帙，曰周易懸鏡，問序於余。余惟康節皇極經世書，讀者如入暗室，茫無所覩，得是説而照之，可辨毛髮。然則此鏡之懸也，不獨可照今人之吉凶悔吝，亦可照古人之微詞奥義，是則可傳也。」

①「是」，依備要本應作「易」。
②「鈐」，四庫薈要本作「鈐」。

繆泳曰：「喻有功，字若無，又字混初，高安人。」

馮氏存貞**大明中天易**

未見。

繆泳曰：「存貞，嘉興人，未詳其名，李少卿日華序其書。」

徐氏㸌**易旁通**

一卷。

未見。

孫氏纘宗**易説**

未見。

陸元輔曰：「纘宗，字克承，婺源人。諸生，精研易理，著有易説。」

潘氏士龍**演易圖説**

一卷。

存。

蔣義淳曰：「鳳儕先生隆冬盛暑，手不釋易，雖疾病之際，亦未嘗離也，蓋寢處其中五六十年矣。自謂所畫八卦圖與前聖合轍，人能盡心於此，則易之理未嘗晦也。淳接而讀之，所謂理數合一，不外是矣。」

洪氏守美**易説醒**

四卷。

存。

曾化龍序曰：「諸經顯而易幽，商瞿子木而後，代有醒其義者，京房以卜筮醒之，程、朱以義理醒之。古猷洪生在中，研精歲月，彙諸家語録而導擇之，標其名曰易醒，此非學一先生知見所能料量也。昔伊川生平得力在易傳，嘗曰：『吾四十以前講誦，五十以前研究，六十以前紬繹，六十以後著書傳之。』成猶未敢輕以示門人。洪生起韶年，而刳心此道，淵然開愚而符聖，可以表章訓詁，而爲歷世儒者之功臣已。」

張氏汝謙**讀易記**

未見。

鄭元慶曰：「張汝謙，字大若，例貢生，承父天德之志爲之。」

余氏叔純**周易讀**

五卷。

存。

徐剛振曰：「余叔純，字與文，别字銘缶，遂安人。周易讀五卷，前有圖説、易名、易用，方相國逢年序之，近仁和張氏振淵輯説統，頗采用其説。」

吴氏從周**易經明訓**

未見。

陸元輔曰：「從周，字文卿，婺源人。以貢司教桐城，轉國子監正，陞杭州通判，以講學明道爲務，學者稱平沙先生。」

陸氏起龍**周易易簡編**

四卷。

存。

起龍自序略曰：「余小子獲授經於職方成玉周夫子，得睹蘇長公、紫溪兩先生易解，開發蒙穉，既而廣搜博采漢、唐、宋以來注疏暨家藏未刻本，筆之成帙。猶病其賾①而雜，乃始遡流窮源，歸根易簡，融會諸名公精易理，參以管窺，彙而成編，示家子弟承先訓也。」

錢金甫曰：「陸起龍，字雲從，上海人，文裕公深之曾孫。」

吴氏曰慎**周易本義翼**

未見。

惲日初曰：「徽仲於易，有據卦理印合心得者，有本心得發揮卦理者。語不必仍舊，而證據各見從來；義不必創獲，而會歸要期。當可簡而切，該而旨，四通而一②致。」

高世泰曰：「徽仲吴先生，壺隱金閶，其於易也，飲食寤寐於其中。本義翼之外，又有揲之以四解，冥搜旁通，無不入妙。」

梅氏士昌**周易麟解**

十二卷。

未見。

---

① 「賾」，文淵閣四庫誤作「頤」。

② 「而一」，文津閣四庫本誤作「一而」。

士昌自序曰：「昔孔子學易，而曰：『假我數年，可以無大過。』且欲天下萬世皆無大過，遂作春秋，以紀二百四十年吉凶悔吝得失憂虞之事，令讀者省焉。故知春秋者，魯之史、易之明證，凡理象辭占與人事得失是非左右符契者也。余因是輯周易麟解一十二卷，以昭明夫例。例則易某卦、某彖、某象、某爻、某辭，春秋某國、某人、某事，以之綱列目陳，事理比屬，觀者易見。然非余私例也，明夷之彖曰：『內文明而外柔順，以蒙大難，文王以之。內難而能正其志，箕子以之。』爰循孔子故例，擴而詳之，使世人知周易爲萬世寡過之書，春秋爲萬世易占之通例。苟從此明憂患與故，知幾洗心，其於道也，殆庶幾焉。」

徐盛全曰：「宣城諸生梅士昌撰周易麟解十二卷，以春秋事實釋卦爻象占，天啓甲子自爲之序。」

徐氏奇**周易卦義**

二卷。

存。

陸元輔曰：「奇，字而法，會稽人，其書陸公夢龍爲之序。」

洪氏化昭**日北居周易獨坐談**

五卷。

存。

化昭自述曰：「日北居談易，每一卦六爻合成一片，不知者以爲迂，而非迂也；發揮文王、周公心事，不知者以爲鑿，而非鑿也。謂之獨坐談，聊以自娱，不可以語人也。」

馬氏元調**易說**

六卷。

未見。

黄虞稷曰：「嘉定人。」

沈氏瑞鍾**周易廣筌**

二卷。

〔校記〕

四庫存目作廣易筌，四卷。（易，頁一一八）

存。

繆泳曰：「瑞鍾，字德培，平湖人。」

林氏有桂**易經觀理說**

四卷。

存。

有桂自序曰：「易之爲書，學者難言之。非難於象之賾陳也，非難於爻之參錯也，難於理之深廣而變易，即不離象爻，實不囿象爻，非通變達道者，無以會其旨而窺其奥也。今之讀易者，大概觕涉象爻，而陰陽之體撰，鮮能探索，甚至習解支離，憑臆立旨，畢生談易，於理茫然。程子所云：『得於辭不達其意者也。』予深有慨於世習之非，乃索傳、義之精微，參以諸儒之説，命爲周易觀理集説。噫！舍理而求易，猶觀水而昧其源，象爻雖明，安所用之？記曰：『易以道陰陽。』蓋言道其理也。若象占是泥，指爲卜筮之書，則於世教無關矣。崇禎戊寅二月。」

徐盛全曰：「有桂，字似皋，福州人，爲邵武教官。」

陳氏履祥**孔易彀**

一卷。

存。

履祥自序曰：「易之作也，本於河圖，用於蓍①卦。於今舍圖數而言易，不得；執圖數而言易，不得；狥②蓍策而言易、外蓍策而言易，俱不得。我惟得之孔子，孔子曰：『聖人立象以盡意。』曰：『天地

① 「蓍」，文津閣四庫本誤作「著」。
② 「狥」，備要本作「徇」。

設位，而易行乎其中矣。』夫意其盡於中乎？中者，河圖五十之數也。在天地則爲水火木金之土、東西南北之中，在人則爲心肝脾肺之腎、精神魂魄之意。學易者由象得意，即意致中，契之於圖位蓍卦之內，而通之乎圖數蓍策之外，遊於羿之彀中而不中哉？故竊取孔聖彖、象、大傳而爲之彀，其羲、文之易不復作注腳者，孔子之外無加矣。不能有加於孔易之外，亦不容有缺於孔易之內，因命之曰孔易彀云。」

王氏立極**易經解惑、學易隨筆**

未見。

許氏順義**易經三注粹抄**

四卷。

存。

徐盛全曰：「和齋許氏順義，字時制，晉江人。」

張氏嘉猷**易經要旨**

未見。

畢氏午明**周易家訓**

三卷。

存。

按：畢氏失其名，午明其字也，杭州人。

王氏祚昌**周易敝書**

五卷。

存。

祚昌自序曰：「予幼多病，罔預他事，先子授之易，鈍弗解也。萬曆甲寅，先子棄世，把遺經不忍讀，久之，不忍不讀。乃書易，作小册納袖中，隨時便記。自甲寅至癸亥，小册應風灰敗矣，題曰敝書。其友曰：『敝而新之，易道也。』因更楮而稍爲之辭。」

張雲章曰：「祚昌，字玄翼，瑞安人。」

樊氏直卿**易林**

未見。

高世泰曰：「黄岡樊長卿以貢入北雍，謁選，知德陽縣。所著有易林、詩林、禮林、樂林，凡五十五卷，又有中庸繹、中庸舉正，又取大戴記曾子十篇爲孝經傳。」

王氏艮易贅

一卷。

〔校記〕

四庫存目作二卷。（易，頁一八）

存。

艮自序曰：「有言，非得已也，不得已而爲之言，必因前人之缺略訛謬，而後發其所證，以補正之也。無其説之謂缺，有其説而未盡之謂略，有其源而淆之之謂訛，無其源而横決其流之謂謬。有缺有略，補之可也；有訛有謬，正之可也。無缺略訛謬，而必欲以言見於世，是譫也；譫者，病之所致；病於人，爲失其常，君子處常而不失，何病而爲譫語哉？易爲萬理①之所自出，儒者固無不讀之也，亦無不自爲得之也，然而未易言也。易之大，無不包，則宜其有缺之者；易之精，無可喻，則宜其有略之者。大故易淆，精故難辨，而爲訛爲謬者，不可以計。漢儒亂其數，宋儒鑿其理，即其有合於易，而不失厥旨者，要非全易矣。其爲缺爲略爲訛爲謬，可勝言哉？吾早歲讀易，見爻之義而疑焉，見卦之名而疑焉。以質於人，聞其告我之説，而益大疑焉。於是悉屏其文，獨取象以觀之，以我之疑，而質之象，象不我告，則悶然退，退而益不自得也。則悶益深，悶極

①「理」，文津閣四庫本誤作「里」。

而幾忽啓焉，急取而證之，無不合也。質之卦名而合，質之爻義而合，質之十翼而合，質之千百世之上、千百世之下，而無不合。此庶幾爲全易乎？以視夫不得其源，因前人之言而務鑿以亂之者，又烏①得無一言以明注之哉？然而缺略不少也，訛與謬則斷斷無之矣。由我説而讀世儒之所謂周易者，則見文之注文②，孔之兼注三聖也。而孔有孔之易，周有周之易，文有文之易，羲有羲之易，我亦有我之易，千百世上下之人，無不各有易。易固未嘗一日或變、一日或失也，何有不得已而强爲之言哉？我贊矣。」

〔補正〕

自序内「則見文之注文」當作「則見文、周之注羲」。（卷二，頁十一）

陸元輔曰：「歙人王艮，字无悶，著易贊，其友始安吴懷、鄱陽史白序之。」

〔四庫總目〕

經義考作一卷，稱其友始安吴懷、鄱陽史白序之。今二序並存，而卷分爲二，題曰：「王煒。」蓋艮之初名也。（卷九，頁十四，易贊二卷提要）

劉氏應元**學易宗孔**

二卷。

① 「烏」，文淵閣四庫本作「焉」。

② 「則見文之注文」，依補正、四庫薈要本、文淵閣四庫本應作「則見文、周之注羲」。

闕①。

按：劉氏楚人，筠喬其字。錫山顧端文公聞其善易，貽書友人詢之，劉遂浮江以達梁溪，訪端文於涇西艸廬，相與論易，連晝夜，端文爲之傾倒。其書上經論一十八條、下經六條，予所見者，特下經耳。其言曰：「先儒謂易以扶陽抑陰爲義，故易爲君子謀，不爲小人謀。後儒極贊此言有功於易，愚竊笑以爲不然。夫陰陽非二物也，乃天地之一氣，升而爲陽，降而爲陰，循環無端，往來不窮，孰能違天地而扶之始②升、抑之使降哉？夫道貴得中，而中爲天下之定理。陽以光明正大，常循序而進於中；陰以闇昧偏小，常躐等而過於中。是故聖人作易，立奇偶，象陰陽，爲君臣，爲父子，爲夫婦，教天下後世知陰之從陽，即臣之從君，子之從父，婦之從夫，兢兢業業，不敢一毫過差，以先於陽，立天地之大義也。易三百八十四爻，凡陽動則示勸，陰動則示戒；勸則勸其勇往擔當，爲陰之主；戒則戒其安常守分，爲陽之用。何嘗專爲君子謀，不爲小人謀？即試觀易中取義，以大爲陽，以小爲陰，以陽爲君子，以陰爲小人，如言大過、小過、大畜、小畜、大往小往，大亨小亨，大事小事，大貞小貞，大吉小吉，無不合大小而併言之，未見有扶陽抑陰之意。三代以下，不明處小人之道，往往執扶陽抑陰之説，以爲高論，而欲力去小人，力去不得，而遭其反噬，則亡身敗國，不可救藥，悔無及矣。此扶陽抑陰之説，不但有悖於易，且有害於易，雖先儒明言，愚不敢信存之，俟有道正焉。」論亦明快，非隨聲附

---

① 「闕」，文淵閣四庫本作「存」。

② 「始」，依四庫薈要本應作「使」。

和者。

毛氏澄**讀易便解**

四卷。

存。

陸元輔曰：「常熟毛澄，字洌甫。著讀易便解四卷，其子鳳苞刊行之，鳳苞後更名晉。」

周氏晏**易徵**

未見。

李延昰曰：「晏，字叔夜，溧陽人，受易於金沙王肯堂。」

樊氏志張**四易**

未見。

高世泰曰：「樊志張，字兩同，黄岡人。所傳易凡四種，易象、易數、易適、易占，其弟維城合而刻之。」

李氏呈英**昭代易宗**

未見。

高世泰曰：「李呈英，字開美，江夏諸生。著有易解、易數，又合焦、京、邵氏之學，定爲昭代易宗。」

吴氏伯先**易經詳解**

佚。

容氏若春**今易圖學心法釋義**

十卷。

存。

朱一是曰：「萬曆中，懷寧容若春育夫撰。其言稱善易者無如焦贛、京房、管輅及宋邵雍先生，而不主王弼談理。」①

---

① 「十卷」至「王弼談理」四十五字，文津閣四庫本脱漏。

經義考卷六十三

易六十二

張氏次仲①**周易玩辭困學記**

十二卷。原本無卷數，今析之②。

〔校記〕

四庫本十五卷。（易，頁一八）

存。

① 「次仲」，備要本誤作「仲次」。

② 「原本無卷數，今析之」八字，文津閣四庫本脱漏。

錢謙益①序曰：「天啓辛酉，余典浙闈②，得元岵文，許其必冠南宫，乃屢上公車。而余言不果驗，是亦遇之窮也。元岵中年多遭閔凶，獨能出險脱親於不測之難。老際陽九，杜門讀經，旦夕忘倦，則其識力之遠過，有不在文章者，亦何必以南宫一第爲重哉？戊戌暮春，泛舟西湖，元岵過訪，問其家居何爲，對曰：『讀易。』出其周易玩辭困學記相正，大約根抵於窮理，而浸淫深湛，於彖、爻、十翼之義，浩浩瀚瀚，上下數百餘家，無不辨析而折衷，近古以來之譚易，此其斐然者矣。其辨卦變之説，非某卦從某卦而來；悟因重之法，八卦無自十六、三十二以至六十四之説；希夷、康節作方圓圖，繪其所自得，非易本有此圖；一卦六爻，如主伯亞旅，無此以爲君子，彼以爲小人，背反錯雜之理。皆其浸淫深湛，而創獲於古人所未發。無論近代之士，即有宋諸君子，分路揚鑣，亦未必遽俯而殿其後也。元岵猶不自滿，假謂更遲十餘年，是書庶幾可成，書成，將與身俱隱。余謂不然，蒙莊氏之言曰：『千載而下，知其解者，旦暮遇之。』玄經之誕妄，桓譚以爲絶倫，元岵之書，布帛菽米③之書也，寧患無知之者哉？」

陸嘉淑曰：「待軒先生易記，凡更二十餘年、七易稿乃定。先生解易，一以夫子爲宗，如因重之無十六、三十二也，卦變之非某卦自某卦來也，夫子之所不言故也。『河出圖，洛出書，聖人則之。』圖、書之外，無他圖也，後人因夫子之言而爲圖也。卦必有主有應，六爻如主伯亞旅，夫子所謂相攻相取也。

---

① 「錢謙益」，四庫薈要本作「錢陸燦」，文津閣四庫本作「龔鼎孳」。

② 「余典浙闈」，文津閣四庫本作「余於浙墨」。

③ 「米」，四庫薈要本作「粟」。

皆先生所心得，而我輩讀易之繩準也。」

次仲自序曰：「余少而讀易，不過爲帖括之學。踰冠以後，漸涉人事，遭家多難，日行於凶咎悔吝之途，老來憂患轉迫，端居深念寡過之道，無踰於讀易也。讀易之道，當以夫子十翼爲宗，庶幾尋流遡源，可以仰窺伏羲、文、周三聖人之意。屏跡蕭寺，晝夜紬繹，檢先輩箋疏傳注諸書，反覆參校，期於自慊而後止。蓋風雨晦暝，疾病愁苦，二十年如一日也。賦性顓愚，不敢侈談象數，又雅不信讖緯之説，惟從語言文字中，求其有益身心者，輒便疏録。歲久成帙，總不離經生習氣，謬題之曰玩辭困學記，困則困矣，學之一字，我甚愧之。」

黄宗羲志墓曰：「先生諱次仲，字元岵，别字待軒，海寧人，天啓辛酉鄉薦。其言易宗王、程，以玩辭爲本。」

顧氏樞**西疇易稿**

三卷。

存。

嚴繩孫曰：「字所止，涇陽先生之孫，天啓辛酉舉人。與老友周夢華公西殫精易學，共立説，成一家言。」

陳氏仁錫**羲經易簡録**

八卷。

存。

陸元輔曰：「仁錫，字明卿，長洲人。天啓壬戌賜進士第三人，歷南京國子監祭酒。卒，謚文莊。二書未第時作。」

黄氏道周**易象正**

十四卷。

〔校記〕

四庫本十六卷。（易，頁一一八）

存。

孟應春曰：「崇禎庚辰八月，夫子在西庫，始作此書。初成二十四圖，又逮□①北寺，毒痛之下，指節初續，又爲六十四象正。崑山朱生永明冒難入北寺，親爲夫子櫛沐，鈔得是書，然尚缺略，有十之六七耳。壬午，放歸在靖海寺，苦欲録本，夫子在病中，恐不復完，黽勉畀之，故崑山、清江各有初本。及應春侍夫子至九江西林寺，夫子病瘧初瘳，亟覓筆紙，曰：『及我在，不定此本，後世誰復能定之？』料理三十日，將有次第，而應春以家報趣歸。夫子獨在蕭寺，無復酬對之煩，此書始能就緒。别後，應春至留都，乃聞夫子賜環之命，遣僕報夫子。歸，夫子猶以是書未完，留連江渚。既發疏，謝病，乃扁舟過

① 「□」，四庫薈要本、文淵閣四庫本俱作「繫」，文津閣四庫本作「入」。

錢塘，聞是本已就，留陳太史彦升處，則是書以彦升本爲正也。」

朱朝瑛曰：「瑛先歲見三易洞璣，玩之，未有所得。既在旌德，邑小事稀，山清水穆，乃稍探討，别爲三易與洞璣參契。壬午夏月，先生來大滌山中，瑛以三易請正，先生以爲不謬。因相與極論三四晝夜，雖無足發之能，頗盡一隅之致矣。及見象正初本，意欲借歸，而先生堅以爲未定。既十月，先生以完本寄彦升，又屬彦升若傳播，必與朱美之參定。不知何以佐高深者，捧拳塊而附泰、華，誠還顧瞠然，未知其可也。」

鄭開極序曰：「石齋先生以道德起漳南，訓導其鄉榕檀之下，户屨①常滿。迨抗顔言事，就繫圜扉，午門赤杖，創殘未愈，血裹猶存，猶作六十四圖，示北寺從遊之士。其出都門也，以易傳授豫章楊機部廷麟，機部以絶學當傳，大賢難遇，慨然欲挾策相從，讀書鶴鳴山，十年不出，事雖不行，爲士林所重。其至臨安也，築大滌山房，欲以平生著述扃閉山中，俟象正告成，當簪筆披衣，呈章北斗。及之江、楚，扁舟葦岸，昕夕研窮，蓋覃精三十餘年，而後克就，若是其成之不易也。昔蘇文忠播遷儋耳，阻風合浦，時尚書、論語、易注盡在舟中，撫卷謂子過曰：『是書世無副本，我其終濟。』兩賢之遇，何其相似，而其志又相符也。然坡公以名山之業，揚一代之英；先生承四聖之傳，啓千秋之緒；其志雖同，而先生似過之矣。嗚呼！聖人作易之憂患，遠在百世；先生著易之憂患，近在當時。故寧爲成仁蹈義，不欲爲樂行憂違；寧爲滅頂之凶，不欲爲遯世之哲。其所爲報國恩而酧學術者，期無愧於聖賢而已。易曰：

① 「屨」，文津閣四庫本誤作「屢」。

『澤无水，困。君子以致命遂志。』此即先生之易也。先生爲余鄉先生，余於視學兩浙，始得覩易學之全，亟授之梓，而誌其著述之概於右。」

三易洞璣

十六卷。

存。

黄宗羲曰：「漳海之學，如武庫無所不備，而尤邃於易曆。三乘易卦爲二十六萬二千百四十四，以授時配之，交會閏積贏縮，無不脗合。詩與春秋遞爲爻象，屯、蒙而下，兩濟而上，二千一百二十五年之治亂，燎若觀火。」

高佑釲曰：「先生字幼玄，號石齋，漳州鎮海人。天啓壬戌進士，改庶吉士，除編修，遷右中允，以言事爲民。崇禎丙子復官，陞左諭德，掌司經局，後死於難。」

倪氏元璐**兒易**

内儀六卷①、外儀十五卷。

---

① 「内儀六卷」，依總目、校記應作「内儀以六卷」。

〔四庫總目〕

朱彝尊經義考曰：「倪氏元璐兒易，内儀六卷，外儀十五卷。」「内儀」之下無「以」字。然此編爲當時刊本，實有「以」字，則經義考誤脱也。（卷五，頁二十一—二十二，兒易内儀以六卷提要）

〔校記〕

四庫著録作兒易内儀以六卷、外儀十五卷。（易，頁一一八）

存。

陳濟生曰：「公字玉汝，上虞人。天啓壬戌進士，改庶吉士，官至户部尚書，兼禮部尚書，翰林院學士。甲申三月，京師陷，死之。」

蔣雯階曰：「公作兒易，『兒』者，姓也，其義孩，言童蒙也。有内儀，有外儀。曰：『原始爲易冒、易生、易準、易至、易則、易衍、易行、易能。』曰：『正言爲易居。』曰：『能事爲易適。』曰：『盡①利爲易列、易位、易數、易兼、易倚、易推、易求、易見、易類、易嚮、易治、易作。』曰：『曲成爲易會、易通、易小、易初。』曰：『申命爲易相、易教。』天地之開闔，日月之明晦，晝夜之通復，世會之升降，人事之數，古今之變，盡於此矣，殆發機於筮焉。其學渾淪無端，與漳浦黄公道周角立成家，而通權達變，殆又過之。」

① 「盡」，文津閣四庫本作「近」。

龍氏文光**乾乾篇**

三卷。

存。

文光自序曰：「文光髮種種矣，百年將半，爲日苦短，夫子不自道乎：假年學易。易通上下而言，在君有君之用，臣有臣之用，父有父之用，子有子之用，以至事物，莫不皆然，且合聖凡而言。故作經立教，使夫婦之愚，皆可與知、與能，故六龍一人皆有、一日皆有，孔子全以人説易，人能盡道最難，乃設爲警懼戒謹之辭，使天下爲人者，皆可勉而至焉。易曰：『終日乾乾。』此語最盡，竊願時習之矣。」

繆泳曰：「馬平人，天啓壬戌進士，歷官右僉都御史，巡撫四川，死寇難。」

文氏安之**易傭**

十四卷。

存。

黄百家曰：「鋏庵文公，夷陵州人。天啓壬戌進士，改庶吉士，授檢討，遷南國子司業，歷左諭德，掌司經局印。易傭十四卷，前列諸儒著述。」

林氏胤昌**周易耨義**

六卷。

存。

高兆曰：「素庵林氏，晉江人。天啓壬戌進士，吏部郎中。莆田有金石社①，林氏家學也。素庵集子弟月三會，自崇禎庚辰四月始，至十一月止，凡二十二會，而易義講畢。門人張拱宸、何承都等輯而成編。素庵以請學爲圃名齋，故曰耨義。」

張氏鏡心**易經增注**

十二卷。

〔校記〕

四庫存目作十卷。（易，頁一八）

存。

高佑釲曰：「公磁州人，天啓壬戌進士，授蕭縣知縣，調定遠，再調泰興，擢禮科給事中，陞太常少卿，歷大理少卿、光禄卿，出總督兩廣軍務，終兵部尚書。易增注十二卷，孫徵君奇逢序之。」

① 「金石社」，文淵閣四庫本誤作「全石社」。

周氏瑞豹**易解**

六卷。

未見。

陸元輔曰：「瑞豹，字玄叔，吉水人。天啓壬戌進士，官兵科給事中，歷尚寶卿。」

陳氏廷謨**羲畫管闚**

未見。

廣平府志：「陳廷謨，字獻明，成安人。天啓壬戌進士，知沂水、益都二縣，擢御史，督河東鹾，

按蜀。」

李氏奇玉**雪園易義**

四卷。

〔校記〕

四庫存目尚有圖説一卷。（易，頁一八）

存。

曹勳序曰：「不易之謂易，變易之謂易，古今言易者，二義盡之矣。夫變易，即中庸之所謂不測

也；不易，即中庸之所謂不二也。惟不二，故不測，無二義也。故曰：『至誠之道，可以前知。』乾、坤三畫，無刻不流行六子之中；故坎得乾中爻，即代居坤位；離得坤中爻，即代居乾位。水火之精，萬物化生，所謂中也。水火爲天下之大利，亦爲天下之大害，剛柔交而難生矣。然乾易以知險，坤簡以知阻；易簡者，所謂庸也；知入於險阻，而後天之用神；知出於易簡，而先天之體立。善易者不言易，古之善言易者，無過子思子也。同年李荆陽先生，學問静篤，深造逢源，寒暑一編，窮年幾易。其觀象玩詞，則一本乎説卦；其觀變玩占，則兼取乎中爻。析如繭絲，融於爐雪，往往奪洛、閩之席，而揖讓於公明、輔嗣之間。至於陰陽倚伏，直欲以包荒小人爲量，不耑以決去小人爲能，蓋深有慨於黨人之禍肇自君子，一篇之中，三致意焉。昔程伯子云：『青苗之害，我輩亦不得不任其咎。』先生之學，殆以伊川之正而兼明道之通者乎。夫易之始乾、坤，終坎、離也。於坎、離識天下之中，於乾、坤識天下之庸。坎、離以有用爲用，故聖人以執中而用中；乾、坤以無用爲用，故聖人還有事於行所無事。以之下學，爲程、邵之嫡系；以之上達，即姬、孔之功臣。我不能不服膺先生矣。」

俞汝言曰：「荆揚先生李奇玉，字元美，嘉善人。天啓壬戌中會試，崇禎戊辰賜同進士出身，官止汝寧知府，引疾歸，發①篋中箋注，與無錫吴叔美、金壇周仲純研析疑義，凡十年，而雪園易義書成。」

① 「發」，文津閣四庫本誤作「宗」。

朱氏之俊**周易纂**

六卷。

存。

徐盛全曰：「朱之俊，字滄起，汾陽人。天啓壬戌進士，改庶吉士，除檢討，陞國子司業，轉侍講。易纂六卷，自爲之序。」

董氏守諭**讀易鈔、卦變考略、易韻補遺**

未見。

〔校記〕

四庫著録卦變考略一卷。（易，頁一一八）

陸元輔曰：「董守諭，字次公，鄞縣人。天啓甲子舉人，苦心易學，聚古今言易者數十家，考其異同，著有讀易一抄、二抄，卦變考略，易韻補遺等編藏於家。」

姚氏世勳**易剩義**

未見。

平湖縣志：「姚世勳，字元仲，天啓甲子舉人。」

何氏楷古周易訂詁

十六卷。

存。

楷自序曰：「古易分上下二篇，所謂二篇之策也。孔子作傳釋經，亦隨經而分，謂之十翼，上彖傳一、下彖傳二、上象傳三、下象傳四、上繫辭傳五、下繫辭傳六、文言傳七、説卦傳八、序卦傳九、雜卦傳十。漢興，言易者本田何，分①上、下經與十翼爲十二篇，而説者自爲章句，易之本經也。是時，東萊費直治易亡章句，獨以彖、象傳及繫辭等十篇解説上、下經，凡以彖、象、文言雜入卦中者，自費氏始。費氏興，而田何遂息，古十二篇之易，遂亡其本。世所傳鄭玄舊本，以彖傳連經文，然猶若今乾卦次序。至王弼乃自坤卦而始，每卦以彖傳移綴彖辭之後，而以『彖曰』兩字冠之；又以爲象本釋經，宜相附近，其義易了，故分爻之象辭，各附當爻之下，猶如杜預注左傳，分經之年與傳相附，其意欲便學者誦習，如淳于俊對高貴鄉公之説也。按：古者經傳各爲一書，如春秋三傳不與經連，故石經公羊傳皆無經文，藝文志所載毛詩故訓傳亦與經别。及馬融爲周禮注，乃云欲省學者兩讀，故具載本文，而就經爲注。鄭玄與馬融同時，玄以易傳合經，蓋倣融例，而弼又援玄例也。魏、晉以下，去古日遠，學者不見古文，唐太宗詔名儒定九經正義，孔穎達奉詔與諸儒參議，於是獨取王弼，不本正義者，以爲異説，於是後學

---

① 「分」，文淵閣四庫本、備要本作「以」。

惟弼是從，莫敢移動。吕汲公、王原叔、晁以道、李巽巖、吕恭伯①、朱元晦皆以分經合傳爲非古，吴仁傑、税與權編周易古經，亦皆極論王弼之失，愚故别異經、傳以還田何之舊。竊謂夫子之注易備矣，學者因而求之，則思過半。仍取彖、象二傳附於經文之下，以爲之注，易以『彖傳』、『象傳』等字，其文言顓釋乾、坤及上、下繫，説，序，雜等傳，凡有關於彖、象者，亦各隨卦而附列焉，以祖費直之意。輒不自量，網羅廣聞，裁以管見，爲之小註，要求靡盭於夫子而已，爰題其名曰古周易訂詁云。②」

〔補正〕

自序末應補云：「崇禎六稔，歲在癸酉，書於虎嘐使署。」序内「吕恭伯」應改「吕伯恭」。（卷二，頁十一）

俞汝言曰：「楷，字玄子，漳州人。天啓乙丑進士，累官禮部尚書。」

侯氏峒曾**易解**

三卷。

存。

陸元輔曰：「先生字豫瞻，號廣成，嘉定人。天啓乙丑進士，授南京武選司主事，文選司、稽勳司郎

---

①「吕恭伯」，依補正、四庫薈要本、文淵閣四庫本、文津閣四庫本、備要本應作「吕伯恭」。

② 依補正應補「崇禎六稔，歲在癸酉，書於虎嘐使署」等字。

中，陞江西提學副使，遷廣東督糧道、浙江布政司參議，陞順天府丞。甲申五月，官左通政，死於難。先生易解，與弟岐曾、雍瞻參定，爲治舉業者作。」

成氏勇**程易發**

未見。

高佑釲曰：「勇，字寶慈，樂安人。天啓乙丑進士，山西道御史。」

黎氏遂球**周易爻物當名**

二卷。

存。

遂球自序曰：「楊雄有言：『重易六爻，不亦淵乎？』王弼以爲：『象者，意之筌也。立象以盡意，而象可忘也；重畫以盡情，而畫可忘也。是故觸類可爲其象，合義可爲其徵。義苟在健，何必馬乎？類苟在順，何必牛乎？爻苟合順，何必坤乃爲牛。義苟應健，何必乾乃爲馬，而或者定馬於乾。案文責卦，有馬無乾，則僞説滋蔓，難可記矣。』夫以弼之説，推雄之言，則豈魚躍于淵，舍筌可得，究厥所繇，不爲無自。遂球山居讀易，每以史繫之，至於爻物，必求其名之所當。顧史之爲編，散而未貫，繁而未統，汗牛充棟，運之日月，因先定是編以寄其筌。惟淵乎其淵，乃可得而忘之。不及焦、郭諸家，主依文發義也。若夫象卦之材，固可推爾；圖數之奥，間亦深觀而自得焉。别爲一帙，非爲爻也。史也者，以人事而著卦爻者也，得其意矣，乃衡其事，趨避形焉，亦嘗試以是觀之。崇禎乙亥長至。」

徐世溥序曰：「易之道，廣大悉備，然孔子所謂『有聖人之道四焉』者，盡之矣。余之繫易也，義取繫辭而補其三。及讀黎子爻物當名，其象實，其變覈。辭則聖人繫之在前，占則神而明之，存乎其人，然則名物而義舉矣。夫易，稱名小，取類大，其旨遠，其詞文。文生於名，名生於物，物生於象，象生於爻。或以本卦，或以互體，或以外合，或從變來，或以本爻名不當，故文失，文不當，故吉凶生焉。世之治易有如黎子者，余文可以多作乎哉？」

章美序曰：「易自田何而後，各自爲説。其著者七十餘家，或言象，或言數，或言理，或言占，四者要皆本乎象。然則象固難明而易托者乎？慨夫絶學之不繼也。不意當吾世而得一人焉，曰新安程子①上，子上之言曰：『易，逆數也。數存乎卦爻之後，可得而言；數存乎卦爻之先，不可得而言也。』越十五年，而又得一人，曰東粤黎子美周，美周之言曰：『卦之有爻，所以效變也；辭之有象，所以象像也；攷交互，研物宜，而當名辨物之書於是乎出。』由黎子之説②，可以振聖人之教，後有起者，雖謂不悖於中正，可也。」

---

① 「子」，文淵閣四庫本脱漏。
② 「説」，文津閣四庫本作「出」。

佚。

易史

遂球自序曰：「易，人事之書也。昔仲尼至聖作春秋，紀二百四十年之事，於易作十翼，蓋嘗三絶其韋編云。夫數，所以剖理也，所以成理①也。易有太極，生生不窮，衆人囿於器焉，聖人見其道焉，是故順其理，然後得吉，悖其理，斯以取凶。然亦有以理取凶者，此聖人所以有憂也，是故以古人之事而擬諸其形容，鮮不見矣。箕子之明夷，高宗伐鬼方，其端可見者也。仲尼曰：『假我數年，五十以學易，可以無大過。』『罪我者，其惟春秋乎？』是故易有吉凶，而春秋善善惡惡，夫人不能得之易，猶庶幾其懼乎春秋，聖人復起，此義未之或改也。予讀史，不能無感焉，乾、坤闔闢，於斯乎攷矣。因取其可相發明者，繫於卦爻之下，而事無不合焉。著其事而理無不見焉，得其理而數無不晰焉，作易者之意，其在斯矣。」

陸元輔曰：「遂球，字美周，番禺人。天啓丁卯舉人，死贛州之難。」

屈□□②曰：「黎美周先生讀易，每以史繫之，以爻配事，以事例爻。自謂不煩太卜立筮、詹尹拂龜，吉凶瞭如其明炳燭。」

---

① 「理」，文津閣四庫本誤作「禮」。
② 「屈□□」，四庫薈要本作「元輔又」，文淵閣四庫本作「俞汝言」，文津閣四庫本作「張雲章」。

鄭氏賡唐讀易蒐

十二卷。

存。

賡唐自序曰：「易，廣大變通之書也，三畫無端，六爻不處，探理者以爲深，觀象者以爲奇。前之所是，後或非之，此之所疑，彼或信之，各出所見，以得津涯，猶之乎測海酌河也。王輔嗣之言曰：『衆之所以得咸存者，主必致一也；動之所以得咸運者，原必無二也。物无妄，然必由其理。故六爻相錯，可舉一以明也；剛柔相乘，可立主以定也。』蘇子瞻之言曰：『其實有不容言也，故以其似者告也。達者因似以識真，不達則又見其似似者而日以遠矣。』朱元晦之言曰：『以一時而索卦，則拘於無變，非易也。以一事而明爻，則窒而不通，非易也。』楊敬仲之言曰：『道一而已矣，三才一，萬物一，萬事一，萬理一。坤者，乾之偶也；震、巽、坎、艮、離、兑，乾之變錯者也，無二乾也。一言之謂之乾，兩言之謂之坤，八言之謂之八卦，又別而言之，謂之六十四卦，又謂之三百八十四爻，又謂之萬有一千五百二十，又謂之無窮，皆此物也。』數子者，或即事①以明理，或泝源以該流，其爲經、傳羽翼則一也。余讀易三十年，輒不自揣量，網羅舊聞，裁諸管見，求庶幾無戾於理，斯已矣。」

高佑釲曰：「賡唐，縉雲人。天啓丁卯舉人，官福建按察僉事。」

① 「事」，文津閣四庫本作「此」。

經義考卷六十四

易六十三

金氏鉉**易說**

一卷。

存。

賀世壽曰：「先生釋褐最少，已勵必爲聖賢之志，非六經及諸儒心性之書，不陳於棐几，晝夜孜孜，惟在聞道。故於天經人紀，肩荷獨力，其人千古，其學亦千古①。」

① 「千古」，文津閣四庫本作「千古矣」。

李清①曰：「金駕部鉉於②壬午七月晦日讀邵子記，其後曰：『甲申之春，定我進退。進雖遇時，外而弗内。退若苦衷，遠而弗滯。外止三時，遠不卒歲。優哉游哉，庶没我世。』及甲申死難，人始見之。鉉初以駕部巡皇城，每過③御河，輒流連不能去。歸，語其弟曰：『我一見御河，若依戀不忍舍，何也？』竟投御河死。其妾王氏隨母章入井，弟鋐亦死焉。」

黄氏端伯**易疏**

五卷。

存。

端伯自序略曰：「仲尼之論易也，有天易、地易、人易、鬼易，京房氏宗之。其説測微於數十歲之後，隱藏於數百世之前，鏡往知來，如指掌，神矣哉。甲戌孟秋，汎舟河上，取卦變圖參之，豁然有省。夜中假寐，夢靈龜伏胸臆間，且起筮之，兩得明夷之卦，始悟京房易變，乃宗文王、箕子者也。學者詳於辭占，略於象變，不能究易之全，而文王作易之心，且若滅若没矣。予既爲易表其象，復以卦變冠於簡端，且旁參以陰符、鑿度，握奇、遁甲、參同諸書，皆與京房易傳符合。今卜者所傳五行六甲之書，猶不

---

① 「李清」，四庫薈要本作「李氏」。
② 「李清曰：　金駕部鉉於」，文津閣四庫本作「又聞先生於崇禎」。
③ 「過」，文津閣四庫本作「遇」。

失先聖遺意。當秦焚書，易以卜筮獨存，易變晦於理學家，乃卜肆尚仍其說而不廢，易之以卜筮存也，天也。」

文德翼序曰：「易者，九流大共之書也。河、洛之圖，傳者以爲捜自希夷。考乾鑿度太乙、九宮、四正、四維之義，與康成所論大衍十日十二辰二十八宿合，則宋之先，已有此圖、書矣。吾師海岸先生窮四易六龜九筮之學，爰契京房，房晞卦氣動有數世之徵，後人泥其挾刺蹈危，上累贛傳，然綜其變端，實文王後天之學也。後天序對之圖，上、下經各十八卦，上經不變者僅六，下經不變者僅二。屯、蒙、咸、恆而下，莊子所謂相反而不可相無者也，文王固樂示人以變象乎？先生之言曰：『八卦三變五變，有不變之世爻，則易之元命也。』推而究之，卦卦然，一卦亦無不然。如屯歸震初，蒙主坎二，咸取下女之爻，恆用下男之畫，故曰：『一君二民，寓不變於衆變之中，隱衆變於不變之内。』至矣乎。觀其苞絡，豈僅古司怪主卜而已乎？即五行傳、六甲書，皆尋數之主、啓兆之質。古人辟啣燭龍入闇室，不可謂火爲目也。四易之變，不盡於六龜九筮，而飛伏之化寓焉。先生夢叶靈龜，符文宣學易之年，以此成書，合之諸家，俶詭靈玄之策，無不匯爲一元。易雖大共之書，稱爲先生大則之書，無不可矣。」

朱一是①曰：「公字元公，建昌新城人。崇禎戊辰進士，除寧波府推官，改杭州，陞禮部主事，死於難。」

---

① 「朱一是」，備要本作「宋一是」。

周氏一敬苑洛先生易學疏

四卷。

存。

一敬序曰：「韓①子憂易學之忘原也，爲敷陳河圖以志其端，詳詁筮數以悉其委，備述諸儒之説以證其歸，蓋於象數辭占，句訓節指矣。一敬家世治易，每玩繹圖、書，軸先大父肖溪公旁注之筆，幾廢寢食。通籍以來，周歷豫、粤、燕、趙、齊、魯、吴、越、秦、晉之國，瞻畫卦之臺，窮羲皇之遺，弔河圖之蹟，而後喟然於周易之作，後世遞闡而漸失，非包羲之初也。日挾其書，遇簿書之暇，燈火之初，即詮疏焉。凡自萬曆甲寅迄崇禎壬午，先後二十九載，而始敢句釋而節解焉。蓋韓子以開明初學爲心，故疏從其詳，一敬以遡原明理，竊附前人，故多遺末而尋本，然於易學綜未之有窺也。至於明筮開物，孔子已前言之，一敬恐其以筮小易也，附疏象數卦位之理，括其端以質之學易者。知於不言易之旨，似有悖焉，於以詮翼夫易，勉焉而已矣。」

朱氏天麟易鼎三然

四卷。

① 「韓」，文津閣四庫本脱漏。

〔校記〕

四庫存目無卷數。（易，頁一八）

存。

繆泳曰：「朱天麟，字震青，崑山籍，吴江人。崇禎戊辰進士，以兵部武選主事選授翰林編修。其書上饒鄭以偉、餘姚姜一洪、南康錢啓忠爲之作序。三然者，一曰庖然，二曰漱然，三曰𩚨然①，凡三十六篇，其題皆詭異，未免近怪。」

胡氏世安易史

八卷。

存。

世安自序曰：「史著是非，臚列於事後；易研吉凶，析兆於幾先。上下今古，其可徵者，賾矣。乃有吉而不必是，凶而不必非，匪時異則地殊。先喆齊其論於不占數而占理，不典要而變通，所以堅人長善而消惡者，無所不用其極。其爲君子謀，固大且久，而爲小人謀，尤婉以周，未嘗高扃君子之門，絶小人以必不可詣。蓋陰陽互根，剛柔交克者，天運也；姸媸借鑒，長短度程者，人事也。無小人則君子失礲錯矣，謂小人特戾氣所鍾，聖人竟置諸胞與外，余未敢信以爲然。聞毒草所産之地，即有一解毒之草

① 「𩚨然」，備要本誤作「䖝然」。

叢育其間，天生小人以勵君子，仍責君子以化小人，亦水火相息之道也。學者明其所以然，則忌我者皆美，疢之藥石而共濟險之寇讐矣。故規未兆以已事，洞於觀火。昔我友楊用賓有云：『或問讀史之法，曰：「如讀易，以事爲卦①，以人爲爻，而吉凶見矣。」』問讀易之法，曰：「如讀史，以卦②爲事，以爻爲人，而是非見矣。」夫人事之不齊，傾否以保泰，審損以廣益，道固不一，往往包小人者治，敵小人者亂，以小人攻小人者得中策，以君子用小人者得上策，守是之謂經，善是之謂權，天地定位，日月合明，端於是乎在。以吾是非，定吾吉凶，亦何爽之有？身非君子則已，君子而能師友小人，其於體易之撰，可謂極深而研幾矣。因竊③取易象、春秋足以存禮之義，述易史。」

徐盛全曰：「世安，號菊潭，井研人。崇禎戊辰進士，改庶吉士，授簡討④，歷右贊善諭德庶子，陞少詹事，入本朝，官至大學士。」

鄭氏敷教**易經圖考**

十二卷。

存。

①「卦」，文淵閣四庫本誤作「封」。

②「卦」，文淵閣四庫本誤作「爻」。

③「竊」，文淵閣四庫本誤作「窮」。

④「簡討」，依四庫薈要本應作「檢討」。

敷教序①曰：「宋紹興中，布衣楊甲著六經圖，陳森補而刻之，爲圖三百有九，凡得易七十；迨於我明，侍御胡賓復爲編輯，六經各有圖，易得四十有六；皆足以啓矇發瞶。圖之爲學，粗者以形示，精者以意盡，於是乎不可忽矣。六經統於易，易本於圖，圖者應三皇之符而出，後世因之以爲教，其可易言哉？讀是編而不能盡意，是執權衡者不知有捶鉤，而泥尋尺者不知有運斤也，非作者之心也。崇禎甲申三月②。」

沈蕙纕曰：「敷教，字汝敬，吴人，崇禎庚午舉人。」

張氏溥**周易注疏大全合纂**

六十八卷。

存。

徐盛全曰：「溥，字天如，號西銘，太倉州人。崇禎辛未進士，改庶吉士。」

馬氏權奇**尺木堂學易志**

三卷。

---

① 「序」，四庫薈要本作「自序」。
② 「三月」，文津閣四庫本誤作「進士」。

存。

王思任序曰：「易之爲書也，自處處世之書也。人第知文之明夷，周之恐懼，孔之削跡，其得力處，皆本於憂患，不知包羲氏實已禮之。天下之象，陰陽相半，而陰據陽上，其取數又多，故陽常不勝陰，吉凶悔吝，反居其三。所謂類萬物之情，則憂患之旨，一情而括矣。情者，情愛之情，非情欲之情也。情不易出，故聖人以意出之，而云①哀世之意，又爲之開无咎一途，以扶吉而抑凶悔吝，則聖人之言易亦苦矣。人但知趨吉，而不知避凶悔吝，但知避凶悔吝，而不知仍當避吉以止，求无咎，則聖人之心苦，而衆人之心蒙也。我友馬巽倩氏，讀易有年，高第而中廢，廢非其辜，以故困衡運忍之後，發明四聖人憂世之蘊，以爲自處處世之書，窮則變，變則通，豈有長貧賤之高士乎哉？」

李延昰曰：「馬權奇，字巽倩，會稽人。崇禎辛未進士，工部主事。」

孫氏承澤 孔易

□卷。

存。

胡世安序曰：「漢、魏以來，諸儒言易，或畸理，或畸數②，或兼理數，或切象，或離象，或審位，或參

---

① 「而云」，四庫薈要本、文淵閣四庫本俱作「而寓」，備要本作「□□」。

② 「或畸理，或畸數」，備要本誤作「或畸理數」。

位，時非不各誇有得，乃引繩傳翼，未免羊亡多岐，則亦求甚解之故也。孔子不云乎：『書不盡言，言不盡意。』以甚解求解，與不求甚解之解，其得失何如乎？北海孫先生以易學名世，自隱退谷①十年，著述充棟，至所編易宗，綜宋儒之長，發先儒之藴，學者靡不著蔡奉之。先生一旦廢卷而起曰：『是猶之乎以②甚解求易也，絶韋之倫次具在，如之何其別搆競長。』於是盡删陳詮，條析傳義，以大象疏卦畫，彖傳附彖，爻傳附爻，名曰孔易。惟於傳中關鍵，如内外往復之宜，承乘比應之義，間一拈及，而其指歸開卷了然。如所云：『乾之一畫，其萬有一千五百二十之策所自出，乾之彖，其六十四卦之彖歟？』抑何其詞簡旨該，豈僅正費、王之割裂完經哉？」

承澤自序曰：「余十年山居，日抱一易，初集朱子之説，著易宗。既而思之，夫子一生學易，至韋編三絶，今觀夫子十翼，以大象釋羲皇之卦畫，以彖傳釋文王之卦辭，以小象釋周公之爻辭。其所釋，或即三聖之意而釋之，或推三聖之意而釋之，或一釋不已，再四以釋之，或略加虚字詠嘆以釋之，易固無不盡之旨。於是專取夫子之易，以求三聖之旨。夫子之旨有難明者，細爲詮釋，覺從前紛紜之論，可以省除，因成孔易一書。西蜀胡菊潭先生見而稱善，時菊潭著易史刻成，因作一序，欲併行之，余不敢也，罄此餘生之力，以從事於此焉耳。」

徐盛全曰：「承澤，字耳伯，號北海，晚自稱退翁。崇禎辛未進士，除陳留知縣，調祥符，擢刑科給

① 「隱退谷」，備要本作「隱退後」。
② 「以」，備要本誤作「於」。

事中，歷兵、吏二科。入本朝①，官至吏部左侍郎、都察院左都御史。」

董氏期生**周易末義**

二卷。

存。

錢枋曰：「會稽人，字伯音，崇禎癸酉舉於鄉。入本朝，官至淮安知府②。曰末義者，以朱子有本義而謙其辭，然其説易不盡以朱子爲歸也。」

顔氏茂猷**天皇河圖**

二卷。

未見。

黄虞稷曰：「字壯其，龍溪人。崇禎甲戌以五經中會試，奉旨列正榜前，授精膳司主事。」

---

① 「兵、吏二科。入本朝」七字，文淵閣四庫本脱漏。

② 「入本朝，官至淮安知府」，文淵閣四庫本作「歷官淮安知府」。

吴氏鍾巒**周易卦説**

未見。

陸元輔曰：「鍾巒，字巒穉，武進人。崇禎甲戌進士，桂林推官，學者稱霞舟先生。」

陳氏際泰**易經大意**

〔補正〕

或作説意。（卷二，頁十一）

〔校記〕

四庫存目作易經説意。（易，頁一九）

七卷。

存。

群經輔易説

一卷。

存。

周易翼簡捷解

十六卷。

存。

際泰自序略曰：「易曰：『神無方而易無體。』又曰：『天下之動貞夫一。』易別無體，以神爲體，則真性專之也。聖心主一，即造化之神，聖道貞一，乃能勝天下之幻，而歸於一。故曰：『易者，一也。一而萬，萬而一者也。』天生神物，聖人則之，則神物，則其神也。顧圖、書兩物分，而體用合：河圖通天，不能離地，離地則不成天，證在太虛之上，有星土；洛書應地，不能離天，離天即不生地，證在九泉之下，皆天氣。日月暑寒，有常之氣，亦生於天而成於地，在圖亦有象焉者；雨風露雷，作止無常，竟歸有常之氣，亦生於地而成於天，在書亦有象焉者。故非河圖文象之體，即洛書之用無附麗；非洛書變數之用，即河圖之體不流行。聖人合之，易斯作矣。至於參兩以體其道，取諸圖而書在；倚數以用其道，取諸書而圖在。圖、書表裏經緯，悉歸羲易，信乎有以一之者。大禹祖之以作範，非偏則書而離圖，皇極之總疇，一極衍之總卦也。文、周祖之以演易，非偏則圖而遺書，柔剛九六之迭用，一往順來逆之參錯也。奈何焚坑烈而微言湮。自漢至宋，有謂孔子贊易，言河圖不言洛書者，有謂伏羲畫卦，而象已立，神禹敘書，而數不傳者。紛紛擬易、擬範，經不正而邪慝生，此方域内外，異教得昌熾於秦、漢之後。儒者病之，未深得其正之之源，然後知聖人貞一之教，參天地而無終始也。」

陸元輔曰：「際泰，字大士，臨川人。崇禎甲戌進士，官行人。」

俞氏墨華**易渡**

未見。

廣信永豐縣志：「俞墨華，字君翰。崇禎甲戌進士，由光澤知縣再遷爲刑部主事。」

徐氏纘高**易學**

三卷。

佚。

錢德震曰：「孝若爲太師①文貞公元孫，中崇禎丙子舉人。乙酉②，松江城破，遂遁跡披緇③，然不斷酒肉，入吳，依要離墓傍僧舍以居。撰易學三卷，歿後無子，遺書不可得矣。」

秦氏鏞**易序圖説**

二卷。

---

① 「太師」二字，文津閣四庫本脱漏。

② 「乙酉」，文津閣四庫本作「本朝順治乙酉」。

③ 「遂遁跡披緇」，文津閣四庫本作「遁爲僧」。

存。

鏞自序曰：「繫辭云：『所居而安者，易之序也。』序之爲言，明有次第。學者苟不於其中探討意義，亦豈能居之而安乎？據序卦傳，止以卦名聯屬，不取反對爲義，乃雜卦傳又何以作也？竊謂六十四卦，惟文王能序之，惟孔子能雜之，後之學者，能以雜卦對待之義，求序卦流行之理，亦庶乎能居之安矣，作序卦圖說。上篇凡五段，下篇凡四段，合上下凡九段，配乾之數，中間入象、爻處甚略，舉要而已。朱子有言：『注易不欲詳，恐障其光明也。』今序之而已，其又多乎哉？獨爻數配合，頗有自然之妙，倘以是質之先儒，而不無一言之幾乎道，則若因是而求居安之說，其於羲、文、周、孔之心畫，或不至於河、漢云爾。」

嚴福孫序曰：「侍御大音秦先生，著易序圖說成，以福孫方從問易，屬爲之序。福孫受讀，作而歎曰：『至哉！先生之説易也，其合先後天之用而一之者乎？』自夫子翼序卦，言義理而不及象數，先儒求之象數，而未能盡合，遂或以爲非易之藴，或以爲非聖人之精。觀先生之圖説，則匪獨析理精也，乃於象數亦無不合焉。夫序卦以六十四覆爲三十六，上經得十八，下經得十八，先儒已具言之。先生則更於爻數之陰陽，得配合自然之妙；於是以上經分爲五節，象陽；下經分爲四節，象陰。上經每節卦得四覆與二覆，象陽中陰；下經每節卦得五覆與二覆，象陰中陽。而爻數之配合，則皆不出一節之中。如以屯、蒙二陽配需、訟二陰，以師、比一陽配小畜、履一陰，陰陽爻各得二十有四之類，推之後節，莫不皆然。顧愚以先生得先後天合一之用，則獨於其變例知之，何以明其然也？曰：

『先天之用在於復、姤①，後天之用在於坎、離。先天卦不取覆對，而剥、復、夬、姤分列乾、坤左右，獨有覆對之象，此先天之合乎後天者也。故以四卦序上、下經之中，爲天根、月窟往來之關鍵，得其用焉。先天以多爲貴，故陽儀多三十二陽，陰儀多三十二陰，則取諸復、垢②。序卦以少爲貴③，故上經陽也而多八陰，下經陰也而多八陽，亦取諸剥、復、夬、姤④。此四卦所以不與諸卦配，而變例以從上、下經之遥配者也。後天卦不取正對，而離南代乾，坎北代坤，獨有正對之象，此後天之合乎先天者也。故首之以乾、坤，中之以頤、大過、坎、離，終之以中孚、小過、既濟、未濟，得其用焉。二濟，一坎、離也；頤、中孚，一離象；大、小過，一坎象也。覆卦數凡四九，以上經中三四，合下經前三五，得三九以正對。卦始二終三，合中四復得一九，其妙在於合二濟之坎、離以爲首尾。五卦之中樞即爲八正卦、三十六覆卦變化之總樞，此二濟所以不與諸覆卦爲伍，而變例以從正卦之後者也。以剥、復、夬、姤從遥配，而夬、剥之用歸於復、垢⑤；以二濟從正對，而二濟之用歸於坎、離。愚謂先生得先後天合一之用者，此也。』抑有異者，愚嘗較定先天方圖，而以屯西配蒙東，以需東配訟西，皆不爽毫髮；今以先生之圖合之，則以屯、蒙北配需、訟南，以師、比北配小畜、履南，亦皆不爽毫髮。雖先生之所未及言，而此心此理之同，固不謀而合者。竊幸藉是以求益，故敢因先生之命而附及焉。至篇中以雜卦參序義，以覆象明彖、爻，又附

①②⑤ 「垢」，依補正、四庫薈要本、文津閣四庫本應作「姤」。
③ 「少爲貴」三字，文津閣四庫本脱漏。
④ 「姤」，文津閣四庫本誤作「垢」。

先、後天諸圖，而各系①以贊，皆極義理之高深，而一歸於純粹中正，則文、孔精藴實具於斯，非小子末學所能闡揚其萬一也。」

〔補正〕

嚴福孫序内「在于復、垢」，「垢」當作「姤」。（卷二，頁十一）

陸元輔曰：「鏞，字大音，無錫人。崇禎丁丑進士，官監察御史。」

王氏正中**周易注**

未見。

陸元輔曰：「臨漪王氏正中，字仲撝，深澤人。崇禎丁丑進士，除知長興縣事，入爲御史。」

方氏以智**易餘**

二卷。

未見。

陸元輔曰：「字密之，桐城人。崇禎庚辰進士，官翰林院檢討，後入山爲僧②。」

---

① 「系」，四庫薈要本作「係」。

② 「後入山爲僧」五字，文津閣四庫本脱漏。

朱氏朝瑛讀易略記

一卷。

〔四庫總目〕

朱彝尊經義考作一卷，然細字至二百五十一頁，必非一卷，疑彝尊所見或不完之本耶？（卷八，頁三十九，讀易略記無卷數提要）

〔校記〕

四庫存目無卷數，全書計二百五十一頁，絶非一卷。（易，頁一九）

存。

朝瑛自序曰：「吾讀易二十餘年，而後知伏羲、文王、周公、孔子數聖人者之作易也，皆相遇於其天也。瞀然而得之，若不思而得也；呹然而出之，若不慮而出也。無門無蹊，不相襲迹，有端有委，不相悖義。如先天、後天之同符也，順數、逆數之共貫也，此其變而未嘗變也。推之以至於序卦之次屯、蒙，雜卦之次比、師，一若整，一若亂，而莫不有大義存焉。乾之健爲馬，而又爲龍；坤之順爲牛，而又爲牝馬也；此其變而未嘗變也。推之以至於鼎之爲鼎，頤之爲頤，小過之爲飛鳥，噬嗑之爲頤中有物，一若莊，一若戲，而莫不有微義存焉。此豈非天懷所發，純任自然，觸緒横生，無往非道者乎？後之學者，極思以研之，而不得其所不思，殫慮以精之，而不得其所不慮。則支離膠固，而不可以語易也。然未嘗極思殫慮，驟而務其所不思、所不慮者，則荒忽虛無之教，非聖人之爲教也，又何足以語易？自古迄今，註易者無慮數百家，要惟程、朱二子爲得其正。程傳之所未詳者，本義詳之，程傳之所未安者，本義安之。庶幾極思而得所不思，殫慮而得所不慮者矣。抑猶有未詳者，詳於所變，而不詳於所未嘗變也；猶有未安者，安於所變，而不安於所未嘗變也。後之人依違雜起，是非互見，要未有能詳之安之者。余自壯年始知讀易，泛濫於義理象數、天地人鬼之變者有年，若河、漢而未有極也。自世變以來，險阻艱難，已備嘗之，嗜好意見，已盡蠲之。閒居無事，數與先輩張元岵論難經旨，頗有所獲。乃日夜取數聖人所爲卦者、爻者、彖者、象者、繫者、釋者，極思以研之，殫慮以精之，又參酌於古今人之註易者而進退之，若將與數聖人者酬答於一堂之上，而如見其人，如聞其謦咳。雖不敢自謂已得，惟求合於其變而未嘗變者，時或有遇焉。夫變者，象也；未嘗變者，太極也。時惟適變，道必會通；不察其適變，則微彰剛柔，有拘墟之患矣；不觀其會通，則屈伸往來，有臨岐之泣矣。故履之六三，於象不咥，於爻則咥；同人六二，於彖則亨，於爻則吝；若此之類，亦夥矣。此其所以異者，皆在乎卦爻分合之間，知其所以異，則知所以同也。至於一爻之辭，而此以爲善，彼以爲否，如小畜六四之於九三；此以爲否，彼以爲善，如隨六二之於九五；若此之類，亦又夥矣。此其得失存乎參錯之中，孅惡辨於芒芴之際，固非爻象之不可典常，而直爲此憧憧也。求諸物而格之，反諸身而體之，究其大要，不越乎知幾精義二者而已。知至至之、知終終之，而微彰剛柔、屈伸往來之故，殊塗而同歸，天下復何思何慮哉？余從千載之下，欲以愚人之心而妄揣夫聖人之心，求其會通以倖遇乎其天，其亦不自量而貽笑於大方也。抑詩有云：『如彼飛蟲，時亦弋獲。』既有所見，不忍棄置，概録之以質諸世之君子。若程傳、本義所已詳已安者，弗贅也。至經、傳之分合，無關大義，又不必辨已。或曰：『子學易於石齋先生，而解易不宗象正者，何也？』夫象正則先生之自爲易也，孔子之所不盡言，言之不盡意者也。余惟循循焉，因孔子以求文王、周公，因文王、周公以求伏羲。雖先生復起，亦必以余爲知言。」

黄宗羲志墓曰：「先生諱朝瑛，字美之，姓朱氏，康流其别號也，晚又號罍庵，海寧之花園里人。崇禎庚辰進士，知旌德縣，期年而以外艱歸，旋遭喪亂，遂不復仕。其言象數，不主邵子之説，别爲先天、後天八卦圖，以爲諸儒之言易者，詳於所變，而不詳於所未嘗變。變者，象也；未嘗變者，太極也。時惟適變，道必會通；不察其適變，則微彰剛柔，有拘虚①之患；不觀其會通，則屈伸往來，有臨岐之泣。求諸物而格之，反諸身而體之，究其大要，不越於知幾精義二者而已。」

來氏集之**讀易隅通**

二卷。

存。

集之自序曰：「予於易，初無所解，迨一官皖口，寇至登陴②，司刑之官，不問刑而問兵。城之北，最當阨要，予與郡伯共汛其地，傍城有池，曰飲馬塘，城之下，池之上，小屋一椽，予退而休息者也。寇信

---

① 「虚」，依前文及四庫薈要本、備要本應作「墟」。
② 「寇至登陴」，文津閣四庫本作「寇猝至」。

飄忽，去來莫定，於是挑燈讀易，周六十四卦而畢。每至漏盡昧爽，而鈴柝依然，孤城無恙，喜可知也。城週九里有奇，爲雉齒者二千七百有奇，夜漏平分，以其半巡城，以其半讀易；寇近，則巡城時稽督之功密，而讀易稍疎；寇遠，則讀易時研討之意多，而巡城頗速；如是者率以爲常。及寇越江而南，防守解嚴，而予於易亦時有通悟處矣。或從易而通之於人情物理，或從人情物理而通之於易，凡積數條，則引紙而書之，彙而名曰隅通。觀我夫子於韋編鐵擿之間，其於易蓋終身焉。後之儒者，載酒而問，握麈而談，從容講求，庶乎有得。予乃於踉蹌造次之間，爲之探索，固知所通者奧窔，而所不通者周行矣。嗟乎！大江以北，千百堅城，無不靡碎，而皖伯舊封，峨然孤峙，則讀易隅通之作，雖未必有功於易，而要未可謂全無功於皖也。同社黄慈雲將取而災之木，予因志其本末云。」

易圖親見

一卷。

存。

集之自序曰：「古人左圖右書，心之所維，未嘗廢口之所誦，口之所誦，未嘗廢手之所摹也。易書未作，龍馬可以不呈；河圖既出，聖人可以不作易。然造化必以圖相①示，聖人必以易爲教者，斯道之薪傳，天人交有其功焉。讀天地定位章，而一本雙幹，千兒萬孫之圖見，然則聖人有右之書，原不必左之圖也。河圖順以

① 「相」，四庫薈要本誤作「象」。

相生，而六府三事取於此；雒書逆以相克，而洪範九疇取於此。八卦成列，因之爲六十四卦，而參伍以變，錯綜其數取於此，然則聖人有左之圖，亦不必右之書也。夫得精而遺麤者，聖賢聞一知十之化；因形而會神者，聖賢下學上達之功；圖、書參用，理性互發，庶幾近之。予李皖之時，寇亂於外，兵譁於內。易之作也，其有憂患，履虎涉川，是不可不取全易而亟讀之矣。案無留牘，毋攖我寧，室有圖書，猶不廢我嘯歌也。則凡羽書鑫午，服短後而説劍者紛紛，公等且退，我將以易治之矣。」

卦義一得

二卷。

存。

〔校記〕

四庫存目著録卦義一得，無卷數。（易，頁一九）

齊維藩曰：「先生於易，静觀動玩，故其言渾而辨，澤而精，約而有本。標曰一得，得其一，萬斯畢矣。」

陸元輔曰：「集之，字元成。崇禎庚辰進士，安慶府推官。」

錢氏棻讀易緒言

二卷。

存。

錢澂之序曰：「莊子曰：『易以道陰陽。』陰陽二氣，迭爲消長，其不容有贏詘於其間明矣。而聖人之作易也，每欲扶陽而抑陰，何也？聖人深知夫陽不能敵陰，君子不能敵小人，治日少而亂日多，故於陰之長也，爲君子危焉，於陽之長也，亦爲君子危焉。彼小人者，不惟道長之時，以衆小人制一君子而有餘，即道消之日，亦以一小人制衆君子而有餘也。蓋小人之計常密，君子之計常疎；君子之遇小人也以剛，小人之遇君子也以柔；以柔制剛，以密制疎，毋怪乎小人常勝，而君子常敗。夬以五陽決一陰，其詞曰：『剛決柔也。』剥以五陰剥一陽，其詞曰：『柔變剛也。』夫決者孚號，變者默奪，雖勝敗各有天焉，要其工拙難易之數，未可同日語矣。以是三易聖人於十二辟卦陰陽消長之會，於陽多危辭焉，於陰多戒辭焉，而其意常主於庇陽，以是爲扶抑之義而已。然豈能使一毫有贏於陽，有詘於陰哉？我家仲芳更歷世變，卓然於古今治亂之故，著周易緒言，上以明陰陽消長之數，下以審君子小人進退之幾，而殷殷扶抑之義，情見乎詞，則猶之作易者之苦心也。仲芳之論曰：『獨陽在上，必至於剥；獨陽在下，猶可以復。世道之喪，皆由有君無臣，吾道不①亡，所恃聖人在野。』傷哉其言也，此有見於三十年前朝野之事而言之也。夫剥、復之交，不有坤乎？坤之時，有陰而無陽，雖一陽之復，未始不復於十月之坤。然當其爲坤，疑陽必戰，而猶欲使斯世指爲賢人，伏處在野，以幸吾道之不亡。嗚呼！其亡也可立待矣。故仲芳之論剥、復之事，非坤之事也。傳曰：『天地閉，賢人隱。』隱非直隱其身也，將使世亡其賢，賢亡其道。其亡也，乃以不亡。是說也，仲芳得之而不言焉。」

① 錢澂之序内自「子危焉」至「吾道不」計三百二十字，文津閣四庫本脱漏。

陸元輔曰：「棨，字仲芳，嘉善人，崇禎壬午舉人。」

張氏家玉**大易纂義**

未見。

陸元輔曰：「字玄子①，東莞人。崇禎癸未進士，改庶吉士，後死於難。」

刁氏包**易酌**

未見。

陸元輔曰②：「伊祁刁包，字蒙吉，舉人，講學畿輔間。」

包自序曰：「易何昉乎？自庖犧氏一畫始也，由一畫而加之，至三百八十有四，變易、交易，妙有權衡，故用酌；或仰酌諸天，或俯酌諸地，或中酌諸人。文王作於前，酌羲之畫而爲彖，周公酌羲之畫而爲爻，孔子晝酌羲、彖酌文、爻酌周公，用成十翼，易由此爲古今第一完書，雖秦火不能焚已。嗣是而後，言易若焦延壽，若京房，若郭璞，皆相傳爲卜筮之書，以自神其術數。惟韓康伯之注、王輔嗣之疏，粗知義理，惜其旁注老、莊，未免影響支離，揣摩其皮膚，而無由洞貫其腠理也。伊川程子以周元公爲

① 「玄子」，備要本作「玄千」。
② 「曰」，備要本誤作「田」。

師，既有以酌其源流，以明道爲兄，又有以酌其體用，行年七十有三，尚冀少進，不輕以其書示人。竭終身之力，破除術數小技，原本孔翼，發揮三聖之蘊，以教天下來世於無窮，誠十翼功臣也。國家以制科取士①，其始程之傳、朱之本義，蓋嘗並列學官。其既也，厭博而就約，避難而趨易，於是專主本義，程傳不得而與焉。義理之存焉者，蓋寥寥也，包也有憂之。竊以爲學易者學畫，學彖，學爻，功夫固有次第；使非肆力於孔子之翼，以求作易者於憂患之中，則羲之畫，文之彖，周公之爻，懵如也；使非肆力於程子之傳，以求贊易者之心於韋編之外，則孔子之翼，懵如也。夫是以矻矻窮年，纂輯成書，大都以孔子十翼爲三聖之階梯，以程子傳爲孔子之階梯，或録其辭而表章之，或述其辭而推廣之，而亦間以朱義補程所未備，而亦間以諸儒及己意補程、朱所未備。總之，酌朱以合於程，酌程以合於孔，酌孔以合於羲、文、周公。統四聖二賢之易於一心，極而至於家國天下，何莫非一易之洋溢也哉？」

① 「國家以制科取士」，文津閣四庫本作「制科以周易取士」。

經義考卷六十五

易六十四

蔡氏鼎**易蔡**

六卷。

存。

曹學佺曰：「無能詮釋，皆有依據，不爲苟見。」

陳子龍序曰：「無能先生學本經濟，識探象爻，其易蔡一書，五十萬言，閎深精確，皆昔賢所未發。先生壯時曾居高陽帷幄，棄繻南歸，留心著述。戊寅，見國患日深，仗策叩閽，於時柄①鑿，竟爲所抑，激論一書，旁觀咋舌。先生曰：『我非時人所能用，亦非時人所能殺，所以爲此者，將以明天下未嘗無人

① 「柄」，依四庫薈要本、文淵閣四庫本、文津閣四庫本、備要本應作「枘」。

也。』先生之學，在天人性命之際，經濟文章直緒餘耳。讀震、艮、漸、歸妹諸解，可以知其養；讀蹇、解、損、益諸解，可以知其識。而骨性堅凝，天姿篤摯，壯不求仕，貧不問資，澹泊寧静，若將終身，則先生之得於易深也。」

鼎發凡曰：「卦、彖、爻、傳，分羲、文、周、孔，以次爲書。卦畫下重注二五，移夫子大象於彖前，六十四卦每兩卦合□①後，各加以反對，并爲訓釋。繫傳采附卦内，注疏傳諸家間采入，惟本義全録，己意附諸家之後，於荀九家後更爲廣。象傳後附揲蓍事儀，并録春秋以來諸占筮，凡五十萬言。」

陸元輔曰：「鼎，字無能，閩人。」

汪氏于沚**周易剩義**

十二卷。

未見。

黄虞稷曰：「崇禎中，婺源諸生。」

易氏道暹**易傳**

佚。

---

① 「□」，四庫薈要本作「比」，文淵閣四庫本作「解」，文津閣四庫本作「前」。

三楚文獻録：「易道暹，字曦侯，黄岡人，家居教授。崇禎乙亥，賊從西陵來，入永寧鄉，被縛，不屈，遂見殺。著有易傳，未行於世。」

唐氏元竑**易通**

二卷。

存。

元竑自序曰：「易通何爲而作也？我觀象玩辭，而辭與象不能盡通也。非辭與象之故，傳、義之故也。本義蓋因乎程傳，程傳之言曰：『予所傳者，辭也。』於觀象略矣。然既立象以盡意，觀象以求而不得，然後讀爻、彖之辭以證之；讀彖、爻之辭又不得，然後讀孔子之辭，併讀傳注之辭以參考之。始知象如是，彖、爻之辭不如是者有之；象與彖、爻之辭如是，孔子不如是者有矣；四聖人之意之言如是，傳注不如是者有矣。然而象如是，彖、爻之辭不如是，文、周意別有在也；象與彖、爻之辭如是，孔子不如是，孔子意別有在也；四聖人之意之言如是，傳、義不如是，未必程、朱之意別有在也，真求四聖人之意而未得耳。求之未得者，玩辭不觀象也。彼焦氏之易林，楊氏之太玄，其人不必聖人也，乃悉屏先聖之辭而别爲之辭者，得諸象也。夫先聖之辭尚可悉屏而别爲之，而我乃唯其言而莫違，不已卑哉！故我非敢與傳注爲異也，不欲異四聖人也。」

鍾欽立曰：「元竑，字遠生，烏程人。」

趙氏鳳翔**易學指掌**

四卷。

未見。

鹿化麟曰：「羽伯就蓍言蓍，考證古昔，參以己見，可謂明悉。」

陸元輔曰：「易學指掌四卷，崇禎中，雄縣趙鳳翔羽伯所輯。依古本以上、下經居前，而次以孔子十傳。一圖説，二傳義，三筮法，四占法。鹿化麟仁卿爲之序。」

鄒氏期相**周易筆旨**

未見。

嚴繩孫曰：「期相，字公寅，無錫人。崇禎中，以賢良徵授廣西州通判，轉衛經歷。」

喬氏中和**焦氏易林補**一名「大易通變」。

四卷。

〔補正〕

「六」當作「四」。（卷二，頁十一）

存。

曹溶曰：「中和，内邱人，崇禎中官太原府通判。」

顧氏胤**經正堂易闡**

四卷。

存。

張雲章曰：「字泰民，吴人。以太極説易，崇禎丙子七月自序。」

龐氏承穎**文兹堂易解**

六卷。

存。

沈進曰：「承穎，字念潛，吴江人。」

舒氏士諤**易經去疑**

十二卷。

〔校記〕

四庫存目作舒弘諤周易去疑，十一卷。（易，頁一九）

存。

李延昰曰：「士諤，字士一。」

程氏觀生**易内三圖注**

三卷。

佚。

俞汝言曰：「歙人程觀生仲孚，崇禎中，江浙未亂，棄諸生以青烏①之術自晦。每出游，擔書兩大簏，皆先儒易説，所注易内三圖三卷，秘不示人。嘗强之登講席，説山火賁一卦，多出新義。没後，其遺書不可得見矣。」

嚴氏福孫**考正古易**

十三篇。

存。

陸元輔曰：「處士無錫嚴福孫祺先著。其言曰：『易之爲書，主明陰陽之象，有交易、變易之義，故名易。古文易從日從月，蓋陰陽之象，莫著於日月也。其卦伏羲所畫，歷夏爲連山，商爲歸藏，至周則爲周易。其辭則以文王係卦之彖，周公係爻之象，及孔子係卦之象，各上下二篇爲經；以孔子所作彖

---

① 「烏」，四庫薈要本、備要本作「烏」。

上、下傳，象上、下傳，繫辭上、下傳及文言、說卦、序卦、雜卦，凡十篇名十翼者爲傳。古本三經、十翼，卷帙各分，學者遡流窮源，當求之古易，庶幾乃盡先聖作者之意。』又曰：『乾天，坤地，震雷，巽風，坎水，離火，艮山，兑澤，經八卦之象也。象辭凡上下二篇，夫子係卦之辭，蓋於文、周彖、象之外，别取乎卦上下二象，合卦名義，以明君子用易之方。自成爲孔子之易，其體非傳而經，不在十翼之例。』愚按：自漢以來，但以文王彖辭、周公爻辭爲經二篇，以孔子彖傳上下，大、小象傳上下，繫辭傳上下及文言、說卦、序卦、雜卦傳爲十翼。祺先獨以孔子大象辭亦自爲經，不列十翼之數，與諸儒異也。」

周易通義

九卷。

存。

福孫自序曰：「聖人之心，欲盡天下萬世之人，各順其性命之理，而懼其從入之無門也，於是始作之易，而教之以窮理之一法。其初也，則有羲皇卦爻之畫，而陰陽之象以昭；其既也，則有文、周彖、象之辭，而吉凶之情以著；其究也，則有夫子之大象，而君子體易之用以備；又有夫子之十翼，而前聖作易之旨以明。方其分而爲六十四卦，散而爲三百八十四爻，皆形而下之器也。然因辭①以得其象，因象以得其意，則莫非形而上之道也。是故以言者尚其辭，而理即存乎辭矣；以動者尚其變，而理即存乎

① 「辭」，文津閣四庫本作「時」。

變矣；以制器者尚其象，而理即存乎象矣；以卜筮者尚其占，而理即存乎占矣。以動之貞夫一，而有以挈乎易簡之要；以生生之不易，而有以徹乎繼善之初。仁義中正，動静一源，聖人所爲盡性以立人極也；窮神知化，廣大不測，聖人所爲至①命以參天地也。聖人之道，所以下學而上達，行之終身而不盡，通之萬世而無弊者，未有加於易者也。福孫不敏，幸生理學之名邦，竊聞長者之緒論，始知大學之先格物，中庸之先明善，無非大易窮理盡性之旨，非獨可嚴異物似是而非之辨，兼可是正先儒擇而不精之失。自愧學謝博文，功虧居敬，於性命之原，末②由少窺萬一。惟是窮理爲初學入德之始事，未之逮也。竊有志焉，是敢不辭固陋，考正經、翼之源流，折衷群言之得失，辭必本諸象而黜其浮，象必歸諸畫而併其雜，不敢泥象而生穿鑿，不敢狥③臆而滋附會，不敢過略以疎於義類，不敢過詳以障其光明。義有兩可，不厭俱存；疑有未析，寧從闕略。積十餘歲，始克成編，取便玩辭，例從今本，名曰通義，分爲九卷，別撰圖説以附其後。雖其間象數之賾，時參一得之愚，詁訓之餘，或異耑家之舊；然微言必宗乎雒、閩，正脉一稟於東林，藉明理之筌蹄，爲言性之砥柱。庶幾質諸先覺，可弗畔於大義，傳諸來學，期勿誤於指南云爾。」

① 「至」，文津閣四庫本作「知」。
② 「末」，文津閣四庫本作「未」。
③ 「狥」，備要本作「徇」。

易象圖説

五卷。

存。

福孫自述曰：「象數之學，自輔嗣、伊川廓清之後，至今日復紛然不可致詰矣。愚玩三聖之辭，於諸家附會之説，一切屏去，不敢攙入正解，以失易簡之理。惟是啓蒙所載衍策畫卦之源流，實爲易學之要領，有不容以不詳者。因據蠡測，僭爲論次，舉其五事，撰成五卷。圖、書之數，已錯見大衍先後説中，不復標出。卦變非作易本旨，故亦置之觀象之餘。或有一得，尚擬續書其後。」又曰：「易言太極，書言執中，有中非象，无極非空，削僞存真，析異歸同；周、邵、朱、陸，敢折其衷。述太極篇第一。天地數定，龍馬圖呈，聖人則之，大衍以成；地數從天，蓍德圓神，驗諸曆法，厥算有程。述大衍篇第二。先天象立，二氣乘除，以象從儀，名正數符，横列河圖，圖歸洛書，太卜三易，序傳不虚。述先天篇第三。至哉文易，實本羲傳，八卦相錯，是成後天，往來順逆，變化神焉，爰合圖、書，五行用全。述後天篇第四。天地同符，方圓等觀，乃正厥位，南北永奠，序卦反易，中爻雜撰，咸出是圖，稽古弗畔。述先天方圖第五。」

倪氏晉卿**周易大全纂附**

十二卷。

存。

陸元輔曰：「晉卿，字伯昭，錢唐人。」

張氏振淵**周易說統**

二十五卷。

〔校記〕

四庫存目作十二卷。（易，頁一九）

存。

陸元輔曰：「振淵，字彦陵，仁和人。」

顧氏懋樊**桂林點易丹**

十六卷。

存。

張雲章曰：「錢唐顧懋樊霖調撰。易丹不專主帖括而設，特以聖經比之道家爐火，亦異於吾所聞矣。」

徐氏世溥**易繫**

未見。

黎遂球序略曰：「易繫者，予友新建徐子所作。徐子少習易，即力究其所以然，曰：『易有聖人之道四，繫辭，辭也，吾將爲之繫變、繫象、繫占。易爲諸聖之書，何名周？其曰周，非云代也，言乎變備全易也。吾因并明其所以爲連山，爲歸藏。』夫易自上古至西漢，劉歆所奏，凡十有三家、二百九十四篇，別有道、陰陽、兵陰陽、天文、歷譜、五行、蓍龜、雜占、數術、神仙諸家，其爲篇目，不可卒究，多本於易。其間相附而稱，又往往贗雜不倫，至今日寖失其原。干禄之家以專經取美仕，至問之圖數象變，十有九廢，然若諱之，而市上賣卜布算鑽龜者流，反偶有一端可證，又失其全。徐子憂之，是以於河、雒數策極象爻位虛連，以及風雨寒温、方州部家、元會運世之説，易林、易通之書，皆爲之反覆分積，必得其合。以爲焦氏、楊氏、京氏與邵、周二子，皆得繫詞之一言，於以成家，其他管、郭諸雜術書不能出焉，可以窮其源流。予嘗觀象焉，布著①玩辭焉，因以思周公之文，必無假借之詞，退而爲爻物當名之説。嘗觀圖焉，因以知陰陽贏乏之，退而推之雜物小伎，無不得準。嘗效動焉，因以信窮通得失，有爲天運、爲人力，退而雜古史記所載，條其事以繫於卦爻之下，有所發明。而徐子曰：『夫三易之所名，五家所興，皆於是可會矣。』予驚喜躍然，務終予學，有以知徐子之學爲不可不立而傳也，於是爲之序。徐子別有易解，明三聖之説，皆學易者之所當知。」

徐盛全曰：「世溥，字巨源，南昌人。」

---

① 「著」，依四庫薈要本、文淵閣四庫本應作「蓍」。

錢氏澂之田間易學

四卷。

存。

〔校記〕

四庫本十二卷。（易，頁一九）

澂之自序曰：「我家自融堂先生以來，家世學易，先君子諱爾卓，里人稱敬修先生，講易垂三十年，臨殁之歲，口授意指，命不孝爲之詮次，名曰見易。及南渡時，予罹黨禍，變姓名逃吳市，遇漳浦黄先生舟，召使前，慰勉之餘，教令學易。不數月，吳下大亂，家室喪亡，竄①身入閩，留三年，每念先生教思讀易，而見易舊解已失，惟記誦章句，默尋經義，時有所獲。久之成帙，名曰火傳，蓋以薪盡火傳，即此猶是先君子之遺教也。既歸里，諸書散盡，而見易一編獨存，因取火傳證之，雷同者居多，乃盡删後説，微有異，則存之。又博考諸書，凡昔所矜爲創獲，而業爲前人所已道者，皆爲削去，一歸諸前人，寧爲述者可也。」

陸元輔曰：「澄之，字飲光，桐城人，初名秉鐙，字幼光，甲申後更今名及字②。」

① 「竄」，四庫薈要本誤作「穴」。

② 「甲申後更今名及字」，文津閣四庫本作「唐王聿鍵僭號福建時，授以翰林院檢討」。

王氏寅**周易自得編**

十一卷。

存。

寅自序曰：「水之不可無源也，夫人而知之也。兩界分流，百派瀉而入於海，歸墟於尾閭，始合萬水而總匯於一源，使但究其山下之出，則河發崑崙，江發岷山，南北鉅源已自岐而爲兩，安見所爲同歸而一貫哉？易之爲書，廣大悉備，孔子曰：『冒天下之道。』冒則靡有漏矣。伏羲畫卦，越千百歲，至於周文自得其爲文，而卦辭以繫，周自得其爲周，而爻辭以立，孔自得其爲孔，而十翼以明。會而統之，則三聖人論説不同，要不離乎伏羲畫卦之旨。迨自漢以來，諸儒箋疏，各有一得。宋人因之，周氏則有太極圖説，程氏則有傳，朱氏則有本義，其於聖人序卦分經之意，尚有闕然未講者，以至爻象取用，形體數目，概未確求，總緣離數言理，懸而不實，遂使易之爲書，但有人事，初無天道。邵氏皇極經世能言天道，然而其學不傳，書辭微隱，多有未備，如云：『三百八十四爻真天文，上經言天道，下經言人事。』以至運世所歷若何，興亡若何，治亂合於所值卦爻，各有攸當，全未剖晰①，終成疑義。寅自弱冠以來，砥志研易，逾壯及強，尚惘然不知所從。逮遍涉百家外學諸書，頗知曲術巵言蔑弗原本周易。日夜以思，因將六十四卦配合列辰干支音律，咸有定位，然後運以位起，義以類殊，測爲大小數説。大數以稽興亡

① 「晰」，文淵閣四庫本作「析」。

之候，中數以察治亂之幾，小數以觀得失之變。有一卦之位，則有一卦之數，有一卦之數，則有一卦之運，有一卦之運，則有一卦之理。分而審之，則卦有互而爻有變；合而體之，則天有經而人有紀。大都總四象之成數，以三十爲天道之自然。上經三十卦，天地日月明陰陽之正氣。下經三十四卦，去震、艮、巽、兑之四偏，便與天道相符。咸、恆、既、未①，統人事之大全；蓋乾、坤、坎、離，爲先天之四正，世皆在上；咸、恆、既、未②，屬後天之四正，世皆在三。上爲天之天，三爲人之天，故截然有天人之判也。歸於正矣，又歸於中。六爻之位，乾在五而坎則同之，坤在二而離則同之。五爲上體之中，坎得乾之中畫，而正位於多功之地。二爲下體之中，離得坤之中畫而正位於多譽之地。後天方正，坎代坤於北，離代乾於南，中正所以立人極也。先天離火生東爲仁，坎水生西爲義，至後天則各從其旺而已矣。故曰：『先天爲體，後天爲用。』坎、離居上經之終，以救大過之偏，聖人所以明天道之純也。既、未濟居下經之終，以救小過之偏，聖人所以明天道之合也。易之爲書，救天下以寡過，而其用則總在於坎、離。孔子曰：『不得中行而與之，必也狂狷乎？』獨立不懼，遯世無悶，狂者之氣概也。行過乎恭，喪過乎哀，用過乎儉，狷者之規模也。兩過皆坎象，頤、中孚有離象，變大過之三四，則上下皆坎，變小過之初，則上下皆離。剛變爲柔，洪範之所謂柔克也；柔變爲剛，洪範之所謂柔③克也。故曰：狂狷可以至於中行。雷山風澤，四瀆之分流，水火坎、離，百谷之咸納，至兩濟而天一之源逢矣。水火既正，日月環

①② 「未」，依補正、四庫薈要本、文淵閣四庫本、文津閣四庫本應作「未濟」。
③ 「柔」，依四庫薈要本、文淵閣四庫本、文津閣四庫本、備要本應作「剛」。

生，天位乎上，地位乎下，斯聖人之能事畢矣。不諱鄙陋，意至輒書，歲久成帙，以類相次，分爲内、外兩篇。内篇以晰斯經之旨，外篇博①述旁稽，亦所以廣斯經之趣。顔曰自得，殆將有左右逢源之樂也夫。」

〔補正〕

自序内「咸、恒、既、未」下脱「濟」字。「柔變爲剛，洪範之所謂柔克也」，當作「剛克」。（卷二，頁十一—十二）

周易自得編圖説

一卷。

存。

寅自序曰：「有書不可無圖，他書類然，而易尤甚。蓋易主於玩，非他書一讀恍然，再讀了然之比。本義所載數圖，發明周易原始之概，略而未盡，今爲廣述前古，備採經義，并參術數諸書，凡有合於卦中所言之事，援引確當，悉爲登彙，共計百有餘圖，約略推揣而爲之説。自知鄙陋，恐未必得聖人衍贊此經至意，然由粗以及精，由顯以及微，或不可以盡廢也。學者溺於近習，錮於所聞，至謂聖人不言天文，又謂納甲非聖人所重，不知庖犧仰觀畫卦，原自天文而起。孔子曰：『觀乎天文，以察時變。』邵子曰：『周易三百八十四爻，真天文也。』言天道而不言天文，何以爲天道乎？卦辭曰：『先甲後甲。』爻辭曰：

① 「博」，文津閣四庫本作「溥」。

『先庚後庚。』又曰：『已日乃孚，已日乃革。』之①納甲之用，文王、周公不之諱，今顧以爲術家之説而諱之耶？且商祚六百餘年，王者之號，皆必以干名命之，其用豈不重歟？後世知有人事而不知有天道，皆緣不知讀易之故。今設爲讀易之法，不讀程、朱之易，而讀文王、周公、孔子之易；未讀文王、周公、孔子之易，而讀伏羲之易；未讀伏羲之易，而讀天地自然之易。夫伏羲之易無字句，而但有其畫；畫者，象也，數也；因其象其數以求其意，而後文王、周公、孔子之言出矣。至於天地自然之易，則將并其畫而無之，實兼意言象數而備之。今日讀易時之天地，無以異於作易時之天地，而謂作易之心與讀易之心庸有二乎？天地自然之易散落而爲諸子百家之易，諸子百家非易也，而易道寓焉，故孔子曰：『冒天下之道。』書分内、外兩編，圖則合之，以明一以貫之之義。學者玩其圖以詳其説，則意義漸融，而卦爻之辭，始有不難於讀者已②。」

毛奇齡曰：「寅，字甲庵，蕭山人，錢塘生員。入本朝，高隱不出，常流寓淮安，著易、春秋自得編。」

黄氏宗羲**易學象數論**

六卷。

存。

---

①「之」，依備要本應作「知」。

②「已」，文淵閣四庫本作「矣」。

汪瑞齡序曰：「易之有象數，易之所以成易也。大傳曰：『易者，象也。』又曰：『聖人立象以盡意。』以之彌綸天地，揆敘萬類，舍象何由見易乎？本象以出數，亦因數以定象，故曰：『極其數，遂定天下之象。』象數於易，水之源、木之本也。然自漢以降，異說紛紛：焦、京之徒，以世應飛伏諸說附入；太乙、洞極、潛虛、洪範内篇，則竊易而改之。壬遁之徒，或用易卦，或不用易卦，要皆自謂有得於象數之精微，以附於彰往察來之列，究之於易何與焉？易自有象數，而特非焦、京輩所云也。姚江梨洲夫子通天地人以爲學，凡天官、地理以及九流術數①，無不精究。慨象數之失其正，而爲異說所淹汩也，作論辨之。論其倚附於易，似是而非者，析其離合，爲内編三卷；論其顯背於易，而自擬爲易者，決其底蘊，爲外篇三卷。瑞齡獲受是書，而卒業焉，因請於夫子而刻之。」

黃氏宗炎**周易象辭**

十九卷。

存。

〔校記〕

四庫本廿一卷。（易，頁一九）

---

①「術數」，備要本作「百氏」。

周易尋門餘論

二卷。

存。

宗炎自序曰：「宗炎七八歲時，隨先忠端公於京邸授周易本義句讀，逾年，未能省大義。先公蒙難，愚方童穉，凡我先公理學之淵源、自得之精蘊，實未嘗窺其毫末也。迨乎稍長，我兄太沖先生命讀王注、程傳，時隨行逐隊，以圖進取，不過爲博士弟子之學，無所得於心也。間從蕺山夫子與聞緒論，予蒙蔽甚深，雖夫子諄諄訓誨，未能有所啓發。每與執友陸文虎共閱郝仲輿先生九經解，其融會貫通，一洗前人訓詁之習。然而可指摘之處頗多，遂有白首窮經之約。及文虎捐館，麗澤零落，而予更遭風波震盪，患難剝剥，始覺前日之非。立身與物，老而衝決，其困而不學之故乎？擬以五十之年，息絶世事，屏斥詩文，專功畢力，以補少壯之失。家貧苦饑，糊①口四方，枵腹覃思，往往頭眩僵仆，或有億中，頓忘困苦，而姜子蒼崖每出奇思，更相問難者，亦十餘年矣。因而隨筆雜述，未能鱗次，姑命之曰尋門餘論，見得門而入之難也。若夫書之傳與不傳，知我罪我，悉聽來哲論定可矣。」

〔補正〕

自序内「糊口」，「糊」當作「餬」。（卷二，頁十二）

---

① 「糊」，依補正、四庫薈要本、文淵閣四庫本、文津閣四庫本、備要本應作「餬」。

陸嘉淑曰：「晦木尋門餘論，直欲與洛、閩大儒質辨於千載之上。其釋離之三曰：『人至日昃，任達之士，托情物外，則自以爲有觀化①之樂，故鼓缶而歌；若其不然，憂生嗟老，戚戚寡歡；不彼則此，人間惟此二種，皆凶道也。君子不然，任重道遠，死而後已，正使一息尚存，此志不容少怠。衛武公九十猶戒②，豈敢蹈此等之轍？』斯言也，真有功後學之言也。晦木名書之意，以乾、坤爲易之門，恐不得其門而入，故探索以尋之。」

圖學辨惑③

一卷。

存。

宗炎自序曰：「易有圖學，非古也，注疏猶是晉、唐所定之書，絶無言及④於此者。有宋圖學三派，出自陳圖南，以爲養生馭氣之術，託諸大易，假借其乾、坤水火之名，自申其説，如參同契、悟真篇之類，與易之爲道，截然無所關合。儒者得之，始得推墨附儒，卒之因假即真，奉螟蛉爲高曾，甘自

① 「觀化」，文津閣四庫本作「化觀」。

② 「戒」，文淵閣四庫本誤作「戍」。

③ 「圖學辨惑」，文淵閣四庫本誤作「圖書辨惑」。

④ 「及」，文津閣四庫本誤作「極」。

屈①其祖禰。據朱子發經筵進表，宋易之陳氏，亦猶嘆②之易學授受，俱鼻祖於田子裝。田氏之學傳自聖門，歷歷可攷；圖學以來，出自圖南，則道家者流，雜之大易，遂使天下靡然，稱爲易、老，儒者極其崇奉，并諱其所謂老，專以易歸之，亦可畏也。上古何嘗有圖，但文字未備，畫爲奇耦，示文字之造端爾，陳氏不識古文古字，誤以爲圖也。文、周、孔子，文字大備，始得暢其所言，著之竹木，而義理昭然可觀，皆所以闡發古文古字之幽隱，破除其艱澁以就夫坦夷。讀十翼，正所以明顯象爻辭象，明顯象爻辭象，正所以追測卦畫之古文古字也。創爲三圖，而欲掩包犧已露之面目，使天下後世重求之於晦冥蒙昧之途，何殊卻饔飧而以茹毛飲血爲至味，毀廬舍而以上巢下穴爲適要也。秦燔詩、書，易獨以卜筮得免。若有圖，亦宜不禁，胡爲偏遯③而孤行方外？秦、漢之時，雖有黃、老之學，亦只在民間，豈有與世間隔，不通於學士大夫之理乎？此皆據其偏辭，無能強申者也。非惑與？可不辨與？作圖學辨惑。」

〔補正〕

自序内「胡爲偏遯」，「遯」當作「逸」。（卷二，頁十二）

陸元輔曰：「宗炎，字晦木，餘姚人，忠端公尊素之次子。」

① 「屈」，文淵閣四庫本誤作「居」。
② 「嘆」，依備要本應作「漢」。
③ 「遯」，依補正、四庫薈要本、文淵閣四庫本、文津閣四庫本應作「逸」。

顧氏炎武**易音**

二卷。

存。

徐盛全曰:「炎武,崑山人,初名絳,字寧人,學者稱亭林先生。」

葛氏承杰**周易要言**

未見。

黄巖新志:「葛承杰,字鼎生。崇禎間縣學生,中歲棄去①,以詩酒自放。著周易要言、禮記别解、四書新義。」

陳氏梁**易説**

五卷。

存。

繆泳曰:「陳梁,字則梁,海鹽人。所爲易説有箋易三篇、温易二篇、易屑二篇,易論二卷,易頌

① 「棄去」,文津閣四庫本作「延遣」。

一卷。」

徐盛全曰：「則梁厭薄時文，留心稽古，又精書法，其易説數種，以闡其祖東涯所未備。晚遯跡於□，預爲繭室①，覆之以屋，比於亡國之社②，自題其柱曰：『此佛自來耽米汁，至今孤冢有梅花。』亦好奇之士也。」

董氏説**易發**

八卷。

存。

徐盛全曰：「説字若雨，烏程人，晚爲沙門③。」

按：易發八卷，烏程董説若雨撰。首出震圖説，次天易圖，次地易圖，次人易圖；次出震圖；次出震西北乾變圖；次出震西南坤變圖，次周易渾元符，次黄鸝④河洛徵，次河洛證物篇，次洛書發徵二篇，次河圖順運圖，次洛書逆運圖，次河圖一六釋，次洛書有五無十釋，次八卦生滅圖，次八卦離明用九圖，次八卦用六誠明圖，次八卦游魂爲變圖，次洛書具河圖體數，次河圖具洛書用數，次易有太極

---

① 「晚遯跡於□，預爲繭室」，文津閣四庫本作「晚自放於酒，預爲營壙」，「□」，四庫薈要本作「僧」。

② 「亡國之社」四字，文津閣四庫本脱漏。

③ 「晚爲沙門」四字，文津閣四庫本脱漏。

④ 「鸝」，應依備要本作「庭」。

説，次地易屯蒙時位略，次地易八卦原始，次天易八卦律吕徵，次地易八卦律吕徵，次天易八卦三際略，次地易八卦時位略，次八卦原始反終六圖，次地易内外二體時位略，次用九重卦八圖，次剛柔始終解，次徵曜書，次徵曜圖，次降宿紀，次十二宫定度，次堯典中星八卦説，次堯典仲春仲夏仲秋仲冬圖，次律會，次爻律徵，次乾坤表次閩闢徵，次卦律圖，次左右律表，次卦律總表，次卦律旋宫紀，次卦律天符紀，次卦律納音八圖例①，次既濟徵，次周易卦裁徵，次既濟卦變圖，次既濟歸爻圖，次周易卦序釋，次周易卦序徵，次周易得位表，次周易爻位圖，次卦氣起中孚解，次屯蒙飛龍略，次飛龍訓，次杏葉飛龍表，次周易首尾徵，次屯蒙飛龍六略例，次屯蒙成物略例，次卦律三際表，次爻本，次爻本圖，次貞悔略，次十二爻轉物徵，次卦體順逆徵，次周易十二爻通卦徵，次周易上下交限圖，次周易貞位圖，次周易無限圖，次周易交限圖，次七十二卦定限圖，次七十二卦貞位圖例，次七十二卦上下交限圖，次七十二卦交限圖例，次卦限圖，次卦律圖，次卦命三成圖例，次卦律貞悔圖，次七十二卦經度圖，次七十二卦範圍圖，次函卦徵，次函卦圖，次卦變説，次占變説，次論卦變，次卦變圖例，次卦氣略，次卦氣圖，次論本義，次三易策卦圖，次京房易辨，次演古不變易，次古易納甲正譌，次日神占變例，次古易占不變法，次出震黄庭納甲解，次律吕納甲符，次出震黄庭左右律二圖，次成都易隱志，次筮問，次屯蒙既濟未濟乾頤貞悔四圖，次復姤泰否律吕二圖，次卦律左右契本位二圖，次復姤律吕左右契二圖，次屯蒙朝夕貞悔二圖，次屯鼎蒙革顯伏二圖，次卦律十二辰轉式十二圖，次甲巳乙庚丙辛

① 「例」，文淵閣四庫本誤作「列」。

丁壬戊癸卦律左右契各二圖，次貴神轉式左右契各十圖，次河圖生克左契十圖，次五行生旺八圖，次日陰占略十二圖，次卦變左右契各七圖，次降宿十二圖，次七政治卦圖，次五德解，次五德廣訓，次河圖五行生旺圖，次古二十四位圖，次世俗二十四方位之謬，次甲乙旺卯圖，次丙丁旺午圖，次庚辛旺酉圖，次壬癸旺子圖，次春三月戊己旺辰圖，次夏三月戊己旺未圖，次秋三月戊己旺戌圖，次冬三月戊己旺丑圖，次三刑發，次三刑古義圖，次東字説，次外字説，次六書易象廣，次咸臨圖，次觀象圖，次三易經綸圖，次三易交卦徵，次策卦三成略，次既濟策卦三成圖例，次既濟成卦圖，次三成重卦圖例，次三成重卦貞悔例，次黄庭人位圖，次周易方位圖，次夬履圖；次出震夬履圖。」

河圖卦版

一卷。

存。

説自序曰：「以錢代蓍，筮法荒矣；京房納甲，子午戾矣；三成長夜，卦策闕矣；作河圖版，明體用矣。」

邱氏維屏**易勦説**

佚。

魏禧曰：「邱維屏，字邦士，寧都人。學官弟子，甲申後棄諸生服，隱翠微山中①，所著易勦説，垂成未竟。」

陳氏弘緒**周易備考**

未見。

朱在鎬曰：「陳徵君弘緒，字士業，安仁人。崇禎間，以薦除知晉州，中蜚語，逮繫，州民詣闕訟冤，釋不問。謫湖州府經歷，改知舒城縣，爲御史論，罷。」

錢氏士馹**古文易**

二卷。

未見。

平湖縣志：「錢士馹，字稺拙，國子監生。」

俞氏汝言**京房易圖**

一卷。

① 「甲申後棄諸生服，隱翠微山中」十二字，文津閣四庫本脱漏。

存。

嘉興縣志：「俞汝言，字右吉，秀水學生。乙酉後①，棄舉子業，潛心著述，有京房易圖、禮服沿革考、漢官差次考、宋元舉要曆、先儒語要紀年譜、崇禎大臣年表、卿貳考、明世家考、寇變略、廣品級考、謚法考，晚又著春秋平義十二卷、四傳糾正一卷。坐是兩目失明，猶令人誦諸書，口授所見，使筆記之，遂病以卒。」

徐氏繼恩**逸亭易論**

一卷。

存。

繆泳曰：「繼恩，字世臣，錢塘諸生。甲申後，晦迹爲浮屠②。其易說八篇，河圖說一、洛書說一、先後天八卦圖說二、卦序說三、策數說一，共爲一卷。」

① 「乙酉後」，文津閣四庫本作「中年即」。
② 「甲申後，晦迹爲浮屠」，文津閣四庫本作「閉户深居，精研易理」。

經義考卷六十六

易六十五

應氏(㧑謙)**周易集解**

十七卷。

〔校記〕

四庫存目十三卷。(易,頁一九)

存。

㧑謙自序曰:「聖人患民生之多故,進退存亡得喪莫知其由,乃觀察天地之間,會通人物之變。極天際地,無非一陰一陽之理,而吉凶感召,則在我一心之内焉,妙物之化,一著於易。人莫不喜長而惡消,喜盛而惡衰,是故知進而不知退,知存而不知亡,若君子則不以盛衰消長易心,而一歸於中正,喜通惡窮而易其性,君子不爲也。天地之大德,莫善於中,用中之宜,莫善於時,是書也,以中明易,初曰易學大中，既而懼其自以爲是，非所以求教於君子也，乃以應氏集解名之。」

徐盛全曰：「撝謙，字嗣寅，仁和人。隱居教授，康熙戊午，以博學宏辭薦徵，不起①。」

王氏弘撰**周易圖説述**

三卷。

存。

弘撰自序曰：「天地事物之理，聖賢之意，有語言文字所不能遽悉者，莫如圖爲易曉。朱文公作周易本義，首列九圖，所以明易之原也。余爲是編，特祖②之，而更益以諸家圖説，或相證合，或相發明，或推測一義，或旁通别類。雖其間有重見疊出，至涉於瑣屑，弗恤焉。於戲！易之變化，至不可窮也，然可一言以蔽之，曰『一陰一陽之謂道』而已。一陰一陽之謂道者，言不貳也，不貳則交，交則生，生則惡可已，故又曰：『生生之謂易。』斯不測之神也。蓋其義莫著於象數，知象數者，莫精於邵子康節，康節而後，談象數者不一家，惟其符契自然，引而伸之，觸類而長之，故足述也。雖然，不求之象數，易不可見也，徒求之象數，易亦不可見也。則所爲體用一原、顯微無間者，果何如哉？孔子而後，善説易者，當獨尊子思，中庸一書，莫非易也，孔子散而言之，故曰：『仰則觀象於天，俯則觀法於地，觀鳥獸之文與

① 「不起」，文津閣四庫本作「因老不與試」。

② 「祖」，文淵閣四庫本誤作「袓」。

地之宜，近取諸身，遠取諸物。』子思一以貫之，故曰：『其爲物不貳，則其生物不測。』易有太極焉，中庸曰：『於穆不已。』又曰：『上天之載，無聲無臭。』太極之謂也。易有三才之道焉，中庸曰：『博厚所以載物也，高明所以覆物也，悠久所以成物也。』三才備矣。吉凶悔吝之占，易所爲教人知幾之學也，中庸曰：『莫見乎隱，莫顯乎微。』『齊戒以神明其德，窮理盡性以至於命。』易所爲教人藏密之學也，中庸曰：『戒慎乎其所不睹，恐懼乎其所不聞。』易以知來，中庸曰：『至誠之道，可以前知。』易以開物成務，中庸曰：『經綸天下之大經，立天下之大本，知天地之化育。』然則易之所以與天地準，而中庸之所以與天地參者，不從可識乎？於戲！書不盡言，言不盡意，知變化之道者，亦存乎人之自得而已。昔邵康節作皇極經世，程純公曰：『堯夫之法，只加一倍耳。』康節嘆其聰明。他日，正公舉問，純公曰：『已忘之。』後之學者，觀於是編，能盡康節之法，又能爲純公之忘，則古之所云：『善易者不言易。』斯旦暮遇之矣。」

徐盛全曰：「弘撰，字無異，華州人。康熙戊午，以博學宏辭薦，召試體仁閣①，居昊天寺，撰易圖。」

筮述

八卷。

存。

① 「召試體仁閣」五字，文淵閣四庫本作「至都」，文津閣四庫本脱漏。

弘撰自序曰：「易者，天也；筮者，人也；伏羲、文王、周公言天，孔子言人，蓋易至孔子而正德之事備，則莫備於筮。筮者和順於道德，而理於義，窮理盡性以至於命之學也。學之不講，而但求之吉凶，於是以朱子謂易本卜筮之書爲淺之乎言易。不知伏羲示象，文王於蒙、比發初筮原筮之義；周公於革發未占有孚之義，至孔子作大傳，無非發象占之義，其在論語引恆九三之辭，而曰不占。是以易爲卜筮，乃朱子之所以考諸聖人而不謬者也。書建稽疑，五謀而卜筮居其二。記曰：『疑而筮之，則勿非也，日而行事，則必踐之。』聖人之以卜筮爲教也，觀象玩辭，觀變玩占，顯諸仁，藏諸用，人事盡而天事協，夫豈苟而已哉？自焦贛出而聖人隱，自易林出而聖人之言隱，京房、管輅、郭璞輩繼之，而相天相地相人之述①，百家雜起，言易者日紛，去易日遠，詭僻誕怪，求知所不可知，而道德性命之旨荒矣。故予責亂易之罪，以贛爲首。太玄②、元包、潛虛、皇極篇之作，皆思以私智③自見。用三、用五、用七、用九，卒失其自然。又或飾以古文奇字，以是求天人之合，亦徒勞矣。近世之深於易者，推韓恭簡公，其著易占經緯，兼用易林。予爲是書，必黜易林，惟奉周易之辭，而揲蓍之法，則以啓蒙之所定者爲主。竊慨夫以聖人之道而流於術④也，舉焦、京、管、郭一切可驚可疑之事、附會之説，概擯之，即所謂邵子前知其不以蓍得者，亦無取焉。惟本朱子之説，以上溯四聖人之旨，曉然於天地變化之神、陰陽消長之妙，決

---

① 「述」，依文津閣四庫本應作「術」。
② 「太玄」，文淵閣四庫本誤作「太乙」。
③ 「智」，文津閣四庫本作「志」。
④ 「術」，四庫薈要本誤作「述」。

嫌疑，定猶豫，正言斷辭，莫非教戒，使之不迷於吉凶悔吝之途，而適乎仁義中正之歸而已。其末或有一二端之未合，蓋心之所見，不敢自匿，然與經、傳之言，則無不合焉，庶幾後有知者，亦可以告無罪矣。」

趙氏振芳**易原**

二卷。

存。

徐盛全曰：「振芳，山陰人，其書自爲序。」

〔校記〕

四庫存目無卷數。（易，頁一九）

徐氏在漢**易或**

十卷。

存。

在漢自序曰：「漢生平魯鈍，讀書絶不記憶，於易尤所不解。己卯春，始遇趙子於煙霞山中，出所著易解示漢，漢默默而已。趙子曰：『子胸中無宿物，可學易。予之易學有所授，授自丁先生。先生者，雲間人，殫精於易，今年八十餘矣。子學易，盍見丁先生？』於是往見而問易焉。先生曰：『予何言哉？夫易廣矣大矣，以言乎天地之間則備矣，以言乎人之一心則神矣。古今賢人君子之論説具在，子自往求之，予又何言哉？』漢默默而退，乃與趙子訪求古今易説數十百家，通者會之，疑者闕之，自己卯夏至辛巳秋，手録幾二尺許。書未成，而漢有梁、宋之遊；明年南歸，則趙子以省親入蜀，并所録藁攜去。於是復取古今論説而求之，通其所可通，疑①其所可疑，自壬午春至甲申秋，三年於兹，彙次成經解圖説共十卷，總名易或。仲尼不云乎：『或之者，疑之也。』疑者，人心之所以不窮而鼓舞之，所以盡神也。不疑則人心息，人心息則天地之變化不可見，而易或幾乎息矣。漢以疑學易，以疑名易，以疑就正天下萬世之學易者，則天下萬世無窮之人心，皆生生之易爾已。」

趙振芳曰：「徐在漢，先名之裔，字天章，號寒泉，歙之練谿人。」

徐氏甘來**周易口義**

四卷。

存。

吕光輪序曰：「昔朱子於詩傳，自以爲無復遺憾，而於易本義，則意有不甚滿者。趙子欽寓書朱子，謂説語、孟極詳，説易則太略，朱子曰：『譬之燭籠，添一條骨子，則障一路光明，若能盡去其障，使本體光明，豈不更好耶？』由是窺朱子之意，則本義一書，爲先儒説理太多，終翻窠臼未盡，其所不甚滿

① 「疑」，文淵閣四庫本誤作「録」。

者，此也。自制科頒教，易尊本義，嫌本義之略而無所依傍，於是講章叢出，拉雜諸家穿鑿附會之説，而加之以俗陋之已見，學者喜其依傍，益蔓衍而不知所返。夫朱子之意主於簡，而今則惟恐其説之少；朱子之大旨在象占，而今則以象占爲駢疣：此所以離且畔也。吾師五宜先生，玩索於此者三十餘年，與二三子朝夕論説，久之，成口義一書。遠依雲峯之通釋，近涵虛齋之蒙引、次崖之存疑，同①爲本義之匡翼者也。先生命光輪序，因述所聞於後，庶幾離畔者知所返焉。」

周氏弘起**大易三義**

四卷。

存。

陸元輔曰：「平湖周弘起道腴著，餘杭嚴侍郎沆序之。其曰三義者，疏義、通義、要義也。疏義取疏通本義而止，通義順文鋪敘，要義研勘異同、互相發明。」

郁氏文初**郁溪易紀**

二十一卷

〔校記〕

① 「同」，文津閣四庫本誤作「問」。

四庫存目作周易郁溪記，十四卷。（易，頁一九）

存。

文初自述曰：「文初生固陋，從來學易諸家，其書不能遍讀。自天啓乙丑迄今丁酉，三十三年，霽心澄慮，忘食忘憂，優游浸入，而弗能自已。以筆紀之，日一改焉，歲一改焉。入仕以來閱十載，庶乎淺深得失之辨，可考以自驗，若其竊聖人之藴，附述作之林，則吾豈敢？」

潘氏元懋**周易廣義**

六卷。

存。

元懋自序曰：「周易廣義云者，取蔡氏蒙引、林氏存疑諸書，以廣本義之所未盡。易爲占筮作，而能有以冒天下之道，故自王公以至士庶，自上哲以至顓愚，咸得舉而用之。有是象而後有是辭，有是占而後有是變，聖人之道，不越於斯四者而已。自説易者執理以陳辭，而其弊也失之固；援數以測變，而其弊也失之荒。夫豈易之爲説，果有加於理與數之外歟？誠合理數以求之，微本義，其誰與歸？邇來學者皆略本義而抒臆①見：本卑也，而抗之使高；本淺也，而鑿之使深；本近也，而推之使遠；本明②

① 「臆」，文津閣四庫本作「意」。
② 「明」，文津閣四庫本誤作「爲」。

也，而必使至於晦。幸而蔡氏、林氏之書具在，斯道賴以不墜。懋①生而寡昧，幸得服膺所傳，以求本義，緣本義而傳而經，而不迷於數，無戾於理，或可免於曲學阿世之誚焉。」

陸元輔曰：「元懋，字友碩。」

戴氏伯繩**九種易**

未見。

劉城序曰：「治易著稱者，無慮千家，不必皆有當於四聖之易，而皆有其易。易無不有，故無一不可説易。皆有其易，則皆有當於聖人之易也。皖林戴伯繩先生，於易部分條貫，汰牸存精，有成書矣。既司訓吾池，城以弟子員，時與論説，出所譔集，一曰影、二曰鏤、三曰探、四曰象、五曰證、六曰成、七曰氣、八曰數、九曰圖，命篇之指，各見於自爲説中。其於漢、宋諸儒章句、訓詁、理氣、象數、圖義，罔不擇焉而精，可謂燭照龜知者矣。」

何氏默仙**古易解**

未見。

---

① 「懋」，文淵閣四庫本誤作「楙」。

朱徽序曰：「以象談易，筮者之事也；以數談易，推算者之事也；以理談易，學士大夫之易①也。然而不可不兼也，何也？易，變易也，泥於易而不知變，非知易者也。閩有何君默仙之爲易也，其推陰陽、剛柔、得失、消長、乘承②、遠近、德時、違應之義，無以異諸家。獨其説必始之以變，而既之以互，由變生互，由互復生變。其互有在本卦者，有在之卦者，有自之卦又得互，互還歸於本卦者。故其取類遠，其稱名博，言象數必歸於理，言理而不遺象數，變而不泥，真知易者哉。易自乾、坤相索，則變之始也。雜物撰德，非其中爻不備，斯互所由來乎？左傳如穆姜遇艮之隨、南蒯遇坤之比，皆變也。晁公武之繹京氏云：『會於中而以四爲用，一卦備四卦者，謂之互。』然則變不始於焦贛，而互亦非始於虞翻也。顧先賢論卦變者詳矣，獨未深取乎互；即論本附互象者精矣，然未及象外之互、互外之象如何君者，豈非化而裁之，存乎其人哉？按易林之推變，每卦得六十四，乘之而爲四千九十六；啓蒙之創圖，自乾順數至恆、自坤逆數至益，各得三十二，自乾之初至坤、自坤之初至乾覆數之，各得六十四畫，不知所終極矣。今何君之易，爻之互至五，卦之互至十九，苟以是法引伸觸類，安知其變者、互者不與易俱無窮耶？何君，建寧人，平生杖履，多在西江，晚歸金鐃山③。研求者且十年，上不及彖、象，下不及繫辭，所撰者爻辭爾。其精如此，惜其書未竟而逝。有子松，字長文，博而能文，善守家學，將續成之，以

①「易」，依上文及備要本應作「事」。
②「乘承」，備要本作「吉凶」。
③「金鐃山」，文津閣四庫本作「金鏡山」。

行世焉。」

陸元輔曰：「默仙，建寧人，未詳其名，建寧府新志不載。」

金氏鏡**易經四測**

未見。

繆泳曰：「鏡，長興人。崇禎年貢生，不仕①，自號水一方人。」

吕氏濬**易類辨疑**

未見。

施氏鉉**易學指南**

未見。

徐氏世湜**易參**

一卷。

① 「不仕」二字，文津閣四庫本脱漏。

未見。
嘉興縣志：「徐世湜，字中粹，兵部侍郎必達之子。」

張氏問達易經辨疑

六卷。
〔校記〕
存。
四庫存目作七卷。（易，頁二十）

陸元輔曰：「江都張問達天民著。」

問達自序曰：「易之爲書，六畫成，而天地人物之理全焉；彖、爻辭繫，而人事之趨避得失判焉。是易之廣大，無所不具，而聖人憂世覺民之心，則爲人道設也。其言體、言德、言象、言變、言占者，蓋慮人道有未明，使人即數以推理，因占以利用，所以引天下之心思，神明變化而莫之外。自人不能通乎易之全體大用，而以占筮視易，而易遂與人酬酢於一事一物之間。秦焰熾，而易獨不與六經同其殘缺者，易之以占筮藏其用也。漢儒不察，疏解多主象數，而四聖之之心①源以晦。王弼專主理略數，天下宗之，其說猶與諸家並傳也。程傳、本義出，而易學定於一尊，亦以天下之習於占筮既久，故存占筮以存

① 「四聖之之心」，依四庫薈要本、文淵閣四庫本、文津閣四庫本、備要本應作「四聖人之心」。

易，非謂占筮足以盡易也。自是而後，輔之以大全、蒙引、存疑①諸書，而學官非此者不教，有司非此不爲式。流及今日，讀其詞者不思其義，習其數者不明其理，尚其占者不修其德。講之愈繁，失之愈遠，毋亦學者之過與？愚總角受易，竊以學易者學此易於身也，用易者用此易於世也。反諸心而求聖人明道立教之心，而天地萬物之心，其在我心以外乎？故不自揣度，折衷異同，附以己見，其實在於尊信羲、文、周、孔，而非有間於先儒也。然則是②編也，其敢遽以爲是乎？亦自言其心之所得，以俟神明乎？易者，参攷焉爾。」

屈氏□□□□易外③

七十一卷。

存。

□□自序曰：「古者經、傳各爲一書，先儒謂西漢時六經與傳皆别行，予易外不載經文，蓋遵古也。亦不敢以爲易傳，而曰外，外之者，自外乎易也，亦取韓詩外傳之義，爲易之外篇也。書成，爲卷七十有一，藏之於家，以爲子若孫一家之學。」

---

① 「存疑」，文津閣四庫本誤作「存義」。

② 「是」，文津閣四庫本誤作「易」。

③ 屈氏□□□□易外條，文淵閣四庫本、文津閣四庫本俱脱漏。

徐氏善四易①

十二卷。

存。

朱彝尊序曰：「傳曰：『河出圖，洛出書，聖人則之。』故善易者必先明圖、書之旨。自隋書志經籍，入易圖於五行家，而圖、書之義晦矣。新安朱子注易本義，取河，洛，先、後天諸圖冠諸卷首，學者舍圖、書，蓋無以言易也。先儒之論，多以九爲圖、十爲書，獨西山蔡氏從而反②易之，以爲河圖之數十，而洛書九也。蔡氏之説，稱本邵氏，然邵子之言曰：『圓者河圖之數，方者洛書之文。』以數之體驗之，則奇爲圓而偶爲方矣。同州王氏、臨邛張氏、漢上朱氏，咸以九爲圖、十爲書；此邵氏之學也。伊川程子曰：『九是純陽，六是純陰。但取河圖見之，過六則一陽生，至八便不是純陰。』是亦以九爲圖矣；此程氏之學也。横渠張子曰：『陽極於九，陰極於十。』又曰：『十者，九之偶也。』史繩祖闡其義，蓋即言九圖十書之理；此張氏之學也。朱子報郭沖晦書曰：『河圖四正四隅之位，洛書四實四虚之數，所以畫卦也。河圖，九疇之象；洛書，五行之數；所以作範也。』是年朱子五十有一歲矣，猶主九爲河圖，後與蔡氏再三往復，始從其説。迨作啓蒙，又詳述

---

① 「徐氏善四易」條之前，文淵閣四庫本誤厠置「鍾氏晉大易炬説」、「賈氏必選松蔭堂學易」二條。

② 「反」，備要本作「更」。

其初説，而曰：『安知書之不可爲圖，圖之不可爲書？』是雖信之，而未篤矣。處士徐敬可著四易，一曰天易，二曰羲易，三曰商易，四曰周易，凡三十卷。其於圖、書，博採諸家之論，而一本乎邵子、程子、張子及朱子之初説，謂反之則四象五行之位皆若枘鑿之不可合，從其舊則不惟位與數各當，因以推夫三易改演之原，洪範、大衍、律曆、運氣、太一、奇門之所自出，靡不犂然有據焉。乃或疑其與朱子晚年之説不協，夫圖之可爲書，書之可爲圖，朱子既言之矣，徐氏特因朱子之説而發揮之爾，亦何悖於朱子哉？」

高佑釲曰：「敬可爲贈太僕卿世淳之少子，早年棄諸生，博通經學，於易、春秋尤融貫。」

董氏養性周易訂疑

未見。

〔校記〕

四庫存目著録十五卷，序例一卷。舊題董養性，不著時代。館臣考元末有董養性，字遵公，樂陵人，至正中嘗官昭化令，攝劍州事，入明，不仕，終於家。（易，頁二十）

梅文鼎曰：「山東樂陵人，寧國府通判，是書曾刊行。」

〔校記〕

朱氏引梅文鼎説，謂養性樂陵人，寧國府通判，列明末，殆未考知爲何時人。（易，頁二十）

葉氏闇**易原**

六卷。

存。

朱襄曰："闇，林屋山人。其論易以本卦、之卦，主左氏傳蔡墨之説而具畫之。"①

鍾氏晉**大易炬説**

存。

黄百家曰："錢塘鍾晉德威撰。"

賈氏必選**松蔭堂學易**

六卷。

存。

倪燦曰："江寧人，字直生。"②

---

① "屈氏□□□□易外"、"徐氏善四易"、"董氏養性周易訂疑"、"葉氏闇易原"四條，四庫薈要本俱脱漏。

② "鍾氏晉大易炬説"、"賈氏必選松蔭堂學易"二條，文淵閣四庫本誤厠置於"張氏問達易經辨疑"之後，"徐氏善四易"之前。

經義考卷六十七

易六十六

孫氏應龍**周易塵談**

十二卷。

存。

鄭玥曰：「餘杭人，字海門。順治丁亥進士，知隰州。」

劉氏思敬**易參**

七卷。

存。

徐盛全曰：「思敬，字純之，上元人。順治丁亥進士，刑部浙江司郎中。」

孫氏宗彝易宗集注

十三卷。

〔校記〕

四庫存目作十二卷。（易，頁二十）

存。

宗彝自序曰：「圖、書垂象，聖人則之，爰以作易。因象而測其數，因數以測其理。象有象之宗也，數有數之宗也，理有理之宗也。河圖、洛書，五皆居中；中、五，象之宗也；五，數之宗也；中，理之宗也。天數五，地數五，天地之數五十有五，先天之數五也。大衍之數五十，極五而十，後天之數亦五也。先天之數在象先，後天之數在象後，而咸不越於五，不過乎中也。先天八卦，惟乾、坤、坎、離四卦皆正畫，故分之爲四方之象，不正，不可以爲象也。正，中也。後天八卦，四正皆奇畫，四隅皆偶畫，奇則無偶，無偶故不偏，不偏之謂中。奇，亦中也，中爲土德，德主静，於天地之始爲太極，於人心之始爲喜怒哀樂之未發，天下之大本也。中涵陰陽，静乃生動，此中之所以爲理宗也，是伏羲作易之宗旨也。堯、舜得之，允執厥中，千古之道統由此出，千古之治統亦由此出也。孔子贊之，教人執禮，禮由中制，故曰：『觀其會通，以行其典禮。』是孔子傳易之宗旨也。萬世之治法以此禪，萬世之世運亦以此禪也。世運之害，成於人心；人心之害，成於嗜利。爲惡不中，皆利之爲，惟禮可以防之。六十四卦之内，凡陽之昆於陰，陰之干於陽，無非利也。利屬陰，惟陽可以抑之。乾不言利，其利及物，坤言利，其利得主，而貞不可以不辨也。是以扶陽抑陰，在於辨利。是又所以執中、所以執禮之宗旨也。予垂髫時受其旨於先大夫，謹而識之，殆五十年而始明其數，信數之合於象而契於理如此也，作易宗，志不忘也。」

徐盛全曰：「高郵州人，字孝則。順治丁亥進士，官吏部郎。」

張氏習孔**周易辨志**

□卷①。

存。

錢栢齡曰：「習孔，字黄岳，歙縣人，順治己丑進士。」

錢氏受祺**等易義敷言**

十六卷。

存。

錢枋曰：「字介之，錢塘人。順治壬辰進士，工部都水司主事。與仝里屠以寧多若、江起蟄雲相共輯成書，舉子誦習本也。」

---

① 「□卷」，文淵閣四庫本作「一卷」，文津閣四庫本作「二卷」。

王氏含光易學三述

一卷。

存。

盛符升序曰：「河中王似鶴先生易學三述，蓋述乎羲，述乎文，述乎孔，而非述乎漢、宋諸儒者也。然述乎文，述乎孔，總以述乎羲；即述乎羲，總以述乎天地自然之易。因而詳求其説，有合乎先儒者矣，有不合乎先儒者矣。如論河圖爲八卦所由生，人所及也；論河圖非五行之數，論洛書非九疇之數，非人所及也。如論中立爲無形之河圖，人所及也；論河圖爲未布之洛書，論洛書爲無卦之圓圖，非人所及也。如論先天小横圖出於河圖，人所及也；論圓圖之出於横圖，俱按洛書之數，非人所及也。如論大圓圖、大方圖法天象地，人所及也；論大横圖重儀重象，顯闢開蒙，非人所及也。至其論後天也，俱本洛書所生之數，而謂文之横圖出於羲之圓圖，文之圓圖出於羲之横圖，有變通，無改易，其理更確而可徵，尤非人所及也。以此爲探本窮源之學，而全易之理與數皆具焉。其有功於四聖，豈不偉哉？雖然，先生固不自以爲異也，八圖所載，悉遵朱子本義，而推本其傳，皆出邵子。是其立論之或同或異，即未必盡合於諸儒，而揆之以貫通先後、終始今古之一原，無不合矣。」

浦氏龍淵周易通

十卷。

存。

周易辨

二十八卷。

〔四庫總目〕

朱彝尊經義考載此書作二十八卷，此本少四卷，疑亦經義考傳寫之誤也。（卷九，頁二十一—二十一，周易辨二十四卷提要）

〔校記〕

四庫存目周易辨二十四卷。（易，頁二十）

存。

嚴先生沆曰：「吳門浦潛夫學易既久，一旦於損之懲忿窒慾，豁然有悟於洗心之旨，遂貫通全易，推明孔子所以贊三聖人之意，而即以孔子之言折衷羣言之非是與似是而非者，既有易通十卷以疏大義，又有易辨二十餘卷以辨析微辭，可以翼往聖而開來學者也。」

吴偉業曰：「潛夫學易，務探其旨要，不溺於文辭。其言指事會情，通變適用，舉前此訓詁之習、理學之障，廓焉掃除。至唐、宋以來諸家之説，有所鉤纂，務平心折衷，無所偏主。苟於大義有乖，必侃然辨正，不爲兩可之辭。雖素不習易者，讀之未有不心目俱開者也。」

葉先生方藹曰：「浦潛夫易辨，理明詞達，體諸身心，參諸世務，援据經史，博採衆説，會而通之，使一經條理，了然心目之間。故其分疏彖、象、六爻及繫詞諸傳，無不首尾融貫，事理昭晰。」

梁氏夫漢**周易清本**

六卷。

闕。

夫漢自序曰：「易之要有三，曰數，曰象，曰理。理即聖人所繫之辭是也。理出於象，八卦是也。象出於數，圖、書是也。未有象之先，當求其數；既有象之後，當求其理。要必理與象合，象與數合，而後言易，始能無弊。朱子作啓蒙、本義，其理則取之程子，其數則取之邵子，其象則取之周濂溪之太極與陳圖南之先天，可謂集易之成矣。夫漢始披本義所列八卦與六十四卦諸圖，謂立象之妙，無出於此矣。及按之夫子繫辭，則惟文王八卦方序①、方位二圖與繫辭合，其伏羲先天四圖皆不合也；是象與理不合也。又按伏羲先天四圖與河圖、洛書絶不相蒙，所謂則圖則書之意，率皆牽合；是數與象不合也。夫既數與象不合，象與理不合，則其言易豈能無弊哉？以是耿耿於懷，必欲求其理與象數之合。自壬子至戊午，凡七載，而始悟參天兩地而倚數之一語，遂手定圖、書方圓平直之體，而立規矩，準繩四圖。由是則圖則書之法以明，而觀象繫辭之意自見。乃取本義而清之，更名曰周易清本，蓋清易之本，

① 「方序」，依補正、四庫薈要本、文淵閣四庫本、文津閣四庫本應作「次序」。

而即以本義爲原本也。本義謂①易之圖九，有天地自然之易，有伏羲之易，有文王、周公之易，有孔子之易，似乎易之不一也。予謂易之圖四，圖、書與則圖、則書而已。若夫孔子之易，即文王、周公之易，文王、周公之易，即伏羲之易，伏羲之易，即天地自然之易。蓋天垂象，伏羲畫之，文王繫卦辭，周公繫爻辭，孔子②則釋象與卦、爻之辭者也。後之解易者，但當就孔子所釋之辭，而詳解於其下，不當於孔子釋辭之上，而更爲釋辭也。考亭嘗曰：『某作本義，欲將文王卦辭只大綱依文王卦辭略說，至其所以然之故，卻於孔子彖辭中發之，爻象亦然。如此則不失文王本意，又可見孔子之意，但而今未暇整頓耳。』觀斯言也，予取本義而清之，政合考亭整頓之意。而文王卦辭之下，竟不爲略說大綱者，又欲使文、周、孔子之意合而爲一也。抑考亭作本義，專以卜筮爲主，故於卦、爻之辭，必以其象其占分釋之。予謂象即所以占，占即在於象，第言『象曰』，而占在其中矣。如必欲分別某句爲象，某句爲占，則有言其象而無占者，有言其占而無象者，經文反爲不全，而注釋未免蛇足也。況聖人作易，原不專爲卜筮，而卜筮之理自無不該。繫辭傳曰：『以言者尚其辭，以動者尚其變，以制器者尚其象，以卜筮者尚其占。』象者，卦爻之象也；辭者，卦爻之辭也。變即象之變也，占即辭之占也；象與辭一定者也，變與占無定者也。畫一定之象，以任無定之變，此伏羲之意也；繫一定之辭，以待無定之占，此文、周③之意也。故孔子

① 「謂」，四庫薈要本誤作「爲」。
② 「孔子」，文淵閣四庫本誤作「孔孔」。
③ 「文、周」，文淵閣四庫本作「文王」。

曰：『居則觀其象而玩其辭，動則觀其變而玩其占。』蓋以辭者據象而說，非必有期於動作觀變之玩①；占者隨變而應，非可預玩於平居觀象之日也。且辭主於理，占主於數，故有以辭占者，有不以辭占者，如左氏所載，可遞考也。予故於本義其占之說，概置不録，使學易者專以義理爲主。先觀伏羲之畫象，次觀文、周之繫辭，次觀孔子之釋象與繫辭，而後詳觀考亭之本義；則先後有序而易讀，注釋有條而易解。其於本義有删者，有增者，有改者，有那移前後者，要必使與孔子所釋之辭相合而已。其有不合者，所望世之同志參考而訂定之，庶幾可告無罪於先聖先儒云爾。康熙庚申孟冬。」

〔補正〕

自序「八卦方序、方位二圖」，「方序」當作「次序」。（卷二，頁十五）

張氏沐**周易疏略**

四卷。

存。

譚瑄曰：「張沐，字仲誠，上蔡人。受學於容城②孫奇逢，官内黄知縣。易疏略四卷，自爲之序。」

① 「玩」，備要本作「先」。
② 「容城」，文津閣四庫本作「容縣」。

桑氏日昇**易經圖解**

一卷。

存。

日昇自序曰：「『河出圖，洛出書，聖人則之。』聖人學於圖、書者也。大禹敘疇用九，伏羲作易用十；用十者藏五，用九者藏十；大而天地，小而人物；幽而死生鬼神，明而禮樂刑政；其間理寓乎氣，氣寓乎數，象於是，變於是，辭於是，占於是。故學易莫先學圖，圖不學，則易不傳，易不傳，則斯道或幾乎息矣。宋周、邵二子得不傳之學於華山希夷先生，周子發揮太極有説，而於河圖之藴未詳，邵子得力，又耑在數。學者不必究數，且先究理，理至則數自至，勿謂聖人之易不可學，圖亦不可學也。余不揣謬妄，作圖解，并及洛書卦位，以俟學者之披玩而有得焉，於經、傳亦庶乎少補云爾。時順治戊戌季春。」

曹溶曰：「日昇，零陵人。」

彭氏文煒**易學集成**

四册。

存。

沈岸登曰：「文煒，字次公，江寧人，官宜興儒學教諭。書凡八篇，圖書一，羲卦二，周易三，象占四，啓蒙五，太極六，皇極七，律吕八。康熙壬子自序。」

朱氏日濬訓蒙易門

七卷。

存。

日濬自序曰：「易之作，吉凶與民同患，則言易而不言占，非聖人之意也。或謂易道精微，若止爲卜筮而作，則卑視夫易，而豈足以語夫通神明之德、類萬物之情乎？殊不知形而上者之謂道，形而下者之謂器，在聖人已有成説。故家文公云：『易若只言道理，聖人當初何不直作一書，如大學、中庸之類，何必用許多圖象，通其變以極其數如此也。』故其注易也，有象有占，以爲此象占乃易之本旨，故名曰本義，以見程傳諸書，皆非其本義耳。故程言理，邵言數；本義言象即理也，言占即數也。象占設而理與數皆具，易之道乃備，後世又何須注易？而濬之易門又何爲哉？亦秪以本義辭簡旨深，童蒙小子不能驟通其意，爰就本義略加訓詁，撰成口講，句分字晰，使因粗以求其精，故云訓蒙云爾。康熙癸亥仲春。」

曹溶曰：「日濬，字静源，黄岡人。」

錢氏龍珍臆易

四卷。

未見。

嘉興縣志：「錢龍珍，字松溪，山東提學副使江之父也。」

于氏琳**易經參同、廣變、象告**

未見。

〔校記〕

四庫存目有周易參義六卷，不知與參同爲一書否。（易，頁二十）

平湖縣志：「于琳，字貞瑕，歲貢生。」

金氏式玉**三易通**

未見。

平湖縣志：「金式玉，字藍珂，順治辛丑進士。著三易通、四書人物考。」

沈氏廷勱**身易實義**

五卷。

存。

廷勱自序曰：「易爲盡性之書，而實誠身之書也。盈天地皆易，則盈天地皆身之用。此三極之道，所以必待聖人之參贊而立乎其中與？行乎其中之道始不虛也。夫易無端而呈於河、見於洛，聖人亦無端而會於心。不能言爲著也，以畫著之；不能事爲該也，以象該之。明其象以顯其用，要令人隨時易事，隨事盡理，而無不有當用之易。此易所以爲中庸之德，而利用出入莫有外焉者也。古之言易者多矣，漢儒類主象而不言理，王輔嗣始言理，韓康伯佐之，議者又病其懸虛。宋儒潛心易學者，胡安定開其先，而元公之圖，正公之傳，明公之解，共城之經世，建安之本義，皆卓然成家。傳、義二書，尤易學之綱領也。嗣後確守伊川者，爲龜山楊氏、平庵項氏；確守建安者，爲雙湖、雲峯兩胡氏，幼清吴氏。雖間出己意，要皆傳、義之功臣。若夫易而禪者，慈湖也；易而史者，誠齋也。而考鏡古今得失，俾易可見諸實用，則吾於誠齋有取焉。明儒論易，薛文清爲最醇，而蔡虛齋、林次崖、徐伯魯三家鼎立，實爲易之正宗。若夫來瞿塘具靈通妙解，何玄子①彙全易之巨觀，以至呂涇野、高忠憲、劉念臺、張湛虛之簡要，唐凝庵、錢啓新、郝京山、鄒四山、李雪園之超異，余爲是編，間有採集。則取其同於程、朱者，去其不同乎程、朱者；或程、朱之所互異，則深研之以求其一是；又或程、朱之所未及，而其説有確當而不可易者，亦並甄焉。書成，名之曰身易實義。謂以心言易，未若以身體易之爲實，以身體易，又必以易見諸用之爲實也。夫一卦有一卦之用，一爻有一爻之用；六十四卦既有大象闡發卦意，以著其用矣，若夫三百八十四爻之用，則尚缺焉。余用是即小象之意、倣大象之例以補之，以附於箋注之末，意欲使人知爻之理，加詳於卦，而甚切於日用，誠便於學者之事也。吾人誠能爻爻體驗於身，毋以境遇之憂虞

①「子」，備要本誤作「于」。

爲悔吝，而以吾身之迷錯爲悔吝，毋以外物之得失爲吉凶，而以吾身之違合爲吉凶，庶幾小過可寡，大過可無，斯誠身之切要，而爲學易之實義乎？」

徐盛全曰：「廷勷，字子相，嘉興人。以貢士除知欒城縣，遷商州知州。」

周氏漁加年堂講易

十一卷。

〔校記〕

四庫存目作十二卷。（易，頁二十）

存。

漁自序曰：「易者，羲、文、周、孔四聖人明道覺世之書也。孔子既没，秦、漢來以易學名家者，指不勝屈，而近代儒生則大都奉朱子本義爲定説。漁不敏，童而習之，長而不能無疑焉。朱子之言曰：『易爲卜筮作，非爲義理作。伏羲之易，有占而無文，與今人用火珠林起課者相似。文王、周公之易，爻辭如籤辭。孔子之易，純以理言，已非羲、文本意。某解易，只是用虚字去迎過意來便得。』然則孔子當日何用三絶韋編，而所稱『加年無大過』者，豈終日把定一束蓍艸耶？間嘗置本義而求之於程氏傳，又置程傳而求之於古今來凡言易之家。或言理而不貫，或取義而不專，或一爻偶合而全卦則岐，或一卦偶通而全經則窒，未敢信以爲然。乙未春杪，下第歸，丁先孺人憂，讀禮之暇，取程、朱傳、義閲之，向來之惑滋甚，乃屏去，浄掃一室，顔曰加年堂，置一牀一几，録周易白文一册，正襟危坐，日夕參尋。經半月，忽會得謙、豫兩卦大意，蓋從乾至大有，仍襲先儒注疏，闕疑闕殆，而至謙、豫，則諸解尤不足信。即此而參，亦即從此起悟。乃知羲畫、文辭，周爻、孔傳，本一意貫通，取象立言，皆有著落。自是每拈一卦，參究如前。或數日通一卦，或數月通一卦，或數年而後通一卦，貧於此而不知憂，病於此而不知苦，老於此而不知哀，官罷於此而不知恤。自乙未迄今甲寅，閱歷二十年，稿凡四易，而六十四卦之解以畢。有學於漁者，集加年堂而問焉，每集講一卦，因名其編曰加年堂講易，云是講也，與朱子本義、程子傳及古今來言易之家大相違戾，不無驚世駭俗，爲習聞習見者所疑議。而吾黨之內，有窮年學易，而不得其解，并不信先儒之解易者，一聞是講，則莫不歡忻鼓舞而聽受之，謂能發數千百年所未發，漁不敢當也。若謂羲、文、周、孔四聖人明道覺世之旨，不終晦於天下，假吾之心慮口宣以代爲發之也，是則何能辭也哉？康熙十三年甲寅秋。」

經義考卷六十八

易六十七

陳氏廷敬**尊聞堂易説**

七卷。

存。

潘耒曰：「先生於易，言理必歸於至醇，言象不流於小數。蓋斟酌於程、朱傳、義，而擇其中者也。」

黄氏與堅**易學闡一**

十卷。

存。

與堅自序曰：「舜之授禹曰：『惟精惟一，允執厥中。』箕子之陳範曰：『皇建其有極。』夫中與極惟一理，而自伏羲、文王、周公、孔子以陰陽之變化著爲易，又以氣合理而出之者也。上古以來，世道之變，以滋萌矣。歷經四聖人，畫之卦，繫之彖，衍之爻與象，以窮其變，而所以不變者皆一也。非推其不變，以窮天下之變，而後以爲易乎？其後易教寖衰，因沿各別，西漢則雜於禨祥，東漢則入於讖緯，魏、晉則流於術數，由六代迄隋、唐，浸淫於道德之旨，而以易、老並稱之。易之變，至於不可勝窮而究，不能窮其理之變，此皆諸儒箋疏之過也。言易者莫盛於漢時，而其紊亂亦自漢儒始。梁丘、施、孟、費直之徒，訓①詁競起，各師其說。焦、京諸家，又有占候測驗之書、互反飛伏之法，務加穿鑿以求勝。迨魏王弼以老、莊救之，汩②没彌甚，幾百年間，雖其爲說，精粗大小，各有不同，而務爲③矜奇，以亂人之耳目，驅天下而胥悖於易也則一矣。宋周、邵、二程、張、朱六子出，始精研四聖人之道，以爲是陰陽也，舍日用尋常更無別趣，令學者當體求之，確有持循，而易之道始大著於天下。夫易，終古此理也，豈以時之變而遂變焉者乎？道如是，即聖人不能辭其故，而人欲舍是以求新，終於不返而已矣。今夫天地一陰陽也，日月山川，其在天地，亦僅守厥常，人盡俯仰安之耳。若日月有薄蝕，山川有崩竭，少有異，史即書之以爲災，然則幾百年間，其或有言陰陽而好爲詭怪殊特以欺世，猶夫薄蝕崩竭與常殊，皆天地不祥之氣所釀成，以是言易，不滋懼矣乎？後之學者苟能察於理，知邪説之流害，亦返而求其所謂一者，

①「訓」，備要本誤作「傳」。
②「汩」，四庫薈要本誤作「泊」。
③「爲」，文津閣四庫本誤作「放」。

斯已耳。余即六子遺書，述其大概，得文一十二卷，曰闡一。乙丑春，自使黔南返，不戒於舟，悉沉江中。比於暇日，補綴舊業，僅存九十九首，次爲十卷，仍因舊名之。凡以覈之嚴，辨之切，欲稍稍以明道，其或以所得弇淺，尚有未能，亦原其志焉可矣。」

毛氏奇齡**仲氏易**

三十卷。

存。

奇齡自述曰：「仲氏者，余仲兄與三也。名錫齡。仲氏在崇禎之季避難，得錮疾，授生徒以說經自娱，而尤長於說周易。當余出亡時，仲氏泣送余，謂曰：『古賢處憂患者必明易，汝知之乎？』余拜而受言。暨余歸，被徵，而仲氏病，至乞假，而仲氏已不可見矣。顧其說易，實有西漢以還魏、晉、六朝遺法，爲宋、元諸儒所未及者。余哀其志，就兄子口授諸說易大旨暨各卦詁義而擴大之，爲仲氏易。雖然，使仲氏爲易，而止如是乎？」

推易始末

四卷。

存。

李澄中曰：「推易始末者，西河毛氏發明仲氏易推移之義，蓋即前儒卦變、卦綜之説而暢之。歷載變卦、反對、六十四卦相生、本義卦變、十辟卦變、六子卦變、卦綜乾坤主變七圖説，并載推易及推易折衷二圖説於後。」

易小帖

五卷。

存。

按：此係西河氏雜紀説易之可議者。

〔四庫總目〕

奇齡所著經解，惟仲氏易及春秋傳二種是其自編，餘皆出其門人之手，故中間有附入門人語者，此小帖凡一百四十三條，皆講易之雜説，與仲氏易相爲引伸。朱彝尊載之經義考，云：「皆西河氏紀説易之可議者。」今觀其書，徵引前人之訓詁，以糾近代説易之失，於王弼、陳摶二派攻擊尤力。其間雖不免有強詞漫衍，以博濟辨之處，而自明以來申明漢儒之學，使儒者不敢以空言説經，實奇齡開其先路。（卷六，頁十七—十八，易小帖五卷提要）

易韻

四卷。

存。

龐塏曰：「古文多用韻。易上、下象傳并雜卦傳，無一不用韻者，蓋其辭類贊，贊必有韻，昔人所謂贊易是也。大可於韻學精晰，故著此書。」

喬氏萊**易俟**

六卷。

存。

〔校記〕

四庫本：「十八卷。」（易，頁二十）

嚴繩孫曰：「石林尊人，侍御聖任先生，以理學①名家。易俟六卷，大約得之過庭之訓爲多。」

納蘭氏成德**大易集義粹言合訂**

八十卷。

存。

成德自序曰：「宋陳友文大易集義六十四卷，曾穜大易粹言七十卷，二書摭拾宋儒論説凡十八家。而粹言所采二程、横渠、龜山、定夫、兼山、白雲父子七家；其康節、濂溪、上蔡、和靖、南軒、藍田、五峯、

① 「理學」，文津閣四庫本作「禮樂」。

屏山、漢上、紫陽、東萊十一家之説，皆集義上、下經所①引，粹言則未之及也。粹言有繫辭、説卦、序卦、雜卦，集義止上、下經。余竊病其未備，因於十一家書中，將講論繫辭以下相發明者，一一采集，與粹言合而訂之，間以臆見考其源委，定其體例，芟其繁芿，補其脱漏，成八十卷。庶使兩書之發凡起例互相脗合，而十八家之精義奥旨，無不網羅畢具。繇是而上求三聖之心於千載之下，和合諸儒之言於一堂之中，雖人自爲説，有彼此淺深詳略之不同，而會而歸之，罔所乖刺②。測度摹擬，無有不備；從衡變化，無有不通。理象之粲然者，莫是過矣。自揣固陋，未必有當於集義、粹言，所以爲書之宗要，或亦陳、曾兩公之所不廢也。」

湯氏秀琦**讀易近解**

三卷。

存。

宋犖曰：「臨川湯秀琦，字弓庵。」

〔校記〕

四庫存目作二卷。（易，頁二十）

---

① 「所」，文津閣四庫本誤作「皆」。

② 「乖刺」，備要本誤作「乘刺」。

李氏鏡**周易參義**

三卷。

存。

鄭玥曰：「鏡，字明遠，嘉興學生。」

楊氏南**説經**

一卷。

存。

繆泳曰：「吴江楊氏説經十五篇，鏤板以行。聞有易集注，未之見也。」

洛書成卦圖

一卷。

存。

潘耒曰：「邑人楊維箕好學深思，博通經史象緯之學，布衣芒屩，教授村墟中，始以九宫演八卦，順而布之，九變而成六十四卦，復逆而布之，亦九變而成六十四卦，倒裝對待，皆出天然，錯綜進退，曲盡其妙。」

李氏公柱**讀易述餘**

四卷。

存。

徐善曰："嘉善李松子喬撰，無繫辭。松庚辰進士，晚名公柱。"

朱氏襄**易韋**

十二卷。

存。

姜氏垚**易原**

三卷。

存。

宋俊序曰："六經皆聖人治世之書，而易獨①爲聖人治心之學。治世者，本乎人，治心者，原於天。自庖犧一畫，而三聖人各闡其秘，後賢雖竭其推測，亦聽夫人之自爲易而已。其於先後天之理何有？

① "易獨"，文津閣四庫本作"獨易"。

説者謂易爲卜筮之書，數書也。然不通乎理，又烏乎言數？理者何？心是也。舍心不可以窮理，豈離理又可以言天乎？易原一書，姜子治心之書也。舉六十四卦而皆返之於心，即皆合之於天，於憂患中而悟潔静精微之旨，直與匡鼎説詩、郭象注莊等，而豈艱深怪僻如揚雄、焦贛者同日而語哉？」

施氏名未詳**周易辨疑**

未見。

王世貞曰：「郡丞施君易學辨疑，微而入於理，顯而周乎象，指要而删其蔓，得意而超乎筌，何其説之有根底也。」

耿氏名未詳**述古易**

未見。

錢一本序曰：「易有古今之分。漢費直本初畫全卦，再畫本卦，又畫覆卦，繫以彖、爻與用九、用六之辭，後以一傳字加彖傳之首。鄭玄本於費本，有省移初九至用九爻位之文，加爻辭之上，合彖傳於經，於彖傳加『彖曰』字，於象傳加『象曰』字。王弼本移文言附乾、坤二卦之後，加『文言曰』字；以孔子贊文之辭，本以釋經，乃各附當爻，每爻加『象曰』字。歷代因之，是爲今易。漢藝文志云易經十二篇，吕大防定爲經二卷、傳十卷，晁説之釐爲八卷，吕祖謙復定爲十二卷，一以古爲斷，是爲古易。瀛海耿侯之述古易也，其自彖傳以下，有所更置序正者，易辭也。其於易畫上下二篇，以今文上篇三十卦一百八十爻，下篇三十四卦二百有四爻，通爲六十四卦三百八十四爻。古文上篇一十八卦一百有八爻，下篇一十八卦一百有八爻，通爲三十六卦二百一十六爻，變之即六十四卦三百八十四爻。侯之言曰：『六十四卦三百八十四爻，易之體也。三十六卦二百一十六爻，易之用也。文王洩天地鬼神之祕於指掌，其用至妙而難言。故寓不言之意於譜卦之中，使學者得意而忘言。』嗚呼！得意忘言，玆侯之述古之遐思乎？本至愚極陋，原不能言，而竊逆以意。卦有六十四，而侯譜之止於三十六，乾卦，一爻之策數也。爻有三百八十四，而侯譜之止於二百一十有六，全乾，六爻之策數也。侯嘗憂象數難明，而謂象數立則天地鬼神未來之祕如指諸掌，舉全易之象而統之於乾象，舉全易之數而統之於乾數，乾象立，天下其有遺象乎？乾數立，天下其有遺數乎？本又反覆以研侯意，反對三十六卦，其實又只是六大卦，如卦之有六爻。自乾、坤至畜、履，合六卦爲一大卦。自泰、否至噬嗑、賁，自剥、復至坎、離，皆然。此上篇三大卦也。自咸、恆至損、益，合六卦爲一大卦。自夬、姤至漸、歸妹，自豐、旅至既、未濟，皆然。此下篇三大卦也。乾、坤，陰陽剛柔之所自始，管領二大卦，如卦之初、二兩爻，剥、復，陽剛消長之際，管領二大卦，如五、上兩爻，是又合三十六而止成一卦六爻云爾。此正所謂易簡，而天下之理得。象豈遠乎哉？數豈多乎哉？此非今之學者所易窺也。」

樊氏名未詳**易塵**

未見。

按：樊氏未詳其名，卷帙亦亡。烏程沈尚書演爲之作序，文載集中。

洪氏名未詳**周易翼義**

未見。

史繼偕曰：「積齋洪先生言易無失朱子之義，故曰翼義。翼義即所以翼經也。先生子孝廉一愚君出其家藏晚年論定之書，梓之福安黌舍，學者得之，無異布帛菽粟矣。」

郭氏易學集解

二卷。

存。

吴應賓曰：「魯國郭季公負大略，又能精觀世變。其於易數十年守之，而一朝言之，宜其有不言，言輒有當也。」

按：郭氏易解去著書姓名而題曰無名氏。知其姓者，有吴上舍序也。

亡名氏周易真文

二卷。

未見。

易林説疑

二卷。

未見。

以上二部載澹生堂目①。

易説

二卷。

存。

按：易説二卷，未詳何人所撰，鄭端簡公家所藏抄本，或係端簡公藁亦未可定。

易十三傳

十三卷。

存。

---

① 「澹生堂目」，依四庫薈要本、文淵閣四庫本應作「澹生堂書目」。

按：易十三傳，未詳誰氏所撰，第知爲嘉靖間人。其云十三傳者，乾上九傳一，姤初六傳二，姤九二傳三，姤九三傳四，姤九四傳五，姤九五傳六，姤上九傳七，大過初六傳八，大過九二傳九，大過九三傳十，大過九四傳十一，大過九五傳十二，大過上六傳十三。證以歷代紀年，蓋倣邵氏經世書，而於六十四卦相生圖則又不主邵氏之說。

周易宗孔篇

未見。

陸元輔曰：「周易宗孔篇，不知誰氏所撰。蓋萬曆中人。大意以爲彖傳即通卦解，欲識文王之旨者，取諸此而足。象傳即六爻解，欲識周公之旨者，取諸此而足。獨大象乃孔子自抒己見，以廣易之用，不必與文、周同，故列之後。其中或采之諸家，或附以己意，於世俗不無剌謬，要以孔子言爲宗云。予未見此書，黄徵君虞稷爲予說。」

易義

六卷。

存。

右易義六卷，吴興書估得餘杭孫氏①，不知誰氏子作，第卷首有「伯龍」二字私印。

〔補正〕

此條下云：「吴興書估得餘杭孫氏。」「得」下脱「之」字。（卷二，頁十二）

① 「吴興書估得餘杭孫氏」，依補正、四庫薈要本、文淵閣四庫本應作「吴興書估得之餘杭孫氏」。

經義考卷六十九

易六十八

劉氏瓛周易乾坤義

隋志：「一卷。」

〔補正〕

按：隋志：「周易乾坤義一卷。齊步兵校尉劉瓛撰。」然胡一桂周易本義啓蒙翼傳云：「劉瓛乾坤義疏一卷，繫辭義疏二卷。」隋經籍志亦載：「周易繫辭義疏二卷，劉瓛撰。」據此，則乾坤義下似當依胡氏增「疏」字。然陸氏釋文引七録云：「劉瓛作繫辭義疏。」而未言乾坤義疏，今亦不敢增也。」（卷二，頁十二）

佚。

〔校記〕

黄奭有輯本。（易，頁二一）

周易四德例

七録：「一卷。」

佚。

南史：「劉瓛，字子珪，沛郡相人。薦爲秘書郎，不見用。齊高帝踐阼，召瓛入華林園談語，問以政道，答曰：『政在孝經。宋氏所以亡，陛下所以得之，是也。』帝咨嗟曰：『儒者之言，可寶萬世。』永明初，除步兵校尉，不拜。天監元年，謚曰貞簡先生。」

蕭子顯曰：「劉瓛承馬、鄭之後，一時學徒以爲師範。」

李氏玉之**周易乾坤義**

七録：「一卷。」

佚。

阮孝緒曰：「齊臨沂令李玉之撰。」

許氏辯**乾坤氣法**

隋志：「一卷。」

佚。

釋法通周易乾坤義

七録：「一卷。」

佚。

亡名氏周易乾坤三象

七録：「一卷。」

佚。

乾坤二卦集傳

二卷。

未見。

右見澹生堂書目。

史氏通乾坤别解

三卷。

佚。

錢氏貴**乾坤纂遺**

未見。

劉氏遷**乾坤微言**

一卷。

存。

曹溶曰：「劉遷，字无始，歷城人，自號鍾陽子。」

王氏逢**乾德指說**①

一卷。

佚。

范氏仲淹**四德說**

一篇。

---

① 「乾德指說」，文淵閣四庫本作「乾坤指說」。

存。

朱子熹**元亨利貞説**

一篇。

存。

管氏志道**周易六龍解**

一卷。

存。

曾乾亨序曰：「管登之先生，起家楚臬，從潯陽上書乞歸，候命匡廬之麓，日玩周易，注六龍解。夫龍德者，大人之學也。潛見惕躍飛亢，大人所乘之遇也。乃中古而降，龍德之大，人不少概見，何哉？蓋嘗觀於陰陽之際，而知天德之難也。龍本純陽，有纖毫陰翳之未盡，即難語龍德。乾元統天，自一至九，純陽用事。用而無用，眹兆莫測，先天渾淪，孰覩其首，此乾體也。自陰柔現而乾體析，乾體析而羣陰始雜於陽，就中陰氣消化未融，其末立見，羣龍安得无首哉？夫天以无首爲則，有首則非天則矣①。天則不見，龍德隱，而世變日下矣。陰既盛而陽剛漓，即龍德多迍數。聖人之出，正值惕躍之會於兩乾

① 「矣」，文津閣四庫本作「以」。

合體之間，兢兢若此，故曰：『作易者其有憂患乎？其亦深矚陰陽之微機乎？』使其在今日，憂患更復何似。然聖人固已逆睹矣，彼其以龍德而於三四之際所操修垂戒者，抑何肫至也。先生負超世之識，精詣悟徹，中皆釋孔子傳文，而未嘗創爲臆説，世之誦其言者，可以知其人矣。」

志道自序曰：「余幼以應舉之例習易，長而稍有所聞。辛未登籍，己卯①歸田，日兢兢以修慝遠名是務，筆劄罕有存者，而天臺耿先生貽書以闡道相迪，於是輯經删史之念起。會余捧分臬辰沅之檄，以不能將母，陳情再辭，次蠡口郵亭以待命。於時身心閴寂，忽動訓易之思，先草六龍解，次乃會通乾、坤，彖、象、文言，次及六子，又次及屯、蒙以後反對諸卦。而余所陳疏與被參之報並至，遂返棹遄歸，至蠱之上九而停筆。自惟蠡管之見，未必深契聖心，權命之曰易測。將以餘力脱稾，就有道而正焉，而先慈之慟作矣。傷哉天乎！易之辭，演自羑里；易之傳，兆於匡圍。古聖興易，尚有憂患，余何人斯，而能逃此酷罰哉？門人張浩請以易測公諸人，余曰：『書未成也。』則請先出六龍解，余曰：『可哉！是乾象中之一義也。□②聖人之用盡於六龍矣，其體則在乾，乾字淵乎！淵乎！余第測其影響』云爾。其中解『羣龍无首』之義，實發端於耿先生。萬曆癸巳。」

甘士价曰：「東溟周易六龍解，因人事，發天道，旁引曲證，中窾入神，無一言泥易，亦無一言非易。」

---

① 「己卯」，文淵閣四庫本誤作「乙卯」。

② 「□」，四庫薈要本不缺，文淵閣四庫本、文津閣四庫本作「夫」，備要本作「然」。

六龍剖疑

一卷。

存。

志道自序曰："志道以萬曆壬辰待命蠡口①，草周易六龍解。比歸，緘質先師耿恭簡公，公爲題其簡端，最賞惕、見二解，而推敲釋氏神龍之説。是時公在沈痾中，葢疑余之以神龍首釋氏，而未暇察其正爲羣龍无首之義發也。越七禩，今少司馬許敬庵先生有六龍解之評，其持論平正切實，大類恭簡公，而推敲更密。因復拈玩，有不安於心者，即隨其所列條款，從中剖厥疑義，以復敬庵，亦欲與海内賢豪共商之，名之曰六龍剖疑云。萬曆壬寅。"

王氏輅**師卦解**

一卷。

未見。

三楚文獻録："王輅，字以明，公安人。國子監生，除鳳翔府通判，歸隱平樂村竹林。蔡復一撫黔，過而問學，輅著師卦解一卷報之，皆折衝至理。"

---

① "蠡口"，文津閣四庫本誤作"彖口"。

柯氏述否泰一十八卦論

佚。

閩書：「柯述，字仲常，泉州南安人。嘉祜①四年登第。元祜②、元符中，兩知福州。歷福建提刑、湖南轉運使，終朝議大夫直龍圖閣，述粹於易，著否泰一十八卦，以明君子小人之分。」

〔補正〕

閩書條「嘉祜」、「元祜」，「祜」皆當作「祐」。（卷二，頁十二—十三）

傅氏耆同人卦説

一篇。

佚。

度正曰：「濂溪先生攝邵州事，以改定同人説寄傅伯成，伯成復書云：『蒙寄同人説，改易數字，皆人意所不□□③。』宜乎使人宗師仰慕之不暇也。」

---

① 「嘉祜」，依補正、四庫薈要本、文淵閣四庫本、文津閣四庫本、備要本應作「嘉祐」。

② 「元祜」，依補正、四庫薈要本、文淵閣四庫本、文津閣四庫本、備要本應作「元祐」。

③ 「所不□□」，依補正、四庫薈要本、文淵閣四庫本、文津閣四庫本應作「所不能倒」。

〔補正〕

度正條内「改易數字，皆人意所不□□」，當作「所不能到」。（卷二，頁十三）

曹學佺曰：「耆，遂寧人，字伯成，年十四薦於鄉，知平羌孫①。」

〔補正〕

曹學佺條内「知平羌孫」，「孫」當作「縣」。（卷二，頁十三）

文氏天祥**賁卦義**

一篇。

存。

按：賁卦義一篇，先生兼崇政殿説書時，於熙明殿進講義也。又有詩定之方中講義一篇，今集中不載。

王氏逢**復書**

七卷。

佚。

---

① 「平羌孫」，依補正、四庫薈要本、文淵閣四庫本、文津閣四庫本、備要本應作「平羌縣」。

蔡氏沆復卦大要

一篇。

存。

徐夢發志墓曰：「先生諱沆，字復之，號復齋居士。西山先生次子也，西山憐外表兄虞英無子，與之爲嗣，更名知方，從母命歸宗。入則受教家庭，出則從文公學。承父春秋之屬，作春秋之論及王綱霸統等書行於世。以敬爲入德之門户，義爲一身之主宰，發明敬義以示人。以復爲學者遷善改過之幾，與人講明復卦。嘗言人當以不遠復爲法，以頻復而厲爲戒，尤有功於世教云。」

真氏德秀復卦説

一卷。

□①

魏了翁作碑曰：「真公德秀，建寧浦城②人，字景元，後更希元。紹定六年，以徽猷閣待制知泉州，進顯謨閣，知福州，兼福建路安撫使。端平元年，權户部尚書，除翰林院學士知制誥兼侍讀。二年，參

①「□」，依四庫薈要本、文淵閣四庫本、文津閣四庫本應作「存」。
②「浦城」，文津閣四庫本作「蒲城」。

知政事，感風疾，以資政殿學士提舉萬壽觀兼侍讀致仕。詔以文忠易名。」

王氏家屏**七日來復解**

一篇。

存。

俞汝言曰：「公字對南，大同山陰人。隆慶戊辰進士，累官禮部尚書兼東閣大學士。謚文端。」

王氏喬桂**七日來復解**

一篇。

存。

顧湄曰：「石首人。隆慶戊辰進士，改庶吉士，除福建道御史，歷四川布政司參議。」

李氏沂**復見天心解**

一篇。

存。

朱一是曰：「嘉魚人，字太清。萬曆丙戌進士，改庶吉士，除吏科給事中，建言爲民。」

陳氏希亮家人噬嗑二卦圖

二篇。

佚。

范氏祖禹家人卦解義

一篇。

存。

祖禹進劄子曰：「臣近以權住經筵，久不進講。陛下今月一日已御邇英，又先降聖旨，過端午未住講讀，此見陛下好學之至也。而臣自五日以後，北郊奉祀，未獲入侍。伏覩中宫初建，將行嘉禮，實爲正始之道，王化之基①。恭惟本朝祖宗家法，自三代以還，蓋未之有；由漢以下，皆不及也。今陛下納后以承天地，以奉祖宗，内盡孝養，外美風化，將以爲萬世法，愚竊爲陛下重之。謹按：周易家人之卦，乃聖人所以定天下之端本，臣輒不自揆，敢撰集所聞先聖先賢之言，爲解義一篇，謹録上進，以代奉事，伏望聖慈少賜省覽。」

① 「正始之道，王化之基」，文淵閣四庫本脱漏爲「正始之基」。

□氏德亮**家人經傳衍義**

佚。

程鉅夫後序曰：「家人之卦辭曰：『父父，子子，兄兄，弟弟，夫夫，婦婦，而家道正，正家而天下定。』齊景公問政於孔子，孔子對曰：『君君，臣臣，父父，子子。』嗚呼！使君君，臣臣，父父，子子，兄兄，弟弟，夫夫，婦婦，豈有亂與亡哉？夫惟聖人耐以天下爲一家，故治天下之道，備於家人①一卦。非已備也，所以爲治道之備者始於此也。嗚呼！自天子以至於庶人，皆父父，子子，兄兄，弟弟，夫夫，婦婦，獨非聖人之治乎？予於是深有感於此書矣。有問治天下之道於德亮者，請執衍義以往。抑以風自火出之家②推之。風以動化言，火以家宅言。蓋曰：『化天下必自一家始也③。』爐鞴之説固善，若曰：『火自風出乃可。』德亮謂爲何如？」

按：德亮不知其姓氏，疑是趙采所撰。明文淵閣書目有家人衍義二册，未審即是書否也？

朱子熹**損益象説**

一卷。

---

① 「家人」，文津閣四庫本誤作「一家」。

② 「家」，依備要本應作「象」。

③ 「也」，文津閣四庫本作「以」。

存。

黄榦跋曰：「損、益之義大矣。聖人獨有取於懲忿窒欲、遷善改過，何哉？正心修身者，學問之大端，而齊家、治國、平天下之本也。古之學者無一念不在身心之中，後之學者無一念不在身心之外。此賢愚所由分，而聖人之所爲深戒也。晦庵先生二象以授學徒江君孚先，所警於後學者至矣。孚先以示其同學黄榦，三復敬玩，刻之臨川縣學，以勉同志，庶亦知所以自警哉。嘉定己巳暮春。」

釋契嵩**巽説**

一篇。

存。載鐔津集。

陳舜俞曰：「契嵩，字仲靈，自號潛子。藤州鐔津人。得法於洞山。慶曆間居錢塘，皇祐間去，居越。觀察李公謹奏賜紫方袍，乃抱書游京師，賜號明教大師。」

漢易中孚義

佚。

按：公羊春秋：「隕霜不殺艸。」傳何休注引易中孚記文曰：「陰假陽威之應也。」是漢有其書矣。

胡氏鼎金**三陳九卦説**

一卷。

未見。

俞汝言曰：「胡鼎金，字貴剛。究心易學，作三陳九卦説。見朱升周易旁注。」

王氏安石**九卦論**

一篇。

存。

包氏希魯**易九卦衍義**

一卷。

佚。

江西通志：「希魯，字魯伯，進賢人。從學吴澂，其教人先德行後文藝，及卒，門人私謚曰忠文。」

張氏希文**十三卦攷**

一卷。

佚。

傅若金狀曰：「希文①，字質夫，瑞之新昌人。初爲吏，以薦授百丈尹，不赴。所居積書圜四壁若巢然，人因號書巢先生。」

范氏述曾**易文言注**

佚。

册府元龜：「范述曾爲大中大夫，注易文言。」

沈氏柬**文言説内外**

未見。

沈氏進**文言會粹**

二卷。

存。

繆泳序曰：「文言，孔子十翼之一也。故章必冠以『子曰』，而梁武獨謂爲文王所作，豈其然與？世

① 「希文」，文淵閣四庫本誤作「大書」。

之言古易者，分十翼以復孔氏之舊，於文言傳僅録乾、坤二篇，不①知散入於繫辭者尚多也②。吾友沈山子，研精易學③，取繫辭諸卦類乎文言者，悉附於乾、坤之後。又以論語、戴記諸書文義相近者增益之，題曰文言會粹。蓋說經者不嫌於同異，以之入於古易，其誰曰不宜？」

謝氏萬**周易繫辭注**

隋志：「二卷。」

佚。

晉書：「萬，字萬石，簡文帝作相，召爲撫軍從事中郎，再遷豫州刺史，領淮南太守，監司，豫、冀、并四州軍事。」

按：雙湖胡氏易啓蒙翼傳④所載傳注有謝平繫辭注二卷，疑即萬，書字偶譌也。

〔補正〕

竹垞案：「雙湖胡氏易啓蒙翼傳所載有謝平繫辭注二卷，疑即萬，書字偶譌也。」方綱按：「胡氏啓蒙翼傳前載謝萬周易繫辭注二卷，後載謝平周易繫辭注二卷，自是各爲一書，安可以爲字譌而疑之？」

① 「不」，文津閣四庫本誤作「以」。
② 「也」，文津閣四庫本作「矣」。
③ 「易學」，文津閣四庫本誤作「學易」。
④ 「易啓蒙翼傳」，文津閣四庫本誤作「易學啓蒙易傳」。

（卷二，頁十三）

韓氏康伯繫辭注

隋志：「三卷。」

存。

晉書：「韓伯，字康伯，潁川長社人。簡文帝居藩，引爲談客。自司徒左西屬轉撫軍掾、中書、散騎常侍、豫章太守，入爲侍中。轉丹陽尹、吏部尚書、領軍將軍，改太常。」

李心傳曰：「後漢書楊易傳云：『天垂象，見吉凶，聖人則之。』魏志：『許定奏事亦云：「天垂象，見吉凶，聖人則之。河出圖，洛出書，聖人效之。」』皆與韓康伯本不同。」

李清臣曰：「韓康伯頗號知易，至於聖人之精義，又往往溺入於名理，趨向大與佛、老相類。」

程子曰：「讀易者，如王輔嗣、韓康伯，只以老、莊解之，是何道理。」

税與權曰：「易經羲、文、周、孔之手，可謂最古，而篇第不明，蓋漢、魏以來諸儒之罪，而王、韓尤其著①者。魏志謂鄭康成始合彖、象於經，厥初猶如今乾卦②附之於後，至王弼則自坤以下各爻聯綴之，標題乃以上經乾傳至下經豐傳爲六卷，不知於義何居？及韓伯又以上、下繫爲七、八卷，說、序、雜爲

① 「著」，文津閣四庫本誤作「主」。
② 「乾卦」，文淵閣四庫本誤作「乾、坤」。

第九卷，略例爲第十卷，使羲、文、周公上下二篇之經不成二篇，而孔子十翼不成十翼。漢、魏迄今幾千餘年，列於學官，無一人能辨其非者，惑世誣民，抑何盛哉？」

王應麟曰：「繫辭正義云：『韓氏親受業於王弼，承弼之旨，故引弼云以證成其義。』愚攷弼終於魏正始①十年，韓康伯，東晉簡文帝引爲談客，二人不同時，相去甚遠，謂之親受業，誤矣。」

俞琰曰：「漢去古未遠，諸儒訓解多類象數，蓋亦有所本。至魏王弼以老、莊之虚無倡於前，晉韓康伯又和於後，聖人之本旨遂晦。沿襲至於唐，諸儒皆宗之，太宗詔名儒定九經正義，於易則取王傳，而孔穎達輩以當時所尚，故雖其説未盡善，亦必爲之曲護。」又曰：「隋經籍志云：『秦焚書，周易獨以卜筮得存，惟失説卦三篇。後河内女子得之。』今韓康伯注本以説卦三篇分出序卦、雜卦，則序卦、雜卦之名，蓋始於康伯也。」

王禕曰：「韓康伯注繫辭、説卦等篇，其説本於王弼，疎略而無據。」

按：陸氏釋文序録注繫辭者十人，謝萬、韓伯、袁悦之、桓玄、卞伯玉、荀柔之、徐爰、顧歡、明僧紹、劉瓛。今之存者，惟韓氏而已。

桓氏玄**繫辭注**

隋志：「二卷。」

---

①「正始」，文津閣四庫本誤作「至始」。

佚。

〔校記〕

馬國翰有輯本。（易，頁二一）

陸德明曰：「字敬道，譙國龍亢人，僞楚皇帝。」

王應麟曰：「『何以守位，曰人。』所謂『后非衆罔與守邦』也。釋文云：『桓玄、明僧紹作仁。』今本乃從桓玄，誤矣。本義作『人』，云：『吕氏從古。』」

袁氏悦之**繫辭注**

佚。

荀氏柔之**周易繫辭注**

隋志：「二卷。」

佚。

卞氏伯玉**周易繫辭注**

七録：「二卷。」

佚。

阮孝緒曰：「宋東陽太守卞伯玉撰。」

陸德明曰：「濟陰人。宋東陽太守、黄門郎。」

徐氏爰**周易集注繫辭**

七録：「二卷。」

佚。

顧氏歡**注二繫**

佚。

劉氏瓛**周易繫辭義疏**①

〔補正〕

此處脱「隋志：『二卷』」四字，當補。（卷二，頁十三）

佚。

① 此處依補正應補「隋志：『二卷。』」四字。

〔校記〕

馬國翰有輯本。劉氏疏孫堂、黄奭亦有輯本。（易，頁二一一）

明氏僧紹繫辭注

佚。

〔校記〕

馬國翰有輯本。（易，頁二一一）

陸德明曰：「僧紹，字承烈，平原人。徵國子博士。」

按：釋文引明氏繫辭注「何以守位，□曰人」作「仁」①，「易有聖人之道四焉」作「君子之道」。

〔補正〕

竹垞按：「釋文引明氏繫辭注『何以守位，□曰人』作『仁』。」今按：「守位」下誤多一「□」，當删去。（卷二，頁十三）

沈氏驎士周易兩繫訓注

佚。

---

① 「『何以守位，□曰人』作『仁』」，補正作「『何以守位，曰人』作『仁』」、文淵閣四庫本作「『何以守位，曰人』，『人』作『仁』」。

梁武帝周易繫辭義疏

隋志：「一卷。」

佚。

蕭氏子政**周易繫辭義疏**

隋志：「三卷。」唐志：「二卷。」

佚。

宋氏褰**周易繫辭注**

隋志：「二卷。」

佚。

册府元龜：「宋褰爲大中大夫，注周易繫辭二卷。」

杜氏弼**繫辭義疏**

佚。

北史：「杜弼，字輔元，中山曲陽人。孝昌初，除太學博士，調侍御史，累遷大行臺郎中，賜爵定陽縣男。後除膠州刺史。耽好玄理，注莊子惠施篇并易上下繫辭，曰新注義苑，並行於世。」

荀氏諺**繫辭注**

唐志：「二卷。」

佚。

胡氏瑗**繫辭解**

二卷。

存。

司馬氏光**繫辭説**

宋志：「二卷。」

未見。

鄒氏浩**繫辭纂義**

宋志：「二卷。」

未見。

浩自序曰：「未有天地固有者，易也，豈待聖人作之而後爲易乎？聖人取易於不可見聞之中，而見之於卦、爻、彖、象之内，使天下後世由此入易焉，猶魚兔之筌蹄也，猶江海之舟楫也，猶諸夏之道路也，猶堂奥之門户也。伏羲作易之初，八卦而已，三畫而已。文王益之而爲六十四，重之以六爻，然後天下之能事畢矣，然而未有辭也。周公又即卦、爻爲辭以繫焉，而孔子名之，謂之繫辭。先儒謂文王繫卦辭，周公繫爻辭，誤矣。楊子曰：『易始八卦，而文王六十四，其益可知也。』又曰：『重易六爻，不亦淵乎？』以此推之，文王但益卦重爻，未嘗繫辭，而繫辭者，皆周公也。孔子曰：『八卦成列，象在其中矣，伏羲也。因而重之，爻在其中矣；剛柔相推，變在其中矣，文王也。繫辭焉而命之，動在其中矣，周公也。』三聖一心，孔子之心，三聖之心也。樂天知命，又憂之大也。故又爲彖、象以釋卦、爻之辭，又爲文言以兼釋其彖、象，又因卦、爻、彖、象而無所不釋，以自見其意。後之君子，視其可以傳①卦、爻之下者，既以别而傳之矣。視其不可以傳②卦、爻之下者，則類而傳之於其後耳。取孔子之名周公者名焉，亦謂之繫辭，其爲繫辭雖同，其所以爲繫辭則異矣。茲異也，祇其所以爲同歟？是故立象以盡意，伏羲之事也；設卦以盡情僞，文王之事也；繫辭焉而盡其言，周公之事也；變而通之以盡利，鼓之舞之以盡神，則孔子與焉。至孔子而所以盡利，所以盡神，於是乎盡矣。孔子嘗曰：『智者觀其彖辭，則思過半矣。』觀彖而已，未及象也，而思已過半，況并繫辭觀之乎？雖然，不能自師其誠心，不足以觀繫辭，不能觀繫辭，不足以觀易。易乎，易乎？捨繫辭而易者，豈無其人乎？吾未之見也。」

①② 「傳」，文淵閣四庫本誤作「傳」。

蔣氏之奇**繫辭解**

宋志：「二卷。」

佚。

東都事略：「之奇，字穎叔，宜興人。游歐陽修之門，後摭浮語彈修，考驗無實，遂爲清議所非。官至樞密院使。崇寧初，以觀文殿學士知杭州。」

韓氏元吉**繫辭傳**①

佚。

江西通志：「韓元吉，字无咎，開封人，維之子。仕至吏部尚書、龍圖閣學士，封潁川公。嘗師尹焞，友朱子，又得吕祖謙爲女婿，爲諸儒所重。徙居上饒，前有澗水，故號南澗。」

劉氏槩**易繫辭**②

〔補正〕

①「繫辭傳」，四庫薈要本作「繫辭傳解」。

②「易繫辭」，依四庫薈要本、文淵閣四庫本應作「易繫辭解」。

案：「繫辭」下脱「解」字，當補。（卷二，頁十三）

宋志：「十卷。」

佚。

董真卿①曰：「槩，字仲平，東明人。」

胡一桂曰：「劉槩繫辭解有論以括其大意。」

鄧氏傳之**繫辭説**

一卷。

佚。

周必大曰：「永豐鄧傳之，字師孟，游永嘉葉適正則之門。其於六經，尤好讀易，有繫辭説一卷。」

呂氏祖謙**周易繫辭精義**

宋志：「二卷。」

存。

---

①「董真卿」，文津閣四庫本誤作「董直卿」。

黄氏幹**繫辭傳解**

一卷。

存。

凡二篇。又一篇。安慶郡學講義。

柴氏中行**易繫集傳**

佚。

館閣續録：「柴中行，字與之，饒州餘干①人。紹熙元年進士及第，以宗正少卿，十一年正月，兼國史院編修官，七月，爲秘書監，十二年六月，除秘閣修撰，知贛州。」

宋史：「中行所著有易繫集傳、書集傳、詩講義、論語童蒙説。」

張世南曰：「南溪柴先生中行，吾鄉前輩也。以國學上舍登紹熙庚戌甲科，事寧考，爲秘書監。初任臨川推官，秋，大比，漕司前期取脚色，必欲書『委不是僞學』五字，先生得文移，即具申云：『自幼習易，讀伊川之書，以取科第，如以爲僞，不願考。』有讒之者，内臺欲加論列，何公澹在諫省，曰：『其人所守不變，可罪之乎？』」

① 「餘干」，文津閣四庫本誤作「餘千」。

董真卿曰：「恕齋集解繫辭以後。」

王氏之佐繫辭解

佚。

黄震後序曰：「易示吉凶，所以吉，所以凶，則有理存焉。自晉人以老、易並言，遂矯誣聖經以證虚無之學，至我伊川始言理以究其精微，晦庵始言吉凶以復其本義，繼此言易者紛紛，匪贅則鑿，否則淪於虚無者。有以①臨川鄒氏解六十四卦，其有②王氏繼之解繫辭，始明白守正。不襲用二先生之説，而理自然相符，其學識之正何如哉？然其意猶未顯於世，雖其後人出以見示，猶自謙□③，謂不過平説④爾。余嘗考二氏與陸象山同以明經薦於鄉，名聲實相上下。象山以解經爲非，至今名聲振天下，二氏帖帖正理，□□解經⑤，没世而名不稱。出奇者争傳，守正者無聞，天下事每如此。既録其副，因三太息，書元本而還之。」

① 「以」，四庫薈要本作「之」。
② 「有」，四庫薈要本作「友」。
③ 「謙□」，四庫薈要本作「謙抑」、文淵閣四庫本作「謙遜」、文津閣四庫本作「謙言」、備要本作「謙讓」。
④ 「平説」，四庫薈要本、備要本俱作「半説」。
⑤ 「二氏帖帖正理，□□解經」，四庫薈要本作「二氏帖帖然，以正理解經」、文淵閣四庫本作「二氏帖帖正理，下帷解經」、文津閣四庫本作「二氏帖帖正理，確實解經」。

柴氏元祐①**易繫辭説**

佚。

姓譜：「元祐②，字益之，通五經，尤長於易。四方從學者衆，湯漢、李伯玉、饒魯皆出其門，學者稱爲強恕先生。著春秋、尚書、論語解，易繫辭、中庸、大學説。」

舒氏澥**繫辭釋**③

三卷。

佚。

何氏基**繫辭發揮**

二卷。

未見。

---

①② 「元祜」，文津閣四庫本作「元祐」。

③ 「繫辭釋」，文淵閣四庫本、文津閣四庫本俱作「繫辭説」。

亡名氏繫辭要旨

宋志：「一卷。」胡氏翼傳：「三卷。」

佚。

太學直講繫辭

十二卷。

佚。

胡一桂曰：「三舍時學舍講義也。」

劉氏因**易繫辭説**

佚。

蘇天爵作墓表曰：「先生諱因，字夢吉，保定容城人。嘗愛諸葛孔明『静以修身』之語，表所居曰静修。至元十有九年，徵拜承德郎右贊善大夫。未幾，辭歸。二十八年，復遣使以集賢學士嘉議大夫來徵，以疾固辭不起。先生於文，不爲空言，皆有補於世教。其小學、四書、語録，皆門生所録，惟易繫辭説乃先生病中筆之，親授其徒者也。延祐①中，贈翰林學士資善大夫上護軍，追封容城郡公。謚文靖。」

齊氏履謙**繫辭旨略**

二卷。

未見。

倪氏復**易繫辭解**

未見。

陳氏仁錫**繫辭十篇書**

十卷。

未見。

張氏習孔**繫辭字訓**

一卷。

---

① 「延祐」，依四庫薈要本、文津閣四庫本應作「延祐」。

存。

李氏燾易大傳雜説

宋志：「一卷。」

未見。

經義考卷七十

易六十九

王氏景**大衍玄基**

佚。

後漢書：「王景，字仲通，樂浪詽邯人。廬江太守。少學易，遂廣闚衆書，又好天文術數之事。以六經所載，皆有卜筮，作事舉止，質於蓍龜，而衆書錯糅，吉凶相反，乃參紀衆家數術、文書、冢宅①、禁忌、堪輿、日相之屬，適於事用者，集爲大衍玄基云。」

顔氏周易大衍通統「顔」或作「顧」。

七録：「一卷。」

① 「冢宅」，文淵閣四庫本作「家宅」。

佚。

唐孝明皇帝周易大衍論

唐志：「三卷。」

佚。

顧氏蒙大衍圖

三卷。

佚。

王定保曰：「顧蒙，宛陵人。萍梗江、浙間，後避地至廣州，困於旅食，書千字文授聾俗以换斗筲之資。未幾，遘疾而終。蒙頗窮易象，著①大衍圖三卷。」

釋一行②大衍論

唐志：「二十卷。」舊史本傳：「三卷。」

① 「著」，文淵閣四庫本作「著」。

② 「釋一行」，文淵閣四庫本作「釋氏行」。

佚。

大衍玄圖

唐志：「一卷。」

佚。

義決

唐志：「一卷。」

佚。

新唐書曆志：「漢曆數起黄鍾之龠，其法一本於律，其後劉歆又以春秋、易象推合。至唐一行始專用大衍之策，則曆術本於易矣。」

郭雍曰：「大衍之數，京房以十日、十二辰、二十八宿爲五十，馬融以太極、兩儀、日月、四時、五行、十二月、二十四氣爲五十，荀爽①以八卦六爻加乾坤用九、用六爲五十，皆妄相傳②會，非學者所宜言。至鄭康成、姚信、董遇，皆取天地之數以減五六。義雖近之，而鄭氏謂五行減五爲五十，姚、董謂六畫減

① 「荀爽」，依文淵閣四庫本、文津閣四庫本、備要本應作「荀爽」。
② 「傳」，依四庫薈要本、文淵閣四庫本、文津閣四庫本應作「傅」。

六爲四十九。五六當減則減，又何必傅會五行六畫，此儒者之蔽也。韓氏取王弼之言曰：『演天地之數，所賴者五十。』夫何賴焉？顧歡云：『立此五十數以數神。』又何立焉？夫數本於自然，數之所始，聖人能知而明之耳。安能以私意加毫末於是也。故大衍之數五十，是爲自然之數，皆不可窮其義。窮之愈切，其失愈遠。惟毋意，毋必，斯得之矣。後世謂①一行、王朴之術皆出於大衍易。數與曆不可同論也。」又曰：「大衍之數，自唐以奇爲扐，以扐爲掛，以正策數爲餘數，殆今五百年矣。雖名之不正，義亦難通，而其數尚未失也。至一行之學，直取三多三少之象，以畫奇耦，不復問其數，此與擲錢代蓍無以異，四十九蓍於是直可廢也。百世之下，康節先生出，而後明言策數；横渠先生出，而後明正奇扐；伊川先生出，而後其法大備。學者於是復知聖人生蓍立法之意，斯道不可得而絶矣。」

李氏覺**大衍義**

通志：「一卷。」

佚。

姓譜：「覺，字仲明，青州人。太平興國初，舉九經，爲秘書丞，校定五經正義。」

長編：「端拱元年五月，車駕幸國子監，詔覺講周易之泰卦，賜帛百疋。」

---

① 「謂」，文津閣四庫本作「之」。

孔氏旼**大衍説**

一篇。

未見。

王安石作墓誌曰：「旼字寧極，嘉祐三年，除守秘書省校書郎，四年，召以爲國子監直講，辭乃除守。光禄寺丞致仕，卒贈太常丞。先生博學，尤喜易，未嘗著書，獨大衍一篇傳於世。」

耿氏格**大衍天心照**

宋志：「一卷。」

佚。

吴氏適**大衍圖**

一卷。

佚。

玉海：「紹興十七年四月，左迪功郎吴適進大衍圖，令秘省詳之。」

胡氏銓**大衍論**

一篇。

存。載澹庵集

張氏行成**周易述衍**

十八卷。

存。

丁易東曰：「張文饒述衍，以序卦乾變坤，坤變屯，屯變蒙，以至離變咸，未濟復變爲乾之類，必老少陰陽之策各九十六；又以雜卦乾變坤，坤變比，比變師，以至歸妹變未濟，未濟變夬，夬復變乾，亦老少陰陽之策各九十六，其數同。」

蔡氏元定**大衍詳説**

未見。

宋史：「蔡元定，字季通，建州建陽人。韓侂胄專政，設僞學之禁，言官疏詆朱熹，并及元定，謫道州，卒。侂胄既誅，贈迪功郎，謚文節。熹疏釋四書，及爲易、詩傳、通鑑綱目，皆與元定往復參訂，啓蒙一書則屬元定起稾，嘗曰：『造化微妙，惟深於理者能識之。吾與季通言而不厭也。』學者尊之曰西山先生。」

劉爚志墓曰：「先生乾道間見文公於崇安，遂師事焉。凡文公叙次伊、洛諸儒遺言，先生之言爲多。年四十，不就科舉。淳熙戊申，太常少卿尤袤、秘書少監楊萬思以律曆薦於朝。先生以疾辭。乙未，築室西山，將老焉。時僞黨論興，先生謫道州，二年得疾以殁。後九年，侂胄誅。又三年，贈迪功郎。」

真德秀曰：「聘君師事朱文公，而文公顧曰：『季通，吾老友也。』凡性與天道之妙，他弟子不得聞者，必以語季通焉；異端奥傳，微詞邃旨，必先令尋討而後親衷折之。故嘗輯其問答之辭，曰：『翁季録者。』蓋引以自匹也。」

羅大經曰：「濂溪、明道、伊川、横渠之講道盛矣。因數明理，復有一邵康節出焉。晦庵、南軒、東萊、象山之講道盛矣。因數明理，復有一蔡西山出焉。然孔、孟教人，言理不言數也。」

趙汝楳曰：「蔡季通筮法，初掛一不用，止用四十八蓍①。於四十八中，别取一蓍，掛於指間，三變凡三掛：餘一益二、餘二益一爲少，餘三益四、餘四益三爲多。爲九爲六者各八，爲七爲八者各二十四。按此法以四十八策揲之，則有四八而無五九矣。」

李士英曰：「季通從晦翁遊最久，精識博聞，同輩不能及。義理大原固已心通意解，尤長於天文、地理、樂律、曆數之説。凡古書盤錯肯綮，學者讀之，不能以句，季通爬疏剖析，細入秋毫，莫不暢達。晦庵論易，推本河圖、洛書、邵氏皇極經世書、先天圖，往往多與季通往復而有發焉。」

---

① 「蓍」，文津閣四庫本誤作「次」。

羅氏泌**歸愚子大衍圖**①

一卷。

存。載路史。

史氏彌大**衍極圖説**

佚。

章氏如愚**大衍説**

一篇。

存。

楊氏忠輔**大衍本原**

佚。

---

① 「歸愚子大衍圖」，備要本誤作「歸愚子大衍説」。

趙汝楳曰：「楊氏筮法，揲四之餘，有一、有二、有三而無四；有四則爲①一揲矣，豈得謂之餘乎？四九、四八、四七、四六者，謂之策；四三、四四、四五、四六者，謂之奇。老陽之數九，四其九爲三十六策，於四十九蓍之中去其三十六策，則餘十三，掛一不用，則餘十二，以四揲之得三，是謂老陽之策四三也。歸奇於扐者，歸此奇也，左手餘一、餘二、餘三或無餘，皆未成揲，必以右手之蓍，隨其奇耦歸之，足成一揲兩揲之數，然後置之於扐。所謂歸者，本是左手之蓍，今歸之也。故餘一則歸以三，餘三則歸以一，皆成一揲之奇數；餘二則歸以六，無餘則歸以八，皆成兩揲之耦數。奇，一也；耦，二也；三變皆奇，三也；是謂四三，老陽之奇也。三變皆耦，六也，是謂四六，老陰之奇也。三變而一奇二耦，五也，是謂四五，少陽之奇也。三變而一耦二奇，四也，是謂四四，少陰之奇也。爲九爲六者各八，爲七爲八者各二十四，爲策萬有一千五②百二十。按其③法新奇有四：揲四之餘無四，一也；古法去掛扐以所餘爲策數，今乃先去策數，反以掛扐爲歸奇，二也；揲左所餘即爲歸奇，今以三變六揲所餘，除掛一而歸之，三也；扐，指間也，今以爲正策之旁，四也。其他如四三、四四、四五、四六之爲奇，又以一揲爲奇，兩揲爲耦，皆聖人所未言，且謂此法合於二篇之策，不知二篇之策④非揲蓍策數。易經諸數隨用而殊，豈可牽他數以強合？彼以九六之變皆八，七八之變皆二十四，謂爲陰陽均等。然以古聖才智，豈不

①「爲」，文津閣四庫本誤作「無」。
②「五」，文津閣四庫本作「三」。
③「其」，文津閣四庫本作「此」。
④「策」，文津閣四庫本誤作「篇」。

能是，特一本之自然，不欲以私意損益之耳。」

丁易東曰：「揲蓍之法，共有六家，惟河南楊氏爲當。」

丁氏易東大衍索隱

三卷。

存。

易東自序曰：「天地之數五十有五，而大衍五十。先儒於此每失之鑿。獨朱子以五乘十之説近之。至於四十有九，率不過歸之虚一而已。未有得夫①五十數與四十九之全者，予竊病焉。比游浙右，有謂邵子先天、兩儀、四象、八卦合四十九所虚之一，是爲②太極。其説雖異先儒，要無牽合傅言③之病。予始以爲大衍之説，不過此耳。徐而思之，則於易中天地五十五數，尚有未合，固已疑之。未幾，復得河南楊氏大衍本原，謂四十九與五十皆天地之數，各再自乘，而以中數自乘除之者，始知四十九真爲四十九，五十真爲五十，非强合之也。噫！楊氏之説似矣。然其爲數，必再自乘，又以中數除而後得，雖無牽强，頗非簡易，未必聖人作易初意。嘗以管見求之，亦既得其説之一二矣。而猶以爲未也。

① 「夫」，文津閣四庫本作「失」。
② 「爲」，文淵閣四庫本作「謂」。
③ 「言」，文淵閣四庫本作「會」。

思之思之，而又思之。一旦豁然，若有遭於神明之通者，然後知五十、四十九皆天地之數，合而衍之，其耦其奇，自然而成。至簡至易，而四象之奇之策，三百八十四爻，以至萬有，一千五百二十之數，胥此焉出也。嗚呼！何其數之神如此，妙如此，契合如此，而古人曾未及之耶？抑嘗有知之者，而其說不傳耶？是未可知也。或曰：若子之說，則聖人作易之初意果在是，而他說可廢耶？曰：易道無窮，識見有限。聖人作易，取此四十九、五十之數，以神蓍卦之用，而天地人物之理無所能逃。豈予之淺見遽可以盡聖人之本心乎？且予方其得以五衍之之說也，固未知以數①乘除之說也。方其得以數乘除之說也，又未知有合而衍之之說也。安知後之學者，其說有不出於予之上者乎？若但以先儒之說病予，則咎雖有所不辭，理亦當仁不遜云。」

〔四庫總目〕

朱彝尊經義考則誤以原衍序爲全書自序，而世所傳别本，又全佚去稽衍一篇。蓋流傳既稀，益滋譌謬，幸别本所載原目，尚有全文。謹據永樂大典補足稽衍一卷，其次序之凌亂者，則據原目釐正，仍爲完帙焉。（卷一百八，頁二十二—二十三，大衍索隱三卷提要）

王弘撰曰：「丁氏萃五十七家説爲稽衍，又自爲原衍、翼衍，黄瑞節稱其出於朱、蔡之外，爲更備。亦所謂通透一路者也。」

① 「以數」，備要本誤作「數以」。

鄭氏滁孫**述衍**

一卷。

存。

盧氏失名**校正耶律文獻公大衍揲蓍説**

一卷。

佚。

許衡曰：「盧君校定耶律公蓍説，曲折難深，辭意隱晦，及探其所以去取之由，則有甚可疑者。如舊説一爻變，究以四齊之，而不合乾、坤六子之率，及自爲説，乃以八齊之，一法而兩其數，其爲不同已甚可怪。況四齊、八齊之後，尤不能見静變往來之實。雖能苟合其率，而不知實不相似也。且初揲必令多少之數均，是分二之後，不掛一而掛二也。既違大傳，又悖先儒，其不敢以爲然也審矣。爲演八卦静變往來之數，爲乾而静者八千，爲坤而静者二萬一千九百五十二，爲震、爲坎、爲艮而静者皆一萬五千六百八十，爲巽、爲離、爲兑而静者皆一萬一千二①百。諸卦之數，大率静者最多，而一爻二爻變者次之，三爻俱變爲最②。蔡氏曰：『一奇一耦，對對

① 「二」，文津閣四庫本作「一」。

② 「爲最」，四庫薈要本作「最少」。

待者，陰陽之體，陽三陰一，一饒一乏者，陰陽之用，故四時春、夏、秋生物，而冬不生物，天地東西南可見，人之瞻視亦可①與左右可見，而背不可見也。不然，則以四十九蓍虛一分二，掛一揲四，則爲奇者二，爲偶者二，而老陽得八，老②陰得八，少陽得二十四，少陰得二十四，不亦善乎？聖人之智豈不及此，而其取此不取彼者，誠以陰陽之體數常均，用數則陽三而陰一也。』觀此，則盧君之得失可見。戊申八月庚辰識於家塾，用驗他日學之進否云。」

〔補正〕

許衡條内「亦可與左右可見」，「亦可」當作「亦面」。（卷二，頁十四）

陳氏失名大衍易數

一卷。

未見。

吴萊後序曰：「凡天下之物，必有理而後有象，有象而後有數。數始於一，有一而後有二。一者奇，二者耦，而後有陰陽老少之變，七八九六之策，策三變而成爻，爻六變而成位，此聖人所以觀變而立卦，考象數而建卜筮者也。易曰：『大衍之數五十，其用四十有九。』自其大衍之五十者總之，則又合於

① 「亦可」，依補正、四庫薈要本、文淵閣四庫本應作「亦面」。
② 「老」，文津閣四庫本誤作「者」。

太極之一。是皆天地自然之運，又豈待於人力之強爲者哉！何則？一定者，理也，雖其體甚實，所該無形。未始有定者，事也，雖其跡本虛，因應乃有理在是，數亦不外乎是。欲求其極，則天地之開闢，人物之消長盡，且可以數莖之蓍，參兩而盡決之者，吾聖人固未肯輕爲之說也，是何世之喋喋者然哉？自秦滅六經，易以卜筮故存。漢儒林傳：『孔子六經，至菑川田何，易道大興。魏郡太守京房則又受學外黄焦延壽，不與何同。』漢初河内女子始獻易說卦，蓋與老子同藏於風雨屋牆之間。京房之說互相出入，故世之稽吉凶、刺休咎者徵焉，是果吾聖人之遺意哉？他則進退以幾，而爲一卦之主者爲世，對待以世，而爲其主之相者爲應。世之所位，而陰陽之所肆者爲飛。肇乎所配而陰陽終不脱其本者爲伏起乎世、應，周乎内外終終始始而後動爻、互體、五行、納甲之變無不具者。人自以爲能探河、洛圖書之賾，家自以爲能發周、孔爻象之藴餘，則或入於淫瞽方技之流，與易大相遠矣。先正蓋有見焉，必以名理論易，而或不以象數論易。雖然，是又可得而盡廢者哉？括蒼陳生嘗出大衍易數一卷，間爲予占，考其法則曰：『聖人之立卦者八，故天下之物苟囿於數者，亦不過八。吾則本其所值之數，輒以八乘除之。或以身之所處，定其坐作動静之殊，或以字之所畫，測其向背俯仰之異，八而已矣。自八而六十有四，自六十有四而四千九十有六，用此道也。』嗚呼！生之於易勤矣。要之，特京房之法耳。生則又曰：『是固本之希夷氏者也。』豈彼生者①希夷氏之遺裔歟？先天四圖②，吾聖人之學也。生盍歸而務求其要

① 「者」字，文津閣四庫本脱漏。
② 「先天四圖」，文津閣四庫本作「先天之四圖」。

歟？一中造化，心上經綸，盡在是矣。」

亡名氏大衍五行數

一卷。

佚。

右見紹興書目。

易數大略

佚。

按：是書專説大衍。趙氏筮宗屢引其文，不著撰人姓氏。於大衍之數五十，釋曰：「大衍者，八卦之衍數也。八卦經畫二十四，重之則四十八，又每卦各八變，其爻亦四十八。是四十八者，八卦之正數，衍其正數，是謂大衍。衍，羨也。以四十①八而羨其二，則爲五十之成數。」其用四十有九，釋曰：「五十除一者無一也。」掛一以象三，釋曰：「以左手取右握之一算，一策爲一算。掛於左手小指間，後兩揲不掛。」歸奇於扐以象閏，釋曰：「左手所餘，扐於左手第二指間；右手所餘，歸之於左手第二指之扐間。」五歲再閏，故再扐而後掛，釋曰：「一變之後，即存掛一於格上。後兩揲不掛，止以前掛足

① 「十」，文津閣四庫本誤作「其」。

四營之數而謂之。」再扐，八卦而小成，釋曰：「八卦之一爲小成。小成則内卦之爲貞者立，成卦則外卦之爲悔者備，其以衍爲羡，謂所羡之二。」趙氏譏其傅會，又兩餘當分扐，不應并在第二指間，其言是也。至於論揲法有曰：乾用九爲老陽，坤用六爲老陰。震、坎、艮用七爲少陽，巽、離、兑用八爲少陰。老陽，其畫爲□，所謂重也。少陰，其畫爲- -，所謂拆也。少陽，其畫爲—，所謂單也。老陰，其畫爲×，所謂交也。一爻變，以變爻占。二爻變，以本卦二變爻占，仍以上爻爲主。三爻變，以本卦及之卦彖辭占。四爻變，以二卦二不變爻占，仍以下爻爲主。五爻變，以不變爻占。六爻變，乾占爲九，坤占用六，餘卦占之卦彖辭。其大略可見矣。

程氏□□①大衍説

一卷。

存。

金俊明曰：「雲莊先生闡大易象數之學於吴門艾莊。何正棐立方師事之，得其精藴。」

俞瑒曰：「啓、禎間，天都程先生闡明易學，演蓍策以觀變化，一準夫子易傳。艾莊得其傳，述蓍法十章以明之。其旨約而該，其辭簡而著，使學者知所由以入門焉。」

① 「□□」，文淵閣四庫本、文津閣四庫本俱作「雲莊」。

蘇氏軾四營十八變解

一篇。

存。

經義考卷七十一

易七十

周子敦頤**太極圖説**

宋志：「一卷。」

存。

朱震曰：「陳摶以先天圖傳种放，放傳穆修，修傳李之才，之才傳邵雍。放以河圖、洛書傳李溉，溉傳許堅，堅傳范諤昌，諤昌傳劉牧。修以太極圖傳周敦頤，敦頤傳程顥、程頤。」

張栻序曰：「二程先生道學之傳發於濂溪周子，而太極圖乃濂溪自得之妙，蓋以①手授二程先生

① 「以」字，文津閣四庫本脱漏。

者①。或曰：『濂溪傳太極圖於穆修，修之學出於陳摶。』豈其然乎？此非諸子所得而知也。其言約，其義微，自孟氏以來，未之有也。通書之説，大抵皆發明此意。故其首章曰：『誠者，聖人之本。大哉乾元，萬物資始，誠之源也。乾道變化，各正性命，誠斯立焉。』夫曰『聖人之本，誠之源者』，蓋深明萬化之一源也，以見聖人之精蘊。此即易之所謂密，中庸之所謂無聲無臭者也。至於『乾道變化，各正性命』，則是本體之流行發見者。故曰：『誠斯立焉。』其篇云：『五行陰陽，陰陽太極，四時運行，萬物終始②。混兮闢兮，其無窮兮。』道學之傳，實在乎此。愚不敏，輒舉大端，與朋友共議焉。雖然，太極豈可以圖傳也。先生之意，特假圖以立義，使學者默會其指歸，要當得之言意之表可也。不然，而謂可以方所求之哉？」又後序曰：「或曰：『太極圖，周先生所授二程先生者也。今二程先生之所講論答問之見於遺書者，大略可睹，獨未及③此圖，何邪？以爲未可遽示，則聖人之微辭見於中庸、易繫者，先生固多所發明矣，而何獨秘於此邪？』栻應之曰：『二程先生雖不及此圖，然其説固多本之矣，試詳考之，當自可見。學者誠能從事於敬，真積力久，則夫動静之機，將深有感於隱微之間，而是圖之妙，可以嘿得於胸中。不然，縱使辨説之詳，猶爲無益也。』嗟乎！先生誠通誠復之論，其至矣乎！聖人與天地同用，通而復，復而通，中庸以喜怒哀樂未發已發言之，又就人身上推尋，至於見得大本達道處，同是此理。此

① 「者」字下，文津閣四庫本有「也」字。
② 「終始」，文津閣四庫本作「始終」。
③ 「及」，文淵閣四庫本誤作「可」。

理就人身上推尋，若不於未發已發處看，即何緣知之？蓋就天地之本源與人物上推來，不得不異，此所以於動而生陽難爲。以喜怒哀樂已發言之，在天地只是理也。今欲作兩節看，竊恐差了。復卦：『見天地之心。』先儒以爲静見天地之心，伊川先生以爲動乃見，此恐便是動而生陽之理。然於復卦發出此一段示人，又於初爻以『顔子不遠復』爲之，此只要示人無間斷之意，人與天理一也。就此理上，皆收攝來，與天地合其德，與①日月合其明，與四時合其序，與鬼神合其吉凶，皆其度内爾。」

陸九韶曰：「太極圖説與通書不類，疑非周子所爲。」

朱子曰：「太極圖者，濂溪先生之所作也。先生家世道州營道縣濂溪之上，嘗作太極圖、通書、易通數十篇。廬山之麓有溪焉，先生□□②，因寓以濂溪之號。先生之學，其妙具於太極一圖，通書之言，皆此圖之藴。」

按：「無極而太極」之義，朱、陸二子往來辨論，亦至詳矣，兹不具載。

度正跋曰：「正始讀晦庵先生所釋太極圖説，莫得其義。然時時覽而思之，不敢廢。其後十有餘年，讀之既久，然後始知所謂上之一圈者，太極本然之妙也。及其動静既分，陰陽既形，而其所謂上之一圈者，常在乎其中，蓋本然之妙未始相離也。至於陰陽變合而生五行，水、火、木、金、土各具一圈者，所謂分而言之，一物一太極也。水而木，木而火，火而土，土而金，復會於一圈者，所謂合而言之，五行

① 「與」，文淵閣四庫本脱漏。
② 「□□」，四庫薈要本、文津閣四庫本俱脱漏，文淵閣四庫本作「居之」。

一太極也。然其指五行之合也，總水、火、木、金而不及土者，蓋土行四氣，舉是①四者以該之，兩儀生四象之義也。其下之一圈爲乾男坤女者，所謂男女一太極也。又其下之一圈爲萬物化生者，所謂萬物一太極也。以見太極之妙，流行於天地之閒者，無乎不在而無物不然也。然太極本然之妙，初無方所之可名，無聲臭②之可議，學者之求之，其將何以求之哉？亦求之此心而已矣。學者誠能自識其心，反而求之日用之間，則將有可得而言者。夫寂然不動、喜怒哀樂之未發者，此心之體，而太極本然之妙，於是乎在也。感而遂通，喜怒哀樂之既發者，此心之用，而太極本然之妙，於是而流行也。然已發者可見，而未發者不可見；已發者可聞，而未發者不可聞。學者於此，深體而默識之，因其可見以推其不可見，因其可聞以推其不可聞，庶乎融會貫通，太極本然之妙可求，而心極亦庶乎可立矣。或者不知致察乎此，而於所謂無極云者，真以爲無，而以爲周子立言之病，失之遠矣。先生嘗語正曰：『萬物生於五行，五行生於陰陽，陰陽生於太極。其理至此而極。』正當時聞之，心中釋然，若有以見夫理之所以然，名之所以立者。先生又曰：『乾道成男，坤道成女。何也？此程子所謂「海上無人之境，而人忽生乎其間」者，此天地人物之始，禮家所謂感生之道也。』又曰：『生天生地，成鬼成帝，即太極動静生陰陽之義。』蓋先生晚年表裏洞然，事理俱融，凡諸子百家一言一行之合於道者，亦無不察，況聖門之要旨哉？遂寧傅耆伯成未第時，嘗從周子遊，而接其議論。先生聞之，嘗令正訪其子孫，而求其遺文焉。在吾鄉

① 「是」，文津閣四庫本誤作「時」。
② 「無聲臭」，文津閣四庫本作「無聲無臭」。

時，傅嘗有書謝其所寄姤説；其後在永州，又有書謝其所寄改訂同人説。但傅之書槀無恙，而周子之易説則不可復見耳。聞之先生，今之通書本名易通，則六十四卦疑皆有其説。今考其書，獨有乾、損、益、家人、睽、復、无妄、蒙、艮等説，而亦無所謂姤説、同人説者，則其書之散逸亦多矣，可不惜哉？夫太極者，所以發明此心之妙用也。通書者，又所以發明太極之妙用也。然其言辭之高深，義理之微密，有非後學可以驟而窺者。今先生既已反復論辯，究極①其説，章通句解，無復可疑者，其所以望於後之學者至矣。輒不自量，併以其聞之先生者，附之於此。學者其亦熟復而深味之哉！」

陳淳曰：「昔夫子之道，其精微在易。濂溪周子出，始發明孔子易道之藴。」

葉紹翁曰：「慈湖楊氏不信元公無極之説，以爲『道始於太極』而已。」

游九言曰：「易有太極②，濂溪夫子加『無極』，何也？人肖天地，試即吾心驗之，方其寂然無思，萬善未發，是無極也。雖云未發，而此心昭然，靈源不昧，是太極也。欲知太極，先識吾心，澄神端慮，察而見焉，始知夫子發明造化之藴、啓悟萬世，而羲易奥旨益著。或謂妄加無極，或以訓詁文義名之，失夫子之旨遠矣。」

劉因曰：「太極圖，朱子發謂周子得於穆伯長，而胡仁仲因之，陸子静亦因之。其實穆死於明道元年，周子時年十四爾。或又謂周子與胡宿、邵吉同事潤州一浮屠，傳其易書，此又淺薄不根之説也。」

---

① 「極」，文津閣四庫本誤作「其」。

② 「太極」，文淵閣四庫本誤作「太溪」。

袁桷曰：「太極圖的確自陳希夷傳，上下二空圈，乃成人成仙之説。」

何塘曰：「周子之太極圖，其説謂太極動而生陽，動極而静，静而生陰，静極復動。自今觀之，則天，陽之動者也，果何時動極而静乎？地，陰之静者也，果何時静極而動乎？天不能生地，水不能生火，無愚智皆知之，乃謂陰陽相生，不亦誤乎？蓋天地水火雖渾然不可離，實燦然而不可亂。先儒但見其不相離，而未察其不可亂也，故立論渾而無別。竊以爲陰之與陽，謂之相依則可，謂之相生則不可。」

楊時喬曰：「潘清逸誌墓言先生作太極圖易説。或謂别有易説。考之太極圖，即此圖，易説即『無極而太極』一篇。有此圖即有此説，所以明易理。觀首言『太極』，末言『易其至矣』，蓋天地間易理即此圖説發明殆盡，此外安得再有説乎？」

錢一本曰：「周子太極圖説於孔子『易有太極』之旨，微差一線。」

詹景鳳曰：「今之易圖，皆邵氏所傳也。邵氏則傳自希夷。周氏太極圖亦傳自希夷。仙家遂謂彼道爲我宗祖，不知傳同而見各殊，見殊①而學術分矣。」

按：元公之學，文公謂其妙具於太極一圖，於是學者推演其説，云此闡千聖不傳之秘。然陳圖南無極圖曾刊石華山，業先元公而抉其秘矣。南渡偏安，文公特未之見爾。南軒張氏謂太極圖乃濂溪自得之妙，蓋以手授二程先生者。山陽度正作元公年表，書慶曆六年知虔州興國縣，程公珦假倅南安，

① 「見殊」二字，文淵閣四庫本脱漏。

因與先生爲友，令二于①師之。時明道年十五，伊川年十四爾。其後先生作太極圖，獨手授之，他莫得而聞焉。攷是年元公以轉運使王逵薦，移知郴縣②，自是而後，二程子未③聞與元公覿面，然則從何地手授乎？伊川撰明道行狀云：「先生爲學，自十五六時，聞汝南周茂叔論道，遂厭科舉之業，慨然有求道之志。未知其要，泛濫於諸家，出入於老、釋者幾十年，返求諸六經，而後得之。」繹其文，若似乎未受業於元公者。不然，何以求道未知其要，復出入於老、釋也邪？潘興嗣志元公墓，亦不及二程子從遊事。明道之卒，其弟子友朋若范淳夫、朱公掞、邢和叔、游定夫叙其行事，皆不言其以元公爲師，惟劉斯立謂從周茂叔問學，斯猶孔子問禮於老子，問樂於萇弘，問官於郯子云然，蓋與受業有間矣。吕與叔東見録則有「昔受學於周茂叔」之語。然弟子稱師，無直呼其字者，而遺書凡及元公，必直呼其字，至以窮禪客目元公，尤非弟子義所當出。且元公初名惇實，後避英宗藩邸嫌名，改惇頤④，夫既以學傳伊川矣，不應下同其名，而伊川亦不引避。昔朱子表程正思墓，稱其名下字同周，程亟請其父而更焉。孰謂二程子而智反出正思下哉？此皆事之可疑者也。

又按：二程子遺書畢生不道太極圖一語，而近代編濂溪集者，附録伊川無極而太極辨一篇，文末有陸象山字，可爲絶倒。

---

① 「于」，依四庫薈要本、文淵閣四庫本、文津閣四庫本、備要本應作「予」。
② 「郴縣」，文淵閣四庫本作「彬州」。
③ 「未」，文津閣四庫本誤作「朱」。
④ 「惇頤」，文津閣四庫本作「敦頤」。

〔補正〕

按：竹垞齋中讀書詩云：「太極非有象，一元氣渾淪。陰陽至精數，義由道士伸。列圖自下上，三五理具陳。番番希夷叟，以此勒貞珉。元公一丁倒，遂爲席上珍。後來費朱、陸，往復辭紛綸。仲尼不可作，誰與別僞真。」又所作太極圖授受攷，亦與此攷按語相同，皆於是圖若有致疑者。然本條下所列前人諸説，既非一義，已足以資攷鏡，乃復綴此按語，則與疑事毋質之義不侔矣。大約博聞洽見之士多喜駮宋儒，是亦後學所不可不知也。（卷二，頁十四）

晁氏說之**周易太極傳外傳因説**

通考：「八卷。」

佚。

説之自序其後曰：「僕年二十有四，偶脱去科舉事業，決意爲五經之學，不專爲一家章句也。是時王氏之説列於學官者既尊，而又日有新説至自金陵，學者恥其得之後也，從而士子又務爲新異之説，寒士非其①黨者，莫能嚮邇以一言也。僕恨焉，豈無古人之師乎？果於易得孟喜、京房、鄭康成、虞翻、關子明之徒，使小王之説不得一日容也。雖然，因是數家異乎王氏則有之，其於聖人制作之本意又不知果合否？逮紹聖戊寅，邂逅洛陽楊老朝散賢寶，語及易而異之，良非僕平生所嘗聞之之言也。懇從楊

① 「其」，文淵閣四庫本誤作「有」。

老有求，乃得康節先生自爲易圖二，雖輹輪俱存，而楊行年將七十，中風，語音清濁不端，無由詰問。二三年少在旁，雖以其哂笑，僕獨敬楊之老而尊其圖，謂必可入也。楊且指乾、坤、坎、離四卦爲僕言曰：『得是四卦，則見伏羲之易矣，而文王易在其中也①。』越明日，如迷人識歸路，有感於二圖可②指，循環無方體也。楊老曰：『吾昏病而忘之已久，今日因子之言，則③如初④授此圖時也。』自是入洛，與先生之子伯温遊，得先生之遺編殘稾，寶而藏之，服勤不知晝夜，二十年間，輒作易傳四種，名曰商瞿傳，視其有師也。無何，靖康元年丙午冬，金賊猖狂⑤至南京，所爲商瞿傳者，與平生衣冠、五世圖書，悉以灰燼。既而避難高郵，從親朋之請，追作易傳數帙，未有條理。建炎二年戊申正月，真州巨寇遽至⑥，而高郵之傳又復灰燼。是時老病之軀⑦，存⑧於灰燼之外者，幸也。乃避地海陵，病能飲食，而於易則曰不能，可乎？益爲親朋以追作。起是年四月十八日辛未，迄七月一日癸未，凡用七十有二日，稾卝具，或忘其舊，或得厥新，凡六卷，名之曰太極傳，又有外傳一卷，因説一卷，備爲易一家之書。後有好古識變

---

① 「也」，文津閣四庫本作「矣」。
② 「可」，文淵閣四庫本作「所」。
③ 「則」，文淵閣四庫本作「即」。
④ 「初」，文津閣四庫本誤作「此」。
⑤ 「金賊猖狂」，四庫薈要本作「兵革蹂躪」、文淵閣四庫本作「金兵南下」、文津閣四庫本作「金人入境」。
⑥ 「巨寇遽至」，文津閣四庫本作「遽遭兵燹」。
⑦ 「軀」，文淵閣四庫本誤作「區」。
⑧ 「存」，文津閣四庫本作「在」。

之君子，恐未必以僕言爲妄作也。嗚呼！吾道其亦艱哉！其亦艱哉！」

陳振孫曰：「其學本康節，自言學京氏易。紹聖間，遇洛陽楊賢寶，得康節二易圖，又從其子伯温得其遺編，始作易傳，名曰商瞿傳，兵火後失之，晚年復爲此書。」

牛氏思純**太極寶局**

宋志：「一卷。」

佚。

按：思純，師德之子。見趙元輔所編象數鈎深圖，其述古今易學傳授，邵雍傳之司馬光，光傳之牛師德，師德傳子①思純。

彭氏與**太極歌**

一册。

佚。

朱子熹**太極説**

一篇。

① 「子」，文津閣四庫本作「之」。

存。

盛氏（璲）**太極圖解**

一卷。

佚。

南昌府志：「盛温如，名璲，以字行，豐城人。淳熙中領鄉薦，授奉節郎。」

蔡氏（淵）**太極圖解**

二卷。

闕。

翁西序曰：「道學之失傳也久矣，人心之昏晦也甚矣。如太極圖之説，世之疑者，何其多乎？或以繼善成性，不當分陰陽；或以太極陰陽，不當分道器；或以仁義中正，不當分體用。有謂一物不可言各具一太極者；有謂體用一原，不可言體立而後用行者；有謂仁爲體統，不可偏指爲陽動者；有謂仁義中正之分，不當反其類者。諸説紛紛不一，殊不知皆取於易之大意，而學者不深考也。至文公朱先生屢爲之辨明，尚見劾於林栗之章，而陳、賈僞學禁之請，亦由是而階也。則夫道之不明不行也，姦邪之説阻之也。然是理微妙而難明，人心昏迷而罔覺①，先師節齋先生乃能深究精妙，著書兩卷。酉因侍立，得而讀之，見其言約而道大，文質而義精，意淡而味遠，且比次整齊，條理詳密，真②有得於聖賢之心者。孔子謂『易有太極』，於變易之中，而有不易之妙。周子云『無極而太極』，於體之間，而有至中之理。用之精，本無極也；無極之真，即太極也。世之言一物各具一太極者，固非所以盡其本，而謂太極之上別爲無極者，是有二本也。學者不觀太極，無以知氣之所由始；不觀無極，無以知理之所由充。非先生窮深探微，得其旨趣之大，則周、朱之言何由取信於人哉？況時之人，察理未精，講論未明，徒務新奇，泥於名數，而不思無極者，乃至極之得名，不知太極者，即不可加之至理。老師宿儒，紛紛附和，以誤天下後世者多矣，未見若先生此書之明且盡者也。然則聖賢之心法，得周、朱而傳授；周、朱之太極，得先生而益顯，其光紹前緒，揭示後學也，厥功蓋不細矣。酉不敏，不足以表暴先生著述之盛，而使學者有日就月將之功，是亦不失作書之本意也。」

太極通旨

佚。

①「罔覺」，文淵閣四庫本作「妄作」。
②「真」，文津閣四庫本作「直」。

戴氏亨**太極圖説**

一卷。

佚。

謝鐸曰：「太極圖説，臨海戴亨著，今□□①字子元，師事木居先生邱漸，其教人以毋自欺爲第一義。」

余氏童**太極圖説**

八卷。

佚。

王氏萬**太極圖説**

一卷。

佚。

---

① 「□□」，四庫薈要本作「按亨」、文津閣四庫本作「考亨」、備要本作「佚，亨」。

朱氏中**太極演說**

一卷。

佚。

應廷育曰：「中，義烏人，從徐僑游，究心理學，著太極演說、經世補遺。」

謝氏升賢**太極說**

一卷。

佚。

田氏君右**太極說**

一卷。

佚。

孫氏羲**太極圖說**

一卷。

佚。

南昌府志：「孫羲，字伯隆，豐城人。」

程氏若庸**太極圖說**

一卷。

佚。

徽州府志：「程若庸，字達原，休寧人。淳祐中，爲安定、臨汝兩書院山長。咸淳戊辰，登進士第。主武夷書院，學者稱徽庵先生①。」

徐氏霖**太極圖說**

一卷。

佚。

姓譜：「霖，字景説，西安人。淳祐初，試禮部第一，授沅州教授，後知汀州。」

饒氏魯**太極三圖**

一卷。

---

①「徽庵先生」，文淵閣四庫本誤作「徽庵生先生」。

未見。

何氏基**太極圖發揮**

一卷。

未見。

王氏柏**太極衍義**

一卷。

未見。

程氏時登**太極圖説**

佚。

王氏幼孫**太極圖説**

一卷。

佚。

劉氏巖**太極說**

一篇。

存。載蒙川集。

鄭滁孫曰：「公字升伯，樂清人。在太學，率同舍伏闕論丁大全，安置南安軍。其後由昭慶軍節度使掌書記，除學官使館職，擢御史，遷諫省。歷集英殿修撰、中書舍人、吏部尚書、端明殿學士。二王泛海，陳宜中迎巖共政事，及羅浮，以疾薨。弟子稱曰蒙川先生。」

胡氏希是**太極圖說**

一卷。

未見。

姓譜：「希是，仲雲之子。元革命，家居著述。所著有洪範考訂、大學稽疑、太極圖說。」

李氏道純**太極圖解**

一卷。

存。

朱一是①曰:「羽士也,道藏有之。」

郝氏經**太極傳**

一卷。

存。

太極演

二十卷。

佚。

經自序曰:「天下之理,一隱一顯而已矣。故其間有開闔之幾,總萃之體,變動之用,布散之跡焉。其始也,皆自夫隱而出也;其終也,皆自夫顯而返也。於是天下之理,無滯無弊,道之大用,全體旁行而不流,確乎其不可拔而不易。而易行乎其間,妙萬物而爲神;翕然而藏,天地萬物無不隱;闢焉而生,天地萬物無不顯。一翕一闢,一生一藏,一隱一顯,所以爲道,所以爲易,所以爲神。天地萬物至今而不窮,至今而冥冥也,至今而昭昭也。是以聖人作易,推其隱者而爲賾、爲密、爲幽、爲深、爲幾、爲微,窮原築底而無上,反而爲顯。於是爲太極,推其顯者而爲圖、爲畫、爲卦、爲爻、爲象、爲數、爲辭、爲

① 「朱一是」,文淵閣四庫本誤作「朱一士」。

説，亦窮原築底而無上，復反而爲隱，而止於太極。故易之爲書，本末一隱顯，太極則其開闔之幾也，總萃之體也，變動之用也，布散之迹也。故道、易、神之藴奥，皆具於太極，而伏羲發之。伏羲之圖，文王之卦，周公之爻，孔子之象，皆自太極推出，而孔子獨爲言之，故易有太極，而太極，易之本也。學易者必先求其本，本得而易道可求矣。攝網者必提其綱，衣裘者必挈其領，入室者必由其户也。由孔子而來，言易者衆矣，開卷而便及乾、坤，直造羲、文，莫不怳惚茫漠，以爲高深幽遠。至簡至易者，而以爲至煩至難。夫易成於四聖人之手，莫不先後相因。伏羲演河圖，文王演伏羲，周公演文王，孔子演三聖，後世之言易也，則在夫孔子之後矣。故當由孔子之易以求三聖之易，自流徂源，由末及本也。孔子之易，其彖、象、文言、説卦、序卦、雜卦皆所以承三聖，擴而充之也。其繫辭上、下，探索羲、文之前，包舉萬世之業。其扶示道本，挈舉易紐，轉斡神機，推出兩儀四象，造起天地萬物，則在夫『易有太極』之一言，固當即此以爲學也。知孔子之易，則知三聖之易矣。嘗聞之師，讀易者當先讀繫辭，其次説卦、序卦、雜卦，其次讀乾、坤二卦，既精且熟，然後讀屯、蒙諸卦，此學易之序也。蓋意言象數之本，皆在於是矣。故取太極一章，以爲學易之標準。類繫辭、文言、説卦、彖、象之名義，探諸太極之前而演其隱，徵諸太極之後而演其顯。問津洙、泗，以及河、洛，遍參諸儒，庶幾數年之後，可以學易，觀道、易、神之髣髴，不失吾身之極焉。故取道、易、神等二十三條爲一類，合爲一圖，以示其序，而各爲之説；謂爲易道藴極，演諸太極之前者也。其次取太極等六條爲一類，合爲一圖，以示其序，而各爲①之説；謂爲易有

① 「爲」，文淵閣四庫本誤作「謂」。

太極，所以演太極也。其次取易、書、詩、春秋、論語、大學、中庸、孟子名義□□①、皇極等凡二十四條爲一類，合爲一圖，以示其序，而各爲之説；謂爲人道建極，合隱顯而立極成易也。其次分易爲四，爲伏羲易、文王易、周公易、孔子易，合爲四聖易圖，以示其序，而各爲之説，爲之圖，演太極之後，所以成易者也。其次爲孔門言易、諸儒擬易、傳、注、疏、釋等類，以爲易之支流餘裔，見太極爲易之用□，□②而無極，神而明之，存乎其人焉爾矣。凡十類六十篇，總謂之太極演云。」

劉氏因**太極圖後記**

一篇。

存。

齊氏德勝**太極辨**

佚。

盛如梓曰：「衢州徐經畈以科第道學負重名，初立朝，便有氣概。歸柯山，創書院，講太極，立説頗異。番士齊德勝著太極辨，不遠數百里，訪而投之。」

① 「□□」，四庫薈要本作「以及」、文津閣四庫本作「建極」。
② 「□□」，四庫薈要本作「也，進」、文津閣四庫本作「焉，上」。

程氏存**太極圖說**

一卷。

佚。

休寧名族志：「存，陳櫟弟子。」

劉氏霖**太極圖解**

一卷。

佚。

江西通志：「劉霖，字□□①，安福人，從虞集學。至正丙申舉於鄉，不仕。」

呂氏洙**太極圖說**

一卷。

佚。

應廷育曰：「呂洙，字宗魯，永康人，與弟溥從許謙遊。著太極圖說、大學辨疑。」

① 「□□」，四庫薈要本作「雨蒼」。

朱氏本**太極圖解**

佚。

南昌府志：「本，字致真，富州人。至正間，用薦授福州路儒學提舉。」

陳氏樵**太極圖解**

一卷。

佚。

張氏字初①**太極圖釋**

一篇。

存。

載峴②泉集，道藏亦有之。

---

① 「字初」，各本俱誤，應作「宇初」。

② 「峴泉集」，文津閣四庫本誤作「現泉集」。

朱氏謐**太極圖解**

一卷。

未見。

周氏是修**廣演太極圖**

一卷。

佚。

錢謙益曰①：「是修，名德，以字行，泰和人。初爲霍邱學訓導，高廟擢周府奉祠正，陞紀善，改衡府。靖難，師渡江，入應天府學，自經死。」

曹氏端**太極圖説述解**

一卷。

存。

端自序略曰：「太極者，象數未形，而其理已具之稱，形器已具，而其理無朕之目。是生兩儀，則太

① 「錢謙益曰」，四庫薈要本作「錢陸燦曰」、文津閣四庫本「吉安府志」。

極固太極。兩儀生四象，則兩儀爲太極。四象生八卦，則四象爲太極。推而至於六十四卦，生之者皆太極焉。蓋孔子而後，論太極者，皆以氣言。老子道生一，而後乃生二。莊子師之，曰道在太極之先。列子渾論之。微周子啓千載不傳之秘，則孰知太極之理而非氣也哉？」

陸元輔曰：「曹端，字正夫，澠池人。永樂戊子舉人，署霍州學正，學者稱月川先生。」

張氏元禎**太極圖説要**

一卷。

未見。

戴氏琥**太極圖説**

一卷。

未見。

葉氏應**太極圖説**

一卷。

佚。

蔡氏清**太極圖解**

一卷。

存。

易時中序①曰：「道之在於世也，猶行地之水乎。源出於一，而其流必分，至其流之委也，必合而後有所止。然則是水也，雖其流之遠而不可量極，其所謂源者，固未嘗變也。今學道者委棄不循，而必源之得，勢固無有以委之，去源之遠也，疑源之不在，於是而以爲有二水焉，亦不察之過也。載道莫備於經，易者，五經之源也，羲、文、周、孔之相承，源所從來，至一而無二也。由漢逮宋，爲易之言者無慮百家，殊途異派，其分多矣。最後乃有濂溪周氏、伊川程氏、考亭朱氏之學，合異爲同，統殊歸一，卒極於羲、文、周、孔之旨醇如也。士之有志於易而欲明羲、文、周、孔之言者，不盡心於朱子之學，其何所循沿以上遡乎？朱子之於易，究圖、書之微旨，會易傳之奧義，以統承乎畫卦生爻之初，所謂委之合而止者，固在是矣。嗟乎！今之治易者何其衆也，於朱子之學，莫能專而精焉②，將何③以論於畫卦生爻之初，而明羲、文、周、孔之言哉？肆我蔡虛齋先生，天挺其資，神授之識，卓然有追前開後之志。沉涵浸漬於

① 「易時中序」，文淵閣四庫本誤作「易時自序」。
② 「焉」，文淵閣四庫本作「也」。
③ 「將何」，文津閣四庫本作「何將」。

義理之中，而分析解剥乎文字之際，窮其平生①之力而無須臾之暇，盡心於朱子之學者，我朝一人而已。蓋朱子之盡心於孔子，無所不該，而於易爲大。故虛齋之盡心於朱子，亦無所不究，而於易爲深。此圖之解，推衍圖、書，探索卦、疇，入於精微而極乎廣大，孜孜然惟委之循，沿而不止②，源之既得矣。時中少而知學，即遊先生之門，士之在門者以百數，先生獨加器待，以爲可語以斯言，忘其顓愚，黽勉朝夕，雖於精蘊，未能庶幾，隱詞顯義，聞之於進見，而繹之於退私者，蓋亦有年。天喪斯文，梁木其壞，時中獨抱遺編，不敢棄頹，而無所啓發，遂終爲顓愚之人，大負先生往日之所待。每一臨文展卷，未嘗不媿悚隕越，如不能生，顧今日就荒落，恐終已矣。惟先生之學，著而爲書者，既已家挾而人頌之。此編乃其著述之大者，士或以無所資於時文，莫肯盡心，故時中刻而傳之，以與同志者共，且僭述其概以告之，使知斯道之委，蓋在於此。嗟乎！學者果有志於羲、文、周、孔之言，以得其源者，其可忽焉而不盡心哉。」

左氏輔太極後圖說

一篇。

存。

① 「平生」，文津閣四庫本作「生平」。
② 「沿而不止」，文津閣四庫本作「而不知」。

右載廖道南楚紀。

楊氏廉**太極圖纂要**

一卷。

未見。

廉自序曰：「周子太極之説出於易大傳孔子之言，其爲圖，正所以明易爾。故其説之終篇曰：『大哉易也，斯其至矣。』至於通書，雖所以明太極圖，即所以明易，觀其本號易通可見矣。要知易之兩儀、四象、八卦，乃有畫之①；太極圖之陰陽、五行、男女、萬物，乃無畫之易。斯圖也，斯理也，實四方上下、古往今來衆理之會。本朝薛文清公謂：『細心體玩三四十年，庶得其旨。』有志於學者須辨此，則於圖所見無全牛矣。」

周氏山**太極圖解**

一卷。

佚。

紹興府志：「周山，字静之，嵊人。成化庚子舉人。知保德州。」

---

① 「之」字下，依前後文意應補「易」字。

王氏承裕太極動靜圖說

一卷。

未見。

陝西通志：「王承裕，字天宇，三原人，端毅公恕第七子。弘治癸丑進士，歷兵、刑、吏三科給事中，陞太僕少卿，轉南京太常寺卿，後至南京户部尚書。謚康僖。」

許氏誥太極圖論

一卷。

存。

何景明序曰：「昔者聖人之作易也，俯仰遠近，參驗而稽合，其言廣大弗貳，故曰：『易與天地準。』函谷子發明太極之義，撰圖著論，其思精，其辨晳，其指一，蓋玩易有得而作者也。罔有繆悠背經之説，其所究深矣。或曰：『太極圖説，儒先之論定矣，學者尊尚之，函谷子乃置異同其間，何也？』予曰：『聖人之道，貴相發不貴襲，貴相明不貴同。苟徒襲其説，同其旨，而靡有發明，其道終莫違也。苟發明矣，雖異同其間，無害其爲尊尚也。』」

誥自序曰：「聖人者，克全天德。天無言，假聖人而言。是聖人之言，天之言也。然則欲觀天道者，舍聖人之言，將何所本乎？聖人之言謂之經，經者，猶布帛之有經也。經之外，雖千萬世之久，千萬人之多，其言皆緯也。然則欲觀聖人之道者，舍經而事緯，可乎？故夫六經所載，皆至誠無妄，天下實有之道。彼好高喜誕之士，妄以有無爲言，復分理氣之論，穿鑿瑣碎，背戾聖經。傳習既久，牢不可破。欲以明道，而道愈不可明。蓋皆不本於經，而徒以私意測之也。嗚呼！人情貴耳而賤目，矧一家之說既行，百家之廢已久，雖有辨析精微之士，灼見斯道之蘊，言一出口，必將群嗤而共斥①之矣，尚何所言乎？雖然，心者，道之所在也，吾道之不明，吾心之不安也。吾求吾心之安，安計他人之言乎？故吾之言一本於經，而背經者不與存焉。千古一道，天下一心，安知四海之中，百世之下，不有同吾心而是吾言者乎？爲圖一幅，爲論十章，淺陋可鄙，謬戾孔多，尚冀同吾心者指而正之，吾之幸也。正德乙亥八月。」

王氏廷相**太極辨**

一篇。

存。

錢謙益曰②：「廷相，字子衡，儀封人。弘治壬戌進士，歷官兵部尚書、提督團營、掌都察院事，加太子太保。」

---

① 「斥」，文津閣四庫本誤作「斤」。

② 「錢謙益曰」，四庫薈要本作「錢陸燦曰」、文淵閣四庫本作「何景明曰」、文津閣四庫本作「開封府志」。

何氏維柏**太極圖解**

一卷。

未見。

沈氏賓國**太極圖衍**

一卷。

未見。

兩浙名賢録：「賓國，字用之，義烏人。」

談氏縉**太極圖説**

一卷。

未見。

嚴繩孫曰：「縉，字朝章，無錫人。自號荷橋子，隱居不仕。」

俞氏昆**太極圖解**①

一卷。

---

①「太極圖解」，文淵閣四庫本作「太極圖辨」。

未見。

廣信永豐縣志：「俞昆①，字佑英，與吴康齋、胡敬齋、婁一齋爲友。講性命之學，學者稱爲裕齋先生，時②號湖東四齋。」

龐氏嵩**太極解**

一卷。

未見。

鄭氏守道**太極圖説**

未見。

舒氏芬**太極繹義**

二卷。

存。

---

① 「俞昆」二字，文津閣四庫本脱漏作「昆」。

② 「時」，文津閣四庫本作「自」。

崔桐論曰：「舒子之爲太極圖繹義也，疏爲八圖：其一河圖數，著原也。其二伏羲則圖畫卦，起下文也。其三伏羲成卦，成卦不著畫，直分陰陽，見與圖合也。其四别擬伏羲則圖畫卦，若異朱子者。按：朱子云：『虚五與十者，太極也。奇數二十，偶數二十者，兩儀也。以一、二、三、四爲五、六、七、八、九者，四象也。折四方之合以爲乾、坤、離、坎，補四隅之空，以爲兑、震、巽、艮者，八卦也。』舒子云：『中五者，太極也。次十者，分兩儀也。次一、二、三、四者，生數分四象也。次六、七、八、九者，成數分八卦也。九數三奇，老陽爲乾焉。六數三偶①，老陰爲坤焉。七數一奇兩偶，少陽爲震，兑、艮生焉。以後天三男生於乾之老陽，亦合。八數一偶兩奇，少陰爲巽，離、兑生焉。以後天三女生於坤之老陰，亦合。參之生蓍倚②數，揲蓍求爻，皆合也。』其五圖濂溪則圖河圖以作圖太極圖，以河圖側而觀之，太極陰陽五行無餘欠也。其六③後天八卦論，上寄王之辨，圖其左券也。其七天太極圖，寓河圖之數，陰陽互根，太極全體本然之妙昭然矣。其八人太極圖，五性之位，五行之德，立人之道④，見太極之全體焉⑤，可以與天地參矣。至於屬論曰：『男女既生，以形相禪，則命由此出，兼氣質而言也。』實有補於朱子男女太極之説。曰：『人之生者，曰理，曰氣，曰質，曰數。夫理，性善之性也。曰氣，曰質，性相近之性也。曰數，

---

①「偶」，文淵閣四庫本誤作「隅」。

②「倚」，文津閣四庫本作「奇」。

③「其六」，文淵閣四庫本誤作「其後」。

④「道」，文淵閣四庫本作「德」。

⑤「焉」，文津閣四庫本作「也」。

稟於有生之初之天命也。』實有以闡性命之大全。其曰：『秋冬非肅殺，乃百物之所胎者。』以理而論，混闢而非有異於邵子也。其曰：『土之寄王，惟夏秋之交，冬春之交者。』本陰陽至理而言，而不苟同於秦、漢以來之諸儒也。其推五行有性有德，蔡氏之羽翼也。其論潮汐與月相應，正蒙所未及也。火烈金剛，水緩木柔，性之所以相近。火散金遒，木上水下，習之所以相遠也。厥有稟受①，厚薄不齊，命之所以一定而無移者，付之天；窮理盡性，述事繼志，道之所以責於成己而不怠也。至於五行在天，有氣有質；五行之序，有生有成；是皆窮深極微之論，前哲②未發之蘊，抑亦可見天理之在人心，前乎百千萬年之前，後乎百千萬年之後，繭絲牛毛，叢見百出③，道理未始不相值有如是也。嗚呼！我心之所同然者，理也，義也。然則舒子所以自信於無窮者，不在兹乎？後之學者要知其所以異，又知其所以同，斯可以論太極繹義矣。」

唐氏樞太極枝詞

一卷。

存。

---

①「稟受」，文津閣四庫本誤作「厚薄」。

②「哲」，文淵閣四庫本誤作「質」。

③「出」，文淵閣四庫本作「千」。

程氏霆**太極圖説**

未見。

徽州府志：「程霆，字仲復，婺源人。嘉靖丙戌進士，官户部郎中。」

陸氏埰**太極存疑**

一篇。

存。

埰自序曰：「太極之辨，自朱、陸後若不可置喙。客有以爲問者，予疏答之，然非敢求異也。姑存所疑爲論，尚請正於君子。」

徐文貞公①志墓曰：「巡撫河南都察院右僉都御史陸公埰，字秀卿②，别字篔齋，其先潁人，元末徙嘉興，中嘉靖丙戌進士。」

錢德震曰：「其言太極、儀、象、卦、爻之會，不可訓理。」

---

① 「徐文貞公」，文津閣四庫本作「徐文正公」。

② 「秀卿」，文津閣四庫本作「季卿」。

周氏原誠**太極圖論**

佚。

徽州府志：「歙縣人，字彦明。」

孔氏學周**太極辨疑**

八卷。

未見。

葉春及序曰：「昔者聖人畫卦立象，則已圖造化矣。『易有太極』數言，闡發卦象意旨。濂溪緣是復圖太極，直指造化，而又加以無極之文。蓋造化、卦畫，其致一也。自象山、紫陽互相譏駁，垂四百年，而孔憲卿爲辨疑，隆慶辛未示余閩中，余爲之序。傳曰：『天地設位，而易行乎其中矣。』天地之始，一易耳。氣坱然太虛，混淪推盪；舒而燠謂之陽，翕而慘謂之陰。變易交錯，生陰生陽，謂之易。易，無極矣，而有所極，是生兩儀、四象、八卦之本，謂之太極。流行不窮，謂之道；無方無在，合一不測，謂之神。若此類，夫子具言之。生天生地，姤而復行其中，一易耳。列子曰：『易無形埒，易變而爲一，一變而爲七，七變而爲九，易加於一之上，何其累哉？』夫子時已有此，故曰：『乾、坤成列，而易立乎其中。易在陰陽之中，蓋救之也。』善乎謝汝慎先生之言曰：『易無極而有太極，陰陽變易，眇無定極，而有太極爲之本體。』又曰：『於陰陽之變易見其有太極，於變易之無極見其爲太極。太極即易也。』有味其言之哉！無極雖見老、莊、列書，而易本無極，借以爲文，無傷也。周圖原本易傳，其説自合。圖説、易通出一人，其説自合。河圖、洛書，聖人作易則之，周圖既本易傳，其説自合。憲卿皆類成書，能貫通矣。書凡八卷①，覽者自得之。」

劉氏模**太極解**

一卷。

未見。

南海縣志：「劉模，字叔憲，嘉靖辛卯舉人，梓潼知縣。」

彭氏良臣**太極答問**

一卷。

未見。

衡州府志：「彭良臣，字時卿，嘉靖壬子舉人，歸善知縣。」

---

① 「書凡八卷」，文淵閣四庫本誤作「書煩八卷」，備要本脱漏作「凡八卷」。

沈氏亨**太極圖解**

佚。

陸氏山**太極解**

一卷。

未見。

平湖縣志："山，字子周，太學生。除臨清州判官，陞阜平知縣，調夏津，入爲光禄署正。"

黄氏宗炎**太極圖説辨**①

一卷。

存。

宗炎自序曰："太極圖者，創於河上公，傳自陳圖南，名爲無極圖，乃方士修煉之術②也。與老、莊

①「太極圖説辨」，文淵閣四庫本誤作「太極圖説辦」。
②「術」，文淵閣四庫本誤作「述」。

之長生久視，又其①旁門岐路也。老、莊以虛無爲宗，無事爲用，方士以逆成丹，多所造作，去致虛静篤遠矣。周茂叔得之，更爲太極圖，則窮其本而反於老、莊，可謂拾瓦礫而悟精藴，但綴説於圖，合二途爲一門，其病生矣。又懼老氏非孔、孟之正道，不可以傳來學，借大易以伸其意，混二術而總冒以儒，其②病更甚矣。蓋夫子之言太極，專以明易也；茂叔之言太極，則空中之造化也；兩者本不同道。朱元晦又從而分析辨解之，則更雜以釋矣。茂叔强三爲一，元晦混四爲一，雖極其推崇，而并失茂叔之故我矣，其病可復瘳耶？茂叔得圖於方士，得偈於釋，心證於老。元晦得圖於葛長庚，得偈於道謙，而欲會通之於儒。曰：『包羲、文王未嘗言太極，而孔子言之，孔子未嘗言無極，而周子言之。先聖後聖，同條共貫。』此過於標榜也。夫子之言太極，不過贊易有至極之理，非別有太極，而欲上乎羲、文也。茂叔之『無極而太極』，不過推墨附儒，在元晦無乃推假即真，戴僭竊爲君父乎？吾不知千聖何故吝此而不傳其秘耶？夫子曰：『當仁不讓於師。』愚二十年學易，稍窺十翼藩籬，確知易、老之不可混稱，確知③老之不同於釋，灼見儒、釋、老之不可冒昧影響。然後敢明言此圖之非易④，而且有老與仙與釋之淆亂，不揣固陋，一一而是正之如此。吾知見者必將怒目裂眦，以定予非聖之罪。然而莫之避者，何也？聖人之大道，非一人所可私，亦非阿黨所能據。千秋萬世必有明之者矣，時賢之罪予也何傷？作太極圖

① 「其」，文淵閣四庫本誤作「有」。
② 「其」，文淵閣四庫本誤作「有」。
③ 「混稱，確知」，文津閣四庫本誤作「冒昧影響」。
④ 「易」，文淵閣四庫本誤作「異」。

説辯。」

詹氏景鳳**太極圖説**

二卷。

存。

陸元輔曰：「景鳳，字東圖，徽州人。」

王氏嗣槐**太極圖説論**

十六卷。

存。

徐釚曰：「爲太極圖説者，從前不過一二卷而止，桂山下筆不休，成書一十六卷，凡七十九篇，三十餘萬言。秦延君堯典而後，僅見此書。」

經義考卷七十二

書一

三皇五帝之書

佚。虞書存。僞三墳書存。

周官外史：「掌三皇五帝之書。」

鄭康成曰：「楚靈王所謂三墳、五典。」

賈逵曰：「三墳，三王①之書；五典，五帝之書。」

〔補正〕

賈逵條內「三墳，三王之書」，「王」當作「皇」。（卷三，頁一）

---

① 「三王」，依補正、四庫薈要本、文淵閣四庫本應作「三皇」。

孝經緯曰：「三皇無文，有文字之後，仰録三皇時事。」

劉熙曰：「三墳，墳，分也。論三才之分天地人之治，其體有三也。五典，典，鎮也。制法所以鎮定上下，其等有五也，今皆亡，惟堯典存。」

葛洪曰：「隱士以三墳爲金玉，五典爲琴箏。」

劉勰曰：「皇世三墳，帝代五典。」

李先曰：「三皇五帝之典，可以補王者神智。」

劉知幾曰：「春秋傳載楚左史能讀三墳、五典。禮①曰：『外史掌三皇五帝之書。』由斯而言，則墳典文義，三五典策，春秋之時猶大行於世。」

〔補正〕

劉知幾條内「禮曰：外史掌三皇五帝之書」，「禮」上脱「周」字。（卷三，頁一）

程子曰：「孔子討論墳、典，斷自唐、虞以下，使誠有所謂羲、農之書，乃後世稱述當時之事，失其義理。如許行所謂神農之言，及陰陽醫方稱黄帝之説爾，此聖人所以去之也。或疑陰符之類是，甚非也。此出戰國權變之術，竊窺機要以爲變詐之用，豈上古至淳之道耶？」

葉夢得曰：「古三墳書爲古文，奇險不可識，了不知其何語，其妄可知也。」

楊時曰：「三墳，世傳以爲古三皇書，非也。其辭簡而質，遠而無統，其有意於倣古之爲乎？孔子

---

① 「禮」，依補正、四庫薈要本、文淵閣四庫本應作「周禮」。

曰：『神無方，易無體。』又曰：『生生之謂易。』則易之爲易，其義深矣，殆不可以形數名也。是書太古河圖代姓紀曰：『博厚而濁謂之太易，太易之數三。』是以形數名易也，其言殆與孔子異乎？吾是以知其非古書也。」

晁公武曰：「古三墳書，張天覺言得之於比陽民家，墳皆古文，而傳乃隸書，所謂三墳者，山、氣、形也。七略、隋志皆無之，世以爲天覺僞撰。」

鄭樵曰：「三皇太古書，亦謂之三墳，一曰山墳，二曰氣墳，三曰形墳。天皇伏羲氏本山墳①而作易曰連山，人皇神農氏本氣墳而作易曰歸藏，地皇黄帝氏本形墳而作易曰坤乾。雖不畫卦，而其名皆曰卦、爻、大象。連山之大象有八，曰『君臣民物陰陽兵象』，而統以山；歸藏之大象有八，曰『歸藏生動長育止殺』，而統以氣；坤乾之大象有八，曰『天地日月山川雲氣』，而統以形，皆八而八之爲六十四。其書漢、魏不傳，至元豐中始出於唐州比陽之民家，世疑僞書。然其文古，其辭質而野，其錯綜有經緯，恐非後人之能爲也。如緯書猶見取於前世，況此乎？且歸藏至晉始出，連山至唐始出，然則始出於近代，亦不爲異事也。」

中興書目：「三墳之目見於孔序，漢志不載。元豐七年，毛漸奉使京西得之，其書以山、氣、形爲別。山墳謂之連山，氣墳歸藏，形墳坤乾，與先儒言三易異。其中有姓紀一篇、皇策一篇、政典一篇，合

①「山墳」，文津閣四庫本作「三墳」。

爲三卷，皆依①託也。」

〔補正〕

中興書目條内「皆依託也」，「依」當作「僞」。（卷三，頁一）

陳振孫曰：「元豐中，毛漸正仲奉使京西，得之唐州民舍。其辭詭誕不經，蓋僞書也。三墳之名，惟見於左氏右尹子革之言。蓋自孔子定書，斷自唐、虞以下，前乎唐、虞，無徵不信，不復采取，於時固已影響不存，去之二千載而其書忽出，何可信也？況皇謂之墳，帝謂之典，皆古史也，不當如毛所録，其僞明甚，人之好奇有如此其僻者。」

朱子曰：「周禮外史掌三皇、五帝之書，周公所録，必非僞妄。若果全備，孔子亦不應悉删去之。或其簡編脱落，不可通曉。或是孔子所見止是唐、虞以下，不可知耳。」

羅璧曰：「典有五而逸其三，墳有三而不存其一。」

王應麟曰：「前賢謂臯、夔、稷、契有何書可讀，理實未然。周官外史掌三皇五帝之書，春秋傳所謂三墳、五典是也。黄帝、顓頊之道在丹書，武王所以端絻②東面而受於師尚父也。少皥氏之紀官，夫子所以見郯子而學也，孰謂無書可讀哉？」又曰：「吕氏春秋序意曰：『嘗得學黄帝之所以誨顓頊矣，爰有大圜在上，大矩在下，汝能法之，爲民父母。』不韋十二紀成於秦八年，歲在涒灘，上古之書猶存，前聖

①「依」，依補正、四庫薈要本、文淵閣四庫本應作「僞」。

②「絻」，文淵閣四庫本作「冕」。

傳道之淵源猶可攷也。」又曰：「漢初去聖未遠，帝王遺書猶有存者，賈誼書修政語引黄帝曰：『道若川谷之水，其出無已，其行無止。』顓頊曰：『至道不可過也，至義不可易也，功莫美於去惡而爲善，罪莫大於去善而爲惡。故非吾善善而已也，善緣善也；非惡惡而已也，惡緣惡也，吾日慎一日。』帝嚳曰：『緣巧者之事而學爲巧，行仁者之操而與爲仁也，故節仁之器以修其財，而身專其美矣。德莫高於博愛人，而政莫高於博利人，故政莫大於信，治莫大於仁，吾慎此而已矣。』帝堯曰：『吾存心於先古，加志於窮民，痛萬姓之罹罪，憂衆生之不遂也。故一民或饑，曰：「此吾饑之也。」一民或寒，曰：「此我寒之也。」一民有罪，曰：「此我陷之也。」』帝舜曰：『吾盡吾敬而以事吾上，故見謂忠焉；吾盡吾敬以接吾敵，故見謂信焉；吾盡吾敬以使吾下，故見謂仁焉。吾取之以敬也，吾得之以敬也。』此帝王大訓之存於漢者。若高帝能除挾書之律，蕭相國能收秦博士官之書，則倚相所讀者必不墜矣。」又曰：「三皇之書，伏羲有易，神農有本草，黄帝有素問。」

黄震曰：「孔安國作書序，明言孔子去三墳而斷自唐、虞二典爲書。今信安毛漸正仲乃稱元豐七年奉使京西得古三墳書於唐州比陽道民間，爲僞固不待辨而知，特其所以爲僞有不容不辨者。夫三墳雖不可復知，概以今之二典，則載事之書，後世所謂史册之類也。今其書乃以山墳爲第一，而指爲天皇伏羲氏連山之易；以氣墳次之，而指爲人皇神農氏歸藏之易；以形墳又次之，而指爲地皇軒轅氏坤乾之易。愚按伏羲畫八卦，歷文王、孔子而成今之易，三才之道備焉，此外無餘藴。周禮六典晚出於王莽、劉歆，始有連山、歸藏、周易三者之名，意謂夏、商之世各自有易，於義無稽，而好異者喜言之，自謂博古，已成空談，況於竊取其名爲三墳之書，然乎否耶？山墳言君臣民物陰陽兵象，氣墳言歸藏生動長育止殺，形墳言天地日月山川雲氣。一字各釋爲一事，實皆無理。山墳綴以姓紀之篇，氣墳綴以皇策之篇，形墳綴以政典之篇，亦皆無理。毛漸乃以胤征嘗引政典指爲證據，不知政典夏氏國法，非三墳書也。」

馬端臨曰：「按夫子所定之書，其亡於秦火，而漢世所不復見者，蓋杳不知其爲何語矣，況三墳已見削於夫子，而謂其書忽出於元豐間，其爲繆妄可知。夾漈好奇而尊信之，過矣。況又詳孔安國書序所言，則墳、典，書也，蓋百篇之類也；八索，易也，蓋彖、象、文言之類也。今所謂三墳者，曰山墳、氣墳、形墳，而以爲連山、歸藏、坤乾之所由作，而又各有所謂大象六十四卦，則亦是易書，而與百篇之義不類矣，豈得與五典並稱乎？」

金履祥曰：「周官外史固有三皇、五帝之書，未聞墳、典之名也。左氏稱三墳、五典、八索、九丘之書，未知何書也。或當時別有異書，倚相讀之以爲博耳。書序以堯、舜有二典，遂引三墳、五典以配三皇、五帝之數，證定書之原，反滋紛紛。近世有三墳書，云得於青城山，其書始出於張天覺家，有山墳、氣墳、形墳之名。古易既有六十四卦，安得又有三墳？龜山嘗辨其非。今婺有版本，蓋書序說啓其僞也。」

吴萊曰：「三墳書近出僞書也，文鄙而義陋，其言伏羲本山墳而作連山，神農本氣墳而作歸藏，黄帝本形墳而作坤乾，與周官太卜所掌三易異焉。又周官外史掌三皇、五帝之書，楚左史倚相能讀三墳、五典，太史公所謂①縉紳先生難言之者也。孔安國書序始以伏羲、神農、黄帝之書謂之三墳。墳者，大也，言大道也。苟言大道，孔子不删，孔子删之，此其文誠不雅馴矣。且三墳自三墳，三易自三易，亦無緣合而爲一也。外有紀姓者，叙上古帝王之世，襄陽羅泌頗加采用，以著路史。莆田鄭樵謂東漢諸儒尚喜讖，三墳書雖近出，庸不愈於讖乎？乃引柴霖之傳而上寘諸古易經之列，以爲非後世所可及，終不能掩其僞也。」

吴師道曰：「外史掌三皇之書，不言三墳也。左史倚相能讀三墳，不云三皇也。孔氏以三墳、五典合之三皇五帝，書序之文，先儒頗疑之，遂以是爲一定不可易之論，可乎？」又曰：「古三墳書，宋元豐中，毛漸得之唐州比陽民家。紹興中，沈斐刻於婺學，近歲火板不存。予從張子長假其書讀之，所謂三墳，以山、氣、形爲别，以伏羲連山、神農歸藏、軒轅坤乾易合其目，墳各有傳。又有姓紀、皇策、政典之篇。後序稱天復中，青城山裂石中所得，不云何人，亦可疑矣。按三墳漢藝文志已無傳，隋史載劉炫撰書百數卷，題曰連山易。子長謂此書卷題不同，亦非炫所撰者。天復乃唐末號，去之二千年，一旦復出，裂石所得，尤涉怪誕。按晁公武云：『張商英僞撰。』蓋得其實矣。既明其僞，固不足深辨，略舉一二，以見撰者之謬。大傳曰：『易有太極，是生兩儀，兩儀生四象，四象生八卦。』先儒不知先天之義，故多誤解，今其言曰混沌爲太始，其數一，一爲太極，天地之父母，天高明而清，地博厚而濁，謂之太易，爲天地之變；太易之數二，二爲兩儀，陰陽之形，謂之太初，爲天地之交；太初之數四，四爲易四象，變而

① 「謂」字，文津閣四庫本脱漏。

成萬物，謂之太素，爲三才之始；太素之數三，三爲易天地，孕而生男女，謂之三才。三才者，天地之備也。其言顛倒錯戾，漫無紀統，而自比於易，可乎？夏書政典云云，先儒皆以爲指羲、和。林氏獨謂上文『邦有常刑，干先王之誅』，文意已足，此乃戒吏士之辭，故金先生表注因之，其説正矣，豈區區摹擬傳會者所能知哉？且諸儒皆不信其書，而毛漸、沈斐獨信之，亦好奇之過爾。」

吾邱衍曰：「三墳書，此僞本，大不可信。言辭俗繆，字法非古，尚書無也字，此書有之。」

盛熙明曰：「三墳乃僞書，必字合從八①戈，此從心加一筆。走之合從辵，此隨俗作之字引脚，其謬甚多。」

方孝孺曰：「書之名真而實僞者多矣，何從而信之哉？亦在慎②辨之爾。辨之法有三：味其辭以望其世之先後，正其名以求其事之是非，質諸道以索其旨之淺深，而真僞無所匿矣。吾嘗執是以觀天下之書，蓋十不失一焉。若世傳三墳書者，則又凡鄙而易見者也。孔安國稱伏羲、神農、黃帝之書謂之三墳，其言大道。今此書以山墳爲伏羲之書，言君臣民物陰陽兵象謂之連山易，而姓紀、皇策之篇附焉；以氣墳爲神農之書，言歸藏生動長育止殺謂之歸藏易；以形墳爲黃帝之書，言其目而傳以申之。考其辭則不③類，正其名則不合，質諸道則淺陋而無稽，其姓紀篇曰：『太始者，元胎之萌；太極者，天

---

① 「八」，文淵閣四庫本、文津閣四庫本俱作「入」。
② 「慎」應作「審」。
③ 「不」字，文津閣四庫本脱漏。

地之父母；太易者，天地之變；太初者，天地之交；太素者，三才之始。天地孕而生男女，謂之三才。』頗剽莊、列之餘言而造爲異説，此其道之淺陋無稽者也。其論物則曰『木爲金所剋，服陽臣十幹』，此後世曆生之常談，伏羲之時曾有之乎？論民曰『四民之物，以貨爲本』，伏羲之時曷有四民之名乎？謂『封拜之辭曰策』，策始於漢，而謂伏羲氏有策辭，可乎？祭天地於圜邱，大夫之妻曰命婦，周禮始有之，而謂『天地圜邱，恩及命婦』爲黄帝之事，可乎？相人之術起於衰世，而謂聖人以形辨貴賤、正賢否爲神農氏之書，可乎？此其名之不合者也。其辭皆後世俚野①之談，而其尤謬者曰『山月升騰，川月專浮，山雲疊峰，川雲散彩，山氣籠烟，川氣浮光，雲氣流霞』，皆唐人爲詩之語。其政典篇往往竊取書、易而損益之，如曰：『惟天生民，惟君奉天，民惟邦本，食惟民天，出言惟辭，制器惟象，動作惟變，卜筮惟占，先時者殺，不及時者殺。』皆是也。或者未之察，顧謂書所謂政典②，正本諸此而定爲上古之書，其亦異哉？然世之僞書衆矣，如内經稱黄帝，汲冢書稱周，皆出於戰國、秦、漢之人，故其書雖僞，而其文近古有可取者，此書則又僞於近代者也。其後有序，不著其姓名，自謂天復中隱於青城之西，因風雨石裂，中有石匣，得此書於匣中，其文絶與此書類。天復，唐昭宗時也，豈即青城隱者所僞耶？雖然，聖人之經猶日月然，其道猶天地然，使孔子時有三墳書，孔子固不得而删，存其名而亡其書，孔子猶嘗言之，今孔子之繫易，但云『伏羲氏畫八卦，神農氏爲耒耜，黄帝垂衣裳』，未嘗言三皇有所謂三墳書也。孔子不

① 「俚野」，文津閣四庫本作「鄙俚」。
② 「政典」，文津閣四庫本作「正典」。

言，安國何據而言之耶？然則安國之言亦妄矣。彼僞爲書者，因其言而復僭襲周禮三易、連山、歸藏之名，以爲伏羲、神農之書，周易不可襲，則以歸藏先坤後乾名黄帝者，故曰坤乾，其亦妄之妄者耶！以區區俚野之文而欲托①於三代、唐、虞之上，是猶瞽夫懸破鏡於空中，而欲自比於日月也，其亦惑之甚耶？於乎！世之擬經者，亦可以知愧矣。」

胡應麟曰：「仲尼贊易、序書、删詩，而三墳不經見，則春秋倚相所嘗讀，已屬可疑，況劉炫所上，毛漸所傳，淺陋弗根，惡覩所謂三墳者乎？」

按：外史所掌三皇、五帝之書，若許行爲神農之言，列子稱黄帝之書皆是，豈必三墳、五典哉？以三墳、五典實三皇、五帝之書，本於僞孔安國書序也，覩杜氏注左傳墳、典、邱、索，第云「皆古書名」，未嘗定爲三皇、五帝之書，足以證其非矣。至於三墳僞書，人知其謬，以鄭漁仲之博洽，獨信之不疑，毋乃過與？

① 「托」，文津閣四庫本、備要本俱作「託」。

經義考卷七十三

書二

百篇尚書

闕。

卜商曰：「書之論事也，昭昭然若日月之代明，離離然若星辰之錯行，上有堯、舜之道，下有三王之義。」

墨翟曰：「昔周公旦朝讀書百篇。」

孔臧曰：「時人惟聞尚書二十八篇取象二十八宿，謂爲信然，不知其有百篇也。」

揚雄曰：「昔之説書者序以百，虞、夏之書渾渾爾，商書灝灝爾，周書噩噩爾。」

劉歆曰：「尚書直言也，始歐陽氏先名之。」又曰：「書以決好，（或作斷，下同。）好者，義之證也。」

鄭康成曰：「虞夏書二十篇，商書四十篇，周書四十篇。」

春秋説題辭曰：「尚書者，二帝之迹，三王之義，所以推其期運明授命之際。書之言信而明天地之情、帝王之功，凡百二十篇，第次委曲。尚者，上也，上世帝王之遺書也。」

尚書璇璣鈐曰：「孔子求書，得黄帝玄孫帝魁之書，迄於秦穆公，凡三千二百四十篇，斷遠取近，定可以爲世法者百二十篇，以百二篇爲尚書，十八篇爲中候，去三千一百二十篇。」又曰：「尚書篇題號，尚者，上也。上天垂文象，布節度。書也，如天行也。」

王肅曰：「上所言，下爲史所書，曰尚書也。」

劉熙曰：「尚書，尚，上也，以堯爲上始而書其時事也。」

葛洪曰：「尚書者，政事之集也。」

劉勰曰：「書實紀言，而訓詁茫昧，通乎爾雅，則文意曉然。故子夏嘆書，昭昭若日月之明，離離如星辰之行，言昭灼也。」又曰：「尚書覽文如詭，而尋理則暢。」

孔穎達曰：「尚者，上也。言此上代以來之書，故曰尚書。書之體例有十：一曰典、二曰謨、三曰貢、四曰歌、五曰誓、六曰誥、七曰訓、八曰命、九曰征、十曰範。堯典、舜典二篇典也，大禹謨、臯陶謨二篇謨也，禹貢一篇貢也，五子之歌一篇歌也，甘誓、泰誓三篇、湯誓、牧誓、費誓、秦誓八篇誓也，仲虺之誥、湯誥、大誥、康誥、酒誥、召誥、洛誥、康王之誥八篇誥也，伊訓一篇訓也，説命三篇、微子之命、蔡仲之命、顧命、畢命、冏命、文侯之命九篇命也，胤征一篇征也，洪範一篇範也，此各隨事而言。益稷亦謨也，因其人稱，言以别之，其太甲、咸有一德、伊尹訓道王，亦訓之類。盤庚亦誥也，故王肅云：『不言誥，何也？取其徒而立功，非但録其誥。』高宗肜日與訓序連文，亦訓辭可知也。西伯戡黎云：『祖伊恐，奔告於受。』亦誥也，武成云：『識其政事。』亦誥也，旅獒戒王，亦訓也，金縢自爲一體，祝亦誥辭也，梓材，酒誥分出，亦誥也，多士以王命誥，自然誥也。無逸戒王，亦訓也，君奭周公誥，召公亦誥也，多方、周官上誥於下，亦誥也，君陳、君牙與畢公之類，亦命也，吕刑陳刑告王，亦誥也。書篇之名，因事而立，既無體例，隨便爲文。」

陸德明曰：「典凡十五篇，正典二，攝十三，十一篇亡。謨凡三篇，正二，攝一。訓凡十六篇，正二，一篇亡，攝十四，三篇亡。誥凡三十八篇，正八，攝三十，十八篇亡。誓凡十篇，正八，攝二，一篇亡。命凡十八篇，正十二，三篇亡，攝六，四篇亡。」

劉知幾曰：「孔子觀書於周室，得虞、夏、商、周四代之典，乃删其善者，定爲尚書百篇。尚書者，七經之冠冕，百氏之襟袖。學者必先精此書，次覽群籍，譬夫行不由徑，非所聞焉。」

吴祕曰：「書百篇，漢存者二十九篇，得古文又多十六篇，其亡過半。孔子序書，存百篇之義，而其書亡，不可復知。」

司馬光曰：「尚書者，二帝三王嘉言要道盡在其中，爲政之成規，稽古之先務也。」

朱子曰：「尚書有不必解者，有須著意解者，有略須解者，有不可解者。如仲虺之誥、太甲諸篇，只是熟讀，義理自明，何俟於解。如洪範則須著意解。如典謨諸篇，辭稍雅奥，亦須略解。如盤庚諸篇已難解，康誥之屬，則不可解矣。」又曰：「盤庚五誥之類實是難曉，若要添①字硬説將去，儘得，然只是穿

---

① 「添」字下，依補正、四庫薈要本、文淵閣四庫本應補「減」字。

鑿，終恐無益爾。」又曰：「書且看易曉處①，其不可曉者，不要強説。縱説②得出，恐未必是當時本意。」又曰：「書中不可曉處，先儒既如此解，且只得從他説。」

〔補正〕

朱子條内「若要添字硬説將去」，「添」下脱「減」字。（卷三，頁一）

柴中行曰：「唐、虞、三代，聖帝明王，與其良臣碩輔，精神心術之妙，推之天下，以爲大經大法者，盡在於書。」

程去華曰：「讀尚書當識唐、虞、三代氣象，唐、虞君臣，交相儆戒，夏、商以後，則惟臣戒君爾。禹、臯戒君，儆於未然，夏、商以後，則事形而後救正之。湯之伐夏，自湯誓、湯誥外，未嘗數桀之惡。武王伐紂，則歷歷陳布，惟恐紂惡不白，己心不明，略無回護意矣。」

董鼎曰：「帝王之書，歷代所寶，前乎五帝者爲三皇，世尚洪荒，非後世所可考。後乎三王者爲五霸，習尚權譎，又非聖人所忍爲。故自唐迄周，而百篇之書定，一書之中，其於明德新民之綱，修齊治平之目，即堯典已盡其要，而『危微精一』四言，所以開知行之端，『主善協一』四言，所以示博約之義。務學則説命其入道之門，爲治則洪範其經世之要也。他如齊天運則有羲、和之曆，定地理則有禹貢之篇，

① 「書且看易曉處」，文津閣四庫本作「書中不可曉處」。
② 「縱説」二字，文淵閣四庫本脱漏。

正官僚則有周官之制度，修己任人則有無逸、立政諸書①。煨燼壞爛之餘，百篇僅存其半，而宏綱實用尚如此，故嘗謂六經莫古於書，易雖始於伏羲，然有卦未有辭，辭始於文王爾。六經莫備於書，五經各主一事而作，易主卜筮，即洪範之稽疑也；禮主節文，即虞書之五禮也；詩主咏歌，即后夔之樂教也；周禮設官，即周官六卿率屬之事也；春秋褒貶，即皋謨命德討罪之權也。五經各主帝王建置之一端，書則備紀帝王政事之全體。修齊治平之規模事業盡在於此，學者其可不盡心焉。」

熊朋來曰：「典、謨、訓、誥、誓、命凡百篇，注者有正與攝之分。正者，有其義而正其名；攝者，無其名而附其義。正三十四，攝六十六，典十五篇。正者二：堯典、舜典；攝者十三：禹貢、洪範、汩作、九共九篇、槀飫。謨三篇，正者二：大禹謨、皋陶謨；攝者一：益稷。訓十六篇，正者二：伊訓、高宗之訓；攝者十四：五子之歌、太甲三篇、咸有一德、高宗肜日、旅獒、無逸、周官、吕刑、典寶、明居、徂后、沃丁；誥三十八篇，正者八：仲虺之誥、湯誥、大誥、康誥、酒誥、召誥、洛誥、康王之誥；攝者三十：盤庚三篇、西伯戡黎、微子、武成、金縢、梓材、多士、多方、君奭、立政、帝告、釐沃、汝鳩、汝方、夏社、疑至、臣扈、咸乂四篇、伊陟、原命、仲丁、河亶甲、祖乙、分器、將蒲姑。誓十篇，正者八：甘誓、湯誓、泰誓三篇、牧誓、費誓、秦誓；攝者二：嗣征、湯征。命十八篇，正者十二：説命三篇、微子之命、蔡仲之命、顧命、畢命、冏命、文侯之命、肆命、旅巢命、賄肅慎之命；攝者六：君陳、君牙、歸禾、嘉禾、成王政、亳姑。」

---

① 「書」，文淵閣四庫本誤作「盡」。

黄鎮成曰：「伏生所授今文尚書凡二十八篇：堯典、皋陶謨、禹貢、甘誓、湯誓、盤庚、高宗肜日、西伯戡黎、微子、牧誓、洪範、金縢、大誥、康誥、酒誥、梓材、召誥、洛誥、多方、多士、立政、無逸、君奭、顧命、吕刑、文侯之命、費誓、秦誓。漢武時又入僞泰誓一篇，爲二十九篇。孔安國古文尚書增多伏生二十五篇：大禹謨、五子之歌、胤征、仲虺之誥、湯誥、伊訓、太甲三篇、咸有一德、説命三篇、泰誓三篇、武成、旅獒、微子之命、蔡仲之命、周官、君陳、畢命、君牙、冏命，又分堯典爲舜典，分皋陶謨爲益稷，分盤庚一篇爲三篇，分顧命爲康王之誥，通今古五十八篇。逸書四十二篇：汩作、九共九篇、稾飫、帝告、釐沃、湯征、汝鳩、汝方、夏社、疑至、臣扈、典寶、明居、肆命、徂后、沃丁、咸乂四篇、伊陟、原命、仲丁、河亶甲、祖乙、高宗之訓、分器、旅巢命、歸禾、嘉禾、成王政、將蒲姑、賄肅慎之命、亳姑，又百篇之序一篇，通前今古文，合百篇之數。」

何異孫曰：「書者，古之史也，當時事實有當紀載者，史官書之簡策。有君臣相告誡之言，有君命臣者，有臣告君者，有君告民者，孔子定書百篇，名之曰虞、夏、商、周之書。」

薛瑄曰：「經凡言德、言聖、言神、言心、言道、言中、言性、言天命、言誠、言善、言一、言敎、言學之類，多見於書，書之後乃有易象、象辭及諸經書，聖賢發明性理之名，雖有淺深不同，實皆原於書也。」

〔補正〕

薛瑄條内「言天命」，「天」下脱「言」字。（卷三，頁一）①

① 本文不誤，補正誤校。

孫宜曰："尚書緯言孔子求書，得黄帝玄孫帝魁之書，迄秦穆公，凡三千二百四十篇。黄帝至堯、舜不遠，堯、舜至秦穆不二千年，書至三千二百四十篇，不過多耶？斯漢儒侈大之言，無足信也。"

沈嗣選曰："序稱百篇，商、周皆三十九篇，夏止四篇，而虞反十五篇，此不可信。"

按：歐陽永叔日本刀歌云："傳聞其國居大海①，土壤沃饒風俗好。前朝貢獻屢往來，士人往往工詞藻。徐福行時書未焚，逸書百篇今尚存。令嚴不許傳中國，舉世無人識古文。"永叔雖有是説，而葉少藴疑之，馬翔仲亦疑之。鄭麟趾高麗史宣宗八年五月，李資義還自宋，奏云帝聞吾國書籍多好本，命館伴書所求書目録授之，且曰雖有卷第，不足者亦須傳寫，附來目録，首開百篇尚書而高麗未之有也。宣宗八年者，實宋元祐六年。先是咸平中，日本僧奝然以鄭康成注孝經來獻，不言有尚書。王惲中堂事紀載中統二年，高麗世子禃來朝，宴於中書省，問曰："傳聞汝邦有古文尚書及海外異書。"答曰："與中國書不殊。"然則高麗之書猶夫中國之書耳。百篇尚書，高麗且無之，況日本乎？乃萬曆初尚書郎葉春及上書請命封倭使臣多方索之以歸，真無異癡人説夢矣。

又按：白虎通德論引尚書文云："咨四岳，曰裕汝衆，或有一人王者。"又云："不施予一人。"又云："必立賞罰，以定厥功。"又云："太社惟松，東社惟柏，南社惟梓，西社惟栗，北社惟槐。"今其文皆逸，未審是百篇書中語，抑大傳文也？

〔補正〕

① "海"，依補正應作"島"。

竹垞案語引日本刀歌「傳聞其國居大海」，「海」當作「島」。方綱按：竹垞既援歐詩日本刀歌，固不能以脅然不獻，即驗其必無，亦不能以高麗之無，決日本不當有也。又按：高麗宣宗以乙丑歲嗣立，其八年是宋元祐八年，亦非六年也。（卷三，頁一）

百篇之序

一卷。

存。

司馬遷曰：「孔子之時，周室微而禮、樂廢，詩、書缺，追跡三代之禮，序書傳，上紀唐、虞之際，下至秦繆，編次其事，故書傳、禮記自孔氏。」

劉歆曰：「孔子修易序書。」

班固曰：「書之所起遠矣，至孔子纂焉。上斷於堯，下訖於秦，凡百篇，而爲之序，言其作意。」

隋經籍志曰：「孔子删書，别爲之序，各陳作者所由。」

孔穎達曰：「書序，鄭玄、馬融、王肅並云孔子所作，依緯文也。百篇凡六十三序。」又曰：「百篇次第於序，孔、鄭不同，孔以湯誓在夏社前，於百篇爲第二十六，鄭以爲在臣扈後，第二十九。孔以咸有一德次太甲後，第四十。鄭以爲①在湯誥後，第三十二。孔以蔡仲之命次君奭後，第八十三，鄭以爲在費

① 「在臣扈後，第二十九。孔以咸有一德次太甲後，第四十。鄭以爲」計二十四字，文津閣四庫本脱漏。

誓前，第九十六。孔以周官在立政後，第八十八，鄭以爲在立政前，第八十六。孔以費誓在文侯之命後，第九十九，鄭以爲在吕刑前第九十七。不同者，孔依壁内篇次及序爲文，鄭依賈氏所奏，别録爲次。」

陸德明曰：「馬、鄭之徒，百篇之序，總爲一卷，孔以各冠其篇首，而亡篇之序，即隨其次第，居見存者之間。」

劉知幾曰：「書列典謨，詩含比興，若不先序其意，難以曲得其情，故每篇有序敷暢厥義。」

程子曰：「書序夫子所爲，逐篇序其作之之意。」

林光朝曰：「序乃歷代史官相傳，以爲書之總目，猶詩之有小序也。」

朱子曰：「書序恐即是經師所作，決非夫子之言。」又曰：「小序決非孔門之舊。」

董銖曰：「書序之作，出於聖人無疑，學者觀書得其序，則思過半矣。班固言：『書之所起遠矣，至孔子纂時，上斷於堯，下訖於秦，凡百篇，而爲之序，言其作意。』而林少穎乃謂書序乃歷代史官轉相授受，以爲書之總目者，非孔子所作。今玩其語意，非聖人其孰能於此哉？」

葉適曰：「以書序爲孔子作，其説本出班固，固因司馬遷，遷因孔安國，安國無先世的傳，止據前後浮稱，兼左氏楚靈王言倚相事爾。」

王應麟曰：「大傳之序有嘉禾、揜誥，今本闕焉。」

馬廷鸞曰：「書序自爲一編，故以『昔在帝堯』起於篇首，後接舜典則曰『虞舜側微』，接禹謨曰『皋陶矢厥謨，禹成厥功』，益足證古序自爲一篇，而相續之辭如此，蓋史氏舊文也。今史記序傳亦自爲一篇。」

金履祥曰：「前漢書言張霸采左傳、書序作書首尾。後漢書言衛宏作詩序。衛宏之云，朱子嘗引之以證書序之僞矣。獨書序疑而未斷。方漢初時，泰誓且有僞書，何況書序之類？且孔傳古文其出最後，則附會之作，有所不免，其爲齊、魯諸儒次第附會而作序可知也。」

陳櫟曰：「漢劉歆曰：『孔子修易序書。』班固曰：『孔子纂書凡百篇，而爲之序，言其作意。』今考序文於見存之篇，雖頗依文立義，而識見淺陋，無所發明，其間至有與經相戾者，於已亡之篇，則依阿簡略，尤無所補，其非孔子所作明甚，顧世代久遠，不可復知。然孔安國雖云得之壁中，而亦未嘗以爲孔子所作，但謂書序序所以爲作者之意，與討論墳、典等語隔越不屬，意亦可見。」

鄒季友曰：「史記盡引今文書二十八篇，及僞泰誓一篇，並不引孔壁所增諸經，是太史公未見孔壁書明矣。然卻多引小序，雖亡篇之序亦有之，意西漢時自有百篇之序，故太史公見之，造僞書者亦見之，非專出於孔壁也。」

樊良樞曰：「書序在五十八篇之外，云出壁中，由是篇以讀經文，乃得其義，兼辨其僞，蓋序述二帝之德顯而微，序夏、商直以簡，序周□□，疑非聖人不能作也。」

孫寶侗曰：「書序爲後人僞作，逸書之名亦多不典。至如左氏傳定四年祝佗告萇弘，其言魯也，曰『命以伯禽而封於少昊之虛』；其言衛也，曰『命以康誥而封於殷虛』；其言晉也，曰『命以唐誥而封於夏虛』；是則伯禽之命、康誥、唐誥，周書之三篇，而孔子所必録也，今獨康誥存而二篇亡。爲書序者不知其篇名而不列於百篇之内，疏漏顯然，是則不但書序可疑，并百篇之名，亦未信矣。」

按：書小序西漢孝武時當即有之，此史公據以作夏、殷、周本紀，若孔壁古文尚書，漢、魏、西晉諸儒均未之見，而馬融於書小序有注，見於陸氏釋文。又鄭注周官引書序文，以證保傅，而百篇之序次第與孔不同，見於正義。許謙亦云：「鄭氏不見古文而見百篇之序。」考馬、鄭傳注本漆書古文，是孔傳未上之時，百篇之序先著於漢代，初不與安國之傳同時而出也。今以馬氏書小序傳附紀於後。「昔在帝堯」，傳云：「謚也，翼善傳聖曰堯。」「伊尹相湯」，傳云：「俗儒以湯爲謚，或爲號，然不在謚法，故無聞焉。」「般始咎周」，傳云：「咎周者，爲周所咎。」「奔告于受」，傳云：「受讀曰紂。或曰受婦人之言，故號曰受也。」「般始錯天命」，傳曰：「錯，廢也。」「武王有疾」，傳本下有「不豫」二字。「召公爲保，周公爲師」，傳云：「保氏、師氏皆大夫官。」「作成王政」，傳本「政」作「征」。「將遷其君于蒲姑」，傳本「蒲」作「薄」。「王俾榮伯①作賄肅慎之命」，傳本「俾」作「辨」，「肅」作「息」。「作顧命」，傳云：「成王將崩，顧念康王，命召公、畢公率諸侯輔相之。」「康王既尸天子」，傳本此句上有「成王崩」三字。「平王錫晉文侯秬鬯圭瓚」，傳本無「平」字，「錫」作「賜」。「東郊不開」，傳本「開」作「闢」。

又按：朱子疑詩小序而并疑書小序，疑孔安國所傳之古文，而并疑古文之有小序，然百篇之序實自漢有之。竊謂周官外史：「達書名於四方。」此書必有序，而今百篇之序即外史所以達四方者，其由來古矣。

又按：伯禽、唐誥，王伯厚云：「皆策命篇名。大傳之序有揜誥，史記殷本紀有太戊一篇，孟子注云

---

① 「榮伯」，文津閣四庫本誤作「營伯」。

逸書』，有舜典之序，曆志引古文月采篇，俱不入百篇之目。」是則書名尚多，其篇目偶逸者與？

〔補正〕

案：竹垞謂史公據書序而作夏、殷、周本紀，此未深考書序、史記而爲是言也。書序云：「成湯既没，太甲元年，伊尹作伊訓。」史記云：「太子太丁未立而死，立太丁之弟外丙，三年崩，又立外丙之弟仲壬，四年崩，伊尹乃立太丁之子太甲。」史公之論與書序顯然歧出，如此類者甚多，而得謂之據序而作本紀乎？

案：竹垞謂百篇之序即外史所以達四方者，據周禮外史：「掌達書名于四方。」鄭注：「古曰名，今曰字，使四方知書之文字，得能讀之。」大行人：「九歲屬瞽史，諭書名。」鄭注：「史，大史、小史也。書名，書之字也。古曰名。」據此則外史所掌、大行人之所諭，即天子考文之事耳，豈得謂之爲書序乎？即鄭君有説，謂若堯典、禹貢達此名使知之，亦謂是書之篇名，並非謂其序也。又案外史：「掌書外令，掌四方之志，掌三皇五帝之書。」此三句各是一事，此下又云：「掌達書名于四方。」書謂文字耳，非尚書篇名之書也。鄭氏注蓋因此句與上「掌三皇五帝之書」句相連，故有堯典、禹貢之説，實不然也。賈疏引聘禮記，乃其正訓耳，附識於此。（卷三，頁一—二）

經義考卷七十四

書三

今文尚書

漢志：「經二十九卷。」

存。

漢書：「伏生，濟南人，故爲秦博士。孝文時，求能治尚書者，天下亡有，聞伏生治之，欲召。時伏生年九十餘，老不能行，於是詔太常使掌故晁錯往受之。秦時禁書，伏生壁藏之，其後兵大起，流亡。漢定，伏生求其書，亡數十篇，獨得二十九篇，即以教於齊、魯之間。」

王充曰：「尚書本百篇，遭秦用李斯之議，燔燒五經，濟南伏生抱百篇藏於山中。孝景皇帝時，始存尚書，伏生已出山中，景帝遣鼂錯往從受尚書二十八篇。伏生老死，書殘不竟。鼂錯傳於倪寬。至孝宣皇帝之時，河内女子發老屋，得逸易、禮、尚書各一篇，奏之。宣帝下示博士，然後易、禮、尚書各益一篇，而尚書二十九篇始定矣。」

隋書：「伏生口傳二十八篇，又河内女子得泰誓一篇獻之。」

顔師古曰：「此二十九篇伏生傳授者，衛宏定古文尚書序云：『伏生老不能正言，言不可曉，使其女傳言教錯，齊人語多與潁川異，錯所不知凡十二三，略以其意屬讀而已。』」

陸德明曰：「即馬、鄭所注二十九篇，泰誓本非伏生所傳，武帝世始出而得行，史因以入於伏生所傳之内，故曰二十九篇。」

孔穎達曰：「今文尚書，劉向五行傳、蔡邕勒石經皆其本。」

葉夢得曰：「尚書文皆奇澀，非作文者故欲如此，乃當時語自爾也。」

鄭耕老曰：「尚書今古文合二萬五千八百字。」

朱子曰：「伏生今文尚書無武成，獨孔氏古文尚書乃有此篇，今顔氏注劉歆所引見，其與古文不同，遂皆以爲今文尚書，不知何所考也。」

王應麟曰：「二十九篇是計卷，若計篇則三十四，去泰誓猶有三十一。伏生所傳謂之今文，則歐陽、夏侯三家所傳及蔡邕石經是也。」

金履祥曰：「孔壁中不惟有古文諸篇，計必兼有今文諸篇。安國雖以伏生之書考古文，不能復以古文之書訂今文，是以古文多平易，今文多艱澀。」

熊朋來曰：「鼂錯所受伏生，以漢隸寫之，故曰今文，凡二十八篇。及武帝時，得僞泰誓一篇，故藝文志稱二十九篇。伏生二十八篇者，虞書則舜典合於堯典，益稷合於臯陶謨，凡二篇；夏書則禹貢、甘誓，凡二篇；商書則湯誓、盤庚、高宗肜日、西伯戡黎、微子，凡五篇；周書則牧誓、洪範、康誥、酒誥、金縢、大誥、君奭、多方、多士、梓材、召誥、洛誥、立政、無逸、康王之誥合於顧命、吕刑、文侯之命、費誓、秦誓，凡十九篇，通爲二十八篇。」

吴澂曰：「書二十八篇，伏生口授而晁錯以意屬讀者也。其間闕誤顛倒固多，然不害其爲古書也。漢、魏四百年間，諸儒所治不過此爾，當時以應二十八宿，蓋不知二十八篇之外猶有書也。」又曰：「伏生所授二十八篇，真上世遺書也。東晉後以增多之書雜之，今之儒者，莫或辨别，闇亦甚哉！」

崔銑曰：「孔子删書爲百篇，今存者伏生二十八篇，傳信可也；若晉人晚出之書，傳疑可也。」

郝敬曰：「伏生書二十八篇，與古人傳神，其辭簡樸無枝葉，詰屈少便利，其更端層疊，是古人真意，委婉周至，氣若斷續，而悠遠條暢，非聖人之言而能若是乎？真足爲萬世國史之宗矣。」

沈嗣選曰：「伏書以堯典合舜典，臯陶謨合益稷，盤庚合一篇，康王之誥合於顧命，皆不可易，欲合百篇之數者，乃强分之，非也。」

按：今文尚書伏生所授止二十八篇，故漢儒以擬二十八宿，然史記、漢書俱稱伏生以二十九篇教於齊、魯之間，司馬氏、班氏，古之良史，不應以非生所授之泰誓雜①之其中也。故王肅云：「太誓近得，非其本經。」竊疑生所教二十九篇，其一篇乃百篇之序，故馬、鄭因之，亦總爲一卷，惟緣藝文志云：「經二十九卷。」後儒遂以泰誓篇混入爾，或又以武成爲今文，尤謬。武成之繫日，律以召誥、顧命，書

① 「雜」字，文淵閣四庫本脱漏。

法不同，在古文尚書中最爲可疑者，今文豈有是乎？

又按：古者書序自爲一篇，列於後，故陸德明稱「馬、鄭之徒，百篇之序，總爲一卷。」至孔氏傳出，始引小序分冠各篇之首，後人習而不察，遂謂伏生今文無序，序與孔氏序傳並出，不知别録暨馬、鄭傳訓皆有之矣。予故疑二十九篇，其一是序也。

又按：伏生授書在孝文帝時，晁錯所受，濟南張生、千乘歐陽生所傳，頒之學官，掌之博士，本無太誓，惟因董仲舒對策引書曰：「白魚入于王舟，有火復于王屋，流爲烏。周公曰：『復哉！復哉！』」與僞太誓文偶合，因而傅會以武帝初即有太誓一篇，不知董生所引祇稱「書曰」不言「太誓曰」，安見非逸書之文，必屬太誓之辭乎？且「復哉！復哉！」特讚嘆之語，非誓辭也。況劉向别録明言武帝末民有得太誓書於壁内者，獻之，與博士使讀説之，數月皆起傳以教人。故趙岐注孟子云：「今之太誓，得以充學。」合之王充、馬融、鄭康成、房宏、王肅諸家之説，雖有不同，而要爲後得之書，非伏生之本經矣。林之奇亦云「晁錯從伏生受書二十八篇」，其時未有太誓，以太誓一篇足二十九篇之數者妄也。

又按：王充論衡云：「或説尚書二十九篇者，法曰斗七宿也，四七二十八篇，其一曰斗矣，故二十九。」是漢人並不以太誓足二十九篇之數，陸德明則云：「漢宣帝本始中，河内女子得太誓一篇獻之，與伏生所誦合三十篇，漢世行之。」則今文太誓原置伏生二十九篇之外矣。

又按：吴文正詩云：「前漢今文古，後晉古文今。若論伏勝功，遺像當鑄金。」故所述纂言有今文而無古文，蓋古文出於東晉，宋、元諸儒疑之者多，而今文則未有疑焉者。至程正叔疑金縢之文不可信，而括蒼王廉熙陽作論，謂金縢非聖人之書，則并今文而疑之矣。甚矣，説經者之紛綸也。

〔補正〕

王聘珍曰：「案：漢書藝文志尚書並無今文之名，隋志有古文尚書十三卷，今字尚書十四卷，俱云孔安國傳。有今文尚書音一卷，亦未知其爲伏氏、爲孔氏也。唯新唐志有今文尚書十三卷，條下云：『天寶三載，詔集賢學士衛包改古文從今文。于是始有今文尚書之目。』自孔穎達、陸德明之徒以孔安國之書爲古文，遂以今文爲伏生之書，是以最後出之書名而加于最古之書也。若據漢、隋、唐、宋等志而正其名，伏生之書當云尚書經二十九卷，安國之書則可云古文尚書，又可云今字尚書。蓋溯其出于孔壁之始，則謂之古文；自安國以漢隸寫之，則謂之今字。而漢世所謂今字即是漢隸，自後眂之猶古文也。故宋志有古文尚書二卷下云『孔安國隸』。若今文尚書之名，則直是天寶以後之本，合伏氏、孔氏之書而寫以今時俗楷者也，非所以云伏氏之書也。伏氏之書寫于漢初，自是漢隸，安國之漢隸可云古文，伏氏之漢隸獨不可云古文乎？伏氏之漢隸可云今文，安國之漢隸獨不可云今文乎？故區别二家之書，當各冠之以氏，如齊、魯、韓、毛之詩耳，不當以今文古文别之也。但此等書名相沿已久，在前人雖屬混稱，後人已成鐵板注脚，似亦無庸輕議，然而讀經者不可以不知其原委也。（卷三，頁三—四）

又案：史記云：「孔氏有古文尚書，而安國以今文讀之，因以起其家。」索隱曰：「以今文讎古，篆隸推科斗，以定五十餘篇。」前漢書云：「孔氏有古文尚書，孔安國以今文字讀之。」所謂今文字者，漢世之隸書也。曷嘗以今文别爲伏生之經？檢史、漢諸書，總無以今文爲伏生書名者，有之自唐人始。

（卷三，頁四）

竹垞謂：「史記、漢書俱稱伏生以二十九篇教于齊、魯之間。司馬氏、班氏，古之良史，不應以非生所授之泰誓雜之其中。竊疑生所教二十九篇，其一乃百篇之序。」聘珍案：竹垞此論未嘗綜合諸家而深攷之也。王充云：「晁錯受尚書二十八篇，孝宣之時（或云孝武。），河内女子發老屋，得逸易、禮、尚書各一篇，奏之。宣帝下示博士，然後易、禮、尚書各益一篇，而尚書二十九篇始定矣。」隋書云：「伏生口傳二十八篇，又河内女子得泰誓一篇，獻之。」據此則所云二十九篇者，明是伏生二十八篇之外，增泰誓一篇。史、漢諸書據見在所增之本而爲言，而陸德明之徒又沿史、漢諸書而立説耳。況馬遷、班固俱採僞泰誓之説以入史記、漢書之中，是當時尊而信之者等于伏生之書，又何得言不應以非生所授之泰誓雜之其中也。此皆立意掊擊孔氏之書而致生臆説耳。（卷三，頁四—五）

聘珍又案：伏氏所傳尚書，其初止二十八篇，故當時以取象二十八宿。及武帝時，增入泰誓一篇，故史、漢諸書以爲二十九。而又有三十篇者，乃後漢馬、鄭傳注之本增入書序一篇者也。後漢書儒林傳云：「扶風杜林傳古文尚書，馬融作傳，鄭康成注解，由是古文尚書遂顯于世。」今攷馬、鄭所注亦不出伏生二十八篇之外，則知杜林古文篇目仍即伏生之書，多書序一篇耳。陸氏釋文于小序多戴馬氏之傳，而後漢書言馬融傳杜林古文，則可知其序之出于孔壁，傳于杜林，而西漢諸儒或見或否，至馬、鄭之徒始以之合于二十九篇之本内，而爲尚書三十篇。（卷三，頁五）

古文尚書

漢志：「古經四十六卷。①」

〔補正〕

「古經」當作「古文經四十六卷」，下當補「爲五十七篇」五字。案：此句爲班氏原文，不可删去。（卷三，頁六）

存。

桓譚曰：「古文尚書舊有四十五卷，爲十八篇。」

漢書：「古文尚書者，出孔子壁中。武帝末，魯共王壞孔子宅，欲以廣其宫，而得古文尚書及禮記、論語、孝經凡數十篇，皆古字也。共王往入其宅，聞鼓琴瑟鐘磬之音，於是懼，乃止不壞。孔安國者，孔子後也。悉得其書，以考二十九篇，得多十六篇②。安國獻之。遭巫蠱事，未列於學官。」

〔補正〕

漢書條内「得多十六篇」下應補「師古曰：『壁中書多，以考見行世二十九篇之外，更得十六篇。』」（卷三，頁六）

---

① 「古經四十六卷」，依補正應作「古文經四十六卷」，又其下應補「爲五十七篇」五字。

② 「得多十六篇」下，依補正應補「師古曰：『壁中書多，以考見行世二十九篇之外，更得十六篇。』」計二十三字。

隋書：「漢武帝時，魯共王壞孔子舊宅，得其末孫惠所藏之書，字皆古文。孔安國以今文校之，得二十五篇。其泰誓與河内女子所獻不同。又濟南伏生所誦有五篇相合，安國並依古文開其篇第，以隸古字寫之，合成五十八篇。其餘篇簡錯亂，不可復讀，並送之官府。安國又爲五十八篇作傳。會巫蠱事起，不得奏上。私傳其業於都尉朝，朝授膠東庸生，生授胡常①，謂之尚書古文之學。」

〔補正〕

隋書條内「朝授膠東庸生，生授胡常」。案：隋書無「生授胡常」四字。經典序録有之，此合引兩處語牽爲一條也。（卷三，頁六）

家語：「孔騰，字子襄，畏秦法峻急，藏尚書、孝經、論語於夫子舊堂壁中。」

荀悦漢紀曰：「孔鮒藏之。」

陸德明曰：「孔子之末孫惠壁藏之。」

顔師古曰：「尚書古文經四十六卷，爲五十七篇。孔安國書序云：『凡五十九篇，爲四十六卷，承詔作傳，引序各冠其篇首，定五十八篇。』鄭玄序贊云：『後又亡其一篇，故五十七。』」

〔補正〕

顔師古曰：「尚書古文經四十六卷，爲五十七篇。孔安國書序云：『凡五十九篇，爲四十六卷。承詔作傳，引序各冠其篇首，定五十八篇。』鄭玄序贊云：『後又亡其一篇，故五十七。』」丁杰曰：「尚書以

① 「生授胡常」四字，依補正應删。

下十四字係漢書藝文志之正文，應將『顔師古曰』四字移下。」方綱按：此條「爲五十七篇」五字既是班氏正文，自應以「班固曰」領起，而下云「顔師古注曰孔安國」云云。既要用人名，不用書名，則注字亦難安頓。若徑將顔師古别爲一條，則又不可矣。此則純用某人曰之例，原有時而窮耳。（卷三，頁六）

孔穎達曰：「按壁内所得，孔爲傳者，凡五十八篇，爲四十六卷。三十三篇與鄭注同，二十五篇增多鄭注。二十五篇者：大禹謨一、五子之歌二、胤征三、仲虺之誥四、湯誥五、伊訓六、太甲三篇九、咸有一德十、説命三篇十三、泰誓三篇十六、武成十七、旅獒十八、微子之命十九、蔡仲之命二十、周官二十一、君陳二十二、畢命二十三、君牙二十四、冏命二十五。但孔君所傳，值巫蠱不行，終前漢諸儒知孔本有五十八篇，不見孔傳，遂有張霸之徒於鄭注之外，僞造尚書凡二十四篇，以足鄭注三十四篇，爲五十八篇。其數雖與孔同，其篇有異。孔則於伏生所傳二十九篇内，無古文泰誓，除序尚二十八篇，分出舜典、益稷、盤庚二篇、康王之誥爲三十三，增二十五篇爲五十八篇。鄭玄則於伏生二十九篇之内，分出盤庚二篇、康王之誥，又泰誓三篇，爲三十四篇，更增益僞書二十四篇爲五十八。所增益二十四篇者，則①鄭注書序，舜典一、汩作二、九共九篇十一、大禹謨十二、益稷十三、五子之歌十四、胤征十五、湯誥十六、咸有一德十七、典寶十八、伊訓十九、肆命二十、原命二十一、武成二十二、旅獒二十三、冏命二十四。以此二十四爲十六卷，以九共九篇共卷，除八篇，故爲十六。藝文志云『孔安國悉得其書，以

---

① 「則」，文淵閣四庫本誤作「所」。

古文又多十六篇』，篇即卷也，即是僞書二十四篇也。劉向作别録、班固作藝文志，並不見孔傳。劉歆作三統曆論武王伐紂，引今文泰誓云：『丙午，逮師。』又引武成：『越若來，三月五日甲子，咸①劉商王受。』並不與孔同，亦不見孔傳也。後漢初，賈逵奏尚書疏云『流爲烏』，是與孔亦異也。馬融書序云：『經傳所引泰誓，泰誓並無此文。』又云：『逸十六篇，絶無師説。』是融亦不見也。服虔、杜預注左傳『亂其紀綱』，並云『夏桀時』，服虔、杜預皆不見也。鄭玄亦不見之，故注書序舜典云『入麓伐木』，注五子之歌云『避亂於洛、汭』，注胤征云『胤征，臣名』，又注禹貢引胤征云『厥篚玄黄，昭我周王』，又注咸有一德云『伊陟臣扈曰』，又注典寶引伊訓云『載孚在亳』，又曰『征是三朡』，又注旅獒云『獒讀曰豪，謂是酋豪之長』，又古文有仲虺之誥、太甲、説命等見在，而云『亡』，其汨作、典寶之等一十三篇見亡，而云『已逸』，是不見古文也。按伏生所傳三十四篇者，謂之今文，則夏侯勝、夏侯建、歐陽和伯等三家所傳，及後漢末蔡邕所勒石經是也。孔所傳者膠東庸生，劉歆、賈逵、馬融等所傳是也。至晉太保鄭沖以古文授扶風蘇愉。愉字休預，預授天水梁柳，柳字洪季，季授城陽臧曹字彦始，始授郡守子汝南梅賾字仲真，真爲豫章内史，遂於前晉奏上其書而施行焉。時已亡失舜典一篇，晉末范寧爲解時，已不得焉。至齊蕭鸞建武四年，姚方興於大航頭得而獻之。議者以爲孔安國之所注也。值方興有罪，事亦隨寢。至隋開皇二年購募遺典，乃得其篇焉。」

〔補正〕

---

①「咸」，文淵閣四庫本誤作「成」。

孔穎達條内「大航頭」，「航」字，丁杰據經典釋文序録及字書改「舫」。（卷三，頁六—七）

劉知幾曰：「古文尚書得之壁中，博士孔安國以校伏生所誦，增多二十五篇，更以隸古字寫之，編爲四十六卷。司馬屡采其事，故遷多有古説。至於後漢，孔氏之本遂絶，其有見於經典者，諸儒皆謂之逸書。」

晁公武曰：「孔安國以隸古定五十九篇之書，蓋以隸寫籀，故謂隸古。其書自漢迄唐，行於學官。孝明不喜古文，改從今文，由是古文遂絶。陸德明獨存一二於釋文而已。皇朝吕大防得本於宋次道、王仲至家，以校陸氏釋文，雖有小異同，而大體相類。觀其作字奇古，非字書傳會穿鑿者所能到。學者考之，可以得制字之本也。」

朱子曰：「按：漢儒以伏生之書爲今文，而謂安國之書爲古文。以今考之，則今文多艱澀而古文反平易。或者以爲今文自伏生女子口授晁錯時失之，則先秦古書所引之文皆已如此，恐其未必然也。或者以爲記録之實語難工，而潤色之雅詞易好，故訓誥誓命有難易之不同，此爲近之。然伏生背文暗誦，乃偏得其所難，而安國考定於科斗古書錯亂磨滅之餘，反專得其所易，則又有不可曉者。」又曰：「某嘗疑孔安國書是假書，兼書序亦可疑，卻似晉、宋間文章，況孔書是東晉方出，前此諸儒皆不曾見，可疑之甚。」又曰：「孔氏書注疑非安國所注，蓋文字固善，不是西漢人文章。安國漢武時人，文章豈如此，但有太㣣處，決不如此固善也。」又曰：「書序恐不是孔安國做，漢文㣣枝大葉，今書序細膩，只是魏、晉六朝文字。」

陳振孫曰：「考之儒林傳，安國以古文授都尉朝，弟子相承，以及塗惲、桑欽，至東都則賈逵作訓，馬融、鄭玄作傳注解，而逵父徽實授書於塗惲，逵傳父業。雖曰遠有源流，然而兩漢名儒，皆未嘗實見孔氏古文也。豈惟兩漢，魏、晉猶然。凡杜征南以前所注經傳，有援大禹謨、五子之歌、胤征諸篇，皆曰『逸書。』其援泰誓則云：『今泰誓無此文。』蓋伏生書無泰誓，泰誓後出，或云『武帝末，民有獻者』，或云『宣帝時，河内女子得之』①，所載白魚火烏之祥，實僞書也。然則馬、鄭所解，豈真古文哉？」

王應麟曰：「仲虺之誥，言仁之始也；湯誥，言性之始也；太甲，言誠之始也；説命，言學之始也，皆見於商書。」

按：四篇皆古文。

馬端臨曰：「按：漢儒林傳言孔氏有古文尚書，孔安國以今文讀之，唐藝文志有今文尚書十三卷，注言玄宗詔集賢學士衛包改古文從今文，然則漢之所謂古文者科斗書，今文者隸書也，唐之所謂古文者隸書，今文者世所通用之俗字也。隸書秦、漢間通行，至唐則久變而爲俗書矣，何尚書猶存古文乎？蓋安國所得孔壁之書，雖爲之傳，而未得立於學官，東京而後，雖名儒亦未嘗傳習。至隋、唐間方顯，人往往猶以僻書奥傳視之，繕寫傳授者少，故所存者皆古物，尚是安國所定之隸書，而未嘗改以從俗字也。噫！百篇之書，遭秦火而亡其半，所存者五十八篇，而其間二十五篇者，書雖傳而字實不諧於俗，傳於漢者爲科斗書，傳於唐者爲隸書，皆當時之人所罕習。蓋出自孔壁之後，又復晦昧數百年，而學者始得以家傳人誦也。」

① 「或云『武帝末有民獻者』，或云『宣帝時河内女子得之』」二十字，文淵閣四庫本脱漏。

熊朋來曰：『孔壁真古文之書不傳，後有張霸之徒僞作二十四篇，亦名古文尚書。至晉豫章内史梅賾別得古文尚書二十五篇，凡漢儒注經指爲逸書者，遂皆有其書，又并有孔安國傳、序，世傳以爲真，然所謂古文者不如今文之古矣。』又曰：「古文尚書至隋開皇始備。」

吴澂曰：「書增多二十五篇，晉梅賾所奏上者，所謂古文書也。蓋晁錯所受伏生書以隸寫之，隸者當世通行之字，故曰今文。孔壁所藏皆科斗書，故曰古文。孔壁真古文書不傳，後有張霸僞作舜典、汨作等二十四篇，目爲古文書，漢儒所治，不過伏生書及僞泰誓共二十九篇爾。張霸僞古文雖在，而辭義蕪鄙，不足取重於世，以售①其欺。及梅賾二十五篇之書出，則凡傳記所引書語，注家指爲逸書者，收拾無遺，既有證驗，而其言率依於理，比張霸僞書遼絶矣。析伏氏書二十八篇爲三十三，雜以新出之書，通爲五十八篇，并書序一篇，凡五十九篇，有孔安國傳及序，世遂以爲真孔壁所藏也。唐初諸儒從而爲之疏義，自是漢世大小夏侯、歐陽氏所傳尚書止有二十九篇者，廢不復行，惟此孔傳五十八篇孤行於世。伏氏書既與梅賾所增混淆，誰復能辨。竊嘗讀之，伏氏書雖難盡通，然辭義古奥，其爲上古之書無疑。梅賾所增二十五篇，體製如出一手，采集補綴，雖無一字無所本，而平緩卑弱，殊不類漢以前之文。夫千年古書最晚乃出，而字畫略無脱誤，文勢略無齟齬，不亦大可疑乎？吴才老曰：『增多之書皆文從字順，非若伏生之書詰曲聱牙。夫四代之書，作者不一，乃至二人之手而定爲二體，其亦難言矣。』朱仲晦曰：『書凡易讀者皆古文，豈有數百年壁中之物不訛損一字者？』又曰：『伏生所傳皆難讀，如何伏

① 「售」，文津閣四庫本誤作「受」。

生偏記其所難，而易者全不能記也。』又曰：『孔書至東晉方出，前此諸儒皆未見，可疑之甚。』又曰：『書序伏生時無之，其文甚弱，亦不是前漢人文字，只似後漢末人。』又曰：『小序決非孔門之舊，安國序亦非西漢文章。』又曰：『先漢文字重厚，今大序格致極輕。』又曰：『尚書孔安國序是魏、晉間人作，托①安國爲名耳。』又曰：『孔傳并序皆不類西漢文章氣象，與孔叢子同是一手僞書，蓋其言多相表裏，而訓詁亦多出小爾雅也。』夫以吴氏及朱子之所疑者如此，顧瀓何敢質斯疑而斷之，然不敢信此二十五篇之爲古書，則是非之心不可得而昧也。」

王充耘曰：「古文禹謨一篇，深有可疑，蓋禹與臯陶、舜答辭自具見於臯陶謨、益稷篇中，如『予思日孜孜，帝慎乃在位』，此即禹所陳之謨矣，安得又有大禹謨一篇？且堯典、舜典雖紀事不一，而先後布置皆有次序，臯陶、益稷雖各自陳説，而首尾答問一一相照，獨禹謨一篇雜亂無序，其間只如益贊堯一段安得爲謨？舜讓禹一段當名之以典，禹征苗一段當名之以誓，今皆混而爲一，名之曰謨，殊與餘篇體製不類。又説者以征苗爲攝位後事，謂其稟舜之命，而其末有『禹班師振旅，帝乃誕敷文德』一語②，夫舜以耄期倦勤而授禹，禹安得舍朝廷之事而親征有苗？舜又安能以耄期之餘而誕敷文德？必勵精爲治，克己布政，使所爲有加於前，方可名曰誕敷，恐非老年所能，果能之不必授禹矣。故嘗謂禹謨必漢儒傅會之書，其征苗之事亦不可信。」又曰：「古文只是

① 「托」，四庫薈要本、文淵閣四庫本、備要本俱作「託」。
② 「語」，文津閣四庫本誤作「謂」。

出於一手掇拾傅會。」

梅鷟曰：「尚書惟今文傳自伏生口誦者爲真，古文出孔壁中者盡後儒僞作。大抵依約諸經、論、孟中語，并竊其字句而緣飾之。其補舜典二十八字，則竊易中『文明』、詩中『温恭允塞』等字成文；其作大禹謨『后克艱厥后，臣克艱厥臣』等句，則竊論語『爲君難，爲臣不易』成文；『惟精惟一，允執厥中』則竊論語『允執其中』等語成文；征苗誓師，贊禹還師等，原無此事，舜分北三苗與竄三苗於三危，已無煩師旅，僞作者徒見舜典有此文，遂模倣爲誓命還兵有苗格諸語。益稷賡歌亦竊孟子『手足腹心』等句成文。其外五子之歌竊孟子『忸怩』之語，泰誓三篇取語、孟『百姓有過，在予一人，若崩厥角稽首』之文。其外胤征、仲虺之誥、湯誥、伊訓、太甲、咸有一德、傅説、武成諸篇，文多淺陋，必非商、周之作。相傳恭王壞孔子宅，欲以爲宫而得之，不知竹簡漆書豈能支數百年之久？壁間絲竹八音是何人作？乃獻書者之飾辭耳。」

鄭公曉曰：「蔡氏集傳並存今文古文，吴氏纂言獨釋今文，不可謂無見，然古文中論學論政，精密廣大之處甚多，要非聖賢不能作，故寧存而不廢。」

鄭瑗曰：「古文書雖有格言而大可疑，觀商、周遺器，其銘識皆類今文書，無一如古文之易曉者。禮記出於漢儒，尚有突兀不可解處，豈有四代古書而篇中平坦整齊如此？如伊訓全篇平易，惟孟子所引二言獨艱深，且以商詩比之周詩，自是奥古，而商書比之周書乃反平易，豈有是理哉？書與孝經皆有孔壁古文，皆有安國作傳，古文書至東晉梅賾始顯，古文孝經至隋劉炫始顯，皆沉没六七百年而後出，未必真孔壁所藏之舊矣。」

虞淳熙曰：「古文避秦而藏之，禁弛而不即出，一可疑也。世莫能言，人無能知，能言能知，獨一安國，二可疑也。堂内金絲，終涉神怪，壁中蝌蚪，遠沿羲皇，同文務實之時，似不宜有，三可疑也。」

郝敬曰：「孔書二十五篇，邊幅整齊，自是三代以下語，其辭義皆浮泛，如伊訓不切放桐復亳，説命不切帝賚良弼，君陳、畢命不切尹東郊，四代文字一律，或先賢紀聞，或後人依託，與今文天壤懸隔，烏可相亂也。」

陳第曰：「孔安國古文二十五篇，至東晉始顯，唐人疏之，始大行於世，未有議其爲僞者。宋吴才老、朱考亭、元吴草廬之言出，疑古文者紛紛矣。愚竊以爲過也，今文自殷盤周誥外，若堯典、甘誓、湯誓、高宗肜日、西伯戡黎、牧誓、洪範、無逸、顧命，何嘗不文從字順乎？必詰曲聱牙而後可，則魯論不得與繫辭並行矣，何也？奇正異也。昔大禹治水，勒碑南嶽，翳於榛莽數千年，韓昌黎刻意求之勿得，至宋嘉定而始露，明嘉靖而始傳，詎可以前人未見而謂作禹碑者僞也。左、國、禮記諸書稱引二十五篇彬彬具在，今謂作古文者采掇爲之，是倒置本末而以枝葉作根榦矣。且其紀綱道德，經緯人事，深沉而切至，高朗而矯健，又安見其平緩卑弱乎？孔穎達云：『古文經雖早出，晚始得行，其辭富而備，其義弘而雅，故復而不厭，久而愈亮。』可謂知言已。」

樊良樞曰：「壁書後出，率科斗古文，孔安國以今文譯之。假令壁中之藏不出，則精一之旨、恆性之告、一德之訓、典學之命，孰從而聞之。」

按：古文出於孔壁，未得列於學官，惟孔安國爲博士，以授都尉朝，於時司馬遷亦從安國問故。班固謂遷書載堯典、禹貢、洪範、微子、金縢諸篇多古文説，考諸史記於五帝本紀載堯典、舜典文，於夏本紀載禹貢、皋陶謨、益稷、甘誓文，於殷本紀載湯誓、高宗肜日、西伯戡黎文，於周本紀載牧誓、甫刑文，於魯周公世家載金縢、無逸、費誓文，於燕召公世家載君奭文，於宋微子世家載微子、洪範文，凡此皆從安國問故而傳之者，乃孔壁之真古文也。然其所載不出伏生口授二十八篇，若安國增多二十五篇之書，史記未嘗載其片語，惟於湯誥載其辭曰：「維三月，王自至於東郊，告諸侯群后：『毋不有功於民，勤力乃事，予乃大罰殛女，毋予怨！』曰：古禹、皋陶，久勞於外，其有功於民，民乃有安。東爲江，北爲濟，西爲河，南爲淮；四瀆已修，萬民乃有居。后稷降播，農殖百穀。三公咸有功於民，故后有立（一作土）。昔蚩尤與其大夫作亂百姓，帝乃弗予，有狀。先王言不可不勉，曰：不道，毋之（一作政）在國。女毋我怨。』」是則湯誥之真古文也。又於泰誓載其辭曰：「今殷王紂乃用其婦人之言，自絶於天，毁壞其三正，離逷其王父母弟，乃斷棄其先祖之樂，乃爲淫聲，用變亂正聲，怡悦婦人。故今予發維共行天罰，勉哉夫子，不可再，不可三。」，是則泰誓之真古文也。合之安國作傳之書，其文迥別，何以安國作傳與授之史公者各異其辭，宜其滋後儒之疑矣。

又按：古文尚書，晉、唐以來，未有疑焉者，疑之自吴才老始，而朱子大疑之，其後吴幼清、趙子昂、王與耕輩群疑之。至明而梅氏之讀書譜、羅氏之尚書是正，則排擊亦多術矣。近山陽閻百詩氏復作古文尚書疏證，其吹疵摘繆加密，而蕭山毛大可氏特著古文尚書冤詞以雪之，合兩家之説，無異輸攻而墨守也。愚闇之見，是書久頒於學官，其言多綴輯逸書成文，無大悖理，譬諸汾陰漢鼎，雖非黄帝所鑄，或指以爲九牧之金，則亦聽之。且如小戴氏禮王制、月令、緇衣諸篇，明知作者有人參出於漢儒，非禮之舊，顧士子誦習，守而不改。至於易之序、卦傳，李清臣、朱翌、王申子皆疑焉，要不得而去也。

惟是最誤人者，伊訓「惟元祀十有二月乙丑」之文是已。春秋經書春王正月，左氏傳益以周字，改時改月，其義本明。故自漢迄於汴宋，説者初無異議，乃胡安國忽主夏時冠周月之論，於是衆説紛綸，遂同疑獄。然此不待博稽群籍，即以春秋説春秋，而其妄立見矣。其猶聚訟不已者，皆由伊訓「十有二月」之文亂之，不知古文尚書難以過信，斯則學者所當審也。

經義考卷七十五

書四

周書

漢志：「七十一篇。」隋、唐志：「十卷。」

闕。

劉向曰：「周時誥誓號令也。」

隋志：「汲冢書似仲尼刪書之餘。」

顔師古曰：「蓋孔子所論百篇之餘，今所存者四十五篇。」

〔補正〕

方綱按：漢書藝文志「周書七十一篇」下有「周史記」三字，何以刪之？又此條下師古所引劉向語，亦當合爲一條，仍漢志之舊，使觀者自得之，不宜截裂爲二條。（卷三，頁七）

劉知幾曰：「周書與尚書相類，即孔氏刊約百篇之外，凡爲七十一章，上自文、武，下終靈、景。其有典雅高義，亦有淺末常説，殆似後之好事者所增益也。至若職方之言，與周官無異；時訓之説，比月令多同，斯百王之正書，五經之别録也。」

晁公武曰：「晉太康中，汲郡與穆天子傳同得，蓋孔子删采之餘，凡七十篇。」

洪邁曰：「周書今七十篇，殊與尚書體不相類，所載事物亦多過實，無所質信。唐太宗時，遠方諸國來朝貢者甚衆，服裝詭異，顔師古請圖以示後，作王會圖，蓋取諸此。漢書所引：『天予不取，反受其咎；毋爲權首，將受其咎。』以爲逸周書，此亦無之，然則非全書也。」

李燾曰：「隋、唐、經籍、藝文志皆稱此書得於晉太康中汲郡魏安釐王冢，孔晁注解。或稱十卷，或稱八卷，大抵不殊。按此則晉以前初未有此也，然劉向、班固所録，並著周書七十一篇，且謂孔子删削之餘，而司馬遷記武王克殷事，蓋與此合，豈西漢世已得入中祕，其後稍隱，學者不道，及盜發冢，乃幸復出耶？篇目比漢但闕一爾，必班、劉、司馬所見者也，繫之汲冢，失其本矣。」

陳振孫曰：「晉太康中，汲郡發魏安釐王冢所得竹簡書，此其一也。凡七十篇，叙一篇在其末，今京口刊本以序散在諸篇，蓋以倣孔安國尚書。相傳以爲孔子删書之餘，未必然也。文體與古文不類，似戰國後人依倣爲之。」

王楙曰：「汲冢書出於魏安釐王墓中，其言大率與今經史相反，如云夏年多於殷，益干啓位，啓殺之，太甲殺伊尹，文王殺季歷，自周受命至穆王百年，非穆王壽百歲，幽王既亡，有共伯和者攝行天子事，非二相共和之類。」

丁黼跋曰：「夫子定書爲百篇矣。孟子於武成取其二三策，謂血流漂杵等語①近於誇也。今所謂汲冢周書者，類多誇詡之辭，且雜以詭譎之説，此豈文、武、周公之事，而孔、孟之所取哉？然其間畏天敬民，尊賢尚德，古先聖王之格言遺制，尚多有之。至於時訓、明堂，記禮者之所採録；克殷、度邑，司馬遷之所援據，是蓋有不可盡廢者。晉狼瞫曰：『周志有之：勇則害上，不登於明堂。』其語今見之篇中，此吾夫子未定之書也。漢蕭何云：周書云：『天予不取，返受其咎。』則夫子既定之後，而書無此語，意者其在逸篇乎？其後班固藝文志書凡九家，有周書七十一篇。劉向云：『周時誥誓號令，蓋孔子所論百篇之餘也。』以兩漢諸人之所纂記推之，則非始出於汲冢也明矣。惜乎後世不復貴重，文字日就舛訛。予始得本於李巽巖家，脱誤爲甚②。繼得陳正卿本，用相參校，修補頗多，其間數篇尚有不可句讀，脱文衍字亦有不容強解者，姑且刻之，俟求善本，更加增削，庶使流傳以爲近古之書云。嘉定十五年夏四月。」

劉克莊曰：「汲冢書十卷，七十篇，與藝文志③周書七十一篇合，但少一篇。晁子止謂其紀録失實，李仁甫謂書多駁辭。按中間所載『武王征四方，馘億有十萬七百七十有九，俘三億萬二百三十』，暴於秦皇、漢武矣，『狩擒虎二十有二』云云，紂囿雖大，安得熊羆如是之衆？又謂『凡俘商寶玉，億有百萬』，

---

① 「語」，文津閣四庫本誤作「謂」。
② 「爲甚」，備要本作「殊甚」。
③ 「與藝文志」，備要本誤作「核與藝文志」。

荒唐夸誕，不近人情，非止於駁而已。」

王應麟曰：「漢藝文志周書七十一篇，劉向云：『周時誓誥號令，蓋孔子所論百篇之餘。』隋、唐志繫之汲冢，然汲冢得竹簡書在晉咸寧五年，而兩漢已有周書矣。太史公引克殷、度邑，鄭康成注周禮云：『周書王會備焉。』注儀禮云：『周書北唐以閭。』許叔重說文引逸周書『大翰若翬雉』，又引『貑有爪而不敢以撅』，馬融注論語引周書月令，皆在漢世。杜元凱解左傳時，汲冢書未出也。『千里百縣，轡之柔矣。』皆以周書爲據，則此書非始出於汲冢也。按：晉束晳傳太康二年①，汲郡得竹書七十五篇，其目不言周書紀云『咸寧五年』，左傳後序云『太康元年』，當考。左傳正義引王隱晉書云：『竹書七十五卷，六十八卷有名題，七卷不可名題。』其目錄亦無周書，然則繫周書於汲冢，則②誤明矣。」又曰：「周書謚法：『惟三月，既生魄，周公旦、太師望相嗣王發既賦憲受臚于牧之野，將葬，乃制作謚。』今所傳周書云：『維周公旦、太公望開嗣王業，建功于牧之野，終葬，乃制謚。』③所載不同，蓋今本闕④誤。文心雕龍云：『賦憲之謚出於此。』」又曰：「周書史記篇穆王召左史戎夫取遂事之要戒，言皮氏、華氏、夏后、殷商、有虞氏、平林、質沙、三苗、扈氏、義渠、平州、林氏、曲集、有巢、有鄶、共工、上衡氏、南氏、有果氏、畢程氏、陽氏、穀平、阪泉、縣宗、玄都、西夏、績陽、有洛之亡國名，多傳記所未見。」又曰：「王會曰：

---

① 「二年」，依補正、四庫薈要本應作「元年」。
② 「則」，依補正應作「其」。
③ 「乃制謚」下，依補正應補「與六家謚法」五字。
④ 「闕」，文津閣四庫本作「舛」。

『堂下之右，唐公、虞公南面立焉；堂下之左，殷公、夏公立焉。』唐公、虞公，樂記所謂祝、陳也，殷公、夏公，樂記所謂杞、宋也，然則郊特牲云『尊賢不過二代』，其說非矣。」

〔補正〕

王應麟條內「按：晉束皙傳太康二年，汲郡得竹書七十五篇，其目不言周書。紀云「咸甯五年」。左傳後序云「太康元年」，當考。丁杰按：紀及序書發咸寧五年，明年太康改元，三月吳平，預始歸，故序曰：「初藏祕府，余晚獲見。」蓋紀謂書發之年，序謂預見書之年也，似皆不誤。然則「太康二年」當改作「元年」也。此條末「則誤明矣」，「則」當作「其」。此下又一條內「乃制謚所載不同」，「謚」下脫「與六家謚法」五字，當據困學紀聞增。（卷三，頁七）

黃震曰：「汲冢周書七十篇，自度訓至小開解凡二十三篇，皆載文王遇紂事，多類兵書，而文澀難曉。自文儆至五權二十三篇，載文王薨、武王繼之代商事，其文間有明白者，或類周誥。自成開解至王會解十三篇，載武王崩、周公相成王事，間亦有明白者，多類周誥。自是有蔡公解、史記解，穆王警戒之書也，職方氏繼之，與今周禮之職方氏相類。芮良夫解，訓王暨政臣之書也，王佩解亦相類。自周祝解至銓法解，不知其所指，終之以器服解，而器服之名多不可句。」

方孝孺曰：「汲冢周書十卷，七十解，或謂晉太康中出於汲郡魏安釐王冢，故曰汲冢；以論載周事，故曰周書。宋李燾以漢司馬遷、劉向嘗稱之，謂晉時始出者，非也，此固是矣。劉向謂其書爲周書，即孔子刪定之餘者，則非也，何者？其事有可疑也。略舉其大者言之，武王之伐殷，誅其君，弔其民而已。其世俘篇乃曰：『馘魔億有十萬七千七百七十有九，俘人三億萬有二百三十。』夫殺人之多若是，雖楚、漢之際，亂賊之暴，不若是之酷，而謂武王有是乎？所誅以億萬計，天下尚有人乎？周公之用人，不求備於一人，其官人篇乃曰：『醉之以酒，以觀其恭；縱之以色，以觀其常；臨之以利，以觀其不貪；濫之以樂，以觀其不荒。』以詐術人啗人而責人以正，雖戰國之世，縱横權數之徒所不爲，曾謂周公而以此取人乎？王者之師，禁亂除暴，以仁義爲本，其大武篇則曰：『春違其農，夏食其穀，秋取其刈，冬凍其葆。』不仁孰甚焉？其大明篇則曰：『委以淫樂，賂以美女。』不義孰甚焉？此後世稍有良心者所不忍爲，曾謂王者之用兵乃若是乎？其爲文王之言曰：『利維生痛，痛維生樂，樂維生禮，禮維生義，義維生仁。』此稍知道者所不言，曾謂文王大聖人而爲是言乎？其文傳篇曰：『有十年之積者王，有三年之積者霸。』霸之名起於衰世，周初未嘗有之，謂王者不以道德，而在乎積穀之多，是商鞅之徒所不言，而以爲文王之言，可乎？其他若是者甚衆。及載武王伐商之事，往往謬誕，與書不合。由此觀之，決非周書，謂孔子删定之餘者，非也。其中若謚法、周月、時訓、職方之篇，又與爾雅、月令間有合者，竊意漢初書亡，隱士縉紳之流所僞著以爲周書，而司馬遷不察，故引而用之，劉向因以爲古書耳。其中芮良夫篇最雅馴，其曰：『后除民害，不惟民害。害民非后，惟其讎。民至億兆，后一而已，寡不敵衆，后其危哉。』嗚呼！君子之言，三復其篇，爲之出涕。」

周洪謨曰：「汲冢周書文體淺露，詞意疏迂，無百篇渾厚沉雄氣象。劉向謂是周時誓誥號令，孔子删録之餘。愚則以爲文、武之道，未墜於地，賢者識其大者，不賢者識其小者。蓋周東遷之後，史官隨王室以東，而西土逸民私爲此書，以識周先王之事，固非常時左右史之所記者也。其最害理者如武王伐商之日，紂既自燔，武王乃射之而擊以輕吕，斬以黄鉞，懸諸太白之旗。二女既縊，王又射之而擊以輕呂，斬以玄鉞，懸諸小白之旗。又以先馘入燎於周廟。夫商之與周，非世讎也。武王奉行天罰，爲民除暴，其前徒有倒戈之勢①，其士女有玄黄之迎，而其君又已自燔矣。乃擊其尸，梟其首，以燔於廟，雖伍員執仇於楚，不如是之慘也，而謂武王爲之乎？昔司馬遷之作周紀，不取泰誓、武成之言，而乃有取乎其説，亦可謂陋矣。孟子於武成惟取二三策耳，使其見此，則將何如取之哉？又王會篇言成周之會四夷，貢獻異物甚多。夫西旅貢獒，未爲奇也，而召公猶以爲非所當受，今乃殫四表八荒珍怪之産，畢集於庭，而是時召公猶在，乃無一言以及之乎？至於篇末又謂成湯命伊尹爲四方獻令，使夷戎蠻貊悉以方物致貢，此何理也？學者以其先秦古書而備觀覽，可也，若取之以實先王之事，則不可也。」

楊慎序曰：「晉太康二年②，汲郡人不（音彪）準私發魏安釐王冢，得竹書數十車，其紀年十三篇、易經二篇、易繇陰陽卦二篇、下易經一篇、公孫段上篇③、公孫段與邵陟論易國語三篇、言晉、楚事名三篇，似爾雅、論語，又似禮記，師春一篇、瑣語十一篇，諸國夢卜妖相書也。梁邱藏一篇，先叙魏之世數，次言邱藏金玉事。繳書二篇，論弋射法。生封一篇，帝王所封。大曆二篇，鄒生④談天類也，穆天子傳五篇，圖詩一篇，又雜書十九篇，凡七十五篇，七篇簡書折壞，名題漆書，皆科斗文字，多燼簡斷札，文既殘缺，不復詮次。武帝詔荀勗撰次之，以爲中經，列在祕書。著作郎束晳得觀竹書，隨疑分釋，皆有義

① 「勢」，備要本誤作「報」。
② 「二年」，依補正、四庫薈要本應作「元年」。
③ 「上篇」，依補正、四庫薈要本、文淵閣四庫本應作「二篇」。
④ 「鄒生」，四庫薈要本作「鄒子」。

證，此晉書武帝紀、荀勗及①束晳傳文也。又杜預春秋集解後序亦云：『汲冢古文七十五卷，多不可訓，周易及紀年最爲分了，周易上下篇與今正同，别有陰陽説，而無彖、象、文言、繫辭，其紀年起自夏、殷、周，皆三代王事，無諸國别也。惟特記晉國，起自殤叔，皆用夏正建寅之月爲歲首，編年相次，晉滅，獨紀魏事，至魏哀王之二十年，蓋魏國之史記也，文大似春秋經。』又稱：『伊尹放太甲七年，太甲潛出自桐，殺伊尹，乃立其子伊陟、伊奮，令復其父之田宅而中分之。師春一卷則純集左氏傳卜筮事。』合此觀之，汲冢所得書雖不可見，而其目悉具於此，曾無一語及所謂周書者也。按：漢藝文志有逸周書七十一篇，以今所謂汲冢周書校之，止缺四篇，蓋漢以來，元有此書，不因發冢始得也。李善注文選，日月遠在晉後，而其所引亦稱逸周書，不曰汲冢書也。惟宋太宗時修太平御覽，首卷引目始有汲冢周書之名，蓋當時儒臣求汲冢七十五篇而不得，遂以逸周書七十一篇充之矣。晁氏公武、陳氏振孫、洪氏适、高氏似孫、黄氏震、李氏燾、吴氏澄、周氏洪謨，號通知古今者，皆未暇深考，余故述晉書及左傳後序文於此，則此書也，當復其舊名，題曰逸周書可也。嘉靖壬午八月望日。」

〔補正〕

楊慎序内「晉太康二年，汲郡人不（音彪）準私發魏安釐王冢」，丁杰按：晉武紀作魏襄王，束晳傳作魏襄王，或言安釐王。又此條内「太康二年」亦當作「元年」。又此條内「公孫段上篇」，「上」當作「二」。武帝紀、荀勗及束晳傳文也，「及」字當在「荀」字之上。（卷三，頁七）

---

① 「荀勗及」，依補正、四庫薈要本、文淵閣四庫本應作「及荀勗」。

郭棐曰：「古書自六籍外，傳者蓋少矣。劉向、班固所録則有周書七十篇，晉太康中盗發汲郡魏安釐王冢得之，所言皆文、武、周公及穆、宣、幽、靈之事。度訓篇曰：『天生民而制其度，度小大以正，權輕重以極，明本末以立中。』武稱篇曰：『美男破老，美女破舌，淫圖破國，淫巧破時，淫樂破正，淫言破義。』大開武篇曰：『其惟天命，王其敬命。』祭公篇：『汝無以小謀改大作，汝無以嬖御士疾大夫卿士，汝無以家相亂①王室而莫卹於外，尚以時中乂萬國。』芮良夫篇曰：『民歸於德，德則民戴，否則民讎。民至億兆，后一而已，寡不勝衆，后其危哉！』王珮篇曰：『王者所佩在德，德在利民。不過在敬，施予在平心，不幸在不聞過。福在受諫，基在愛民，固在親賢。』至哉斯數言者，即壁中書奚加焉？謚法解則周公之所制，時訓、明堂，乃禮記所采，王會解博於鳥獸草木之名，史記解明於治亂興亡之迹，卓有可觀，他篇蓋多誇詡詭譎，如『利維生痛，痛維生哀，哀維生禮，禮維生義，義維生仁』，則非文王之謨也。『射之三發，擊之輕吕，斬之黄鉞，懸之太白』，則非武王之烈也。『六則四守，五示三極』，則非周公之訓也。『春違其農，秋伐其穡，夏取其麥，冬寒其衣服』，則非司馬之法也。世俘解言凡憝國九十有九，馘魔億有十萬七千七百七十有九，俘人三億萬有二百三十，則嬴秦之暴不酷於此也。官人解言『設之謀以觀其智，示之難以觀其勇，煩之事以觀其治，臨之利以觀其不貪，濫之樂以觀其不荒，醉之酒以觀其恭，從之色以觀其常』，則儀、衍之詐不深於此也，又奚謬盭若是？故或謂戰國時纂輯出逸民隱士之手，然閲其云智勇害上，不登於明堂，則晉狼瞫稱之；綿綿不絶，蔓蔓若何，毫末不掇，將成斧柯，則蘇秦引

① 「亂」，文淵閣四庫本誤作「辭」。

之；夷①羊在牧，蜚鴻滿野，則史遷周紀引之。其書似出春秋、戰國之前，抑周之野史與？未可知也，謂爲周之誥誓號令，經孔子删定之餘，則吾不敢信。」

胡應麟曰：「逸周書七十篇，漢時僅存四十五篇。今周書十卷，其七十篇之目並存，而闕程寤、秦陰、九政、九開、劉法、文開、保開、八繁、箕子、耆德、月令十一篇之文。所存五十九篇，并後序一篇，共六十篇，蓋非完書也。」又曰：「周書多論紀綱制度，敘事之文極少，克殷數篇外，惟王會、職方二解，皆典則有法，而王會雜以怪誕之文，職方叙述嚴整過王會，其規模體制足以置之夏、商也。」又曰：「汲冢周書所載克殷、度邑等篇采於史遷，時訓、明堂等篇録於禮記，蓋或仲尼删削之餘，戰國文士綴輯遺亡，益以縱横夸誕而成。此書漢藝文志七十一篇，注引劉向云『今存者四十五篇』，則當時脱佚幾半。若子長所采，蓋存於四十五篇之中者，而其餘篇，至汲冢之發而復完也。」又曰：「周書卷首十數篇，後序皆以爲文王作，而本解絶無明據，且語與書體不合，蓋戰國纂集此書者所作，攙入之冠於篇首也。至大武、武稱等篇，尤爲乖謬，近於孫、吴變詐矣。考周官終太子晉，實當靈王之世，其爲周末策士之言，毋惑也。」

劉大謨曰：「若度訓、命訓、常訓、文酌、允文、大武等解，而盡謂之周書，可乎？若和寤、克寤、商誓、度邑、時訓、明堂等解，而盡謂之非周書，可乎？六經而下，求其文字近古，而有裨於性命、道德、文武政教者，恐無以踰於此。」

---

① 「夷」，文津閣四庫本作「羣」。

姜士昌曰：「周書七十一篇，自劉歆七略、班史藝文志已有之，而汲冢發自晉太康二年①，得書七十五篇，其目具在，無所謂周書；此書②當仍舊名，不得繫之汲冢。其文辭湛深質古出左氏上，若酆謀、世俘諸篇，記武王謀伐殷，與克殷俘馘甚衆，往往誇誕不雅馴，疑衰周戰國之士以意參入之。然吾觀文傳、柔武、和寤、大聚、度邑、時訓、官人、王會、職方諸篇，其陳典常，垂法戒，辨析幾微，銓叙名物，亦有非叔季之主、淺聞之士所能彷彿者。蓋文、武、周公所爲政教號令，概見此書，固不徒以事與辭勝而已也。說者謂尚書纂自孔子，而此逸書者，劉向以爲孔子所論之餘，若不足存。嗟乎！是書不知當孔子删與否，其指誠不得與經並，然其事則文、武、周公，其文辭則東周以後作者不逮也。蓋不離屬辭紀事，而道法猶有存者，謂尚書百篇而外，是書無一語足傳於經，吾猶疑之，安得以一二駁辭，盡疑其爲孔子所詘，遂寘不復道哉！自六藝以下，文辭最質古者，無如是書與周髀、穆天子傳諸篇，而是書深遠矣。」

按：周書篇目七十，合以序一篇，適如漢志，李仁父、劉后村謂闕其一，誤也。

① 「太康二年」，四庫薈要本誤作「咸寧五年」。
② 「書」，四庫薈要本作「似」。

經義考卷七十六

書五

伏氏勝**尚書大傳**

漢志：「傳四十一篇。」隋志：「三卷。」佚。

〔校記〕

王謨有輯補二卷，陳壽祺有尚書大傳校輯三卷，注五卷。（書，頁二一一）

尚書暢訓

舊唐書志：「三卷①。」新唐書志：「一卷。」

①「三卷」，備要本誤作「二卷」。

佚。

鄭康成序曰：「伏生至孝文時，年且百歲。歐陽生、張生從學焉。伏生終後，數子各論所聞，以己意彌縫其闕，而别作章句。又特撰其大義，因經屬指，名之曰傳。劉子政校中書，奏此目録，凡四十一篇。①」

〔補正〕

鄭康成序一條，末應補云「至元始詮次爲八十三篇」。按：下條引陳振孫謂「八十三篇當是其徒歐陽、張生之徒雜記所聞」，是也。而所引晁氏，謂是「康成詮次爲八十三篇」者，未知何據？（卷三，頁八）

晉書五行志：「漢文帝時，虙生創紀大傳。」

酈道元曰：「文帝撰五經尚書大傳。」

顔之推曰：「孔子弟子虙子賤爲單父宰，即虙犧之後。兖州永昌郡城，舊單父地也，東門有子賤碑，漢世所立，云濟南伏生即子賤之後。是知虙之與伏，古來通字。」

隋志：「伏生作尚書傳，授同郡張生，張生授千乘歐陽生。」

洞冥記：「李克者，馮翊人也。自言三百歲，從秦始皇登會稽山，以望江、漢之流也。少而好學，爲秦博士，門徒萬人。伏生時十歲，就克石壁山中，受尚書，乃以口傳授伏子。四代之事，略無遺脱，伏子

① 「篇」字下，依補正應補「至元始詮次爲八十三篇」計十字。

因而誦之，常以細繩十餘尋以縛腰，誦一遍則結繩一結，十尋之繩皆成結矣。計誦尚書可數萬遍，但食穀損人精慧，有遺失。伏子今所傳百卷，得其一二爾。故堯、舜二典，闕漏尤多。」

陸德明曰：「尚書大傳三卷，伏生作，西伯戡黎作『耆』。」

葉夢得曰：「伏生大傳首尾不倫，言不雅馴，至以天地人四時爲七政，謂金縢作於周公歿後，何可盡據。其流爲劉向五行傳、夏侯氏災異之説，失孔子本意益遠。」

晁公武曰：「勝至孝文時，年且百歲，歐陽生、張生從學焉。音聲猶有譌①誤，先後猶有差舛，重以篆隸之殊，不能無失。勝終之後，數子各論所聞，以己意彌縫其闕，別作章句。又特撰大義，因經屬指，名之曰傳。後劉向校書，得而上之。目録凡四十一篇，康成銓次爲八十三篇，今本四卷，首尾不倫。」

陳振孫曰：「凡八十有三篇，當是其徒歐陽、張生之徒雜記所聞，然亦未必當時本書也。」

〔補正〕

又按：崇文總目：「尚書大傳，漢濟南伏勝撰。伏生本秦博士，以章句授諸儒，故博引異言，援經而申證云。」此條竹垞未引，應補。又陳振孫條下云：「印板刓闕，合更求完善本。」此二語亦應補入，以見宋時尚有板本也。（卷三，頁八）

王楙曰：「尚書大傳與古文尚書所載不同。大傳謂周公死，王誦欲葬於成周。天乃雷電以風，禾盡偃，大木斯拔，國人大恐。王乃葬周公於畢，示不敢臣也。梅福、張奂等皆引以爲言據。今尚書言大

---

① 「譌」，文津閣四庫本誤作「僞」。

雷電以風，見於周公居東之日，而非其死葬之時。以此一事觀之，則知大傳與經牴牾多矣。」

王應麟曰：「大傳説堯典謂之唐傳，則伏生不以是爲虞書。」又曰：「書大傳虞傳有九共篇引書曰：『予辯下土，使民平平，使民無傲。』殷傳有帝告篇引書曰『施章乃服明上下』，豈伏生亦見古文逸篇邪？」又曰：「大傳以西伯戡黎爲㦰耆、冏命为㽈命、費誓爲肸誓、吕刑爲甫刑。」

〔補正〕

按：大傳引經文異者，大誥「民獻有十夫」，「獻」作「儀」。康誥「惟乃丕顯考文王克明德」，「德」上有「俊」字。無逸作「毋逸」。又引盤庚云「若德明哉」，引酒誥云「王曰封惟曰若圭璧」，今無其文。

又按：竹垞蓋未見後人所鈔輯之本，故直云「佚」也。近日德州盧氏刊尚書大傳四卷，仁和盧學士文弨爲撰攷異一卷、補遺二卷於後。文弨序曰：「雖非隋、唐以來之完書，然闕佚殆亦尠矣。」又見吴門惠氏亦有增入者，方綱嘗與歸安丁進士杰合諸本鈔撮。聞浙人董君豐垣所輯最爲詳備。嘉定曹學士仁虎有其寫本，屢向其借鈔而未得見也。附識於此。（卷三，頁八）

歐陽生尚書章句

漢志：「三十一卷。」

佚。

漢書：「歐陽生，字和伯，千乘人。事伏生，授倪寬。寬又受業孔安國。歐陽、大小夏侯氏學皆出於寬。寬授歐陽生子，世世相傳，至曾孫高子陽，爲博士。林尊字長賓，濟南人。事高爲博士，論石渠，授平陵平當、梁陳翁生，由是歐陽有平、陳之學。翁生授瑯琊殷崇、楚國龔勝。當授九江朱普公文、上黨鮑宣子都。」

〔校記〕

黄奭、馬國翰有輯本。（書，頁二一）

尚書説義

漢志：「二篇。」

佚。

葉適曰：「自漢迄西晉，言書者惟祖歐陽氏。」

按：漢歐陽氏世傳書學，説義二篇，未經前儒①注明，不知作者。

大、小夏侯氏章句

漢志各二十九卷。

佚。

〔校記〕

① 「前儒」，備要本脱漏作「□□」。

馬國翰有輯本。（書，頁二一一）

大、小夏侯解故

漢志：「二十九篇。」

佚。

漢書：「夏侯勝，字長公，東平人。其先夏侯都尉從濟南張生受尚書，以傳族子始昌，勝從始昌受尚書及洪範五行傳，説災異。後事蔄卿，又從歐陽氏問。爲學精熟，所問非一師也。徵爲博士、光禄大夫。遷長信少府，賜爵關内侯，遷太子太傅。受詔撰尚書、論語説，賜黄金百斤。勝從父子建字長卿，自師事勝及歐陽高，左右采獲，又從五經諸儒問與尚書相出入者，牽引以次章句，具文飾説。勝非之曰：『建所謂章句小儒，破碎大道。』建亦非勝爲學疏略。建卒自顓門名經，爲議郎博士，至太子少傅。」

班固曰：「劉向以中古文校歐陽、大小夏侯三家經文，酒誥脱簡一，召誥脱簡二。率簡二十五字者，脱亦二十五字，簡二十二字者，脱亦二十二字，文字異者七百有餘，脱字數十。」

後漢書曰：「孝明皇帝永平二年，詔有司采周官、禮記、尚書皋陶篇，乘輿服從歐陽氏説，公卿以下從大、小夏侯氏説。」

葛洪曰：「昔漢太后從夏侯勝受尚書，賜勝黄金百斤。及勝死，又送勝家錢二①百萬，爲勝素服一

① 「二」，文淵閣四庫本誤作「三」。

百日。」

隋志：「晉永嘉之亂，歐陽、大小夏侯尚書並亡。」

呂祖謙曰：「夏侯勝守所學，不苟合，爲可重。其言災異，漢儒皆有此患。」

孔氏安國尚書傳

隋志：「十三卷。」

存。

安國序曰：「古者伏羲氏之王天下也，始畫八卦，造書契，以代結繩之政，由是文籍生焉。伏羲、神農、黄帝之書，謂之三墳，言大道也。少昊、顓頊、高辛、唐、虞之書，謂之五典，言常道也。至於夏、商、周之書，雖設教不倫，雅誥奥義，其歸一揆。是故歷代寶之，以爲大訓。八卦之説，謂之八索，求其義也。九州之志，謂之九邱。邱，聚也，言九州所有，土地所生，風氣所宜，皆聚此書也。春秋左氏傳曰：『楚左史倚相能讀三墳、五典、八索、九邱。』即謂上世帝王遺書也。先君孔子生於周末，覩史籍之煩文，懼覽者之不一，遂乃定禮、樂，明舊章，删詩爲三百篇，約史記而修春秋，讚易道以黜八索，述職方以除九邱。討論墳典，斷自唐、虞以下，訖於周。芟夷煩亂，翦截浮辭，舉其宏綱，撮其機要，足以垂世立教，典謨訓誥誓命之文凡百篇，所以恢弘至道，示人主以軌範也。帝王之制，坦然明白，可舉而行，三千之徒，並受其義。及秦始皇滅先代典籍，焚書坑儒，天下學士，逃難解散，我先人用藏其家書於屋壁。漢室龍興，開設學校，旁求儒雅，以闡大猷。濟南伏生，年過九十，失其本經，口以傳授，裁二十餘篇。以其上古之書，謂之尚書。百篇之義，世莫得聞。至魯恭王好治宫室，壞孔子舊宅，以廣其居，於壁中得先人所藏古文虞、夏、商、周之書及傳、論語、孝經，皆科斗文字。王又升孔子堂，聞金石絲竹之音，乃不壞宅，悉以書還孔氏。科斗書廢已久，時人無能知者，以所聞伏生之書考論文義，定其可知者爲隸古定，更以竹簡寫之，增多伏生二十五篇。伏生又以舜典合於堯典，益稷合於臯陶謨，盤庚三篇合爲一，康王之誥合於顧命，復出此篇并序，凡五十九篇，爲四十六卷。其餘錯亂摩滅，弗復可知，悉上送官，藏之書府，以待能者，承詔爲五十九篇作傳，於是遂研精覃思，博考經籍，采摭群言，以立訓傳。約文申義，敷暢厥旨，庶幾有補於將來。書序，序所以爲作者之意。昭然義見，宜相附近，故引之各冠其篇首，定五十八篇。既畢，會國有巫蠱事，經籍道息，用不復以聞，傳之子孫，以貽後世。若好古博雅君子與我同志，亦所不隱也。」

〔補正〕

安國序内「示人主以軌範也」，「範」訛作「軌」。（卷三，頁九）①

隋志：「安國爲五十八篇作傳，會巫蠱事起，不得奏上，私傳其業於都尉朝②，朝授膠東庸生，謂之尚書古文之學。」

〔補正〕

① 本文不誤，補正誤校。

② 「都尉朝」，文津閣四庫本誤作「都會朝」。

案：隋志又有「今字尚書十四卷，孔安國傳」。宋志又有「古文尚書二卷，孔安國隸」。（卷三，頁八—九）

孔穎達曰：「孔傳三十三篇與鄭注同，二十五篇增多鄭注。」

陸德明曰：「江左中興，元帝時，豫章内史梅賾奏上孔傳古文尚書。亡舜典一篇，購不能得，乃取王肅注堯典，從『慎徽五典』以下，分爲舜典篇以續之，學徒遂盛。」

册府元龜：「孔安國爲臨淮太守，傳古文尚書十三卷、今字尚書十四卷。」

歐陽修曰：「陳、隋之間，伏生之學廢絶，而孔傳獨行。」

洪邁曰：「孔安國古文尚書，自漢以來，不列於學官，故左氏傳所引者，杜預輒注爲逸書。劉向説苑臣術篇一章云：『泰誓曰：「附下而罔上者死，附上而罔下者刑；與聞國政而無益於民者退，在上位而不能進賢者逐。」此所以勸善而黜惡也。』漢武帝元朔元年詔責中外不興廉舉孝，有司奏議曰：『夫附下罔上者死，附上罔下者刑，與聞國政而無益於民者斥，在上位而不能進賢者退，此所以勸善黜惡也。』其語與説苑所載正同，而諸家注釋至於顔師古皆不能援以爲證。今之泰誓初未嘗有此語也。漢宣帝時，河内女子得泰誓一篇獻之，然年月不與序相應，又不與左傳、國語、孟子衆書所引泰誓同。故馬、鄭、王肅諸儒皆疑之。」又曰：「逸書雖篇名或存，既亡其辭，則其義不可復考。而孔安國注必欲強爲之説，汨作注云：『言其治民之功。』咎單作明居注云：『咎單作土地之官，作明居民法。』林少穎言：『知之爲知之，堯典、舜典之所以可言也。不知爲不知，九共、槀飫，略之可也。』其説最純明可喜。」

朱子曰：「安國書傳恐是魏、晉間人作，託安國爲名。漢儒訓釋文字，有疑則闕，今此卻盡釋之。」

又曰：「孔安國解經最亂道，看得只是孔叢子等做出來。」又曰：「孔氏書序不類漢文，疑是晉、宋間文章。」

葉適曰：「安國書序言典墳，至夏、商、周誥義奥雅，歷代以爲大訓。旋復言討論墳典，芟繁翦浮，則是孔子并大訓亦去取也，豈有是哉？」

陳振孫曰：「孔注歷漢末無傳，而晉初猶得存者，雖不列學官，而散在民間故邪，然終有可疑者。」

王柏曰：「古文尚書序可疑者三：一曰三墳言大道，五典言常道，夫大與常何自而分别也？如其言，則墳之道不可常，典之道未至於大，豈不悖哉？二曰孔壁之書皆科斗文字，以世所傳夏、商鬴鬲盤匜之類，舉無所謂科斗之形。序者之言，不過欲耀孔壁所藏之古耳，不計其説之不可通也。既曰：『科斗書廢已久，時人無能知者。』又不知何以參伍點畫，考驗偏傍，而更爲隸古哉！於是遁其辭曰：『以所聞伏生之書考論文義，定其可知者。』則是古文之書，初無補於今文，反賴今文而成書。本欲尊古文而不知實陋古文也。且孔氏遺書如周易十翼、論語、大學、中庸之屬，皆流傳至今。初不聞有科斗之字於他書，而獨紀載於書大序，其張皇妄誕，欺惑後世無疑。三曰『增多伏生之書二十五篇』，其所增之篇，固伏生之所無也。然伏生之所有，恐孔壁亦未必盡存。若以有無互相較數，竊意所增者，未必果二十五篇也。何以言之？伏生之書最艱澀而不可解者，惟盤庚三篇與周書大誥以下十篇而已，今古文乃亦有之。古文之所以異於伏生者，以其所載之平易也。今亦從而艱澀之如此，則是原本已如此之艱澀，而非伏生之訛也。以愚觀之，伏生於此十三篇之外，未嘗不平易。安國於此十三篇之中，未嘗不艱澀也。若論其實，伏生之耄，口授之訛，自不能免。竊恐此十三篇之艱澀，孔壁未必有也。是故無所參正而艱澀自若，安國但欲增多伏生之數，掩今文而盡有之，反有以累古文也。」

金履祥曰：「朱子曰：『安國之序絶不類西漢文字。』履祥疑東漢之人爲之，不惟文體可見，而所謂聞金石絲竹之音，端爲後漢人語無疑也。蓋後漢之時，讖緯盛行，其言孔子舊居事多涉怪，如闕里草自除、張伯藏璧一之類，若此附會多有之，則此爲東漢傳古文者託之可知也。如論語序魏人所作，亦言壞宅事，即不言金石之異矣。」

熊朋來曰：「孔壁二十五篇，東漢諸儒解經者皆未見，故先儒疑孔安國傳亦僞也。」

按：孔安國書序、昭明文選録之，世皆篤信，惟朱子謂其不類西漢文字，疑後人所託。而魯齋王氏、仁山金氏亦疑之。考之漢書，司馬遷嘗從安國問故，遷蓋與都尉朝同受書於安國者也。然遷述孔子世家稱：「安國爲今皇帝博士，至臨淮太守早卒。」自序則云：「予述黄帝以來，至太初而訖。」是安國之卒本在太初以前，若巫蠱事發，乃征和二年，距安國之殁，當已久矣。班固叙藝文志，於古文尚書云：「遭巫蠱事，未列於學官。」乃史氏追述古文所以不列學官之故爾。而僞作安國序者乃云：「會國有巫蠱事，經籍道息。」竟出自安國口中，不亦刺謬甚乎！或曰劉歆遺書讓太常博士，其文載於漢書、文選，稱古文書十六篇。天漢之後，孔安國獻之，此不足信耶？曰荀悦漢紀於孝成帝三年，備述劉向典校經傳，考集異同，於古文尚書、論語、孝經云武帝時孔安國家獻之，會巫蠱事，未列於學官。則知安國已逝而其家獻之。漢書、文選録本流傳，脱去「家」字爾。按其本末，安國書序之僞，不待攻而自破矣。

或曰：史記雖云訖於太初。然自序又云：「論次其文，七年而遭李陵之禍。」實天漢三年也。故荀悦漢紀亦云：「司馬遷據左氏春秋、國語，採世家、戰國策，述楚漢春秋接其後事，迄於天漢。」漢書或作大漢。今於李廣傳附載陵事，於大宛傳載李廣利事。又如衛將軍驃騎列傳載公孫賀、公孫敖、韓說、趙破奴，皆直書巫蠱獄，多係征和年事，安見孔安國不卒於天漢之後乎？曰家語附録安國傳，稱安國受書於伏生，生故秦博士，至文帝時，年已九十，安國從而問業，最幼年已十五六矣。司馬遷謂安國早卒。家語後序稱安國年六十卒於家。今就文帝末年，安國年十五計之，則其卒當在元鼎間。若天漢之後，改元太始，安國年已七十二，迨征和二年巫蠱事發，安國年七十有七矣，尚得謂之早卒乎？當依漢紀增「家」字爲是。

又按：論語：「雖有周親，不如仁人。」孔氏注云：「親而不賢，不忠則誅之，管、蔡是也。仁人謂箕子、微子，來則用之。」於尚書傳則云：「紂至親雖多，不如周家之少①仁人。」一人而兩處說經互異。又論語「予小子履」一節云：「此伐桀告天之文，墨子引湯誓若此。」亦與書傳相戾，此一疑也。

又按：司馬遷殷本紀云：「紂淫亂不止，微子數諫不聽，與太師、少師謀，遂去。比干曰：『爲人臣者，不得不以死爭。』乃強諫。紂剖比干心，箕子懼，乃佯狂爲奴，紂又囚之。殷之太師、少師乃持其祭器奔周。」周本紀云：「紂殺比干，囚箕子，太師疵、少師強抱其樂器奔周。」宋世家云：「微子數諫，紂弗聽。欲死之，及去，未能自決，乃問於太師、少師。箕子被髮佯狂爲奴。比干諫，紂剖其心，太師、少師乃勸微子去，遂行。」則今文尚書微子篇所云「父師、少師」者，自有其人，遷受書於安國，其說

① 「少」，文津閣四庫本誤作「多」。

必本於安國也。乃今安國傳云「父師，太師三公箕子也；少師，孤卿比干也。」夫三仁皆殷王子，父師若係箕子，殷人尚質，其語兄之子必呼其名，惟出於疵之口，故稱微子曰王子也。班氏古今人表亦書太師疵、少師強姓名，流傳有自。梅賾昧史公説書本於安國，不加質驗而巧爲之辭，僞托之迹畢露矣。

又按：安國書傳於賄肅慎之命注云：「東海駒驪、扶餘、馯貊之屬，武王克商，皆通道焉。」考周書王會篇：「北有稷慎，東則濊良而已。」此時未必即有駒驪、扶餘之名，且駒驪主朱蒙以漢元帝建昭二年始建國號，載東國史略。安國承詔作書傳時，恐駒驪、扶餘之稱尚未通於上國，況武王克商之日乎？此又一疑也。

又按：古文之存於今者，惟岣嶁禹碑，奇古難識。餘如壇山石、岐陽獵碣，皆與大小篆①不甚相遠。竊意孔子雅言者，書當時誦習授受未必用蝌蚪之文，何獨孔壁所藏書與論語、孝經悉蝌蚪文字？安國書序作僞者藉此欺人，魯齋王氏疑之當矣。

又按：西漢之古文，孔安國家獻之，未列於學官者也。東漢之古文，杜林得之西州，賈逵、衛宏、馬融、鄭康成輩爲之作訓傳注解者也。當時止有杜林漆書，若孔氏增多之書，終漢之世，下及魏、西晉，莫有見之者。故趙岐注孟子、高誘注呂覽、杜預釋左傳②，凡孔氏增多篇内文，皆曰逸書。惟許氏説

① 「篆」，文津閣四庫本誤作「傳」。
② 「左傳」，四庫薈要本作「左氏」，備要本作「春秋」。

文序者①謂其易稱孟氏，書孔氏，詩毛氏。夫以賈、衛、馬、鄭諸大儒均未之見，許氏何由獨得之？今考説文中所引尚書字句異者，如：「格于上下」，「格」作「假」。「宅嵎夷」，「嵎」②作「堣」。「平秩東作」，「秩」作「豑」。「鳥獸氄毛」作「𣯛髦」。「朞三百有六旬」，「朞」作「稘」。「帝曰疇咨」，「疇」作「𠷎」。「共工方鳩僝功」作「旁逑孱功」，「鳩」又作「救」。「有能俾乂」作「倂嬖」。「肆類于上帝」，「肆」作「𢑱」。「竄三苗」，「竄」作「𣪠」，「暨皋陶」作「臮咎繇」，「五品不遜」作「愻」。「教胄子」，「胄」作「育」。「剛而塞」，「塞」作「𡫳」。「濬畎澮」，「濬」作「睿」。「藻火粉米」，「藻」作「璪」，「粉」作「黺」。「撻以記之」，「撻」作「遽」。「無若丹朱傲」，「朱」作「絑」，「傲」作「奡」。「朋淫于家」，「朋」作「堋」。「元首叢脞哉」，「脞」作「睉」。「隨山刊木」，「刊」作「栞」。「厥草惟繇」作「蘨」。「草木漸包」作「蔪苞」。「瑤琨篠蕩」，「篠」作「筱」。「惟箘簵楛」，作「簬楛」，又作「輅枯」。「天用勦絶其命」，「勦」作「劋」。「若顛木之有由蘖」作「𢎘𣡌」，「蘖」又作「栟」。「王播告之」，「播」作「譒」。「今汝聒聒」作「懖懖」。「予亦拙謀」，「拙」作「炪」。「西伯既戡黎」，「戡」作「𢦟」，「黎」作「[illegible]」。「大命不摯」，「摯」作「[illegible]」。「予顛隮」，「隮」作「躋」。「我興受其敗」作「退」。「勖哉夫子」，「勖」作「勗」。「尚桓桓」作「狟狟」。「篚厥玄黃」作「實玄黃于匪」。「彝倫攸斁」作「殬」。「無有作好」，「好」作「𡚸」。「七稽疑」，「稽」作「卟」。「庶草繁廡」作「無」。「王有疾弗豫」作「不念」。「我之弗辟」作「不辟」。「哉生魄」作

① 「序者」，四庫薈要本、文津閣四庫本俱作「解字」、備要本作「所引」。
② 「嵎」，備要本誤作「作」。

「霸」。「罔弗憝」作「罔不憝」，上有「凡民」字，同孟子句。「盡執拘」作「抲」。「至于屬婦」，「屬」作「媰」。「惟其塗丹雘」，「塗」作「㪉」①。「丕能誠于小民」，「丕」作「不」。「乃惟孺子頒」作「攽」。「惟茲四人昭武王，惟冒」，作「⿰目冒」。「亦惟有夏之民，叨懫」，「夏」字下有「氏」字，「懫」作「⿱疐土」。「常伯常任」，「伯」作「岐」。「其在受德暋」作「忞」。「爾尚不忌于凶德」，「忌」作「諅」。「灼見三有俊心」，「灼」作「焯」。「勿以憸人」，「憸」作「譣」。「用勱相我國家」作「邦家」。「陳寶」作「宲」。「一人冕執鋭」作「鈗」。「三咤」作「詫」。「劓刵椓黥」作「刖劓斀黥」。「惟貌有稽」，「貌」作「緢」。「報以庶尤」作「訧」。「扞我于艱」，「扞」作「敔」。「峙乃糗糧」作「峙乃餱粻」。「截截善諞言」作「戔戔」。「斷斷猗」作「⿰皀召⿰皀召」。「邦之杌隉」，「杌」作「阢」。凡此所引皆在伏生口傳二十八篇，使許氏果得見孔氏古文，則於增多篇内亦必及之矣。至於「若藥不眄眩」一句，雖屬説命之文，殆因孟子所引而及之爾。又如「圛圛升雲，半有半無，洪水浩浩，在夏后之詷，師乃搯來就惎惎宮中之冗，食貘有爪，而不敢以撅，以相陵懱，祖甲返，孜孜無怠，戔戔巧言，我有載于西」，則孔氏傳亦無之。又以微子爲周書、洪範爲商書，不知許氏何所本也？

又按：許氏説文序云：「易稱孟氏，書孔氏，詩毛氏。」似乎見孔氏古文者，然其撰五經異義，恆取諸家之説折衷之。其於舜典「禋于六宗」，一云：「六宗者，上不謂天，下不謂地，旁不謂四方，居中恍惚，助陰陽變化。」此歐陽生、大小夏侯氏説也。一云：「古尚書説六宗者，謂天宗三，地宗三。天

---

① 「㪉」字，備要本誤作「蕨」。

宗：日、月、北辰也；地宗：岱山、河、海也。日月爲陰陽宗，北辰爲星宗，岱山爲山宗，河海爲水宗。」所謂古尚書説者，賈逵之説也。使叔重學孔氏書，則四時寒暑日月星水旱之義，亦必舉之矣，乃僅述歐陽、夏侯、賈氏之説，則叔重實未見孔氏古文也。譙允南五經然否論援古文書説以證成王冠期。考今孔傳無之，則允南亦未見孔氏古文也。正義謂王肅注書，始似竊見孔傳，故注亂其紀綱爲夏太康時。然考陸氏尚書釋文所引王注不一，並無及於增多篇内隻字，則子邕亦未見孔氏古文也。正義又引晉書皇甫謐從姑子外弟梁柳得古文尚書，故作帝王世紀，往往載孔傳五十八篇之書。夫士安既得五十八篇之書而篤信之，宜於帝王世紀均用其説，乃孔傳謂堯年十六即位，七十載求禪，試舜三載，自正月上日至堯崩二十八載，堯死壽一百一十七歲，而世紀則云堯年百一十八歲。孔傳謂舜三十始見試用，歷試二年，攝位二十八年，即位五十年，升道南方巡守，死於蒼梧之野而葬焉，壽百一十二歲。而世紀則云舜年八十一即真，八十三而薦禹，九十五而使禹攝政，攝五年，有苗氏叛，南征崩于鳴條，年百歲。孔傳釋文命謂「外布文德教命」，而世紀則云：「足文履己，故名文命，字高密。」孔傳釋伯禹謂「禹代鯀爲崇伯」，而世紀則云：「堯封爲夏伯，故謂之伯禹。」孔傳釋吕刑「吕侯爲天子司寇」，而世紀則云「吕侯爲相」。所述與孔傳多不同。竊疑士安亦未必真見孔氏古文也。正義又云：「古文尚書鄭沖所授，沖在高貴鄉公時，業拜司空。高貴鄉公講尚書，沖執經親授，與鄭小同俱被賜。」使得孔氏增多之書，何難經進？其後官至太傅，禄比郡公，几杖安車，備極榮遇，其與孔邕、曹羲、荀顗、何晏共集論語訓注，則奏之於朝，何獨孔書止以授蘇愉，秘而不進？又論語解雖列何晏之名，沖實主之，若孔書既得，則或謂孔子章引書，即應證以君陳之句，不當復用包咸之説，謂「孝乎惟孝，美大孝之辭」矣。竊疑沖亦未必真見孔氏古文也。

竹垞案内「不如周家之少仁人」，今本「少」作「多」，此從宋。（卷三，頁九）

〔補正〕

按：漢儒説經之書，援孔氏書者，其在今可據，惟許祭酒説文序云「易稱孟氏，書孔氏而已」。乃竹垞於許氏所引「若藥不眄眩」一語，必謂其非引説命，特因孟子所引而及之。説文「㝉」字條下云：「冥合也。從宀丏聲。讀若周書『若藥不眄眩』。」夫孟子固未嘗云周書也。而況今所行讀本説命卻在商書，若果許氏僅因讀孟而得此句，則何以有周書之云乎？正當據此以見許氏實有所見孔氏古文尚書之本耳。又謂「圛圛升雲，半有半無」語爲尚書所無，此自丁度集韻、洪邁容齋隨筆皆目爲逸矣。不知「曰圛」二字爲句，即洪範「曰驛也」其下七字，乃釋「圛」字之義。方綱嘗見金崇慶年所刊集韻此條云：「商書曰圛圛者，升雲半有半無。」此於第二「圛」字下加一「者」字，義更曉然矣。周官大卜，鄭氏注云：「五色者，洪範所謂『曰雨，曰濟，曰圛，曰蟊，曰尅』。」可證也。曷弗考此而漫以爲尚書所無乎？又以「在夏后之詷」句，尚書所無，説文「詷」：「共也。周書曰『在夏后之詷』。」陸氏釋文於顧命「在後之侗」句下，亦引馬本作「詷」，云「共也」，正與説文合矣。（「詷」經義攷刊板誤作「詞」。）即以字體論之，「旁逑孱功」，説文作「逑」，無作「救」者。「惟箘簬楛」，説文作「楛」，無作「㤹」者。「無有作好」，説文作「玗」，亦非作「妞」也。（卷三，頁九—十）

謹按：古文尚書自吴才老至吴草廬諸人，雖有疑之者，尚皆未有專書。至梅鷟始特爲書以辨之。至閻百詩古文尚書疏證，而攻擊不遺餘力矣。近日程廷祚、惠棟、王懋竑、宋鑑續加考證，其説益詳。

以方綱愚昧之見，此諸家辨訂之勤，誠爲學者所不可不知。弟以稽古尊經之道言之，其大要有二端焉：一曰悖於義理者，毋以溷經文也；一曰涉於後世者，毋以假先代也。是皆所以羽翼經耳。夫以涉於後世之詞不可假借古經，則如禮察篇、保傅篇之語雜周、秦，公冠篇之詞及漢昭，此固人所共知，而不聞有專著一書以辨大戴記之非經者也。此猶可曰無悖於義理也。至如明堂位篇言魯之君臣未嘗相弑，則顯與春秋相悖，此亦人所共知，而不聞有專著一書以駁小戴記之宜删去某篇者也。乃獨於大禹謨「危微精一」之十六字，過加糾擿。夫以子朱子援此十六字，合諸「允執厥中」之訓，以著中庸道統之原，而後世爲考證之學者，猶不憚於過加糾擿如此，此復奚以考證爲乎？所貴博稽經傳，研核漢、唐以來諸家之説，毋爲俗儒尋章摘句，僅守一得而已。至於闡發義理，至宋儒而益精，學者束髮受書，即從朱子章句、集注植本樹基，及其後見聞稍廣，輒萌立異之思，以翻駁程、朱爲能事，此學者之大患也。愚亦不敢謂後人議宋儒者皆非無所見也。顧以率由正路，則必以恪守程、朱爲主，而後可以考證古籍，未有忘本而可言學者也。竹垞既爲此書，而又作齋中讀書十二詩，其大意亦微有不滿宋儒之意，故告學者慎之慎之，故因附按於此條下，而詩以下不概及。（卷三，頁十——十一）

又按：近日作古文尚書考者，以方綱淺聞，僅見二家，如陸稼書古文尚書考一卷，止載其原委而已，未有一字辨訂其僞也。如惠定宇古文尚書攷一卷，則擘肌析理，全攻其僞也。惠固負一時研經之譽，而陸以理學經術，推重儒林，不聞以未駁古文尚書之故，譏其寡學也。願與好學深思者共審慎焉。（卷三，頁十一——十二）

尚書音

七録：「一卷。」

佚。

陸德明曰：「爲尚書音者四人，孔安國、鄭康成、李軌、徐邈。案：漢人不作音，後人所托。」

歐陽氏地餘**等尚書議奏**

漢志：「四十二篇。」

佚。

漢書注：「宣帝時石渠論。」

王應麟曰：「論石渠者，歐陽地餘、林尊、周堪、張山拊、假倉。」

牟氏卿**尚書章句**

佚。

漢書：「周堪①少卿與孔霸俱事大夏侯勝。堪論於石渠，經爲最高，堪授②牟卿及長安許商長伯。」

① 「周堪」下，依補正應補「字」字。

② 「授」下，依補正應補「魯國」二字。

牟卿爲博士。霸傳子光，亦事牟卿。由是大夏侯有孔、許之學。」

〔補正〕

漢書條内「周堪少卿」，「少」上脱「字」字。（卷三，頁十三）

按：經典釋文云：「堪授魯國牟卿。」此「魯國」二字應補入。又按：此下所引「後漢書張奂減爲九萬言」句下，尚有「奂後上書桓帝奏其章句」十字，應補入。（卷三，頁十三）

後漢書：「牟氏章句浮辭繁多，有四十五萬餘言，張奂減爲九萬言①。」後漢書注：「牟卿受書於周堪，爲博士，故有牟氏章句。」

秦氏恭尚書説

佚。

漢書：「張山拊長賓，平陵人。事小夏侯建，爲博士，論石渠。授同縣李尋、鄭寬中少君、山陽張無故子儒、信都秦恭延君、陳留假倉子驕。無故善修章句，守小夏侯説文。恭增師法至百萬言，由是小夏侯有鄭、張、秦、假、李氏之學。寬中授東郡趙玄，無故授沛唐尊，恭授魯馮賓。」

桓譚曰：「秦延君能説堯典篇目兩字之説，至十餘萬言，但説『曰若稽古』三萬言。」

---

① 「言」下，依補正應補「奂後上書桓帝奏其章句」計十字。

經義考卷七十七

書六

桓君榮**大小太常章句**

佚。

後漢書：「桓榮，字春卿，沛郡龍亢人。少學長安，習歐陽尚書，事博士九江朱普。普卒，榮奔喪九江，負土成墳，因留教授。莽敗，天下亂。榮抱其經書，與弟子逃匿山谷，雖常饑困而講論不輟，後復客授江、淮閒。建武十九年，年六十餘，始辟大司徒府。時顯宗始立爲皇太子，擢榮弟子豫章何湯爲虎賁中郎將，以尚書授太子。世祖從容問湯本師爲誰，對曰：『沛國桓榮。』帝即召榮，令説尚書，甚善之，拜議郎。顯宗即位，尊以師禮，親自執業。永平二年，三雍成，拜爲五更，封關内侯。子郁，字仲恩，傳父業，以尚書教授，門徒常數百人。永平十五年，入授皇太子經，父子給事禁省。永元四年爲太常。初，榮受朱普學章句四十萬言，浮辭繁長，多過其實。及榮入授顯宗，減爲二十三萬言。郁復删省定成十二萬言，由是有桓君大小太常章句。」又曰：「靈帝當受學，詔太傅、三公選通尚書桓君章句宿有重名者，三公舉楊賜，乃侍講於華光殿中。」又曰：「中興，北海牟融習大夏侯尚書，東海王良習小夏侯尚書，沛國桓榮習歐陽尚書。榮世習相傳授，東京最盛。」

牟氏長**尚書章句**

佚。

後漢書：「牟長，字君高，樂安臨濟人。少習歐陽尚書，不仕王莽。建武二年，拜博士，遷河内太守，諸生講學者常千餘人，著録前後萬人。著尚書章句，皆本之歐陽氏，俗號爲牟氏章句。」

周氏防**尚書雜記**

三十二篇。

佚。

後漢書：「周防，字偉公，汝南汝陽人。師事徐州刺史蓋豫，受古文尚書。建武時以明經舉孝廉，拜郎中，撰尚書雜記三十二篇，四十萬言。太尉張禹薦補博士，稍遷陳留太守。」

杜氏林**漆書古文尚書**

一卷。

佚。

後漢書本傳：「杜林，字伯山，扶風茂陵人。光武徵拜侍御史。林前於西州得漆書古文尚書，嘗寶愛之，雖遭艱困，握持不離身。出以示衛宏等曰：『林流離兵亂，常恐斯經將絶。何意東海衛子宏、濟南徐生巡復能傳之，是道竟不墜於地也。古文雖不合時務，然願諸生無悔所學。』於是古文遂行①。」

儒林傳：「扶風杜林傳古文尚書，林同郡賈逵爲之作訓，馬融作傳，鄭玄注解，由是古文尚書遂顯於世。」

按：漆書古文雖不詳其篇數，而馬、鄭所注實依是書，陸氏釋文采馬氏注甚多，然惟今文及小序有注，而孔氏增多二十五篇，無一語及焉。安國序中稱伏生口授裁二十餘篇，德明謂即馬、鄭所注二十九篇是也。蓋今文二十八篇，益以小序，合二十九。德明又云：「馬、鄭所注並伏生所誦，非古文也。」然則漆書亦止有今文二十八篇而已。孔氏增多之書無之也。夫東漢爲古文尚書者不一家，有蓋豫所傳，有杜林所得，初不本於安國，而孔穎達正義謬稱孔所傳者，賈逵、馬融等皆是。世儒不察，見古文字即以爲安國所傳，亦粗疏甚矣。

〔補正〕

聘珍案：杜林所得古文尚書即漢藝文志所云中古文，劉向當日以校歐陽、大、小夏侯三家經文者也。杜林之本即馬、鄭傳注之本，亦止伏生所傳二十八篇，而未有孔傳增多之書。故當日劉向以校三家

---

① 「行」下，文津閣四庫本有「于世」。

經文，字異者僅七百有餘，脱字數十。若孔安國之本，則漢志明言得多十六篇，當不止于數百數十矣。由此可知漆書古文尚書原是西漢中祕之本，經新莽之亂，散落民間，而杜林得之也。又案：漢中祕本多是漆書，後漢有行賂求改蘭臺漆書以合其私文者。（卷三，頁十二）

賈氏逵**尚書古文同異**

三卷。

佚。

後漢書：「賈逵，字景伯，扶風平陵人。與班固並校秘書。肅宗立，降意儒術，特好古文尚書。逵數爲帝言古文尚書與經傳爾雅訓詁相應，詔令撰歐陽、大小夏侯尚書古文同異。逵集爲三卷，帝善之。」

衛氏宏**尚書訓旨**

佚。

後漢書：「衛宏，字敬仲，東海人。從大司空杜林受古文尚書，爲作訓旨。」

劉①陶中文尚書

佚。

後漢書：「劉陶，字子奇，一名偉，潁川潁陰②人。濟北貞王勃之後。舉孝廉，除順陽長。陶明尚書、春秋，爲之訓詁。推三家尚書及古文，是正文字三百餘事，名曰中文尚書。後拜諫議大夫。」

馬氏融尚書注

隋志：「十一卷。」

佚。

王應麟曰：「鳥獸蹌蹌，馬融注以爲筍簴，七經小傳用其說。」

按：馬氏尚書注本於杜林漆書，故多與今文異。如「至于北岳，如西禮」作「如初」。「天叙有典」，「有」作「五」。「天明畏」作「威」。「暨稷播奏庶艱食鮮食」，「艱」作「根」，云：「根生之食謂百穀。」「日月星辰，山龍華蟲作會」，「會」作「繪」。「作十有載」，「載」作「年」。「瑶琨篠簜」，「琨」作「瓓」。「沿于江海」，「沿」作「均」。「滎波既豬」，「波」作「播」，云：「滎播，澤名。」「導岍及岐」，「岍」作「開」。「天用

① 「劉」下，各本俱脱漏「氏」字，依全書體例應補。
② 「潁川潁陰」，文津閣四庫本誤作「穎川穎陰」。

勦絶其命」，「勦」作「巢」。「誕告用亶」作「單」。「用乂讎斂」，「讎」作「稠」，云：「數也。」「自靖」作「清」，云：「潔也。」「弗迓克奔」，「迓」作「禦」，云：「禁也。」「無虐煢獨」作「亡侮煢獨」。「我之弗辟」作「避」，謂「避居東都」。「信，噫」作「懿」，云：「猶億也。」「大誥爾多邦」作「大誥繇爾多邦」。「降割」作「害」。酒誥「王若曰」作「成王若曰」。「皇天既付中國民」，「付」作「附」。「非我小國敢弋殷命」，「弋」作「翼」。「大淫泆有辭」，「泆」作「屑」。云：「過也。」「嚴恭寅畏」，「嚴」作「儼」。「文王卑服」，「卑」作「俾」，云：「使也。」「譸張爲幻」，「譸」作「輈」。「其終出于不祥」，「終」作「崇」，云：「充也。」「我道惟寧王德延」，「道」作「迪」。「有若南宮括」，「宮」作「君」。「迪簡在王庭」「迪」作「攸」，云：「所也。」「爾罔不克臬」作「剌」。「王不懌」作「釋」，云：「不釋，疾不解也。」「在後之侗」作「詷」，云：「共也。」「冒貢」作「勗贛」，云：「陷也①。」「王崩」作「成王崩」，注：「安民立政曰成。」「四人綦弁」，「綦」作「騏」，云：「青黑色。」「三咤」作「詫」。「折民惟刑」，「折」作「悊」，云：「智也。」「王曰吁」作「于」。「惟來」作「求」，云：「有求請賕也。」「仡仡勇夫」作「訖訖」，云：「無所省録之貌。」「諞言」作「偏」，云：「少也。辭約損明，大辨佞之人」，蓋其書唐初尚存，此陸氏釋文采之。

〔補正〕

竹垞案内「冒貢作勗贛云陷也」，「陷」上當再補一「贛」字。（卷三，頁十三）

〔校記〕

① 「陷也」，依補正應作「贛陷也」。

王謨、馬國翰有輯本。（書，頁二一）

張氏奐**尚書記難**

佚。

後漢書：「張奐，字然明，敦煌酒泉人。師事太尉朱寵，學歐陽尚書。延熹九年，拜大司農。建寧元年，遷少府，尋以黨罪，禁錮歸田里，閉門不出，養徒千人，著尚書記難三十餘萬言。」

張氏楷**尚書注**

佚。

後漢書：「楷，字公超，通嚴氏春秋、古文尚書，隱居弘農山中，學者隨之，所居成市，五府連辟，舉賢良方正，不就。性好道術，能作五里霧。時關西人裴優亦能爲三里霧，自以不如楷，從學之，楷避不肯見。桓帝即位，優遂行霧作賊，事覺被考，引楷言從學術，楷坐繫廷尉詔獄，積二年，恆諷誦經籍，作尚書注。後以事無驗見原。」

鄭氏玄**尚書注**

隋志：「九卷。」

佚。

〔校記〕

孔廣林輯本十卷，袁鈞輯九卷。（書，頁二一一）

尚書大傳注①

隋志：「三卷。」

佚。

〔校記〕

孔廣林輯本四卷，袁鈞輯三卷。（書，頁二一一）

按：梁劉昭注續漢書五行志引尚書大傳文曰：「凡六沴之作，歲之朝、月之朝、日之朝，則后王受之；歲之中、月之中、日之中，則正卿受之；歲之夕、月之夕、日之夕，則庶民受之。」鄭注曰：「自正月盡四月爲歲之朝，自五月盡八月爲歲之中，自九月盡十二月爲歲之夕。上旬爲月之朝，中旬爲月之中，下旬爲月之夕。平旦至食時爲日之朝，隅中至日昳爲日之中，晡時至黄昏爲日之夕。受之，受其凶咎也。」又大傳文云：「其二辰以次相將，其次受之。」鄭注曰：「二辰謂日月也。假令歲之朝也，日月中則上公受之，日月夕則下公受之。歲之中也，日月朝則孤卿受之，日月夕則大夫受之。歲之夕也，日月朝則上士受之，日月中則下士受之。其餘差以尊卑多少則悉矣。」此外所引尚多，不録。

① 「尚書大傳注，隋志：『三卷。』佚。」十字，文淵閣四庫本脱漏。

尚書音

七録：「一卷。」

佚。

書贊

佚。

虞翻曰：「北海鄭玄注尚書以顧命康王執瑁，古月似同，從誤作同，既不覺定，復訓爲杯，謂之酒杯。成王疾困憑几，洮頮爲濯，以爲澣衣成事，『洮』字虚更作『濯』，以從其非。又古大篆『卯』也，讀當爲『柳』，古『柳』、『卯』同字，而以爲昧；『分北三苗』，『北』，古『别』字，又訓北，言北猶别也。若此之類，誠可怪也。」

隋書經籍志曰：「梁、陳所講有孔、鄭二家。齊代惟傳鄭義。至隋，孔、鄭並行，而鄭氏甚微。」

孔穎達曰：「避序名，故謂之贊。」

李延壽曰：「齊時儒士罕傳尚書之業，徐遵明兼通之。遵明受業於屯留王聰，傳授浮陽李周仁及渤海張文敬、李鉉、河間權會並鄭康成所注，非古文也。」

王應麟曰：「鄭康成書注間見於疏義，如作服十二章、州十二師，孔注皆所不及。」又曰：「康成注禹貢九河曰齊桓公塞之同爲一。按：春秋緯寶乾圖云：『移河爲界在齊、吕，填閼八①流以自廣。』鄭蓋據此文。」又曰：「康成云：『祖乙居耿，後奢侈踰禮，土地迫近，山川嘗圮焉。至陽甲立，盤庚爲之臣，乃謀徙居湯舊都，上篇是盤庚爲臣時事，中篇、下篇是盤庚爲君時事。』正義以爲謬妄。書裨傳云：『鄭大儒，必有所據而言。』」

〔補正〕

顧炎武曰：「馬融、鄭玄注古文尚書載於唐舊書②經籍志，則開元之時尚有其書而未嘗亡也。」

顧炎武條内「載於唐舊書經籍志」，當作「舊唐書經籍志」。

盧氏植**尚書章句**

佚。

後漢書：「植，字子幹，涿郡涿人。少與鄭玄俱事馬融。建寧中，徵爲博士，拜九江太守，以疾去官，作尚書章句。」

荀氏爽**尚書正經**

佚。

① 「八」，文淵閣四庫本、文津閣四庫本俱作「入」。

② 「唐舊書」，依補正、四庫薈要本、文淵閣四庫本應作「舊唐書」。

後漢書：「爽，字慈明，一名諝。延熹九年①，舉至孝，拜郎中。後遭黨錮，隱於海上，又南遁漢濱，積十餘年，以著述爲事。獻帝即位，徵之，拜平原相，復追爲光禄勳。視事三日，進拜司空。著禮、易傳、詩傳、尚書正經、春秋條例，又作公羊問。」

〔補正〕

後漢書條内「延熹九年」，當作「元年」。（卷三，頁十三）

亡名氏書傳略説

佚。

按：周禮大行人疏、禮記、曲禮、檀弓、王制、玉藻疏、春秋公羊傳疏俱引是書。未詳作者名氏。

王氏肅**尚書駁議**唐志作釋駁

隋志：「五卷。」

佚。

古文尚書注

隋志：「十一卷。」新舊唐書志：「十卷。」

---

① 「九年」，依補正、四庫薈要本應作「元年」。

佚。

〔補正〕

案：隋志無「古文」二字，與此異。（卷三，頁十三）

〔校記〕

馬國翰有輯本。（書，頁二一）

陸德明曰：「梅賾上孔氏傳古文尚書云①：『舜典一篇，時以王肅注②頗類孔氏，故取王注③從「慎徽五典」以下爲舜典，以續孔傳。』徐仙民亦音此本。」

〔補正〕

陸德明條内「王肅注頗類孔氏注」，下脱「堯典」二字。（卷三，頁十三）

劉知幾曰：「王肅注今文尚書，大與古文孔傳相類，或肅私見其本而獨秘之乎？」

按：唐志有尚書答問三卷，當即隋志義問，孔晁采鄭康成及肅參以己見者也。

王氏粲尚書釋問

七録：「四卷。」

① 「云」，四庫薈要本誤作「亡」。
② 「王肅注」下，依補正、四庫薈要本應補「堯典」二字。
③ 「王注」二字，四庫薈要本脱漏。

佚。

唐書注：「王粲問田瓊、韓益正。」

魏志：「王粲，字仲宣，山陽高平人。太祖辟爲丞相掾，賜爵關内侯。後遷軍謀祭酒，魏國既建，拜侍中。」

程氏秉**尚書駮**

佚。

范氏順、**劉氏**毅**尚書義**

七録：「二卷。」

佚。

隋志注：「范順問，吳太尉劉毅答。」

李氏充**尚書注**

佚。

范氏寧**尚書注**經典序録作集解

七録：「十卷。」隋志止古文尚書舜典注一卷。

佚。

〔校記〕

馬國翰有輯本。（書，頁二一）

伊氏説**尚書義疏**唐志作釋義

七録：「四卷。」

佚。

阮孝緒曰：「説爲晉樂安王友。」

孔氏晁**尚書義問**

七録：「三卷。」

佚。

隋志注：「鄭玄、王肅及晉五經博士孔晁撰。」

册府元龜：「晁爲五經博士，撰尚書義問三卷，又注春秋外傳、國語。」

周書注

十卷。

存。

徐氏邈古文尚書音

隋志：「一卷。」

佚。

〔校記〕

馬國翰有輯本。（書，頁二二）

尚書逸篇注

新唐志：「三卷。」

佚。

孫奭曰：「尚書逸篇，唐有三卷，徐邈爲之注焉。」

謝氏沈尚書

隋志：「十五卷。」唐志：「十三卷。」

佚。

陸德明曰：「沈，字行思，會稽人。東晉尚書郎，領著作録一卷。」

李氏顒集解尚書

隋志：「十一卷。」經典序録、唐志作「集注十卷。」

佚。

尚書新釋

隋志：「二卷。」

佚。

尚書要略

新唐志：「二卷。」

佚。

孔穎達曰：「李顒集注尚書，於僞泰誓篇每引孔安國曰：『計安國必不爲彼僞書作傳』，不知顒何由爲此言？」

李氏軌**古文尚書音**

七録：「一卷。」

佚。

呂氏文優**尚書義注**

隋志：「三卷。」

佚。

姜氏道盛**集釋尚書**經典序録作集解

隋志：「十一卷。」經典序録：「十卷。」

佚。

隋志：「宋給事中姜道盛注。」

陸德明曰：「天水人。」

册府元龜：「姜道盛爲給事中，注集釋尚書十一卷，一云注古尚書。」

王氏儉尚書音義

唐志：「四卷。」

佚。

任昉曰：「公諱儉，字仲寶，瑯琊臨沂人。年六歲，襲封豫寧侯。初拜祕書郎，遷太子舍人，以選尚公主，拜駙馬都尉。元徽初，遷秘書丞。服闋，拜司徒右長史，出爲義興太守，還除給事黄門侍郎，遷尚書吏部郎恭選，俄遷侍中，辭不拜，補太尉右長史，俄遷左長史。齊臺初建，以公爲尚書右僕射，領吏部。太祖受命，以佐命功，封南昌縣開國公，食邑二千户。建元二年，遷尚書左僕射，領選如故。尋表解選詔加侍中，又授太子詹事，侍中、僕射如故。改授散騎常侍。太祖崩，遺詔以公爲侍中、尚書令、鎮國將軍，進號衛將軍。以本官領丹陽尹，復以本官領國子祭酒，解丹陽尹，領太子少傅，又領本州大中正。頃之，以本號開府儀同三司，詔加中書監，薨，追贈太尉，謚曰文憲。」

顧氏歡尚書百問

隋志：「一卷。」

佚。

隋志：「齊太學博士顧歡撰。」

姚氏方興**舜典孔傳**

一篇。

存。

陸德明曰：「齊明帝建武中，吴興姚方興采馬、王之注，造孔傳舜典一篇，云：『於大𦨣頭買得之①。』梁武時爲博士，議曰孔序稱伏生誤合五篇，皆文相承接，所以致誤。舜典首有『曰若稽古』，伏生雖昏耄，何容合之，遂不行用。」又曰：「舜典『曰若稽古帝舜，曰重華，協于帝』，此十二字是姚方興所上，孔氏傳本無。阮孝緒七録亦云：『然方興本或此下更有「濬哲文明，温恭允塞，玄德升聞，乃命以位」，凡二十八字異。』」

孔穎達曰：「東晉之初，豫章内史梅賾上孔氏傳猶闕『乃命以位』已上二十八字。至齊蕭鸞建武四年，吴興姚方興於大航頭得孔氏傳古文舜典，亦類太康中書，乃表上之，事未施行，方興以罪致戮。至隋開皇初，購求遺典始得之。」

劉知幾曰：「姚方興採馬、王之義以造孔傳，舜典云：『於大航購得。』詣闕以獻，舉朝集議，咸以爲非。及江陵板蕩，其文北入中原，學者得而異之，隋學士劉炫遂取此一篇列諸本第。」

---

① 「買得之」，四庫薈要本、文淵閣四庫本俱作「買得上之」。

鄭公曉曰：「舜典『曰若稽古帝舜』二十八字，蓋隋開皇時人僞爲之，假設姚方興以伸①其歲月爾。『曰若』句襲諸篇首，『重華』句襲諸史記，『濬哲』掠詩長發，『文明』掠乾文言，『温恭』掠頌那，『允塞』掠雅常武，『玄德』掠淮南子鴻烈，『乃試以位』掠史伯夷傳，正見其蒐竊之踪。」

① 「伸」，文津閣四庫本作「申」。

經義考卷七十八

書七

梁武帝尚書大義

隋志：「二十卷。」佚。

劉氏叔嗣**尚書注**

七録：「二十一卷。」佚。

尚書新集序

七録：「一卷。」

佚。

尚書亡篇序

隋志：「一卷。」

佚。

隋志：「梁五經博士劉叔嗣注。」

册府元龜：「劉叔嗣爲五經博士，注尚書亡篇序，又注尚書二十一卷。」

孔氏子袪**尚書義**

二十卷。

佚。

集注尚書

三十卷。

佚。

任氏孝恭**古文尚書大義**

唐志：「二十卷。」

佚。

南史：「任孝恭，字孝恭，臨淮人。武帝召入西省。初爲奉朝請，進直壽光省，爲司文侍郎，俄兼中書通事舍人。侯景獲之，使作檄。求還私第檢討，景許之，因走入東府。城陷，景斬之。」

蔡氏大寶**尚書義疏**

隋志：「三十卷。」

佚。

隋志：「大寶，蕭詧司徒。」

孔穎達曰：「古文近至隋初，始流河、朔，其爲正義者：蔡大寶、巢猗、費甝、顧彪、劉焯、劉炫。」

巢氏猗**尚書義**

隋志：「三卷。」新舊唐志作：「義疏十卷。」

佚。

尚書百釋

隋志：「三卷。」

佚。

隋志：「梁國子助教巢猗撰。」

費氏甝**尚書義疏**

隋志：「十卷。」

佚。

陸德明曰：「梁國子助教江夏費甝作尚書義疏行於世。」

李延壽曰：「齊時諸生，略不見孔傳注解。武平末，劉光伯、劉士元始得費甝義疏，乃留意焉。」

張氏譏**尚書義**

十五卷。

佚。

尚書廣疏

崇文總目：「十八卷。」

佚。

劉氏焯**尚書義疏**

唐志：「二十卷①。」

〔補正〕

案：「二十」當作「三十」。（卷三，十三）

佚。

〔校記〕

馬國翰有輯本。（書，頁二二）

北史：「劉焯，字士元，信都昌亭人。少與河間劉炫結盟爲友，同受詩於同郡劉軌思，受左傳於廣平郭懋②，問禮於阜城熊安生。開皇中，舉秀才射策，同修國史，直門下省。俄除員外將軍，於秘書省

① 「二十卷」，依補正、四庫薈要本應作「三十卷」。
② 「郭懋」下，依補正應補「常」字。

考定群言，假還復入京。爲飛章所謗，除名。於是優游鄉里，專以著述教授爲務。賈、馬、王、鄭所傳章句，多所是非。煬帝即位，遷太學博士。」

〔補正〕

北史條内「受左傳於廣平郭懋」，「懋」下脱「常」字。（卷三，頁十三）

儒林傳：「信都劉士元、河間劉光伯拔萃出類，學通南北，博極古今，後生鑽仰。所製諸經義疏，縉紳咸師宗之。」

劉氏炫**尚書述義**

隋志：「二十卷。」

佚。

〔校記〕

馬國翰有輯本。（書，頁二二）

尚書百篇義

通志：「一卷。」

佚。

尚書孔傳目

通志：「一卷。」

佚。

尚書略義

通志：「三卷。」

佚。

北史：「劉炫，字光伯，河間景城人。隋開皇中，奉勅同修國史。俄直門下省，兼於内史省考定群言。雖遍直三省，竟不得官，爲縣司責其賦役。炫自陳於内史，内史①送詣吏部，尚書韋世康問其所能。炫自爲狀曰：『周禮、禮記、毛詩、尚書、公羊、左傳、孝經、論語孔、鄭、王、何、服、杜等注，凡十三家，雖義有精粗，並堪講授。周易、儀禮、穀梁，用功差少。子史文集，嘉言故事，咸誦於心。天文律曆，窮覈微妙。』吏部竟不詳試，在朝知名之士十餘人，保明炫所陳不謬，於是除殿内將軍。煬帝即位，納言楊達舉炫博學有文章，射策高第，除太學博士。」

册府元龜：「劉炫爲太學博士，以品卑去任，歸於河間，時盗賊蠭起。穀食踊貴，教授不行，因凍餒

① 「内史」二字，文津閣四庫本脱漏。

而死。其後門人謚曰宣德先生。」

按：劉光伯尚書百篇義、孔傳目、略義三書，紹興、四庫續到闕書目俱有之。又隋志載劉先生尚書義三卷，不詳其名，度非光伯即士元所著也。

王氏孝籍尚書注①

佚。

北史：「王孝籍，平原人。開皇中，召入秘書助修國史，後歸鄉里，以教授爲業，終於家。注尚書及詩，遭亂零落。」

---

①「王氏孝籍尚書注」以下至「今文尚書音」以上，備要本文字錯亂如後：

虞氏失名尚書注

隋志：「孝籍，平原人。開皇中，召入秘書助修國史，後歸鄉，教授爲業，終於家。注尚書及詩，遭亂零落。」

王氏失名書疏

隋志：「一卷。」

佚。

亡名氏尚義

隋志：「一卷。」

佚。

顧氏彪**尚書疏**

隋志：「二十卷。」

佚。

尚書文外義

隋志：「一卷。」

佚。

今文尚書音

隋志：「一卷。」

佚。

古文尚書音義

唐志：「五卷。」

佚。

尚書大傳音

隋志：「二卷。」

佚。

北史：「顧彪，字仲文，餘杭人。明尚書、春秋。煬帝時爲祕書學士。撰古文尚書義疏二十卷行於世。」

册府元龜：「彪撰古文尚書義疏二十卷、今文尚書音一卷、大傳音一卷、尚書文外義一卷。」

鄭樵：「古文尚書音，唐世與宋朝並無，今出於漳洲之吴氏。」

〔校記〕

顧彪尚書疏，馬國翰有輯本，黄奭亦有輯本。（書，頁二二二）

虞氏失名**尚書釋問**

隋志：「一卷。」

佚。

王氏失名**尚書傳問**

七録：「二卷。」

佚。

亡名氏尚書閏義①

隋志：「一卷。」

佚。

尚書義疏

隋志：「七卷。」

佚。

尚書逸篇

隋志：「二卷。」

佚。

孫奭曰：「隋經籍志尚書逸篇出於齊、梁之間，考其篇目，似②孔氏壁中書之殘缺者，故附尚書

---

① 「尚書閏義」，備要本作「尚書潤義」。

② 「似」，備要本作「知」。

之末。」

唐孝明皇帝今文尚書

新唐志：「十三卷。」

存。

新唐志：「開元十四年，玄宗以洪範『無偏無頗』聲不協，詔改爲『無偏無陂』。天寶三載，又詔集賢學士衛包改古文從今文。」

册府元龜：「唐天寶三載詔曰：『朕欽惟載籍，討論墳典，以爲先王令範，莫越於唐、虞，上古遺書，實稱於訓誥，雖百篇奥義，前代或亡，而六體奇文，舊規猶在。但以古先所制，有異於當今，傳寫浸譌，有疑於後學，永言刊革，必在從宜，尚書應是古體文字，並依今字繕寫，施行其舊本，仍藏之書府。』唐大詔令勑曰：『典謨既作，雖曰不刊，文字或訛，豈必相襲。朕聽政之暇，乙夜觀書，匪徒閲於微言，實欲暢於精理，每讀尚書洪範至『無偏無頗，遵王之義』，三復兹句，常有所疑，據其下文，並皆協韻，唯頗一字，實則不倫。又周易泰卦中『无平不陂』，釋文云『陂字亦有頗音』，陂之與頗，訓詁無别，爲陂則亦會意，爲頗則聲不成文。應由煨燼之餘，編簡墜缺；傳授之際，差舛相沿。原始要終，須有刊革。朕雖先覺，兼訪諸儒，僉以爲然，終非獨斷。其尚書洪範『無偏無頗』字宜改爲陂，庶使先儒之義去彼膏肓，後學之徒正其魚魯，仍宣示國學主者施行。」

按：文苑英華亦載此勑，云「是孫逖代草」。

鄭樵曰：「易、詩、書、春秋皆有古文，自漢以來，盡易以今文，惟孔安國得屋壁之書，依古文而隸之。安國授都尉朝，朝授膠東庸生，謂之尚書古文之學，鄭康成爲之注，亦不廢古文，使天下後學於此一書而得古意，不幸遭明皇更以今文，其不合開元文字者謂之野書，所用今文違於古義多矣。」

馬端臨曰：「按：漢儒林傳言孔氏有古文尚書，孔安國以今文讀之。唐藝文志有今文尚書十三卷，注言玄宗詔集賢學士衛包改古文從今文，然則漢之所謂古文者科斗書，今文者隸書也；唐之所謂古文者隸書，今文者世所通用之俗字也。」

顧炎武曰：「周禮肆師：『治其禮儀，以佐宗伯。』注：『故書儀爲義，鄭司農云：「義讀爲儀，古者書儀但爲義。」』洪适隸釋云：『周禮注儀、義二字古皆音莪』，以今考之，漢孔耽神祠碑：『竭凱風以惆憀，惟蓼儀以愴悢。』平都相蔣君碑：『感慕詩人蓼蓼者儀。』並以儀爲莪也。衛尉卿衡方碑：『感衛人之凱風，悼蓼義之劬勞。』司隸校尉魯峻碑：『悲蓼義之不報，痛昊天之靡嘉。』並以義爲莪也。吴才老韻補『儀，牛何反，周禮注儀作義，古皆音俄。』詩：『汎彼柏舟，在彼中河。髧彼兩髦，實惟我儀。之死矢靡他。』又：『九十其儀，其新孔嘉，其舊如之何。』又：『菁菁者莪，在彼中阿。既見君子，樂且有儀。』又：『飲酒孔嘉，維其令儀。』又：『其告維何，籩豆靜嘉，朋友攸攝，攝以威儀。』又：『慎爾出話，敬爾威儀，無不柔嘉。』又：『辟爾爲德，俾臧俾嘉，淑慎爾止，不愆于儀。』穆天子傳：『黄澤謡，黄之陁，其馬歕沙，皇人威儀。』管子弟子職：『相切相磋，各長其儀。』劉向説苑：『食則有節，飲則有儀，往則有文，來則有嘉。』楊雄太玄經：『陽氣汜施，不偏不頗。物與争訟，各遵其儀。』韓勑孔廟禮器碑：『上合紫臺，稽之中和，下合聖制，事得禮儀。』儀皆作俄音。自中山王文木賦載『重雪而梢勁，風將等於二儀』，始與枝、雌、知、斯爲韻。」

〔補正〕

顧炎武條内「不衍于儀」，「衍」當作「愆」。（卷三，頁十三）①

按：顧氏所詮最爲詳確，義既通儀，又音俄，正與頗同韻。明皇不曉事，謂從頗則聲不成文，遂改爲陂，徒見嗤於學者矣。竊謂經文一字之改，雖無大害，然亦當復古本爲是。

〔補正〕

竹垞按内「取頗爲陂」，「取」字亦「改」字之訛。（卷三，頁十三）

又按：王氏困學記聞謂泰誓古文本作大誓，故孔氏注云「大會以誓衆」，皐陶謨「天明畏自我民明畏」，今大作泰，畏作威，皆衛包所改，乃知匪特洪範之取頗爲陂也。

文宗皇帝尚書君臣事迹圖

佚②

玉海：「文宗每對宰臣深言經學。太和二年五月，帝纂集尚書中君臣事跡，命工圖寫於太液亭，朝夕觀覽。」

---

① 本文不誤，補正誤校。

② 此處各本俱脱漏「佚」字，依全書體例應補。

孔氏穎達**等尚書正義**

唐志：「二十卷。」

存。

〔校記〕

今本亦廿卷。（書，頁二二）

新唐書：「國子祭酒孔穎達、太學博士王德韶、四門助教李子雲等奉詔撰，四門博士朱長才、蘇德融、太學助教隋德素、四門助教王士雄、趙弘智覆審，太尉揚州都督長孫無忌、司空李勣、左僕射于志寧、右僕射張行成、吏部尚書侍中高季輔、吏部尚書褚遂良、中書令柳奭、弘文館學士谷那律、劉伯莊、太學博士賈公彦、范義頵、齊威、太常博士柳士宣、孔志約、四門博士趙君贊、右內率府長吏弘文館直學士薛伯珍、國子助教史士弘、太學助教鄭祖玄、周玄達、四門助教李玄植、王真儒與王德韶、隋德素等刊定。」

中興書目：「尚書正義二十卷，永徽四年，長孫無忌等承詔刊定。」

孔穎達序曰：「夫書者，人君辭誥之典，右史記言之策。古之王者，事總萬機，發號出令，義非一揆，或設教以馭下，或展禮以事上，或宣威以肅震曜，或敷和而散風雨，得之則百度惟貞，失之則千里斯謬。樞機之發，榮辱之主，絲綸之動，不可不慎。所以辭不苟出，君舉必書，欲其昭法誡、慎言行也。其泉原所漸，基於出震之君，黼藻斯彰，郁乎如雲之后。勳、華揖讓而典謨起，湯、武革命而誓誥興。先君宣父生於周末，有至德而無至位，修聖道以顯聖人，芟煩亂而剪浮辭，舉宏綱而撮機要，上斷唐、虞，下終秦、魯。時經五代，書總百篇。采翡翠之羽毛，拔犀象之牙角。罄荆山之石，所得者①連城；窮漢水之濱，所求者照乘。巍巍蕩蕩，無得而稱，郁郁紛紛，於斯爲盛。斯乃前言往行，足以垂法將來者也。暨乎七雄已戰，五精未聚，儒雅與深穽同埋，經典共積薪俱燎。漢氏大濟區宇，廣求遺逸，採古文於金石，得今書於齊、魯。其文則歐陽、夏侯二家之所説，蔡邕碑石刻之。古文則兩漢亦所不行，安國註之，實遭巫蠱，遂寢而不用。歷及魏、晉，方始稍興。故馬、鄭諸儒，莫覩其學，所注經傳，時或異同。晉世皇甫謐獨得其書，載於帝紀，其後傳授乃可詳焉。但古文經雖然早出，晚始得行。其辭富而備，其義弘而雅，故復而不厭，久而愈亮，江左學者，咸悉祖焉。近至隋初，始流河朔。其爲正義者，蔡大寶、巢猗、費甝、顧彪、劉焯、劉炫等，其諸公旨趣多或因循，帖釋注文②，義皆淺略。惟劉焯、劉炫最爲詳雅，然焯乃織綜經文，穿鑿孔穴，詭其新見，異彼前儒，非險而更爲險，無義而更生義。竊以古人言誥，惟在達情，雖復時或取象，不必辭皆有意。若其言必託數，經悉對文，斯乃鼓怒浪於平流，震驚飆於静樹，使教者煩而多惑，學者勞而少功，過猶不及，良爲此也。炫嫌焯之煩雜，就而删焉。雖復微稍省要，又好改張前義，義更太略，辭又過華。雖爲文筆之善，乃非開奬之路。義既無義，文又非文，欲使後生，若爲領袖，此乃炫之所失，未爲得也。今奉明勑，考定是非，謹罄庸愚，竭所聞見。覽古人之傳記，質近代之異

① 「者」，備要本誤作「若」。

② 「文」，備要本誤作「大」。

同，存其是而去其非，削其煩而增其簡，此亦非敢臆説，必據舊聞。謹與朝散大夫行太學博士臣王德韶、前四門助教臣李子雲等，謹共銓叙。至十六年，又奉勑與前修疏人，及通直郎行四門博士驍騎尉臣朱長才、給事郎守四門博士上騎都尉臣蘇德融、登仕郎守太學助教雲騎尉臣隨德素①、儒林郎守四門助教雲騎尉臣王士雄等，對勑使趙弘智覆更詳審，爲之正義，凡二十卷，庶對揚於聖範，冀有益於童稚，略陳其事，叙之云爾。」

晁公武曰：「穎達因梁費甝疏廣之。唐儒學傳稱：『穎達與顔師古、司馬才章、王恭、王琰撰五經義訓百餘篇，號義贊，詔改爲正義云。』雖包貫異家爲詳博，然其中不能無謬冗，馬嘉運駁正其失。永徽中，于志寧、張行成、高季輔就加增損，始布天下。藝文志云：『穎達與李子雲、王德韶等撰，朱長才、蘇德庸②、隨德素③。王士雄、趙弘智審覆，長孫無忌、李勣等二十四人刊定。』唐史志傳記事多參差，此爲尤甚。所記撰著人姓氏，往往不同。」

〔補正〕

晁公武條内「蘇德庸」，「庸」當作「融」。（卷三，頁十三）

〔四庫總目〕

舊本題漢孔安國傳。其書至晉豫章内史梅賾始奏於朝。唐貞觀十六年，孔穎達等爲之疏。永徽四

---

①③「隨德素」，四庫薈要本作「隋德素」。

②「蘇德庸」，依補正、四庫薈要本應作「蘇德融」。

年，長孫無忌等又加刊定。孔傳之依託，自朱子以來，遞有論辨。至國朝閻若璩作尚書古文疏證，其事愈明，其灼然可據者，梅鷟尚書考異攻其註禹貢瀍水出河南北山一條，積石山在金城西南羌中一條，地名皆在安國後。朱彝尊經義考攻其註書序東海駒驪、扶餘馯貊之屬一條，謂駒驪王朱蒙至漢元帝建昭二年始建國，安國武帝時人，亦不及見。若璩則攻其註泰誓「雖有周親，不如仁人」，與所註論語相反。又安國傳有湯誓而註論語「予小子履」一節，乃以爲墨子所引湯誓之文。（案：安國論語注今佚此條，乃何晏集解所引。）皆證佐分明，更無疑義。至若璩謂定從孔傳以孔穎達之故，則不盡然。考漢書藝文志敘古文尚書，但稱安國獻之，遭巫蠱事，未立於學官，不云作傳，而經典釋文敘録乃稱藝文志云：「安國獻尚書傳，遭巫蠱事，未立於學官。」始增入一「傳」字，以證實其事。又稱今以孔氏爲正，則定從孔傳者乃陸德明，非自穎達。惟德明於舜典下註云：「孔氏傳亡舜典一篇，時以王肅注頗類孔氏，故取王注從『慎徽五典』以下爲舜典。以續孔傳。」又云「曰若稽古帝舜，曰重華，協于帝」十二字，是姚方興所上，孔氏傳本無。阮孝緒七録亦云方興本或此下更有「濬哲文明，温恭允塞，玄德升聞，乃命以位」，凡二十八字，異聊出之，於王注無施也，則開皇中雖增入此文，尚未增入孔傳中，故德明云爾。今本二十八字當爲穎達增入耳。梅賾之時，去古未遠，其傳實據王肅之注，而附益以舊訓，故釋文稱王肅亦注今文，所解大與古文相類。或肅私見孔傳而秘之乎？此雖以末爲本，未免倒置，亦足見其根據古義，非盡無稽矣。穎達之疏，晁公武讀書志謂因梁費甝疏廣之，然穎達原序稱爲正義者蔡大寶、巢猗、費甝、顧彪、劉焯、劉炫六家，而以劉焯、劉炫最爲詳雅，其書實因二劉，非因費氏。公武或以經典釋文所列義疏僅甝家，故云然與！（卷十一，頁一——三，尚書正義提要）

陸氏德明**尚書釋文**

宋志：「一卷。」

〔補正〕

案：宋志云：「陸德明釋文音義一卷。」又云：「陳諤開寶新定尚書釋文三卷。」本是二種，陸氏原書所釋，乃據宋、齊相傳舊本。自唐天寶改尚書從今字，至宋開寶又將陸氏之書亦改從今字，而釋文原本已變亂矣。經義考不録開寶新定尚書釋文一條，是誤以二書爲一書，且并不知今日之尚書釋文乃開寶改定之本，而非陸氏原書也。此當别出陳諤新定尚書釋文三卷之目於陸氏原書條下。（「鄂」，宋志作「諤」）。（卷三，頁十四）

存。

崇文總目：「皇朝太子中舍陳鄂奉詔刊定。始開寶中，詔以德明所釋乃古文尚書，與唐明皇所定今文駁異，令鄂删定其文，改從隸書。蓋今文自曉者多，故音切彌省。」

晁公武曰：「古文尚書，孔安國以隸古定，自漢迄唐，行於學官，明皇改從今文，由是古文遂絶。陸德明獨存其一二於釋文。」

〔補正〕

晁公武條内「古文尚書，孔安國以隸古定，自漢迄唐，行于學官」。案：孔安國尚書東晉始出，兹云「自漢迄唐，行于學官」，「漢」字恐誤。（卷三，頁十四）

王應麟曰：「唐陸德明釋文用古文，後周顯德六年，郭忠恕定古文尚書，并釋文刻板。太祖命判國子監周惟簡等重修。開寶五年二月，詔翰林學士李昉校定上之，詔名開寶新定尚書釋文。咸平二年十月，孫奭請摹印古文尚書音義，與新定釋文並行，從之。天聖八年九月，雕新定釋文。」

王氏玄度注尚書

新唐志：「十三卷。」

佚。

王氏元感尚書糾繆

新唐志：「十卷。」

佚。

舊唐書：「王元感，濮州鄄城人。舉明經，補博城縣丞。天授中，遷左衛率府録事，兼直弘文館，轉四門博士。長安三年，表上其所撰尚書糾謬十卷、春秋振滯二十卷、禮記繩愆三十卷，并所注孝經、史記稿草，請官給紙筆，寫上秘閣。詔令弘文、崇賢兩館學士及成均博士詳其可否。學士祝欽明、郭山惲、李憲等皆專守先儒章句，深譏元感掎摭舊義，元感隨方應答，竟不之屈。鳳閣舍人魏知古、司封郎中徐堅、左史劉知幾、右史張思敬雅好異聞，每爲元感申理其義，連表薦之。尋下詔曰：『王元感質性温敏，博聞強記，手不釋卷，老而彌篤。掎前達之失，究先聖之旨，是謂儒宗，不可多得。可太子司議郎，兼崇賢館學士。』魏知古嘗稱其所撰書曰：『信可謂五經之指南也。』」

成氏伯璵**尚書斷章**

授經圖：「十三卷。」

佚。

崇文總目：「不著撰人姓氏，案其書，略序衆篇大旨。」

馮氏繼先**尚書廣疏**

宋志：「十八卷。」

佚。

崇文總目：「僞蜀馮繼先撰。以孔穎達正義爲本，小加己意。」

〔補正〕

崇文總目：「僞蜀馮繼先撰。以孔穎達正義爲本，小加己意。」丁杰曰：「檢本卷第三頁尚書廣疏，崇文總目十八卷雖不著姓氏，與此微異，而卷數及稱崇文總目並同，恐是一書兩見也。」（卷三，頁十四）

尚書小疏

宋志：「十三卷。」

佚。

經義考卷七十九

書八

宋真宗皇帝尚書圖詩

一卷。

佚。

玉海：「景德四年，崇和殿壁挂尚書圖。祥符七年，作尚書詩三章。」

郭氏忠恕**古今尚書**

佚。

姓譜：「忠恕，字恕先，洛陽人。仕周爲周易博士。宋太宗召爲國子監主簿，令刊定古今尚書。」

胡氏旦**尚書演聖通論**

七卷。

佚。

王氏曙**周書音訓**

十二卷。

佚。

宋史：「王曙，字晦叔，東皋子績之後。世居河、汾，後爲河南人。中進士第。咸平中，舉賢良方正科，後以工部尚書侍郎、參知政事進樞密使，拜同中書門下平章事。卒贈太保中書令，謚文康。」

〔補正〕

宋史條内「東皋子績之後」，「東」上脱「隋」字。（卷三，頁十四）

楊氏繪**書九意**

通考：「一卷。」

佚。

晁公武曰：「皇朝楊繪元素撰。其序云：『詩、書、春秋同出於史，而仲尼或删或修，莫不有筆法焉。詩、春秋，先儒皆言之，書獨無其法耶？故作斷堯、虞書、夏書、禪讓、稽古、商書、周書、費誓、秦誓意，凡九篇。」

東都事略：「楊繪，字元素，漢州綿竹人。舉進士，再知諫院，擢翰林學士、御史中丞。」

胡氏瑗**尚書全解**

宋志：「二十八卷。」

佚。

朱子曰：「胡安定書解，未必是安定所注，蓋專破古說，不似胡平日意，又間引東坡說，東坡不及見安定，必是僞書。」

張氏景**書說**

未見。

董鼎曰：「景，字晦叔。」

姓譜：「公安人。」

袁氏默**尚書解**

佚。

姓譜：「袁默，字思正，無錫人。嘉祐進士，官至湖北轉運判官。」

范氏雍**尚書四代圖**

一卷。

佚。

王應麟曰：「仁宗時，樞副范雍繪尚書四代圖進之，以備中覽。」

東都事略：「范雍，字伯仁，河陽人。舉進士，官至資政殿大學士、禮部尚書，卒贈太子太師，謚忠獻。」

謝氏景平**書傳説**

佚。

姓譜：「景平，皇祐中進士，仕終秘書丞。」

樂氏敦逸**尚書略義**

通志：「一卷。」

佚。

黄氏君俞**尚書闕言**

通志：「三卷。」

佚。

閩書：「黄君俞，字廷僉，莆田人。治平四年進士，歷官崇文院校書，改館閣校勘。」

尹氏恭初**尚書新修義疏**

宋志：「二十六卷。」

佚。

吴氏孜**尚書大義**

宋志：「三卷。」

佚。

浙江通志：「吴孜，會稽人。從安定胡瑗學，馳名嘉祐、治平間。」

按：紹興四庫續到闕書目有之。

顧氏臨等尚書集解

通考：「十四卷。」

未見。

晁公武曰：「皇朝顧臨、蔣之奇、姚闢、孔武仲、劉敞、王會之、周範、蘇子才、朱正夫、吳孜所撰，後人集之爲一編，然非完書也。」

姓譜：「顧臨，字子敦，會稽人。皇祐中，爲國子直講。元祐初，拜天章閣待制，後歷刑、兵、吏三部侍郎，兼翰林學士。」

按：是書所集，相傳凡二十家，晁氏所未及者：司馬光、王安石、黄通、楊繪、陸佃、李定、蘇洵、胡瑗、張晦之、程頤。

文氏彦博尚書解

一卷。

存。

彦博進表曰：「臣伏讀尚書序云：『孔子生於周末，覩史籍之煩文，懼覽之者不一，遂乃討論墳典，斷自唐、虞以下，訖於周。舉其宏綱，撮其機要，典謨訓誥之文，凡百篇。所以恢宏至道，示人主以軌範也。帝王之制，坦然明白。以其上古之書，謂之尚書。然則後代聖帝明王，莫不祖述，寶爲大訓。恭以皇帝陛下，聰明文思，稽考古道，日御邇英，延訪經義。方命講官講解尚書，孜孜不倦，所以聖德日新，比隆堯、舜。臣以叨侍經筵，輒於尚書三十二篇，采其切於資益聖治，宜於重複温故者，凡十篇録進，篇別有後序，所以發明本篇之大旨，所冀便於乙夜之觀。』

宋名臣言行録：「文彦博，字寬夫，汾州人。中進士第，事仁宗、英宗、神宗、哲宗，位至丞相，除太尉，以太師致仕。」

按：潞公尚書解附載集中，堯典、舜典、大禹謨、皋陶謨、益稷、伊訓、洪範、無逸、立政、周官凡十篇。

范氏鎮**正書**

佚。

宋史：「范鎮，字景仁，成都華陽人。舉進士，禮部奏名第一，歷端明殿學士，以銀青光禄大夫致仕，封蜀郡公，謚忠文。」

按：蜀公正書志傳不載，莫詳其篇目。王氏困學紀聞采其一條云：「舜之五刑，流也，宫也，教也，贖也，賊也。流宥五刑者，舜制五流，以宥三苗之劓、刵、剕、宫、大辟也。」胡氏皇王大紀本之，而以墨、劓、剕、宫、大辟爲賊刑之科目，可謂精確之論。

孔氏武仲**書說**

宋志：「十三卷。」

未見。

東都事略：「武仲，字常父，新淦人。舉進士，爲禮部第一。歷中書舍人、直學士院，擢給事中，遷禮部侍郎，坐元祐黨奪職。著詩、書、論語說。」

按：是編諸家藏書目均無之，疑其佚久矣。康熙乙亥三月，西吴書賈目中有抄本二册，亟索之，云：「於正月鬻之松江張姓者。」叩其名字，不知，無從訪獲，爲之惘然。

孫氏覺**書義十述**

通志：「一卷。」

佚。

尚書解

通考：「十三卷。」

佚。

晁公武曰：「覺仕元祐，謂康王以喪服見諸侯爲非禮，蘇氏之説本此。」

范氏純仁**尚書解**

一卷。

存。

純仁經進序曰：「臣近奉德音，俾將前世君臣議論諫争之言，編次進呈。臣以史籍浩博，采掇未能遽就，而君臣之際，莫盛於堯、舜、三代，故取尚書自古君臣相飭戒之言關於治道者，録爲三十章，仍於每章之後，輒有解釋，或用孔氏注意，或與孔説不同，但取理當義通，以伸裨補之誠。幸陛下赦其愚而少垂采擇，亦聖人不以人廢言之義也。」

東都事略：「純仁，字堯夫，以父任爲太常寺太祝，中進士第。元祐三年，拜右僕射兼中書侍郎，卒，贈開府儀同三司，謚忠宣。」

蘇氏軾書傳

宋志：「十三卷。」萬卷堂目：「二十卷。」

存。

〔四庫總目〕

是書宋志作十三卷，與今本同。萬卷堂書目作二十卷，疑其傳寫誤也。（卷十一，頁五，東坡書傳提要）

〔校記〕

四庫本十三卷，明萬曆刊本廿卷。（書，頁二二）

晁公武曰：「熙寧以後，專用王氏之説，進退多士，此書駁異其説爲多。又以嗣征爲羿篡位時，康王之誥爲失禮，引左氏爲證，與諸儒之説不同。」

朱子語録：「或問：『諸家書解誰最好？莫是東坡。』曰：『然。』又問：『但若失之太簡。』曰：『亦有只消如此解者。』」又曰：「於東坡書解卻好，他看得文勢好。」①又曰：「東坡解吕刑『王享國百年耄』作一句，『荒度作刑』作一句，甚有理。」

陳振孫曰：「傳於嗣征，以爲羲、和貳於羿而忠於夏。於康王之誥，以釋衰服冕爲非禮，曰：『予於書見聖人之所不取而猶存者有二。』可謂卓然獨見於千載之後者。又言：『昭王南征不復，穆王初無愤耻哀痛之語。平王當傾覆禍敗之極，其書與平、康之世無異。有以知周德之衰，而東周之不復興也。』嗚呼！其論偉矣。」

馬中錫曰：「東坡傳書『三江既入，震澤底定』，謂三江爲南江、中江、北江。蔡九峯不取其説，且謂其爲味别者，非是。然所謂以味别水者，非東坡之臆説也。唐許敬宗曰：『古五行皆有官，水官不失職，則能辨味與色，潛而時出，合而更分，皆能識之。』是先已有此言矣。九峯未之考也。至其所謂堯之洪水未治也，東南皆海，豈復有吴、越哉？及彭蠡既豬，三江入於海，則吴、越始有可宅之土，水之所鍾，獨震澤而已，斯言也，百世以俟聖人可也。」

① 「又曰：『於東坡書解卻好，他看得文勢好。』」，四庫薈要本作「又云：『説著處直是好，他看得文勢好。』」

程子頤**書說**

宋志：「一卷。」

存。

晁公武曰：「伊川之門人記其師所談四十餘篇。」

王氏安石**子**雱**新經尚書義**

通考：「十三卷。」宋志卷同，書其父安石名。

佚。

安石序曰：「熙寧二年①，臣安石以尚書入侍，遂與政，而子雱實嗣講事，有旨爲之說以獻。八年，下其說太學，頒焉。惟虞、夏、商、周之遺文，更秦而幾亡，遭漢而僅存，賴學士大夫誦說，以故不泯，而世主莫或知其可用。天縱皇帝大知，實始操之以驗物，考之以決事。又命訓其義，兼明天下後世；而臣父子以區區所聞，承乏與榮焉。然言之淵懿，而釋以淺陋；命之重大，而承以輕眇；茲榮也，祇所以爲媿與！」

〔補正〕

安石序内「熙寧二年」，「二」當作「三」。（卷三，頁十五）

---

① 「二年」下，依補正、四庫薈要本應作「三年」。

長編紀事本末：「熙寧八年六月，同修經義呂升卿言尚書有王雱所進義，乞更不删改，從之。時升卿輒删改詩義，安石、雱皆不悦，故有是言。」

晁公武曰：「王雱元澤撰。熙寧六年命呂惠卿兼修國子監經義，王雱兼同修撰。王安石提舉而雱成是經，頒於學官，用以取士，或少違異，輒不中程，由是獨行於世六十年，而天下學者喜攻其短。自開黨禁，世人罕稱焉。」

陳振孫曰：「雱蓋述其父之學，王氏三經義，此其一也。熙寧六年，命知制誥呂惠卿充修撰經義，以安石提舉修定，又以安石子雱、惠卿弟升卿爲修撰官。八年，安石復入相，新傳乃成，雱蓋主是經者也。王氏學獨行於世者六十年，科舉之士熟於此，乃合程度。前輩謂如脱墼，然按其形模而出之爾，士習膠固，更喪亂乃已。」

朱子曰：「王氏説傷於鑿，然其善亦有不可掩處。荆公不解洛誥，但云：『其間煞有不可強通處，今姑擇其可曉者釋之。』今人多説荆公穿鑿，他卻有如此處。後來人解書，卻須盡要解。」又曰：「荆公解『聰明文思』，牽合洪範五事，此卻是穿鑿。如小旻詩云：『國雖靡止，或聖或否，民雖靡膴，或哲或謀，或肅或艾。』卻合洪範五事。」又曰：「人説荆公穿鑿，只是好處亦用還他。且如『矧惟若疇圻父薄違農父若保宏父定辟』，古注從『父』字絶句，荆公則就『違』、『保』、『辟』絶句，夐出諸儒之表。」

王應麟曰：「酒誥『圻父薄違農父若保宏父定辟』，荆公以『違』、『保』、『辟』絶句，朱文公以爲夐出諸儒之表，洛誥『復子明辟』，荆公謂：『周公得卜，復命於成王也。』漢儒『居攝還政』之説，於是一洗矣。」

曾氏肇**尚書講義**

宋志：「八卷。」

佚。

楊時作行述曰：「肇，字子開，建昌軍南豐縣人。舉進士。哲宗嗣位，擢起居舍人，兼權中書舍人，累遷朝散大夫、翰林學士、知制誥，兼侍讀，以龍圖閣學士提舉中太乙宫。元符末，汀州安置。今天子即位，盡還元祐貶死人官職，復公龍圖閣學士。紹興二年，謚文昭。」

吕氏大臨**書傳**

十三卷。①

佚。

于氏世封**書傳**

金華府志：「世封，浦江人。舉進士，撰書、易、詩傳共四十卷。」

佚。

---

①「十三卷」三字，文淵閣四庫本脱漏。

張氏庭堅書義

佚。

董鼎曰：「張庭堅，字才叔。」

姓譜：「庭堅，廣安人。元祐進士，官右正言，訟司馬光、呂公著之冤，論蔡京、章惇之罪，薦蘇軾、蘇轍之賢，忤執政意，謫官，卒，贈直徽猷閣，謚忠愍。」

楊氏時書義辨疑

通考：「一卷。」

未見。

晁公武曰：「其書專攻王雱之失。」

時自序曰：「古者左史記言，右史記動，書者記言之史①也。上自唐、虞，下迄於周，更千有餘年，聖賢之君繼作，其流風善政，可傳於後世者，具載於百篇之書，今其存者五十有九篇，予竊以一言蔽之，曰中而已矣。堯之咨舜曰：『天之曆數在爾躬，允執其中，四海困窮，天禄永終。』舜亦以命禹。夫三聖相授，蓋一道也。貴爲天子，而以天下與人，窮爲匹夫而受人之天下，其相與授受之際，豈不重哉。而所

①「史」，備要本作「文」。

言止此，仲虺之誥稱湯曰『建中于民』，箕子爲武王陳洪範曰『皇建其有極』，然則帝之所以爲帝，王之所以爲王，率此道也。予故以一言蔽之，曰中而已矣。夫所謂中者，豈執一之謂哉，亦貴乎時中也。時中者，當其可之謂也。堯授舜，舜授禹，受而不爲泰；湯放桀，武王伐紂，取而不爲貪；以至爲臣而放其君，非篡也；爲弟而誅其兄，非逆也。書之所載，大倫大要，不越是數者，以其事觀之，豈不異哉？聖人安爲之而不疑者，蓋當其可也。是堯典之書爲讓舜而作，而其名謂之典，言大常也。蓋苟當其可，雖以天下與人，猶爲常而已。後世昧執中之權，而不知時措之宜，故狗名失實，流而爲子噲之讓、白公之争，自取絶滅者有之矣。至或臨之以兵而爲忠，小不可忍而爲仁，皆失是也，又烏足與論聖人之中道哉？國家開設學校，建師儒之官，蓋將講明先王之道，以善天下，非徒爲浮文，以誇耀之也。以予之昏懦不肖，豈敢自謂足以充其任哉？姑誦所聞①，以行其職耳。然聖言之奥，蓋有言不能論而意不能致者也。諸君其慎思之，超然默會於言意之表，則庶乎有得矣。」

尚書講義

一卷。

存。載龜山集。

① 「間」，依四庫薈要本、文淵閣四庫本、文津閣四庫本應作「聞」。

葉氏夢得書傳

宋志：「十卷。」

未見。一齋書目有之。

夢得自序曰：「自世尚經術，博士業書者，十常三四，然第守一説，莫能自致其思，余竊悲之。因參總數家，推原帝王之治，論其世，察其人，以質其所言，更相研究，折衷其是非，頗自紀輯，爲書二十卷，十二萬有餘言。」

陳振孫曰：「少蘊博極群書，強記絶人，書與春秋之學，視諸儒爲最精。」

黄氏預書解

佚。

王圻曰：「預，字幾先，龍溪人。爲監察御史，以直忤蔡京，貶卒。」

曾氏旼等尚書講義

宋志：「三十卷。」

佚。

朱子曰：「曾彦和説書精博，其解禹貢，林少穎、吴才老甚取之。」

王應麟曰：「曾旼，字彦和，爲書解，朱文公、吕成公皆取之。館閣書目：『書講義，博士曾肢等解』，蓋誤以旼爲肢。」

卞氏大亨**尚書類數**

宋志：「二十卷。」

佚。

寧波府志：「卞大亨，字嘉甫，其先泰州人。靖康中，官懷寧簿，隱居象山，自號松隱居士。」

蔡氏卞**尚書解**

佚。

東都事略：「卞，字元度，仙游人。與兄京同舉進士，王安石以女妻之。紹聖初，拜中書舍人，遷翰林學士，兼侍講，拜尚書左丞。兄京爲相，拜知樞密院事，遷開府儀同三司，卒贈太傅，謚文正。卞省辭辨貌，恭順而中險，與章惇、安惇締交，起史禍以中范祖禹、趙彦若、黄庭堅，興同文獄以陷劉摯、梁燾、王巖叟、劉安世等，斥逐元祐之臣，禁錮其子孫，時號二蔡二惇云。」

胡氏伸**尚書解義**

佚。

姓譜：「伸，字彦時，婺源人。入太學，與汪藻齊名，登第，試學官教授潁川。崇寧中，召爲太學正，累遷國子司業，後知無爲軍。」

薛氏肇朗**尚書解**

佚。

雷氏度**書口義**

佚。

姓譜：「雷度，字世則，臨川人。」

上官氏公裕**尚書解説**

未見。

亡名氏尚書要記名數

通志：「一卷。」

佚。

尚書義宗

通志：「三卷。」

佚。

按：以上二書紹興、四庫續到闕書目有之。

尚書治要圖

宋志：「五卷。」通志：「一卷。」

佚。

中興書目：「不知作者，有月令、後漢制中星圖、周官九禮圖等篇，取其與尚書參會也。」

尚書會解

通志：「十三卷。」紹興書目：「三卷。」

佚。

鄭樵曰：「載四庫書目。」

書傳

一卷。

佚。

晁公武曰：「不載撰人，蓋爲程正叔之學者，疑諸呂所著也。」

尚書新篇

一卷。

以下俱佚。

尚書新編目

五卷。

尚書解題

宋志：「一卷。」

尚書血脈

一卷。

古文尚書字

一卷。

按：以上五部俱見紹興續到闕書目，則爲北宋人所撰也。

經義考卷八十

書九

王氏居正**尚書辨學**

十三卷。

未見。

吕祖謙作行狀曰："居正，字剛中，上世故蜀人，徙江都。初，熙寧①中，王安石以新義頒天下，其後章、蔡更用事，概以王氏説律天下士，盡名老師宿儒之緒言餘論爲曲學，學輒擯斥。當是時，内外校官非三經義、字説不登几案，他書雖世通行者，或不能舉其篇帙。公勉以親命，屈意場屋，心獨非之，未嘗肯作新進士語，流落不偶。宣和三年，賜上舍出身。紹興元年，除禮部員外郎，進太常少卿，除起居舍

①「熙寧」，備要本誤作「建寧」。

人。數月，除中書舍人，兼史館修撰。公之學根極六藝，深醇宏肆，以崇是闢非爲己任，自其少年已不爲王氏説所傾動，慨然欲黜其不臧，以覺世迷。爲毛詩辨學二十卷、尚書辨學十三卷、周禮辨學五卷上之。」

程氏瑀尚書説

佚。

宋史：「程瑀，字伯寓，浮梁人。政和進士，累官校書郎。欽宗即位，擢右正言。高宗召赴行在，除江東提刑，轉侍讀，進兵部尚書。秦檜忌之。出知信州，罷祠。瑀説論語至①『弋不射宿』，言孔子不欲陰中人。所著有周禮義、尚書説。」

上官氏愔尚書小傳

佚。

閩書：「愔，字仲雍，邵武人。政和二年進士，建炎中，累除吏部員外郎，出知南劍州。」

揚州府志：「愔，儀真人。」

① 「罷祠。瑀説論語至」，四庫薈要本作「罷。瑀説論語説至」。

張氏綱尚書講義

宋志：「二十卷。」

〔補正〕

案：宋志作「解義三十卷」。（卷三，頁十五）

佚。

洪蔵作行狀曰：「綱，字彦正，金壇人。於五經尤精於書，每因講解，著爲義説，皆探微索隱，倫類通貫，其言無一不與聖人契，自是後學潛心此經者，争傳頌之，諸家之説雖充棟汗牛，束之高閣矣。」

汪應辰曰：「綱行狀云：公講論經旨，尤精於書，著爲論説，探微索隱，無一不與聖人契，世號張氏書解。竊以王安石訓識經義，穿鑿傅會，專以濟其刑名法術之説，如書義中所謂『敢於殄戮，乃以乂民，忍威不可訖，凶惡不可忌』之類，皆害理教，不可以訓。綱作書解，掇拾安石緒餘，敷衍而潤飾之，今乃謂其言無一不與聖人契，此豈不厚誣聖人，疑誤學者。」

董銖曰：「世所傳張綱書解，只是祖述荆公所説。或云是閩中林子和作。」

陳振孫曰：「綱，政和時及第，仕三朝，歷蔡京、王黼、秦檜三權臣，乃不爲屈。紹興末，與政，此書爲學官時所作。」

林氏之奇尚書集解

宋志:「五十八卷。」

〔四庫總目〕

宋志作五十八卷,此本僅標題四十卷。考其孫畊後序稱脱稿之初,爲門人吕祖謙持去,諸生傳録,僅十得二三,書肆急於鋟梓,遂訛以傳訛。至淳祐辛丑,畊從陳元鳳得宇文氏所傳書説拾遺手稿一册,乃康誥至君陳之文。乙巳,得建安余氏所刻完本,始知麻沙所刻,自洛誥以下,皆僞續。又得葉真所藏林、李二先生書解,參校證驗,釐爲四十卷。然則宋志所載乃麻沙僞本之卷數,朱子所謂洛誥以後非林氏解者。此本則畊所重編,朱子未見。夏僎作尚書解時亦未見,故所引之奇之説,亦至洛誥止也。然畊既稱之奇初稿爲吕祖謙持去,則祖謙必見完書,何以東萊書説始於洛誥以下,云續之奇之書,毋乃畊又有所增修,託之乃祖歟?自宋迨明,流傳既久,又佚其三十四卷多方一篇,通志堂刊九經解,竭力購之,弗能補也。惟永樂大典修自明初,其時猶見舊刻,故所載之奇書解,此篇獨存,今録而補之,乃得復還舊觀。(卷十一,頁六—七,尚書全解提要)

存。

〔校記〕

四庫及通志堂本作尚書全解四十卷,明以來佚多方一卷,四庫據大典補。(書,頁二二)

之奇自序曰:「理義者,人心之所同然也。聖人之於經,所以開百世而不惑,蔽天地而無恥者,蓋出於人心之所同然而已；苟不出於人心之所同然，則異論曲説，非吾聖人之所謂道也。孔子曰：『君子之於天下也，無適也，無莫也，義之與比。』竊謂學者之於經，苟不知義之與比，先立適莫於胸中，或以甲之説爲可從，以乙之説爲不可從，或以乙之説爲可從，以甲之説爲不可從，如此則私議蠭起，好惡鬨然，將不勝其惑矣，安能合人心之所同然哉？苟欲合人心之所同然，以義爲主，無適無莫，平心定氣，博採諸儒之説而去取之。苟合於義，雖近世學者之説，亦在所取；苟不合於義，雖先儒之説，亦所不取。如此，則將卓然不牽於好惡，而聖人之經旨，將焕然而明矣。書，孔子所定，凡百篇，孔子之前，書之多寡不可得而見。書緯云：『孔子得黄帝玄孫帝魁，凡三千二百四十篇爲尚書，斷遠取近，定其可爲世法者百二十篇爲簡書。』此説不然。古書簡質，必不若是之多也。班孟堅藝文志於古今書外，又有周書七十一篇。劉向云：『周時號令。』蓋孔子所論百篇之餘，於周時所删去者，纔七十一篇，自周以前，疑愈少矣。謂有三千餘篇，非也。孔子百篇，遭秦火無存。至漢時伏生口授得二十八篇，後又得僞泰誓一篇，爲二十九篇。孔壁之書既出，孔安國定其可數者二十五篇，又別出舜典、益稷、盤庚、康王之誥，共爲五十八篇，其文以隸書存古文，故謂之古文尚書。此書之成，遭巫蠱而不出。漢儒聞孔氏之書有五十八篇，遂以張霸之徒造僞書二十四篇爲古文尚書，兩漢儒者之所傳，大抵霸僞本也，其實未嘗見真古文尚書也。故杜預注左氏傳、韋昭注國語、趙岐注孟子，凡所舉書出於二十五篇之中，皆指爲逸書，其實未嘗逸也。劉歆當西漢之末，欲立古文書學官，移書責諸博士甚力，然歆之所見，皆霸僞本，亦非真古文書也。以至賈、馬、鄭、服之輩，亦皆不見古文書。至於晉、齊之間，然後其書漸出。及開皇二年求遺書，得舜典，然後其書大備。嗚呼！聖人之經可謂多厄矣，遭秦火失其半，其半存者又隱而不出。

自漢武帝巫蠱事起，至隋開皇二年，凡六百七十餘年，然後五十八篇得傳於學者而大備，是可歎也。孔氏書始出，皆用隸書。至唐天寶間，詔衛包改古文從今文書，今之所傳，乃唐天寶所定之本也，此蓋書之始末也。學者必欲知書之本末，蓋有伏生之書，有孔壁續出之書。夫五十八篇皆帝王所定之書，有坦然明白而易曉者，有艱深聱牙而難曉者，如湯誓、湯誥均成湯時誥令。如説命、高宗肜日均高宗時語言。如蔡仲之命、微子之命、康誥皆周公誥命。然艱易顯晦迥然不同者，蓋有伏生之書，有孔壁續出之書，其文易曉，不煩訓詁可通者，如大禹謨、胤征、五子之歌、仲虺之誥、湯誥、伊訓、太甲三篇、咸有一德、説命三篇、泰誓三篇、武成、旅獒、微子之命、蔡仲之命、周官、君陳、畢命、君牙、冏命，此二十五篇皆孔壁續出，其文易曉。餘乃伏生之書，多艱深聱牙，不可易通。伏生之書所以艱深不可通者，伏生齊人也，齊人之語多艱深難曉，如公羊亦齊人也，故傳春秋語亦艱深，如昉於此乎、登來之也，何休注曰：『齊人語。』以是知齊人語多難曉者。伏生編此書，往往雜齊人語於其中，故有難曉者。衛宏序古文尚書，言伏生老不能正言，使其女傳言教晁錯，齊人語多與潁川異，晁錯所不知者二三，僅以其意屬讀而已。觀此可見，以是知凡書之難曉者，未必帝王之書本如是，傳者汨之矣。」

孫畊後序曰：「畊自兒時侍先君盱江官舍，郡齋修刊禮樂書，先君實董其事，與益國周公、誠齋楊先生書問往來，訂正訛舛甚悉。暇日因與言曰：吾家先拙齋書解今傳於世者，自洛誥以後皆訛，蓋是書初成，門人東萊吕祖謙伯恭取其全本以歸，諸生傳録，十無二三，書坊急於鋟梓，不復參訂，訛以傳訛，非一日矣。先君猶記鄉曲故家及嘗從先拙齋遊者録得全文，及歸，方尋訪未獲，不幸此志莫償。畊早孤，稍知讀書，則日夕在念慮間汨汨科舉業，由鄉選入太學，跋涉困苦，如是者三十餘年。淳祐辛丑，僥倖末第，閒居需次，得理故書，日與抑齋、今觀文陳公虛齋、今文昌趙公參考講求，摳①趨請益，抑齋出示北山先生手蹟，具言居官婺女，日從東萊先生學，東萊言吾少侍親官於閩，從林少穎先生學，且具知先拙齋授書之由。時抑齋方閱六經疏義，尤加意於林、吕之學，虛齋亦倣朱文公辨安國書著本旨，畊得互相詰難其間，凡諸家講解，搜訪無遺。一日友人陳元鳳儀叔攜書説拾遺一集示予，蠹蝕其表，蠅頭細書，云『得之宇文故家』，蓋宇文之先曾從拙齋學，親傳之稿也。其集從康誥至君陳，此後又無之，遂以録本參校，康誥、酒誥、梓材、召誥皆同録本，自洛誥至君陳與録本異，其詳倍之，至是益信書坊之本誤矣。當令兒輩作大字本謄出，以元集歸之，然猶未有他本可以參訂也。又一朋友云：『建安書坊余氏數年前新刻一本，謂之三山林少穎先生尚書全解，此集蓋得其真，刊成僅數月而書坊火，今板本不存矣。』余亦未之信，因遍索諸鬻書者。乙巳春仲，一②老丈鶉衣銜袖，踉蹡入門，喜甚，揖余而言曰：『吾爲君求得青氈矣。』開視果新板，以尚書全解標題，書坊果建安余氏，即倍其價以鬻之。以所謄本參校，自洛誥至君陳，及顧命以後至卷終，皆真本。向者麻沙③之本，自洛誥以後果僞矣，朋友轉相借觀，以爲得所未見。既而畊暫攝鄉校，學録葉君，真里之耆儒，嘗從勉齋遊，其先世亦從拙齋學，與東萊同。時④又出家藏寫本林、李二先生書解及詩説相示，較之首尾並同，蓋得此本而益有證驗矣。嗟夫！此書先

① 「摳」，備要本誤作「樞」。
② 「一」字，文津閣四庫本脱漏。
③ 「麻沙」，文津閣四庫本誤作「摩挲」。
④ 「時」，備要本誤作「同」。

拙齋初著之時，每日誦正經，自首至尾一遍，雖有他務，不輟。貫穿諸家，旁搜遠紹，會而粹之，該括詳盡，不應於洛誥以後，詳略如出二手。今以諸本參較，真贋曉然，信而有徵，可以傳而無疑矣。書解自麻沙初刻，繼而婺女及蜀中皆有本，然承襲舛訛，竟莫能辨。柯山夏氏解多引林氏説，自洛誥以後則略之，僅有一二語，亦從舊本，往往傳訛。東萊解只於禹貢引林三山數段，他未之詳。東萊非隱其師之説，蓋拙齋已解者，東萊不復解，而惟條暢其義。嗟夫！書自安國而後，不知其幾家，我先拙齋裒集該括，自壯及耄，用心如此之勤，用力如此之深，始克成書，而傳襲謬誤，後學無從考證。我先君家庭授受，中更散亡，極意搜訪，竟無從得。畊恪遵先志又三十①餘年，旁詢博問，且疑且信，又得宇文私録，又得余氏新刊全解，又得葉學録家藏寫本，稽驗新故，訂正真贋，參合舊聞，而後釋然以無疑，確然而始定。然則著書傳後，豈易云乎哉！畊既喜先拙齋之書獲全，又喜先君縣丞公之志始遂，顧小子何力之有，抑天不欲廢墜斯文，故久鬱而獲伸歟？不然，何壁藏、汲冢之復出也。淳祐丁未之歲，石鼓冷廳，事力甚微，學廩粗給，當路諸公，不賜鄙夷，捐金撥田，悉有所助，三年之間，補葺經創，石鼓兩學，輪奐鼎新，書板舊帙，缺者復全。於是慨然而思，曰：吾先君未償之志，孰有切於此者？吾先世未全之書，豈容緩於此者？實爲子孫之責也。乃會書院新租歲入之積，因郡庠憲臺撥錙之羡，撙學廳清俸，公給之餘，計日命工，以此全書亟②鋟諸梓，字稍加大，匠必用良，板以千計，字以五十萬計，釐爲四十卷，始于

① 「三十」，備要本誤作「二十」。
② 「亟」，文津閣四庫本誤作「急」。

己酉之孟冬，迨明年夏五月而畢。是書之傳也，亦難矣哉！亦豈苟然哉！舊本多訛，畊偕次兒駿伯重加點校，凡是正七千餘字，今爲善本，庶有補於後學。淳祐庚戌夏，五嗣孫迪功郎衡州州學教授兼石鼓書院山長畊謹書。」

鄧均曰：「觀林君畊叟序述其先王父全書始末，兩世訪求，志亦苦矣。先是抑齋陳先生爲僕言閩學源流，開教甚悉，乃知始於紫薇呂公載道而南，而拙齋先生實親承心學。拙齋著書多，而於尚書尤注意，即少潁先生書解是也。然自洛誥以後，傳者失真，世不得其全書爲恨。先生之猶子諱子冲，登癸丑科，爲南豐簿，常①分教盱江，再轉爲丞僕。頃在庠序，尚及識縣丞公於丈席。縣丞公在盱，據勘遺文多矣，獨於拙齋全書散佚之餘，訪求而未得，不幸齎志以殁。又數十年而先生之孫畊始克摹就，豈其書之泰阨，固自有時耶？拙齋雖不克竟其用，而傳聖賢之心，壽斯文之脈，其功大矣。縣丞公尅志世其學，而略不獲施於用。至畊而全書始出以傳，惟拙齋之學，卓然光明，久而益昌，何庸繪畫。畊字耕叟，爲衡州教授，暨先生甫三世，其孜孜問學，多識往行，好修者也，君子曰『無忝厥祖』。淳祐十年七月既望。」

〔補正〕

鄧均條内「常分教盱江」，「常」當作「嘗」。（卷三，頁十五）

朱子曰：「三山林少潁書說亦多可取，但自洛誥以後，非其所解。」又曰：「少潁解『放勳』之『放』，

① 「常」，依補正、四庫薈要本、文淵閣四庫本應作「嘗」。

即『推而放之四海。』之『放』，比之程氏説爲優。」

陳振孫曰：「少穎從呂紫薇本中居仁學，而太史呂祖謙則其門人也。其自序謂：『初著之時，每日誦正經，自首至尾一遍，雖有他務，不輟，平心定氣，博採諸儒之説而去取之。苟合於義，雖近世學者之説，亦在所取；苟不合於義，雖先儒之説，亦所不取。』」

王圻曰：「林之奇，侯官人。累官中正丞，辭禄家居，呂祖謙嘗師之。」

范氏浚**書論**

一篇。

存。

吴氏棫**書裨傳**

宋志：「十二卷。」授經圖：「十三卷。」

未見。一齋書目有之。

王明清曰：「吴棫才老①，舒州人。」

① 「才老」，四庫薈要本作「字才老」。

陳振孫曰：「太常丞吳棫撰。首卷舉要，曰總説，曰書序，曰君辨，曰臣辨，曰考異，曰訓詁①，曰差牙②，曰孔傳，凡八篇，考據詳博。」

〔補正〕

陳振孫條内「曰訓詁」當作「詁訓」；「曰差牙」，「牙」當作「㸦」（卷三，頁十五）

朱子曰：「吳才老書解，徽州刻之。才老於考究上極有功夫，只是義理上看得不仔細。」又曰：「才老説梓材是洛誥中書，甚好。」又曰：「吳才老説胤征、康誥、梓材等篇，辨證極好，但已看破小序之失，而不敢勇決。復爲序文所牽，殊覺費力耳。」

董銖曰：「才老以修五禮只是五典之禮，唐、虞時未有，吉凶軍賓嘉，至周時方有之。五刑，才老亦説是五典之刑，如所謂不孝之刑、不悌之刑也。」

王應麟曰：「吳才老書裨傳以鳳凰來儀爲簫聲之和，訓説築傅巖之野，以築爲居。」

袁桷曰：「書别於今文、古文，晉世相傳，馴致後宋，時則有若吳棫、趙汝談、陳振孫疑焉，有考過千百年而能獨明者。」

閩書：「吳棫，字才老，建安人。舉重和元年進士，召試館職，不就，除太常丞，忤時宰，出通判泉州。所著有書裨傳、詩補音、論語指掌考異續解。」

---

① 「訓詁」，依補正、四庫薈要本應作「詁訓」。

② 「差牙」，依補正應作「差㸦」。

按：說書疑古文者，自才老始，其書菉竹堂目尚存。

胡氏銓**書解**

宋志：「四卷。」

未見。

鄭氏樵**書辨訛**或作書辨論

通考：「七卷。」

存。

陳振孫曰：「樞密院編修官鄭樵漁仲撰。其目曰糾繆四、闕疑一、復古二，樵以遺逸召用，博物洽聞，然近迂僻。」

朱氏弁**書解**

十卷。

佚。

宋史：「朱弁，字少章，婺源人。建炎初，補修武郎，借吉州團練使，爲通問副使。至雲中，黏罕①使就館，守之以兵，和議成，得歸。以宣教郎、直秘閣，轉奉議郎，著書解十卷。」

陳氏鵬飛書解

宋志：「三十卷。」

佚。

中興藝文志：「紹興時，太學始建，陳鵬飛爲博士，發明理學，爲陳博士書解。」

葉適志墓曰：「少南，諱鵬飛，温州永嘉人。自爲布衣，以經術文辭名當世。教學諸生數百人，其於經不爲章句新説，至君父人倫世變風俗之際，必反復詳至而趨於深厚，今世所刊曰詩書傳者是也。晚而始得仕用之，未及②而斥逐以死，既死不泯滅，而南方學者尤思之。」

陳振孫曰：「秦檜子熺嘗從之游。在禮部時，熺爲侍郎，文書不應令，鵬飛輒批還之，熺寖不平。鵬飛説書崇政殿，講天王來歸、惠公仲子之賵，因論春秋母以子貴，言公羊説非是。檜怒，謫惠州以歿。今觀其書，紹興十三年所序。於文侯之命，具③言『驪山之禍，申侯啓之。平王感申侯之立己，而不知其

① 「黏罕」，文津閣四庫本作「尼雅滿」。
② 「未及」，文津閣四庫本作「未幾」。
③ 「具」，四庫薈要本作「其」。

德之不足以償怨。鄭桓公友死於難，而武公復娶於申，君臣如此，而望其振國恥，難矣。』嗚呼！其得罪於檜者，豈一端而已哉！」

浙江通志：「鵬飛兩舉於鄉，俱第一，登紹興□□進士，調鄞縣簿，召對爲太學博士，改秩兼崇政殿説書，遷禮部郎。」

趙氏敦臨**尚書解**

佚。

姓譜：「敦臨，字芘民，鄞人。紹興初進士，官湖州教授。」

洪氏興祖**尚書口義發題**

宋志：「一卷。」

佚。

晁氏公武**尚書詁訓傳**

宋志：「四十六卷。」

佚。

徐氏椿年尚書本義

佚。

江西通志：「徐椿年，字壽卿，永豐人。登紹興十二年進士，主①宜黃簿，從張九成學。」

史氏浩尚書講義

宋志：「二十二卷。」

未見。一齋書目有②。

〔四庫總目〕

此書宋史藝文志作二十二卷，文淵閣書目、一齋書目並載其名，而藏弆家已久無傳本。故朱彝尊經義考亦注云：「未見。」惟永樂大典各韻中，尚全録其文，謹依經文，考次排訂，釐爲二十卷。（卷十一，頁十一，尚書講義提要）

〔校記〕

四庫輯大典本二十卷。（書，頁二二）

---

① 「主」，文津閣四庫本、備要本俱作「至」。

② 「有」字，四庫薈要本脱漏，文津閣四庫本、備要本俱作「有之」。

中興書目：「淳熙十六年正月，太傅史浩進尚書講義二十二卷，藏秘府。」

朱子曰：「史丞相説書，亦有好處，如『命公後』，衆説皆云：『命伯禽爲周公之後。』史云：『成王既歸，命周公在後看，公定，予往矣。』一言便見得是周公且在後之意。」

李氏舜臣**尚書小傳**

宋志：「四卷。」

佚。

陳氏長方**尚書傳**

佚。

徐師曾曰：「陳長方，字齊之，其先長樂人。從王蘋遊，家震澤。紹興中，舉進士，授江陰教授，有春秋、禮記、尚書傳。」

劉氏安世**尚書解**

二十卷。

佚。

王庭珪志墓曰：「安世，字世臣，安福人。紹興十八年登進士第，以宣教郎，知贛州雩都縣，轉朝奉郎致仕。有論語、尚書解各二十卷。」

張氏九成**尚書詳說**

宋志：「五十卷。」

未見。一齋書目有之。

書傳統論

六卷。

存。

陳振孫曰：「無垢諸經解，大抵援引詳博，文意瀾翻，似乎少簡嚴，而務欲開廣後學之見聞，使不墮於淺狹。故讀其書者，亦往往有得焉。」

王應麟曰：「張子韶書說於君牙、冏命、文侯之命，其言峻厲激發，讀之使人憤惋，其有感於靖康之變乎？」

按：張子韶書傳統論載横浦集中，自堯典至秦誓，各爲論一篇。

程氏大昌**書譜**

宋志：「二十卷。」

佚。

陳振孫曰：「本以解經而不盡解，有所發明則篇爲一論。」

鄭氏伯熊**書說**

一卷。

存。

陳亮序曰：「余聞諸張横渠曰：『尚書最難看①，難得胸臆如此之大，若秪解文義則不難。自孔安國以下，爲之解者殆百餘家，隨文釋義，人有取焉。凡帝王之所以綱理世變者，葢未知其何如也。』永嘉鄭公景望，與其徒讀書之餘，因爲之說，其亦異乎諸儒之說矣。至其胸臆之大，則公之所自知與明目者之所能知，而余則姑與從事乎科舉者誦之而已。」

雲谷胡氏序曰：「書自孔子刊定，所存僅百篇，帝王之軌範悉備。不幸火於秦，傳注於漢，而堯、舜、禹、湯、文、武傳授之奥旨，與夫臯、益、伊、傅、周、召警戒之微機，雖老師宿儒皓首窮經，枝辭蔓說，汗牛充棟，曾不能髣髴其萬一，而世無所考證，至於今千有餘歲矣。心本同然，理不終泯，自伊、洛諸先生力尋墜緒，遠紹正學，而敷文鄭公得其傳焉。探聖賢之心於千載之上，識孔子之意於百篇之中，雖不章解句釋，而抽關啓鑰，發其精微之藴，深切極至，要皆諸儒議論之所未及，亦可謂深於書者歟！學者

① 「看」字下，備要本有「葢」字。

於此優游玩味之，則思過半矣。嘉定癸未四月。」

姓譜：「鄭伯熊，字景望，永嘉人。紹興十五年登第，歷吏部郎兼太子侍讀、宗正少卿，以直龍圖閣知寧國府，卒謚文肅①。」

汪氏革**尚書解義**

四十一卷。

佚。

姓譜：「臨川人，字信民，分教長沙。」

鄭氏東卿**尚書圖**

一卷。

存。

按：合沙鄭氏尚書圖，宋刻不著撰人名。圖凡七十有七：一書篇名、二逸書篇名、三作書時世、四君臣名號、五唐虞夏商周譜系圖、六曆象授時圖、七堯典四仲中星圖、八日永日短圖、九閏月定時成歲圖、十七政、十一五辰、十二璿璣玉衡、十三律度量衡、十四時月日圖、十五明魄朔望圖、十六日月冬

① 「文肅」，四庫薈要本誤作「文康」。

夏圖、十七箕畢風雨圖、十八九族圖、十九六宗圖、二十堯制五服圖、二十一弼成五服圖、二十二疏家弼五服説、二十三歷代州封域、二十四六年五服朝圖、二十五諸侯玉帛圖、二十六十二章服圖、二十七五聲八音圖、二十八六律六吕圖、二十九韶樂器圖、三十東坡禹迹圖、三十一隨山濬川圖、三十二九州境圖、三十三鄭氏别州①、三十四别州圖説、三十五導山圖、三十六導山圖説、三十七導水圖、三十八導江圖、三十九導江圖説、四十導河圖、四十一導淮圖、四十二導濟圖、四十三通冀圖、四十四任土圖、四十五任土圖説、四十六諸篇内地名、四十七九州山名、四十八九州川名、四十九禹乘四載圖、五十東坡辨水、五十一舜十二州説、五十二三條五岳説、五十三聶氏河議、五十四濬畎澮距川圖、五十五洛書自然數、五十六九疇本河圖數、五十七洛書本文圖、五十八皇極本數圖、五十九九疇本大衍數圖、六十九疇相乘得數圖、六十一洪範九疇總圖、六十二劉向洪範傳圖、六十三老泉先生洪範圖、六十四老泉先生洪範論、六十五潁濱洪範五事圖、六十六潁濱洪範五事説、六十七商遷都圖、六十八商七廟圖、六十九周營洛邑圖、七十召誥土中圖、七十一干羽圖、七十二周彝圖、七十三太常圖、七十四圭瓚圖、七十五牧誓兵器、七十六費誓兵器、七十七諸儒傳授書學圖，所稱聶氏，謂麟也。合沙、漁父，鄭東卿自號，當即其所著書。

①「鄭氏别州」下，各本俱脱漏「圖」字，應補。

陳氏知柔**尚書古學并圖**

二卷。

佚。

李氏經**尚書解**

佚。

朱子曰：「李經叔異，伯紀丞相弟，解書甚好，亦善考證。」

孫氏懲**書解**

佚。

右見朱子語類。

經義考卷八十一

書十

王氏十朋**尚書解**

未見。一齋書目有。

黄淮曰："梅溪先生以斯道自任。紹興間，對策大廷，日盈萬言，援經證據，切中時病。高宗親擢首選，試以民事，僉判紹興府。自後歷官侍從臺諫，出知饒、夔、湖、泉四大郡，入爲太子詹事，以龍圖閣學士致仕。"

何文淵曰："少時讀王先生註釋輯五瑞昭德之致於異姓之邦諸篇，而知先生之學邃於經。宣德庚戌，出守温郡，求得先生文集，而缺注釋經傳之言。"

浙江通志："王十朋，字龜齡，樂清人。紹興中，舉進士第一。"

何氏逢原**書解**

佚。

樊氏光遠**尚書解**

三卷。

佚。

汪逢辰曰：「光遠，字茂實，錢唐人。紹興五年進士，官福建路轉運副使。」

王氏大寶**書解**

佚。

張氏淑堅**尚書解**

佚。

呂祖謙作墓志曰：「淑堅，字正卿，其先自開封遷於衢，官止承節郎，有詩書解合三十卷。」

陳氏舜申**渾灝發旨**

宋志：「一卷。」

佚。

〔補正〕

案：宋志「渾灝發旨一卷」，下云「不知作者」。（卷三，頁十五）

唐氏仲友**書解**

三十卷。

佚。

蘇伯衡曰：「説齋唐公與其父侍御史堯封、其兄饒州教授仲温、樂平主簿仲義，皆紹興名進士，家庭之間，自相師授，不惟史學絶精，而尤邃於諸經。自謂不專主一説，不務爲苟同，隱之於心，稽之於聖人，合者取之，疑者闕之。又謂三代治法悉載於經，灼然可見諸行事，後世以空言視之，所以治不如古，此其志爲何如哉？天文地理，王霸兵農，禮樂刑政，陰陽術數，郊廟學校，井野畿甸，莫不窮探力索於遺編之中，而會通其故，不啻若身親見之，上下古今，和齊斟酌之，以綜世數，精粗本末，兼該並舉，其所造又何如哉？使得志而大行焉，舉帝王之大經大法於千載之後，輔成一王之治，俾①天下之人復覩唐、虞、三代之盛，夫何難之有。然天性廉直，利不能回，勢不能撓，忤物既多，謗讟攸歸，仕未通顯，而遽自引退，其欲發而措諸事業者，僅推而託之論述，此君子之所以追恨而深惜者也。所著書六經解百五十卷，九經發題、經史難答、孝經解愚書各一卷，諸史精義百卷，帝王經世圖譜十卷，乾道祕府群書新録八十三卷，天文地理詳辨各三卷，故事備要、詞科雜録各四卷，陸宣公奏議詳解十卷，説齋文集四十卷，今去公垂二百年，行乎世者惟經世圖譜、諸史精義耳，其他傳者，蓋亦無幾矣。楊雄有言，存則人，亡則書，欲求公於公之書，而其書又如此，不愈大可惜哉！」

金華志：「仲友，字與政，金華人。紹興中，登進士第，復中宏詞科，仕至江西提刑。」

王氏炎尚書小傳

宋志：「十八卷。」

未見。

炎自序曰：「夫子定書，始自堯、舜，訖於平王，凡百篇。秦火煨燼之後，伏生口所傳授，纔二十餘篇。漢壁腐壞之餘，孔安國手所校定，止於五十八篇，老翁幼弱，齊語之訛，脱簡蝌蚪，秦隸之變，必有

①「俾」字，文津閣四庫本脱漏。

失其真者。西漢諸儒經學，各自名家，其訓註行於今者，惟毛氏詩、孔氏尚書。昔人有言，孔安國説書①不如毛公説詩，毛公時發大義，孔安國章句而已，其説誠然。然章句所以訓故，不可略也。炎不足以知書之大義，古語有曰：『天下無粹白之狐，而有粹白之裘，爲其緝衆腋而成之也。』今所解亦不過會緝先儒之遺論，間有未安者，或以己意發之，既終篇，因序其大略：『四代之書，堯、舜言動載於二典，禹之治水見於禹貢，武王武功其略見於武成，周公遭變，其要見於金縢，其餘皆君臣之格言至論，蓋古今之所記也。堯、舜、禹、啓、盤庚、高宗、成、康、穆王之爲君，臯陶、益、傅説、召公、君牙之徒之爲臣，正也。湯、武征伐②與堯、舜不同，伊尹、箕子、周公進退去就與臯陶、益、傅説不同，變之正也。正者道之經，變者道之權，正權舉而聖賢之道盡矣。」

戴表元序曰：「古之君子欲明道於天下者，不能使人無異，而嘗惡人之苟同，以爲異則道可因人而明；苟同之，情雖一時懽然無失，而初不能以相發。故以仲尼百世師，西家之鄰夫猶不知其賢，而鄉國之人至以爲不知禮，故舊交游門弟子之徒，雖達如原壤，賢如晏嬰，親且久如仲由、陳亢，猶或③愕而疑之，及乎事久論定，則亘古之遠，窮天地之廣，家傳其書而人習其道，此豈人情眉睫旦暮之所可期哉？徽士大夫嘗爲余言朱文公無恙時，同里閈有雙溪王先生炎，字晦叔，亦以學行爲諸儒宗，兩家議論，時

①「説書」二字，文津閣四庫本脱漏。
②「伐」，文津閣四庫本作「誅」。
③「或」字，文津閣四庫本脱漏。

相糾切。文公既殁，而諸公方脱黨禍，起而□□，先説非朱氏者皆廢格不用。王先生之書與其爲人，後生輩不及盡知以爲惜，余不暇論其何如也。己亥之夏，有王君傳自京口來，以尚書小傳五十八卷相示，蓋雙溪先生所著，而於君爲四世矣，曰：『自吾先君子遭喪論，遷徙不一，舊物皆不得存，而此書儼然獨存，竊自喜幸。』余以餘隙，稍取□習，其發蒙之義，破的之辭，大抵訓詁家所未及。文公居閒，多於諸經釐正，不遺餘力，而獨尚書及春秋遜避若有所待。先生此書稿脱於開禧末，而板行於嘉定初。於時文公易簀之日既久，假令尚在，必相與綢繆桑梓，雅舊相樂，當有莫逆於言辭文字之間者。殊鄉晚出，各立名字，驟分門户，遂生異同之論，豈復一一盡出其師意耶？且經師自漢以來，專門尚不相一，惟其不相一，而真是出焉，而今人謂獨視單聽可以盡天下之耳目，無是理也。王先生又有易上下經解六卷、易繫辭總説若干卷，余次第將盡求而學之。」

張氏栻書説

佚。

葉紹翁曰：「南軒書説解酒誥曰：『酒之爲物，本以奉祭祀，供賓客，此即天之降命也；而人以酒之故，至於失德喪身，即天之降威也。釋氏本惡天降威者，乃并天之降命者去之。吾儒則不然，去其降威者而已，降威者去，而天之降命者自在，如飲食而至於暴殄天物，釋氏惡之，而必欲食蔬茹果，吾儒則不至於暴殄而已。衣食①而至於窮極奢侈，釋氏惡之，必欲衣壞色之衣，吾儒則去其奢侈而已。至於惡淫慝而絶夫婦，吾儒則去其淫慝而已。釋氏本惡人欲，併與天理之公者而去之，吾儒去人欲，所謂天理者昭然矣。譬如水焉，釋氏惡其泥沙之濁而窒之以土，不知土既窒，則無水可飲矣。吾儒不然，澄其泥沙，而水之清者可酌，此儒釋之分也。』考亭先生謂是解千百年儒者所不及。」

〔補正〕

葉紹翁條内「衣食而至于窮極奢侈」，「食」當作「服」。（卷三，頁十五）

夏氏僎**尚書解**

宋志：「十六卷。」

存。

〔四庫總目〕

淳熙間，麻沙劉氏書坊有刻板，世久無傳。今惟存鈔帙，脱誤孔多。浙江採進之本，虞書堯典至大禹謨全闕，周書闕泰誓中、泰誓下、牧誓三篇，又闕秦誓之末簡。謹以永樂大典參校，惟泰誓永樂大典亦闕，無從校補外，其餘所載，尚並有全文，各據以補輯，復成完帙。書中文句則以永樂大典及浙本互校，擇所長而從之，原本分十六卷，經文下多附録重言重意，乃宋代坊本陋式，最爲鄙淺，今悉删

① 「衣食」，依補正、四庫薈要本、文淵閣四庫本、文津閣四庫本應作「衣服」。

除，重加釐訂，勒爲二十六卷。（卷十一，頁十三，尚書詳解提要）

〔校記〕

四庫據大典補闕，重編廿六卷。（書，頁二二）

時瀾序曰：「有唐、虞、三代之議論，有叔季之議論。居叔季之世而求譯於唐、虞、三代之書，難①乎而②得其蘊也。夫書之爲書，斷自唐、虞，迄於秦穆。凡堯、舜之典謨，夏啓、湯、武之誓命，周公、成、康之訓誥，悉備於是，讀是書而其可以後世膚見而臆度之哉！要必深究詳繹，求見於唐、虞、三代之用心而後可。故讀二典三謨之書，當思堯、舜授受於上，皋、夔、稷、契接武於下，都俞吁咈者何味？讀③三盤五誥之書，當思人君布告於上，臣民聽命於下，叮嚀委曲，通其話言而制其心腹，開其利益以柔其不服者何旨？讀九命七誓之書，當思命諸侯、命大臣者何道？誓師旅誓悔悟者何見？以是心讀是書，則唐、虞、三代之用心，庶乎其有得，而唐、虞、三代之議論，可以心通而意解矣。柯山夏先生僎少業是經，妙年擷其英以掇巍第，平居暇日，又研精覃思而爲之釋。今觀其議論淵深，辭氣超邁，唐、虞、三代之深意奥旨，皆有以發其機而啓其秘於千載之下。不謂先生居今之世，而言論風旨藹乎唐、虞、三代之氣象也。嗚呼！書説之行於世，自二孔而下，無慮數十家，而其中顯著者不過河南程氏、眉山蘇氏，與夫陳

---

① 「難」，四庫薈要本作「殊難」。

② 「而」字，四庫薈要本脱漏。

③ 「讀」，文津閣四庫本誤作「當」。

氏少南、林氏少穎、張氏子韶而已。然程氏温而邃，蘇氏奇而當，陳氏簡而明，林氏博而贍，張氏該而華，皆近世學者之所酷嗜。今先生繼此而釋是書，觀其議論，參於前則有光，而顧於後則絶配，夫豈苟作云乎哉！麻沙劉君智明得其繕本，不欲祕爲己私，命工鐫木，以與學者共之。余既喜柯山之學有傳於世，而嘉劉氏之用心，非私心町畦①者之比也。求予爲叙②，故書以歸之。」

陳振孫曰：「柯山夏僎撰。集二孔、王、蘇、陳、林、程頤、張九成及諸儒之説，便於舉子。」

楊慎曰：「伏讀高皇帝科舉之詔，書從夏氏、蔡氏兩傳。」

兩浙名賢録：「夏僎，字元肅，龍游人。」

羅氏惟一**尚書集説**

佚。

楊萬里序略曰：「吾友羅惟一允中撰尚書集説，集説者，集諸家之説也。自孔氏疏義而下，八九家與焉。大抵存其大概而通其精微，去其牴牾而合其通達。至於文義自相矛盾者，則又出己見以補其缺，易其説以達其意。如論正錯之説，謂賦之有九等者，以九州相推比言也。賦之有錯者，以四州相推

---

① 「町畦」，文津閣四庫本作「畦町」。

② 「叙」，四庫薈要本作「序」。

比言也。如論九江①之説，謂天下之物皆五行也，五行一陰陽也，陰陽散於五行，五行散於萬物，其本一也，其本既一，其末豈有不合哉？如論伊尹放太甲之説，謂伊尹初未嘗放其君，曰放者，使君居憂於外，古無是禮以明天下之大法也。蓋太甲之縱欲敗度，女子小人之道也。居憂於桐，女子小人不得以熒惑之矣。三年喪畢，則奉之以歸，故夫子序書不曰『思庸復歸于亳』，而曰『復歸于亳思庸』。如論有一於此未或不亡之説，謂譬之一身，五臟六腑，其一受病，則五六相傳，五六皆傳則死，一心之病亦猶是焉。愛身者不可以一臟之病爲未必死而不懼，愛國者不可以一事之失爲未必亡而不憂，此説余尤愛之，可以爲有國者之上藥已。是皆先儒所未有之説，而允中之所自得者也。允中自序謂去古雖遠，前聖賢雖不可作，而受中秉彝根於心者不可泯也。惟一豈敢多遜哉？士友皆謂其言信而非矜云。」

〔補正〕

楊萬里序内「如論九江之説」，「九江」當作「九疇」。（卷三，頁十五）

李氏燾**尚書大傳雜説**

佚。

尚書百篇圖

宋志：「一卷。」

---

①「九江」，依補正、四庫薈要本、文淵閣四庫本、文津閣四庫本應作「九疇」。

佚。

吕氏祖謙書說

宋志：「三十五卷。」通考：「十卷。」趙氏讀書附志：「六卷。」

〔四庫總目〕

是編文獻通考作十卷，趙希弁讀書附志作六卷，悉與此本不合。蓋彼乃祖謙原書，未經編次，傳抄者隨意分卷，故二家互異。此本則其門人時瀾所增修也。原書始洛誥，終秦誓，其召誥以前，堯典以後，則門人雜記之語録，頗多俚俗。瀾始删潤其文，成二十二卷，又編定原書爲十三卷，合成是編。吴師道曰：「清江時鑄，字壽卿，吕成公同年進士，與弟鋹率羣從子弟十餘人，悉從公遊。若澐、若瀾、若涇，尤時氏之秀。成公輯書說，瀾以平昔所聞纂成之，今所行書傳是也。」然則是書一名爲書傳矣。（卷十二，頁十四—十五，書說提要）

〔校記〕

四庫及通志堂本均三十五卷。（書，頁二二）

存。

朱子曰：「伯恭直是說得書好，但周誥中有解說不通處，只須闕疑。伯恭卻一向解去，故微有尖巧之病。」

趙希弁曰：「書説六卷，吕成公祖謙之説。自洛誥至秦誓，凡一十七①篇。或説先生之説始於秦誓，上至洛誥而止。」

〔補正〕

趙希弁條内「自洛誥至秦誓，凡一十七篇」，「十七」當作「十八」。（卷三，頁十五）

陳振孫曰：「今世有别本全書者，其門人續成之，非東萊本書也。」

大愚叟書後曰：「尚書②自秦誓至洛誥凡十八篇，伯氏太史已亥之冬口授諸生而筆之册者也。惟念伯氏退休里中之日，居多以詩、書、禮、樂訓授學者，俾其有以自得乎此，初未嘗喜爲書也。然聽之有淺深，記之有工拙，傳習既廣，而漫不可收拾，伯氏蓋深病之。一日，客有來告者曰：『記録之易差固也，各述其所聞，而復③有詳略得失之異，則其差爲甚矣，非有以④審其是，學者何從而信之？』於是然其言，取尚書置几間而爲之説。先之秦誓、費誓者，欲自⑤其流而上泝於唐、虞之際也。辭旨所發，不能不敷暢詳至者，欲學者易於覽習而有以舍其舊也。訖於洛誥而遂以絶筆者，以夫精義無窮，今姑欲以是而廢夫世之筆録，蓋非所以言夫經也。未再歲，伯氏下世。整次讀詩紀，猶未終篇，書及三禮，皆未

① 「十七」，依補正、四庫薈要本應作「十八」。
② 「尚書」，依補正、四庫薈要本應作「尚書説」。
③ 「復」字，文津閣四庫本脱漏。
④ 「以」，文津閣四庫本作「所以」。
⑤ 「自」字，文津閣四庫本脱漏。

及次第考論，而書則猶口授而非傳聞。南康史君曾侯取而刊之學官，書來求記其本末，義不得辭也，因書其所知，以附於卷末。」

〔補正〕

大愚叟條内「尚書自秦誓至洛誥」，「書」下脱「説」字。（卷三，頁十六）

徐乾學曰：「東萊書説十卷，祖謙里居時，嘗以書教授弟子，因而筆之。始自秦誓，追溯而上，僅及洛誥而止。」

按：呂成公爲林少穎門人，少穎著書集解，朱子謂洛誥以後非其所解，蓋出於他人手。成公意未安，故其書説始洛誥而終秦誓，以補師説之未及爾。門人不知微意，乃增修之，失成公之本懷矣。

〔補正〕

聘珍案：竹垞云：『呂成公爲林少穎門人，少穎著書集解。朱子謂洛誥以後非其所解，蓋出于他人手，成公意未安，故其書説始洛誥而終秦誓，以補師説之未及。』案：林氏尚書集解，林畊後序云：『是書初成，門人東萊呂祖謙取其全本以歸，諸生傳録，十無二三，書坊急于鋟梓，不復參訂。後得宇文故家親傳之稿，自洛誥至君陳，與鋟本異。後又得建安余氏新刻本，及葉學録家藏寫本，自洛誥至君陳及顧命以後至卷終，皆真本。向者麻沙之本自洛誥以後皆僞矣。』畊後刊其書于石鼓書院，乃元本全書，初無待于呂氏之補。朱子所云者麻沙僞本耳，故以爲非其所解。且朱子論呂氏之書甚詳，亦未嘗言其補林氏之書。而呂氏書説、大愚書後亦未言其爲補師説也。（卷三，頁十六）

時氏瀾增修東萊書説

三十卷。

〔補正〕

案：通志堂本作三十五卷。（卷三，頁十六）

存。

瀾自序曰：「生蒸民而理之，皆天也；綱三常五以範人事，君師贊焉。出爲大綱小紀，公卿大夫士而等級維之。然後以化以育，以立人極，天平地成而位三才，時有先後，道有升降，是以爲二帝三王，而虞、夏、殷、周之書作，經生襲陋病不能窺也。東萊夫子講道於金華，首據是書之藴，門人寶之，片言隻字，退而識録，見者恐後，亟以板行，家藏人誦，不可禁禦。夫子謂俚辭間之，繁亂復雜，義其隱乎，修而定之。瀾執經左右，面承修定之旨，曰唐、虞三代之氣象不著於吾心，何以接典謨訓誥之精微。生於百世之下，陶於風象之餘，而讀是書，無怪乎白頭而如新也。周室既東，王迹幾熄，流風善政，猶有存者。於横流肆行之中，有間見錯出之理，辨純於疵，識真於異，此其門耶？仲尼定書，歷代之變具焉。由是而入，可以覘①禹、湯、文、武之大全矣。自堂徂奥，以造帝者，泝而求之於秦誓，始於洛誥，而工夫之不繼，悲夫！書説之行於世，終狐裘而羔袖。瀾以西邸文學入三山監丞，全州

①「覘」，文津閣四庫本作「觀」。

鄭公肇之臭味①傾蓋，謂東萊説經，其純不可得而見者莫如書説，子盍補其餘工。瀾謝不敢僭，曰：『子師之書，非子誰責？且所欲修者，門人識録之陋耳。而後師之説明，子何嫌於是。』記憶舊聞，如對夫子，伏而讀之，清其俚辭，芟夷繁亂，剪截複雜，俾就雅馴。至於旨意所出，毫髮已見，罔敢參與。嗚呼！上帝臨女，此義可不存耶？同焉者曰猶不韙乎，異焉者曰安用是。或察焉，取未修之書，合而觀乃免。」

吴師道曰：「東萊吕成公倡明正學，四方來者至千餘人，而莫盛於婺。清江時氏，名鑄②，字壽卿者，公同年進士，與弟鋹長卿率其家群從弟子十餘人，悉從公遊。若澐、若瀾、若溼，尤時氏之秀。成公輯書説，自秦誓泝洛誥，未畢而卒。瀾以平昔所聞纂成之，今所行書傳是也。」

按：瀾官從政郎，差充西外睦宗院宗學教授，見周益公集附録。

陳氏傅良**書抄**

未見。

---

①「味」，文津閣四庫本誤作「昧」。

②「鑄」，文津閣四庫本誤作「濤」。

黄氏度書説

宋志：「七卷。」

〔校記〕

四庫及通志堂本作尚書説七卷。（書，頁二三）

存。

陳振孫曰：「度篤學窮經，老而不倦。晚年制閫江、淮，著述不輟。時得新意，往往晨夜叩書塾，爲友朋道之。」

吕光洵序曰：「洵得黄氏尚書説七卷於武部吕江峯氏，與太史唐荆川氏校其訛謬，以授黄氏子孫，刻諸家塾，刻成叙①之曰：『夫尚書，帝王經世之書，傳心之要也。漢藝文志古文尚書經四十六卷，傳四百一十二篇，凡九家，列於學官。後魯恭王得孔壁尚書，孔安國受而注焉，未立學官，然學士諸生多誦習之矣。至唐孔穎達疏益加詳，並列於官取士。宋諸儒治尚書者，言人人殊，蓋數十餘家，吴氏、王氏、吕氏、蘇氏最著。九峯蔡氏得紫陽朱子之學，作集傳，學者尤宗之。於是諸家言尚書者不復行於世，好學之士，無所參互，以求自得，而書益難言矣。宋禮部尚書宣獻公、遂初黄先生與紫陽朱子、止齋陳子、水心葉子相友善，著詩、書、周禮説諸書共百餘卷。周禮、詩説，水心葉子序而行之。其餘或不復存，幸

① 「叙」，文津閣四庫本作「序」。

而存者尚書説，其訓詁多取諸孔氏，而推論三代興衰治忽之端，與夫典謨訓誥，微辭眇義，如人心道心、精一執中、安止惟幾、綏猷協一、建中建極之旨，皆明諸心，研諸慮，以其所契悟①，注而釋之，其辭約，其義精，粲然成一家言，諸儒莫尚焉。孟子曰：『誦其詩，讀其書，是以論其世也。』史稱先生起家文學，因心孝友，筮仕巖邑，廉惠彰聞，入行國子監簿，正色直言，歷御史諫官，抗論時政，無憚逆鱗。策蜀帥吳曦必反，已果陷蜀，如先生言。累疏請光宗重過華宮，斥内侍楊舜卿、陳源邪佞罪浮李輔國。極言韓侂胄誤國，乞肆市朝，皆不報，即解官去。由是黨論起，國是乖，侂胄雖誅，而横挑强胡②之禍成矣。乃再起先生置制江、淮，至即罷科，糴量轉輸，貸饑平盜，流離歸業者十萬餘家，不終歲，而東南千里宴然，所謂質有其文，言顧行，行顧言，以經術經世者非耶？夫宋以忠厚立國，文德治天下。及其久也，文繁於論述，政溺③於優游，綱紀日隳，封疆日蹙，上下詡詡而不知恤。先生獨憂之，侃侃正言，不用，遂請老以歸，身在山林，繫心廊廟，年餘七十作周易傳，以明悔吝憂虞進退存亡之故，究化理之原，極天人之際，書未訖簡而先生没，天下之學士觖望焉。水心葉子誦之曰：『明哲先幾，終始典學。』可謂知言也已。』

姓譜：「度，字文叔，新昌人。紹興進士，爲御史，劾韓侂胄。寧宗時，累官焕章閣學士。」

① 「悟」，文津閣四庫本作「晤」。
② 「胡」，文津閣四庫本作「鄰」。
③ 「溺」，文津閣四庫本作「弱」。

馬氏之純尚書説

佚。

金華志：「馬之純，字師文，東陽人。隆興元年進士，知嚴州，稱爲茂陵先生。」

薛氏季宣書古文訓

十六卷。

存。

季宣自序：「昔者子夏學書，見於孔子，子曰：『商也，何爲於書？』子夏對曰：『書之論事也，昭昭如日月之代明，離離如星辰之錯行，上有堯、舜之道，下有三王之義，凡商之所受書於夫子者，志之於心弗①敢忘。退而窮居河、濟之間，深山之中，作壤室，編蓬户，彈琴瑟，歌詠先王之風，則可以發憤慨喟，忘己貧賤，有人亦樂之，無人亦樂之，而忽不知憂患與死也。』夫子愀然變容曰：『嘻！子殆可與言書矣。雖然，其亦表之而已，未覩其裏也。』顔淵曰：『何謂也？』子曰：『闚其門而不入其中，烏覩其奥藏之所在乎？然藏又非難也，丘嘗悉心盡志以入其中，則前有高岸，後有大谿，填填正直而已矣。是故帝典可以觀美，大禹謨、禹貢可以觀事，皋陶謨、益稷可以觀政，洪範可以觀度，六誓可以觀義，五誥可以

① 「弗」，文津閣四庫本作「不」。

觀仁，甫刑可以觀戒，通斯七者，書之大義舉矣。』夫子於商之書謂之表，所以語回謂之義，目以填然正直，一時三語，若不相侔，然則帝王之書其不可識矣。君子察於三者，而後可以言書。今夫天之昭明，地之博厚，而人之靈於萬物，匹夫匹婦無不固已知之。至於風霆雨霽之迭興，海岳河山之流峙，所以知之蓋鮮，喜怒哀樂出乎爾者，其静其作，則或自知之不暇。不察乎近，孰明乎遠，不得乎身，何以論古之人。是故以書學書，書而已。遺書學書，非書矣。不以不遺，未足與於書之旨，以而遺之，從之不可，或庶幾乎書之大義云爾。子言之也，書之於事也，遠而不闊，近而不迫，志盡而不怨，辭順而不諂，吾於高宗彤日見德有報之疾也。苟由其道致其仁，則遠方歸志而致敬焉，於洪範見君子之不忍言人之惡而質人之美也。發乎中而見乎外，以成文者，其惟洪範乎！堯、舜之命受於人，湯、武之命受於天，不讀詩、書、易、春秋則不知聖人之心無以别。堯、舜之禪，湯、武之伐也，語之不切，見諸言外，斯言之辨，可以觀於虞、夏、商、周之書矣。走之於書學焉，不如子夏觀焉，何敢望回？世無孔子，則將何所取正？述而藏之，以待能者，其庶乎以書觀書者矣。隸古定，書最古。孔氏文義多本伏生之説，唐明皇帝更以正隸改定，而俗儒承詔，文多踳駮，古文是訓，不勞乎是正之也。書序出於孔子，旨自有在，詮次百篇之後，將以歸於古學，好古之僻，走何辭焉。昔孔子學琴操而得文王之形，季子聞樂音而知其國之政，讀其書，不知其人，可乎？故序篇端，論以讀書之法。」

朱子曰：「薛士龍書解，其學問多於地名上著功夫。」

謝氏諤**書解**

二十卷。

未見。

周必大曰：「諤，字昌國，新喻人，官朝議大夫、直學士。」

艮齋定齋二先生書説

三十卷。

未見。

按：艮齋者，薛氏季宣；定齋者，謝氏諤，不知何人合刻。

蕭氏彧**集永嘉先生尚書精意**

九卷。

佚。

陳氏騤**尚書考**

二卷。

佚。

姓譜：「陳騤，字叔通，臨海人。寧宗時，知樞密院事，兼參知政事，卒贈少傅，謚文簡。」

宋氏若水**書小傳**

十卷

佚。

朱子志墓曰：「公諱若水，字子淵，雙流縣人。江南西路轉運判官。」

經義考卷八十二

書十一

朱子熹**尚書古經**

通考：「五卷。」

未見。

陳振孫曰：「晦庵所録，分經與序，仍爲五十九篇，以存古也。」

書説

宋志：「七卷。」

存。

陳淳曰：「書無文公解，然有典、謨二篇，説得已甚明白，親切精當，非博物洽聞、理明義精不及此。」

陳振孫曰：「晦庵門人黄士毅集其師説之遺，以爲此書。晦庵於書一經，獨無訓傳，每謂錯簡脱文處，多不可强通。今惟二典、禹謨、召誥、洛誥、金縢有解，及九江、彭蠡極有辨，其他皆文集、語録中摘出。」

都穆曰：「朱子於經傳多有訓釋，惟尚書則否。蓋以其多錯簡脱文，非古文①之全②也。蔡氏書傳序云：『二典、禹謨，先生蓋嘗是正。』則其他固未之及，世所傳有朱子書説，蓋當時門人取語録、文集中語以成之，非朱子意也。」

按：文公書説，黄氏所録外，又有湯氏中所輯，今不傳。

蔡氏沈書傳

宋志：「六卷。」

〔四庫總目〕

淳祐中，其子杭奏進於朝，稱集傳六卷，小序一卷，朱熹問答一卷，繕寫成十二册。其問答一卷久佚。董鼎書傳纂注稱淳祐經進本録朱子與蔡仲默帖及語録數段，今各類入綱領輯録内，是其文猶散見鼎

① 「文」字，文津閣四庫本脱漏。
② 「全」，文津閣四庫本作「本」。

書中，其條目則不復可考。小序一卷，沈亦逐條辨駁，如朱子之攻詩序，今其文猶存，而書肆本皆削去不刊。考朱升尚書旁注稱古文書序自爲一篇，孔注移之各冠篇首，蔡氏删之而置於後，以存其舊，朱子所授之旨。案：陳振孫書録解題載朱子書古經四卷、序一卷，則此本乃朱子所定，先有成書，升以爲所授之旨，蓋偶未考。是元末明初刊本尚連小序，然宋史藝文志所著録者，亦止六卷，則似自宋以來即惟以集傳單行矣。（卷十一，頁十九，書集傳提要）

〔校記〕

四庫本及通行本作書集傳六卷。（書，頁二三）

存。

沈自序曰：「慶元己未冬，先生文公命沈作書集傳。明年先生殁，又十年始克成編，總若干①萬言。嗚呼！書豈易哉？二帝三王治天下之大經大法，皆載此書，而淺見薄識，豈足以盡發藴奧？且生於數千載之下，而欲講明於數千載之前，亦已難矣。然二帝三王之治本於道，二帝三王之道本於心，得其心，則道與治固可得而言矣。何者？精一執中，堯、舜、禹②相授之心法也；建中建極，商湯、周武相傳之心法也。曰德、曰仁、曰敬、曰誠，言雖殊而理則一，無非所以明此心之妙也。至於言天，則嚴其心之所自出；言民，則謹其心之所由施。禮樂教化，心之發也；典章文物，心之著也；家齊國治而天下平，

① 「干」，四庫薈要本、文津閣四庫本俱誤作「千」。
② 「禹」字，文津閣四庫本脱漏。

心之推也。心之德其盛矣乎！二帝三王，存此心者也；夏桀、商受，亡此心者也，太甲、成王，困而存此心者也。存則治，亡則亂，治亂之分，顧其心之存不存何如耳。後世人主有志於二帝三王之治，不可不求其道，有志於二帝三王之道，不可不求其心，求心之要，舍是書何以哉？沈自受讀①以來，沉潛其義，參考衆説，融會貫通，迺敢折衷，微辭奥旨，多述舊聞，二典、禹謨，先生蓋嘗是正，手澤尚新。嗚呼，惜哉！集傳本先生所命，故凡用師説，不復識别。四代之書，分爲六卷，文以時異，治以道同，聖人之心見於書，猶化工之妙著於物，非精深不能識也。是傳也，於堯、舜、禹、湯、文、武、周公之心，雖未必能造其微，於堯、舜、禹、湯、文、武、周公之書，因是訓詁，亦可以得其指意之大略矣。②」

〔補正〕

自序末應補「云嘉定己巳三月既望」。（卷三，頁十六）

子杭上書集傳表曰：「伏以惟精惟一以執中，乃三聖傳授之心法。無黨無偏而建極，蓋百王立治之大經。先臣親繹於師承，遺帙初明於宗旨，恭逢睿聖，敬効涓埃，臣切考典謨訓誥誓命之文，無非載道。及更劉、班、賈、馬、鄭、服之手，寖以失真。二孔註疏雖存，諸家箋釋愈衆，黨同伐異，已乖平平蕩蕩之風。厭常喜新，又失渾渾灝灝之氣，訛以相襲，雜而不純。暨皇圖赤伏之中興，有大儒朱熹之特出，經皆爲之訓傳，義理洞明，書尤切於討論，工夫未逮。謂先臣沈從遊最久，見道已深，俾加探索之

---

① 「讀」，文津閣四庫本作「書」。
② 「矣」字下，依補正應補「云嘉定己巳三月既望」九字。

功，以遂發揮之志，微辭奧旨，既得於講習之餘，大要宏綱，盡授以述作之意。往復之緘具在，删潤之墨猶新，半生殫採摭之勞，六卷著研覃之思，帝王之制，坦然明白；聖賢之言，炳若丹青，使澄徹於九重，亦熙緝之一助。兹蓋恭遇皇帝陛下，智由天錫，德與日新，任賢勿貳，去邪勿疑，既從民情而罔咈，制治未亂，保邦未危。蓋思君道之克艱，雖①聰明之憲天，猶終始而念學。臣誤蒙拔擢，獲玷班行，自揣章句之徒，莫効絲毫之報，抱父書而永歎，望宸闕以冒陳，倘獲清閑乙覽之俯臨，豈但疇昔辛勤之不朽，置之座右，常聞無怠無荒之規；措諸②海隅，咸仰克寬克仁之治。所有先臣沈書集傳六卷、小序一卷、朱熹問答一卷，繕寫成十二册，用黄羅裝褙護封，謹隨表上進。」

真德秀表墓曰：「君諱沈，字仲默，姓蔡氏，西山先生季子也。從文公遊，文公晚年訓傳諸經略備，獨書未及爲整，環視門生求可付者，遂以屬君。君沉潛反覆數十年，然後克就其書。考序文之誤，訂諸儒之説，以發明二帝三王群聖賢用心之要，洪範、洛誥、秦誓諸篇，往往有先儒所未及者。慶元初，僞學之論興，文公以黨魁黜，聘君亦遠謫舂陵。君徒步數千里以從，聘君不幸没貶所，君復徒步護柩以歸，卜居九峯，當世名卿，物色求訪，將薦用君，不屑就也。」

趙希弁曰：「右晦庵先生訂正而武夷蔡沈集傳也。沈自序於前，其子奉議郎、秘書省著作佐郎、兼

① 「雖」，文津閣四庫本作「惟」。
② 「諸」，文津閣四庫本作「之」。

權右侍郎、官兼樞密院①編修官、兼諸王宫大小學教授杭進於朝。沈字仲默，號九峯先生。」

黄震曰：「經解惟書最多。至蔡九峯參合諸儒要説，嘗經朱文公訂正。其釋文義既視漢、唐爲精，其發指趣又視諸家爲的，書經至是而大明，如揭日月矣。」

朱升曰：「古文書序自爲一篇，孔注移之各冠篇首。序文與書本旨往往不協，蔡氏删之而置於後，以存其舊，蓋朱子所授之旨也。」

何喬新曰：「自漢以來，書傳非一，安國之注，類多穿鑿；穎達之疏，惟詳制度。朱子所取四家，而王安石傷於鑿，吕祖謙傷於巧，蘇軾傷於略，林之奇傷於繁，至蔡氏集傳出，别今古文之有無，辨大序、小序之訛舛，而後二帝三王之大經大法，粲然於世焉。」

桂萼曰：「書典、謨注雖經朱子改定，尚有冗處，其夏書以後，蔡傳雖詳，亦多贅鑿，務在反之於心，其不可通者，不可强也。」

何孟春曰：「蔡氏書傳日月五星運與朱子詩傳不同，及其他注説與鄱陽鄒季友所論，亦有未安者。」

趙樞生曰：「昔人言明經者諸儒，害經者亦諸儒，以今觀之，書蔡氏傳爲尤甚。蓋殷盤周誥，詰屈詭晦，已自不可知，况秦火之後，又多斷簡殘編，脱文譌字，今必欲以常理恆言釋之，故多勉强附會。」

---

① 「院」，文津閣四庫本作「除」。

黄氏榦**尚書説**

十卷。

佚。

潘氏柄**尚書解**

佚。

輔氏廣**尚書注**

佚。

浙江通志：「輔廣，字漢卿，崇德人。師事朱子及東萊吕氏，嘉定間入仕，尋奉祠，學者稱傳貽先生。」

董氏銖**尚書注**

佚。

李氏相祖**書説**

三十卷。

佚。

閩書：「李相祖，字時可，光澤人。從朱文公學，曾以文公命編書説三十卷。」

吴氏昶**書説**

四十卷。

佚。

曾孫龍翰曰：「先曾大父從游朱子之門，文公以掃墓歸婺源，曾大父上所著書説，文公深嘉之。」

按：龍翰，字式賢，有古梅吟稿。其讀家集詩云：「吾家友堂翁，硯影雙鬢寒。刻志鑽書史，篝燈照夜闌，冤哉命壓頭，那復博一官。友堂紛遺稿，幾成汲冢殘。江東兵燹餘，白壁喜重完。」自序云：「友堂遺文今所存者書説四十卷、易論四十卷，蓋宋季書雖僅存，未曾刊行者也。」

陳氏文蔚**尚書類編**

十三卷。

佚。

文蔚進表曰：「臣文蔚言，七月十五日伏準本州送到。七月五日尚書省劄子取索臣所著尚書類編者。臣一介庸愚，識見膚淺，不自揆度，妄意纂輯，得罪聖門，方竊自訟，豈謂聖朝不棄涓埃，兼收並取，下及纖微，臣文蔚惶懼惶懼，頓首頓首。臣竊聞帝王出治，稽古爲先，聖哲貽謀，修身是急，必探賾於精微之地，乃收功於土苴之餘。自昔講求，具有本末，伏惟皇帝陛下，英資天縱，聖敬日躋，道得堯、舜、禹、湯、文①之傳，書究虞、夏、商、周之蘊，微言奧旨，默契於宸衷，大義宏綱，悉關於天理，非如經生學士窮年既日，苦志疲精，溺情傳注之間，玩意篇章②之末。蓋將以彌淪天地，酬酢古今，無非帝學之淵源，豈但雲章之黼黻。然且下採芻蕘之論，上神旒冕之聰，如太華之微塵不遺，若日月之容光必照，聖而益聖，新於又新。幸若愚臣生逢明盛，且如臣者老於草澤，幼玩簡編，久蒙教育之恩，得盡鑽研之力。竊謂書者精一之旨首傳於二聖，彝倫之叙備闡於九疇，天文稽七政之齊，地理盡九州之貢，掦遜征誅，心同而迹異，侯甸男衛，理一而分殊。拔伊尹於耕野之微，相傳說於築巖之賤。官制刑以儆有位，德好生以洽民心，無逸俾知於艱難，酒誥深懲於沈湎，鼎耳雉鳴則祖己之訓入，西旅獒獻則召公之戒陳，以至用人建官，大則公孤師保惟其人，微則侍御僕從罔非正，非其人何以經邦，而論道不以正，未免親佞而狎邪，所繫非輕，誠□□③忽。凡此皆理國安民之要，亦豈無統宗會元之方。要之，典學之一言，是乃尊

① 「文」，文津閣四庫本作「武」。
② 「篇章」，四庫薈要本作「章句」。
③ 「□□」，備要本作「不敢」。

經之明法。伏願皇帝陛下加日就月將之志，進日升月至之功，用舜之中，建武之極，以是陶成萬化，鼓舞群生，還風俗於邃古之初，示法則於將來之永，則臣得漁樵同樂，鉛槧自娱，雖居曠野之遐，若對清光之近。書編凡一十三卷，謹隨表投進以聞。」

宋鑑：「端平二年二月，都省言進士陳文蔚所著尚書解注有益治道，詔補迪功郎。」

按：類編已佚，其表載克齋集中，書成時賦詩云：「水飲已忘三月味，囊中真乏一錢儲。屢空本是吾家事，贏得閒身且著書。」洵有道之言也。

戴氏蒙**書説**

佚。

馮氏椅**尚書輯説**

未見。

孫氏調**龍坡書解**

五十卷。

佚。

尚書發題

佚。

林氏夔孫**尚書本義**

佚。

閩書："夔孫，字子武，福州人。從朱文公游。嘉定中，特奏名爲縣尉。"

徐氏僑**尚書括旨**

十卷。

存。

姚希得序曰："凡物有所不至者，必有所獨至，如丘明擅良史之譽，子夏列文學之班，此二子者非所稱五官不具，無以與於文章之觀者哉？而春秋叙事獨見左氏，聖門辭藻，首重卜商，乃知古人用志凝神之説，良不誣也。婺州文清公徐先生，諱僑，字崇父，號毅齋。淳熙十一年進士，胸吐詞峰，心吞學海，而於五經宗旨，尤所究心。故先生著述有讀易記、讀詩記、諸詠雜説、文素等書行於世，爲世所傳誦。若此虞、周二書括旨，尤其潛心究學，輯而成帙者。夫五經爲諸書之冠，而虞、周二書皆聖訓典謨，惟精惟一之旨，又爲五經之冠，苟非深明其奥，曲洞其理，安能妥措一詞？今諦觀是帙，注解詳密，毫無滲漏，乃知先生於此書之宗旨，默識心通，其於繼往聖，開來學，豈不賴有此耶？先生暮年以此書進呈皇朝，存於青宫閣秘本。客秋，余得先生原稿，因重録寶藏，允留家塾。讀是書者，始信先生之學問淵源，當與左氏、卜商並垂於天壤矣。景定四年三月。」

許氏奕**尚書講義**

十卷。

佚。

魏了翁撰碑曰：「奕，字成子，慶元五年進士第一，授宣義郎簽書，劍南節度判官。嘉泰四年，授秘書省正字，遷校書郎，兼吴興郡王府教授，尋遷秘書郎、著作佐郎、著作郎兼權考功郎官。開禧三年，遷起居舍人。明年改元嘉定，爲通謝使聘金，遷起居郎兼權給事中，使還，除權禮部侍郎，俄兼侍講，陞侍讀。二年，遷吏部侍郎。三年，兼修玉牒官，又以給事中闕官，申命兼權除顯謨閣待制，知瀘州。五年，除知夔州府，表辭不行，改知遂寧府。八年，進龍圖閣待制。九年，加寶謨閣直學士致仕。公詞章雅健，兼通篆籀書，其所裒粹①斷稿，僅得毛詩説三卷、論語、尚書、周禮講義十卷，所逸多矣。」

〔補正〕

魏了翁條内「其所裒粹斷稿」，「粹」當作「稡」。（卷三，頁十七）

① 「粹」，文淵閣四庫本作「萃」，依補正、四庫薈要本應作「稡」。

姓譜：「奕，簡州人。」

鄒氏補之**書說**

佚。

浙江通志：「鄒補之，字公袞，開化人。受業朱子及東萊之門。淳熙初，舉進士，判江寧府。」

經義考卷八十三

書十二

袁氏燮潔齋家塾書鈔

宋志：「十卷。」

未見。

〔四庫總目〕

其書宋史藝文志作十卷，陳振孫書録解題稱爲燮子喬録其家庭所聞，至君奭而止，則當時本未竟之書，且非手著。紹定四年，其子甫刻置象山書院，蓋重其家學，不以未成完帙而廢之。明葉盛菉竹堂書目尚存其名，而諸家説尚書者，罕聞引證，知傳本亦稀，故朱彝尊作經義考，注云：「未見。」今聖代博採遺編，珍笈秘文，罔不畢出，而竟未睹是書之名，則其佚久矣。謹從永樂大典所載，採輯編次，俾復還舊觀，以篇帙稍繁，釐爲一十二卷。蠹殘賸簡，復顯於湮没之餘，亦可云燮之至幸矣。（卷十一，

頁十八，絜齋家塾書抄提要）

〔校記〕

四庫輯大典本十二卷。（書，頁二三）

真德秀狀曰：「燮，字和叔，慶元府鄞縣人。淳熙辛丑進士，官至太中大夫，爵自鄞縣男，再進爲伯，以顯謨閣學士加秩二等致仕，贈龍圖閣學士、光禄大夫，學者稱曰絜齋先生。」

陳振孫曰：「其子喬、崇、謙録其家庭所聞，至君奭而止。」

王應麟曰：「絜齋解『儆戒無虞』，云：治安之時，危亂之萌已兆。漢宣帝渭上之朝，是年元后生成帝，新都篡漢已兆於極盛之時矣，無虞豈可不儆戒與？解『七旬有苗格』，云：舜耕歷山之時，祇見厥父，惟知己之有罪，而不見父之爲頑，所以底豫。及其征苗也，自省未嘗有過，而惟見苗民之作慝，所以逆命。至班師之後，誕敷文德，無異負罪，引慝之心而遂格焉。滿損謙益，捷於影響，人心豈可以自滿哉？」

按：是書葉文莊編菉竹堂目尚存。

袁氏覺**讀書記**

宋志：「二十三卷。」

佚。

陳振孫曰：「題四明袁覺集，未詳何人。大略倣呂氏讀詩記，集諸說，或述己意於後，當是絜齋之族。」

黃氏倫**尚書精義**

宋志：「六十卷。」

佚。

〔四庫總目〕

其書傳本久絶，朱彝尊經義考亦曰已佚。今從永樂大典各韻中，採撮編綴，梗概尚存。惟永樂大典之例，凡諸解已見前條者，他書再相援引，則僅注某氏曰見前字，其爲全録摘録，無由考校，今亦不復補録，姑就所現存者，釐訂成帙，分爲五十卷，存宋人書説之梗概，備援證焉。（卷十一，頁二十二，尚書精義提要）

〔校記〕

四庫輯大典本五十卷，有經苑刊本。（書，頁二三）

陳振孫曰：「三山黃倫彝卿編次，或書坊所託。」

趙氏汝談**南塘書説**

宋志：「二卷。」

〔補正〕

案：通考作「三卷」。（卷三，頁十七）

未見。

陳振孫曰：「汝談疑古文非真者五條，朱文公嘗疑之，而未若此之決也，然於伏生所傳諸篇，亦多所掊擊觝排，則似過甚。」

王氏日休**書解**

佚。

戴氏溪**書説**

佚。

宋氏蘊**尚書講義**

五十卷。

佚。

魏了翁誌曰：「彭山宋元發，名蘊，淳熙五年進士，終流溪令。遺文有論語略解二十卷、尚書講義五十卷。」

余氏㦸尚書説

五卷。

佚。

馮氏誠之書傳

二十卷。

佚。

王氏時會尚書訓傳

佚。

姜氏得平尚書遺意

一卷。

佚。

張氏沂**書説**

佚。

丁氏錟**書辨疑**

佚。

董氏琮**尚書集義**

佚。

董鼎曰：「琮，字玉振，號復齋，鄱陽人。」

姓譜：「復齋，慶元中進士，任龍陽簿。」

史氏孟傳**書略**

十卷。

佚。

魏了翁志曰：「丹稜史孟傳守道既奏名，將入對，忽以疾卒，詔附劉渭榜，賜同進士出身，授迪功郎致仕。」

柴氏中行**書集傳**

佚。

應氏鏞**尚書約義**

宋志：「二十五卷。」

未見。

金華志：「應鏞，字子和，蘭谿人。登慶元五年進士。又舉博學宏詞科，官至太常寺簿，知開州。」

吴師道曰：「應鏞、邵囦皆邃經學，今惟衛湜集禮記解，間見稱引，而他書無聞。」

陳氏振孫**尚書説**

佚。

袁桷曰：「書有今文、古文，陳振孫掇拾援據，確然明白。」

周密曰：「直齋有書説二册行世。」

陳氏經**尚書詳解**

宋志：「五十卷。」

存。

經自序曰：「帝王之書，帝王之行事也；帝王之行事，帝王之心也。帝王以是心見諸行事而載諸典謨訓誥誓命，夫人能皆知之。至於皓首窮年，研精極思，率不能得其要領者，往往得裏遺表，見其異，不見其同，則典謨訓誥誓命之所載者，是直典謨訓誥誓命而已，於己何有哉？昔者嘗觀授受之秘，危微精一，片辭隻語，足以該之，至易曉也。乃若立綱陳紀，綏民靖國，死生患難之變，下而至於軍旅行陣，器械弓矢之微，纖悉具備，何如是之不憚煩也耶？與賢與子，各因其時，天尊地卑，貴賤位矣。革命之際，湯、武行之，當時不疑，後世稱聖，於變之民，不煩告戒，九官分職，初無費辭。多士、多方，乃諄復而不已；君陳、畢命，亦幾數百言，安在其爲同條共貫也。苗民之頑，若非干羽之所能格；太甲不明，若非三篇之所能變移；天雨反風，亦豈啓金縢者之所能感動哉？然此舉彼應，捷於影響。汎觀帝王之行事，幾於散漫無所統紀者。然旁通曲暢，無不各得其宜，各止其所，此豈無自而然哉？道行於天地之間，散在萬物，萃於人心，廣大悉備，悠久無疆，卓然常存，而未始須臾亡①也。精粗一理，古今一時，物我一機，天人一致，得其所謂一，則應變酬酢，開物成務，亦無所②而非一之所寓也。故凡用心之狹隘者，欲以觀此書，而此書卒非狹隘也。用心於寂滅者，欲以觀此書，而此書卒非寂滅也。是雖諸儒之訓

---

① 「亡」，四庫薈要本作「忘」。
② 「所」，四庫薈要本作「適」，文津閣四庫本作「往」。

釋，盡天下能言之士，蓋有彰之愈晦而即之愈遠矣。今日語諸友以讀此書之法，當以求人之心①，求古人之心，吾心與是書相契而無間，然後知典謨訓誥誓命皆吾胸中之所有，亦吾日用之所能行，則二帝三王群聖人之道，雖千百載之遠，猶旦暮遇之也，諸友其毋忽。」

〔補正〕

姓譜：「經，字正甫，安福人。慶元中進士，官終奉議郎，泉州泊幹。」

按：經字顯之，泉州節度推官。所著又有毛詩講義、并存齋語録。（卷三，頁十七）

錢氏時**尚書演義**

八卷。

未見。

〔四庫總目〕

案：時兩漢筆記之前，載有尚書省劄，列時所著諸書，有尚書啓蒙，又載嚴州進狀，則稱尚書演義，同時案牘之文，已自相違異。永樂大典所載，則皆題錢時融堂書解，其名又殊。然永樂大典皆據内府宋本採入，當必無訛。朱彝尊經義考以尚書演義著録，蓋未睹中秘書也。舊本久佚，今採掇裒輯，重爲編次。惟伊訓、梓材、秦誓三篇全佚，説命、吕刑亦間有闕文，餘尚皆篇帙完善，不失舊觀。（卷十

---

①「以求人之心」，文津閣四庫本作「以古人之書」。

一，頁二十四，融堂書解提要）

〔校記〕

四庫輯大典本作：「融堂書解廿卷。」（書，頁二一三）

按：葉氏菉竹堂目載有是①書。

胡氏誼**尚書釋疑**

十卷。

佚。

寧波府志：「胡誼，字正之，奉化人。與兄謙師事袁燮，自號觀省佚翁。」

時氏少章**尚書大義**

佚。

鄭氏思忱**尚書釋**

佚。

---

① 「是」，四庫薈要本作「此」。

閩書：「思忱，字景千，安溪人。授尚書於西溪李季辨，解析精詣，生徒常百數。嘉定三年詞賦首鄉薦中第，知崇安縣，左遷浦城丞。真文忠公與語，知其賢，言於太守，復得仕，知南恩州，爲浙東參議官。」

戴氏仔**書傳**

佚。

戴氏侗**尚書家説**

佚。

滕氏鉛**尚書大意**

佚。

姓譜：「鉛，字和叔，婺源人。合肥令珙之子，爲安仁令。」

方岳序曰：「吾州以經名家者多矣，書爲最；以書名家者加多矣，滕爲最。書自程大昌、王大監皆有所論著，天下所謂程泰之禹貢圖志、王晦叔尚書小傳者也。至溪齋先生與其弟合肥令君同登晦翁之門，學者謂之新安兩滕。和叔漸涵於二父之淵源，披剥於百家之林藪，蓋自與予別，三十有五年矣。一日訪予崖底，出其所著書曰尚書大意者，十二萬言，教予曰：『子①亦知夫凡書之有大意乎，猶之木焉，木②而非節目也；猶之水焉，原而非派別也，若書之大意，則一中而已。允執厥中，書所以始；咸中有慶，書所以終，以此一字，讀此一書，迎刃解矣。』予授③而讀之，既請曰：『以中爲書之大意，吾未之前聞也，子於何有所聞？』曰：『予聞之先君子，先君子聞之紫陽翁，紫陽翁聞之濂、洛諸老，而予發其秘者也。』寶祐乙卯重陽日。」

〔補正〕

方岳序内「予授而讀之」，「授」當作「受」。（卷三，頁十七）

真氏德秀**書説精義**

三卷。

未見。

趙希弁曰：「右西山先生真文忠德秀之説也。」

① 「子」，備要本誤作「予」。
② 「木」，依四庫薈要本、文淵閣四庫本應作「本」。
③ 「授」，依補正、四庫薈要本、文淵閣四庫本應作「受」。

魏氏了翁**尚書要義**

宋志：「二十卷。」序說一卷。

存。

〔四庫總目〕

是書傳寫頗稀，此本有「曠翁手識」一印，「山陰祁氏藏書」一印，「澹生堂經籍記」一印，猶明末祁彪佳家所藏也。原目二十卷中，第七卷、第八卷、第九卷並佚，無別本可以校補，今亦姑仍其闕焉。（卷十一，頁二十七，尚書要義提要）

〔校記〕

四庫本存十七卷，序說一卷，佚七、八、九三卷，後儀徵阮氏以佚卷進呈，今江蘇書局刊本不缺。（書，頁二三）

陳氏大猷**東齋書傳會通**

十一卷。

佚。

〔校記〕

考引張雲章之言，謂：「大猷，東陽人，登紹興三年進士。」四庫提要訂紹興爲紹定之譌。又朱氏引張氏説，同時有都昌陳大猷，號東齋，與東陽陳大猷爲兩人，謂此書不知爲誰著？提要定此書爲東陽陳大猷作，非東齋。又案：樂意軒書目有宋本書傳十二卷，明内閣及絳雲樓目亦有之，是此書明末國初尚未佚。（書，頁二一三）

尚書集傳或問

〔補正〕

按：元陳師凱書蔡氏傳旁通亦引此書，曰東齋集傳。（卷三，頁十七）

二卷。

存。

大猷自序曰：「大猷既集書傳，復因同志問難，記其去取曲折，以爲或問。其有諸家駁難已盡及所説不載於集傳，而亦不可遺者，并附見之，以備遺忘。然率意極言，無復涵蓄，辨論前輩，有犯僭妄，因自訟於篇首云。」

張雲章曰：「大猷，東陽人，登紹興二年進士，由從仕郎歷六部架閣。宋史無傳，藝文志亦不載此書，然頗盛行於宋季。今集傳不可得見，而或問猶存，考其所作之旨，亦猶紫陽四書集注之外，别爲或問一書也。又同時有都昌陳大猷，號東齋，饒雙峰弟子，著書傳會通，仕爲黄州軍州判官，乃陳澔之父，與東陽陳氏實爲兩人，學者勿混而一之。」

按：葉文莊菉竹堂書目有陳大猷尚書集傳一十四册，西亭王孫萬卷堂目亦有之。其書雖失，或尚存人間，未知其爲東陽陳氏之書與？抑都昌陳氏之書與？考鄱陽董氏書纂注列引用姓氏，於陳氏書集傳特注明東齋字，正未可定爲東陽陳氏之書，而非都昌陳氏所撰也。

〔四庫總目〕

朱彝尊經義考引張雲章之言，謂大猷，東陽人，登紹定二年進士。案：紹定刻本誤紹興，今改正。由從仕郎歷六部架閣。著尚書集傳。又有都昌陳大猷者，號東齋，饒雙峰弟子，著書傳會通，仕爲黄州軍州判官，乃陳澔之父，與東陽陳氏實爲兩人。彝尊附辨其說，則謂鄱陽董氏書傳纂注列引用姓氏，於陳氏書集傳特注明東齋字，正未可定集傳爲東陽陳氏之書而非都昌陳氏之書。納喇性德作是書序，則仍從雲章之說。案：董鼎書傳纂注所引其見於輯録者，有東齋書傳、復齋集義。其見於纂注者，則一稱復齋陳氏，仍連其號。一稱陳氏大猷，惟舉其名。案：是書標氏標名，例不畫一，大抵北宋以前皆稱其氏，南宋以後則入朱子學派者稱某氏，不入朱子學派者，雖王十朋、劉一止，皆稱其名。所列大猷諸說，此書不載，蓋皆集傳之文。惟甘誓「怠棄三政」一條，採用此書，亦稱陳氏大猷，則所謂陳氏大猷者即此人，而非東齋矣。又此書皆論集傳去取諸說之故，與朱子四書或問例同。董鼎書於禹貢冀州引東齋書傳一條，謂與蔡傳所謂梁州錯法不合，然蔡亦似未的云云，於此書之例，當有辨定，而書中不一及之，知其集傳中無此條矣。且此陳大猷爲理宗初人，故所引諸家，僅及蔡沈而止，其稱朱子曰朱氏、晦庵氏，持論頗示異同。至論堯典敬字一條，首舉心之精神謂之聖，此孔叢子之語，而楊簡標爲宗旨者，其學出慈湖，更無疑義。若都昌陳大猷乃開慶元年進士，見其子澔禮記集說序，當理宗之末年，時代既後，又大猷受業饒魯，魯受業黄幹，幹受業朱子，淵源相接，尊朱子若神明，而視楊氏若敵國，安有是語哉？

彝尊蓋偶見董鼎注東齋字，而未及核檢其書也。（卷十一，頁二十七—二十九，尚書集傳或問提要）

張氏孝直**尚書口義**

佚。

劉氏欽**書經衍義**

佚。

閩書：「欽，字子時，建安人。從蔡沈學，以蔭補官，轉朝奉大夫，陞殿中侍御史，仝知樞密諫院事，歸隱武夷，自號冰壺散人，終朝請大夫，卒謚忠簡。」

董氏夢程**尚書訓釋**

佚。

江西通志：「董夢程，字萬里，號介軒，得朱子之學於黄勉齋。登開禧進士，官朝議大夫，知欽州。」

王氏宗道**書說**

六卷。

佚。

柴氏元祐**尚書解**

佚。

洪氏咨夔**尚書注**

佚。

舒氏津**尚書解**

佚。

兩浙名賢録：「舒津，字通叟，奉化人。景定三年進士，官太學博士，知平江。」

章氏元崇**尚書演義**

佚。

王氏萬**書説**

佚。

劉氏甄**青霞尚書集解**

宋志：「二十卷。」

佚。

孫氏泌**尚書解**

宋志：「五十二卷。」

佚。

潘氏衡**書説**

未見。

康氏聖任**尚書解**

未見。

張氏震**尚書小傳**

未見。

董鼎曰：「震，字真父。」

姜氏如晦**尚書小傳**

未見。

董鼎曰：「如晦，字彌明，號月谿。」

未見。

史氏仲午**書説**

未見。

董鼎曰：「仲午，字正父。」

史氏漸**書説**

未見。

董鼎曰：「漸，字鴻漸。」

劉氏㝞**横舟尚書講業**

佚。

董鼎曰：「臾，字子有。」

楊氏明復**尚書暢旨**

佚。

謝鐸曰：「尚書暢旨，楊明復著，今亡。」

康氏伯成**書傳**

宋志：「一卷。」

佚。

楊氏炎正**書辨**

一卷。

佚。

徐氏寀**尚書申義**

五十八卷。

佚。

熊氏子真**山齋書解**

十三卷①。

佚。

吴氏時可**樵坡書説**

六卷。

佚。

姚氏三錫**書鈔**

佚。

按：三錫，餘干人，劉克莊後村集有讀書鈔詩。

程氏穆**尚書約義**

佚。

徽州府志：「休寧人，著書約義，倉使王伯大序其書。」

---

① 「十三卷」，四庫薈要本作「十二卷」。

經義考卷八十四

書十三

成氏申之**四百家尚書集解**

宋志：「五十八卷。」

佚。

四川總志：「成申之，眉州人。紹定進士。紹興初，隆慶知府。」

李氏杞**謙齋書解**

未見。

陳氏梅叟**書説**

未見。

董鼎曰：「梅叟，永嘉人。」

張氏葆舒**書蔡傳訂誤**

佚。

江西通志：「葆舒，號虚緣，德興人。」

李氏守鏞**尚書家説**

佚。

馬氏廷鸞**尚書蔡傳會編**

佚。

姓譜：「馬廷鸞，字翔仲，樂平人。淳祐間進士，累官右丞相兼樞密使，與賈似道不合。以觀文殿大學士提舉洞霄宫。」

方氏逢辰**尚書釋傳**

四卷。

未見。

黄氏震**讀書日鈔**

一卷。

存。

劉氏元剛**尚書演義**

佚。

文天祥志墓曰：「先生字南夫，世爲吉州吉水縣人。嘉定十六年登進士第，官至郡守。家無餘貲，蕭然環堵。四方學者執經問字，相繼於門，先生誘掖懇懇，不啻父兄之遇子弟。遺墨有詩、書、論語、孟子演義若干卷。任左藏日以孝經、論語、孟子演義上進，有旨降付資善堂。」

繆氏主一**書説**

佚。

周氏敬孫**尚書補遺**

佚。

謝鐸曰：「尚書補遺，周敬孫著，今亡。」

陳氏煥**書傳通**

未見。

王圻曰：「煥，豐城人。」

陳氏普**尚書補微**

佚。

書傳補遺

佚。

書講義

一卷。

存。

胡氏士行**初學尚書詳解**

是編焦竑國史經籍志作書集解。朱彝尊經義考又作初學尚書詳解，稱名互異，其實一書也。（卷十一，頁二十九，尚書詳解提要）

〔四庫總目〕

〔校記〕

四庫及通志堂本無初學二字，焦竑經籍志作書集解。（書，頁二四）

十三卷。

存。

按：士行，廬陵人，題云「前臨江軍軍學教授。」

趙氏若燭**書經箋註悀通**姓譜作「趙嗣誠」。

佚。

袁州府志：「趙若燭，字竹逸，宜春人。寶慶二年進士，知光澤縣事。宋亡不仕，教授於鄉。」

何氏逢原**尚書通旨**

佚。

嚴州府志：「何逢原，字文瀾，分水人。咸淳間，官中書舍人。至元中，程文海薦之朝，授福建儒學提舉，不赴。」

丘氏葵**書解**

佚。

王氏柏**書疑**

宋志：「九卷。」又：「讀書記十卷。」

〔校記〕

四庫本九卷。（書，頁二四）

存。

〔四庫總目〕

柏作是書，乃動以脱簡爲詞，臆爲移補，其併舜典於堯典，删除姚方興所撰二十八字，合益稷於皐陶謨，此有孔穎達正義可據者也。以大禹謨、皐陶謨爲夏書，此有左傳可據者也。以論語「咨爾舜」二十二字補「舜讓於德弗嗣」之下，其爲堯典本文，抑或爲他書所載？如鬻子述帝王遺語之類，已不可知。按：鬻子所述帝王遺語，今本不載，見賈誼新書所引。以孟子「勞之來之」二十二字補「敬敷五教在寬」之下，則孟子明作堯言，柏乃以爲舜語，已相矛盾，然亦尚有論語、孟子可據也。至於堯典、臯陶謨、說命、武成、洪範、多士、多方、立政八篇，則純以意爲易置，一概託之於錯簡，有割一兩節者，有割一兩句者，何脱簡若是之多，而所脱之簡又若是之零星破碎，長短參差，其簡之長短廣狹，字之行款疏密，茫無一定也。（卷十三，頁四—五，書疑提要）

書經章句

佚。

尚書附傳

宋志：「四十卷。」

佚。

柏自序書疑曰：「聖人之經，最古者莫如書，而最難讀者，亦莫如書。以二帝三王治天下之大經大法，孰有加於書者？奈何伏生之口授，科斗之變更，孰能保其無誤？此書之所以難讀也。朱子於諸經，莫不探其淵源，發其簡要，疏瀹其湮塞而貫通之，縷析其錯揉而紬繹之，無復遺恨，獨於春秋不敢著一字，書止解典、謨三篇而已。後又有金縢、召誥、洛誥説及考定武成，凡四篇。予嘗多幸，得觀典、謨手筆，密行細字，東圈西補，蓋非一日之所更定，其用力精勤如此。學者猶恨不及見其全書，孰知書之果不可得而全解也。朱子嘗謂眉山蘇氏書説善得其文勢，或謂失之簡，曰：『如是亦可矣。』謂金陵王氏獨不解洛誥，猶能於此而不穿鑿，亦稱之也。又嘗問東萊先生於書有不可解者否？曰：『亦無可缺。』後二年復見，乃曰：『誠如所喻，是亦難説者。』至於朱子教門人，則俾之先讀其易曉而姑後其聱訛，此固不得已之詞。甚矣，書之難讀也。今九峰蔡氏祖述朱子之遺規，斟酌群言，而斷以義理，洗滌支離而一於簡潔，如今文、古文之當考，固已甚明矣；大序、小序之可疑，今已甚□□①。帝王之詞與史氏之詞，參錯乎其中，今亦可辨。有害理傷道者，又辭而闢之，有考訂平易者，亦引而進之。如天文地理之精覈，歲月先後之審定，用工勤苦，久已成編，後學可謂大幸。然疑義闕文之難，朱子曰未詳、曰脱簡者，固自若也。分章絶句之難，朱子不肯句讀者，亦未能盡通也，況讀書至拙如予者，豈能遽豁然於中哉？諸儒之所能解，予固幸因得而通之，所不能通，雖諸儒極融化之妙，支綴傅會，屈曲將迎，然亦終未能盡明也。在昔先儒篤厚信古，以爲觀書不可以脱簡疑經，如此則經盡可疑，先王之經無復存者。後生爲學，所當確守先儒之訓，何敢疑先王經也。不幸秦火既焰，後世不得見先王全經也，惟其不全，固不可得而不疑，所疑者非疑先王之經也，疑伏生口傳之經也。讀書者往往因於訓詁，而不暇思經文之大體，間有疑者，又深避改經之嫌，寧曲説以求通，而不敢輕議以求是。夫聖人之書，萬世之大訓也，與

① 「□□」，文津閣四庫本作「辨矣」，備要本作「詳矣」。

日月並明，與天地始終①，不惟不當疑，亦本無可疑，後學非喪心，孰敢號於衆曰：『吾欲改聖人之經。』然伏生女子之口傳，孰不知其訛舛？聖人之經不改，伏生之言亦不可正乎？糾其繆而刊其贅，訂其雜而合其離，或庶幾乎得復聖人之舊，此有識者之不容自已。漢、唐諸儒，智不足而守有餘，泥古護短，堅不可開。逮至本朝，二三大儒方敢折衷以理，間有删改，譏議喧豗，猶數十年而後定，今訓註多已詳明而猶可略也。惟錯簡繁多，極問②玩索，若稍加轉移，以復大體，不動斤斧，以鑿元氣，不可強通者乃缺之，是亦先儒凡例之所詳也。元體苟正，則訓誥③不待費詞，可以益簡而益明矣。愚不自揆，因成書疑九卷，凡五十篇，正文考異八篇，藏之家塾，以備探討。嗚呼，歐陽公曰：『經非一世之書也，傳之繆，非一日之失也；刊正補輯，非一人之能也。使學者各極其所見，而明者擇焉，以俟聖人之復生也。』予深有感於斯言云。」

〔補正〕

自序内「則訓誥不待費詞」，「誥」當作「詁」。（卷三，頁十七）

按：漢儒於經文遇有錯簡，斤斤守其師傳，不敢更易次第。至宋二程子始更定大學篇，而朱子遂分爲經傳，又取孝經攷定。繼是有更定雜卦傳者，有更定武成、洪範者，餘亦不數見也。魯齋王氏於

---

① 「始終」，四庫薈要本作「終始」。

② 「問」，四庫薈要本作「加」。

③ 「誥」，依補正、四庫薈要本、文淵閣四庫本應作「詁」。

詩、書皆疑之，多有更易。書則於舜典「舜讓於德弗嗣」下補入論語「堯作帝曰：咨爾舜，天之曆數在爾躬。允執其中，四海困窮，天禄永終」二十四字。於「敬敷五教在寬」下補入孟子「勞之來之，匡之直之，輔之翼之，使自得之，又從而振德之」二十二字，餘若臯陶謨、益稷、武成、洪範、多方、多士、立政皆更易經文先後而次第之，觀者未嘗不服其精當，然亦知者之過也。

金氏履祥**尚書注**

十二卷。

存。

張雲章曰：「尚書表注四卷，見於仁山先生本傳，而無所謂書注十二卷者。按：柳文肅貫撰行狀云：『先生早歲所注尚書章釋句解。』蓋指書注十二卷而言，此書爲先生早年所成，晚復掇其要而爲表注也。」

尚書表注

二卷。

存。

〔四庫總目〕

初，履祥作尚書注二十卷，柳貫所撰行狀稱早歲所著尚書章釋句解，已有成書是也。朱彝尊經義考

稱其尚存，今未之見。惟此書刻通志堂經解中。（卷十一，頁三十，尚書表注提要）

履祥自序曰：「書者，二帝三王聖賢君臣之心，所以運量警省，經綸變通，敷政施命之文也。君子於此，考迹以觀其用，詧言以求其心，以誠諸身，以措諸其事，大之用天下國家，小之爲天下國家用，顧不幸不得見帝王之全書，幸而僅存者，又不幸有差誤異同附會破碎之失。考論不精，則失其事跡之實；字辭不辨，則失其所以言之意，此書所以未易讀也。蓋自周衰而帝王之典籍不存，學校之教習俱廢。夫子觀周，歷聘諸國，歸而定書焉，以詔後世，不幸而燼於秦，灰於楚，鉗於斯、何偶語挾書之律。久之，而伏生之耄言僅傳，孔氏之壁藏復露。伏生者，漢謂今文；孔壁者，漢謂古文。顧伏生齊語易訛，而安國討論未盡。夫壁中不惟有古文諸篇，計必兼有今文諸篇。安國雖以伏生之書考古文，不能復以古文之書訂今文，是以古文多平易，今文多艱澀，今文雖立學官，而大小夏侯、歐陽文各不同，不幸古文竟漢世不列學官。後漢劉陶獨推今文三家與古文異同，定正文字七百餘事，號曰中文尚書，不幸而不傳於世。至東晉而古文孔傳復出，至蕭齊始備，至蕭梁始行北方。至唐貞觀悉屏諸家，獨立孔傳，且命孔穎達諸儒爲之疏。夫古文比今文固多且正，但其出最後，經師私相傳授最久，其間豈無傳述附會？所謂大序文體不類西京，而謂出安國，小序事意多謬今文，而上誣孔子。前漢傳授師說不爲訓解，後漢始爲訓解，而謂訓傳盡出安國之手，唐儒曲暢注説，無所辨正。至開元間，則一用今世文字改易古文。至後唐長興間，則命國子監板行五經，而孟蜀又勒諸石。後之學者，守漢儒之專門，開元之俗字，長興之板本，果以爲帝王一字不可刊之典乎？幸而天開斯文，周、程、張、朱子，相望繼作，雖訓傳未備而義理大明，聖賢之心傳可窺，帝王之作①用易見。朱子傳注諸經略備，獨書未及。嘗別出小序，辨正疑誤，指其要領，以授蔡氏而爲集傳，諸説至此有所折衷矣。但書成於朱子既没之後，門人語録未萃之前爾。履祥繙閱諸家之説，章解句釋，蓋亦有年。一日擺脱衆説，獨抱遺經，復讀翫味，則見其節次明整，脈絡貫通，中間枝葉，與夫譌謬，一一易見。因推本父師之意，正句畫段，提其章旨，與夫義理之微，事爲之概，考正文字之誤，表諸四闌之外，以示子姓，間以視朋從之士，雖爲疏略，然苟得其綱要，無所疑礙，則其精詳之緼，固在夫自得之者何如耳。好古博雅之君子，若或見之，赦其僭，補其缺，辨其疑，則亦此書之幸也，願竊有請焉。」

姓譜：「履祥，字吉父，蘭谿人。師事王柏，宋末以史館編修召，不及用而國亡。遂隱居著書，以淑後進。」

柳貫曰：「先生早歲所著尚書章釋句解，既成書矣，一日超然自悟，擺脱衆説，獨抱遺經，復讀玩味，則其節目明整，脈絡通貫，中間枝葉，與夫訛謬，一一易見。因推本父師之意，正句畫段，提其章指，與其義理之微，事爲之概，考正字文之誤，表諸四闌之外，曰尚書表注，而自序之。」

趙崇善曰：「宋季國勢阽危，在事者束手罔措。先生獨進奇策，請以舟師由海道直趨燕、薊，俾擣虚牽制，以解襄、樊之圍。其叙洋島險易，歷歷有據，而宋竟莫之用。及宋改物，儒者率俛焉北面，先生獨以宋室遺民，高蹈不屈，著作止書甲子而不及年號，自署止稱前聘士云。」

---

① 「作」，四庫薈要本作「功」。

徐乾學曰：「表注引據精確，可裨蔡傳，其作通鑑前編，即自采用其説。」

熊氏禾**尚書集疏**

佚。

黄氏景昌**尚書蔡氏傳正誤**

佚。

兩浙名賢録：「黄景昌，字清遠，浦江人。從方鳳、吴思齊、謝翶游，通五經，自號田居子。」

梅教授書集解

通志：「三册。」

佚。

陳振孫曰：「其書三册，不分卷，不著名，未詳何人。」

趙氏失名**尚書百篇講解**

佚。

林希逸曰：「余讀延平趙君百篇講解，而曰書自諸傳既行，句句字字，毫分縷析，孰不知之，而每篇之要領，則得者蓋鮮。今君篇篇有①解，鋪叙發明，該貫首末，使夫人一覽而大略皆具，非用功深密者能之乎？」

亡名氏尚書名數索至

未見。

方時發序曰：「孔壁之書，載聖人之心法，允執厥中，建其有極，曰德、曰仁、曰敬、曰誠，先賢之集傳，發揮無餘藴矣。此編題以『索至』，舊出於賢關纂集，獨詳於諸家，如堯典之天天②，禹貢之地制，洪範五行之次序，大誥諸篇之官名，凡儀章制度，服食器用，辨之必明，確乎其證也；語之必詳，炳乎其文也。復而熟之，義理渾然之中，條目燦然，誠有補於疏通知遠之學。余自潮歸隱，温舊書，惟此編江廣罕得其傳，由是載加考訂，付之剞劂。其貫穿六經，出入諸子，苞羅旁魄，未易悉通，荄滋魯豕，未易悉辨，當世有行秘書，覩其違闕，儻改而正諸，嘉惠後學，尤賢於著述也。」

按：是書菉竹堂、萬卷堂、澹生堂三家書目均有之。

---

① 「有」字，文津閣四庫本脱漏。

② 「天」，文津閣四庫本作「人」，依備要本應作「文」。

經義考卷八十五

書十四

王氏若虛**尚書義粹**

三卷。

未見。

按：是書天一閣、萬卷堂目均載之。

呂氏造**尚書要略**

佚。

王圻曰：「金哀宗正大間萬壽節，同知集賢院呂造進。」

未見。

趙氏孟頫**書今古文集注**

孟頫自序曰：「詩、書、禮、樂、春秋，皆經孔子刪定筆削，後世尊之以爲經，以其爲天下之大經也。秦火之後，惟易僅全，而樂遂無復存。詩、書、禮、春秋，由漢以來，諸儒有意復古，殷勤收拾，而作僞者出焉，在書爲尤甚。學者不察，尊僞爲真，俾得並行於世。若張霸之膚陋，二十四篇亦以爲古文尚書。小序之舛訛，大悖經旨，亦以爲孔子所定。嗟夫！書之爲書，二帝三王之道於是乎在。不幸而至於亡，於不幸之中，幸而有存者，忍使僞亂其間耶？又幸而覺其僞，忍無述焉以明之，使天下後世常受其欺耶？孟頫愛其真而爲之集注，越二十餘年，再一訂正，手録成書，可與知者道，難與俗人言也。噫！余恐是書之作，知之者寡而不知者之衆也。昔子雲作法言，時無知者。曰：『後世有子雲，必愛之矣，庸詎知今之世無與我同志者哉？』但天下之知我者易，知書者難也。書之爲道誠邃矣。漢自伏生以下，晁錯、倪寬、夏侯勝皆專治書而不得其旨。孔安國雖爲之注，多惑於僞序，而討論未精。蔡邕才堪釐正，而其説不盡傳。孔穎達之疏，曲暢附會，無所折衷。至宋朱子留心雖久，未遑成書。蔡沈過謹而失之繁，亦爲才識之所限；金履祥懲之而失於簡，亦以精力之所拘，終不若他經之傳注審之熟而言之確也。昔文中子尚續書百五十篇，今正書止五十八篇，而傳注可使之不確乎？孟頫繙閲考摭自童時，今至於白首，得意處或至終夜不寢。嗟乎，惟精惟一，允執厥中者，書之道也。一毫之過，同於不及，安得天下之精一於中者而與之語書哉？集注始於至元十六年，中更作輟，成於大德元年，今又二十餘年矣。衰貌頹然，不能不①自愛也，因重輯而爲之序。」

按：是序集中所載係節文，今依墨跡録其全。

男雍跋曰：「先君於六經子史，靡不討究，而在書經，尤爲留意。自蚤年創草爲古今文辨，後三入京師而三易稿，皆謹楷細書，毫髮不苟。及仁宗朝，議改隆福宫爲『光天』二字，以書質之，中留一本，復輯是册，已精而益精者也。古人以半部論語佐太平，吾先君有焉。至元後己卯。」

楊載曰：「公治尚書爲之注，人知其書畫，不知其文章，知其文章而不知其經術也。」

兩浙名賢録：「趙孟頫，字子昂，吴興人，宋之宗室也。以胄監入仕爲潤州録事參軍。至元間，以薦入朝，拜兵部侍郎，累官翰林學士承旨，卒謚文敏，追封魏國公。」

吴氏澄**書經纂言**

四卷。

存。

澄自序曰：「書者，史之所記録也。從聿從曰者，聿古筆字，以筆畫成文字，載之簡册，曰書者，諧聲。伏羲始畫八卦。黄帝時，蒼頡始制文字，凡通文字能書者謂之史。人君左右，有史以書其言動。堯、舜以前，世質事簡，莫可詳考。孔子斷自堯、舜以後，史所紀録，定爲虞、夏、商、周四代之書。初蓋

① 「不」字，文津閣四庫本脱漏。

百篇，遭秦焚滅，挾書有禁。漢興，禁猶未除，舊學之士，皆已老死。文帝時，詔求天下能治書者，惟有濟南伏生一人，年九十餘，遣掌故晁錯即其家傳授，僅得二十八篇。武帝時，河内女子獻僞泰誓一篇，得附二十八篇之列。元、成間，東萊張霸作僞舜典等二十四篇，其書不行。東晉豫章内史梅賾增多伏生書二十五篇，又於二十八篇内分出五篇，共五十八篇，上送於官，遂與漢儒歐陽氏、大小夏侯氏三家所治伏生之書並。唐初尊信承用，命儒臣爲五十八篇作疏，因此大顯，而三家之書廢，今澄所注，止以伏生二十八篇之經爲正。」

王禕曰：「今文多艱澀，古文多平易，先儒嘗深疑之。宋蔡沈氏集傳於每篇各疏今文、古文有無，既爲明白。而近時吴澂氏又分今文、古文各自爲書，不相肴雜，尤足以釋後世之疑矣。」

顧應祥序曰：「書纂言者，元儒草廬吴文正公之所著也。應祥按察江右時，過臨川得之，藏之篋笥久矣。乃嘉靖戊申起廢，再撫南中，偶攜以隨，督學憲副胡君堯時見而悦之，曰：『滇苦無書，盍刻以惠滇士。』乃命郡文學偕治書諸生，正其謌舛，屬雲南守陳君光華刻以傳焉。夫自古帝王之治天下，必有史以紀其行事，必有言以發之號令，於是乎有典謨訓誥之作。唐、虞以前，渾渾噩噩，其事簡，其言可傳。孔子删書，上自唐、虞，下迄三代，得百篇。秦燔六籍，煨燼無餘。漢興，除挾書令，濟南伏生始以其所藏者教授齊、魯間。文帝求治書者，伏生老不能行，詔太常遣掌故晁錯即其家受之，是謂今文尚書。後魯恭王治宫室，壞孔子宅，得壁中所藏虞、夏、商、周之書，皆科斗文字，無有知者。博士孔安國取伏生之書，考論文義而爲之傳，是謂古文尚書。會巫蠱事，未及以聞。至東晉豫章内史梅賾始奏上，列於學官。漢、魏之間，所謂歐陽、大小夏侯尚書之學，皆伏生所授者也，伏生書二十九篇，内泰誓一篇，或以爲後人所增。安國所傳，析伏生二十八篇爲三十三篇，泰誓爲三篇，又伏生所無者二十二篇，并序一篇，共五十九篇，分爲四十六卷。但其間出於伏生者，皆艱澀難讀，出於古文者，辭反平易，故先儒往往致疑，而文公朱子亦謂不類西漢文字。文正公是編蓋祖朱子之意，而斷然以二十八篇爲伏生之舊，餘二十五篇則自爲卷帙，以寘諸後，欲使後之學者知上古所傳之書所可信者，惟此焉耳矣。然竊有疑焉，漢藝文志尚書古文經四十六卷，顔師古注曰：『孔安國承詔爲傳經二十九卷。』注曰即伏生所授者，史記儒林傳伏生書二十九篇，教授齊、魯間。至隋、唐時，始以泰誓爲河内女子所獻。或以爲武帝時，或以爲宣帝時，殆不可考。安國之書雖未嘗列於學官，然史稱司馬遷授書於安國，班固以之而入志，其私相傳録，增損附會，容或有之，若概謂梅賾所增，豈其然乎？又謂梅賾所上書分堯典『慎徽五典』以下爲舜典，初無『曰若稽古帝舜』二十八字，以爲姚方興添入。今觀太史公五帝紀於帝堯則曰名放勳，帝舜則曰名重華，恐亦有所自焉。噫！士生千載之下，而欲以殘編斷簡訂千載之上之是非，蓋亦難矣。愚因刻是書而并以典籍之所見者，附於首簡，蓋不自知其僭妄云。」

齊氏履謙**書傳詳説**

佚。

胡氏一桂**書説**

佚。

程氏直方**蔡傳辨疑**

一卷。

未見。

陳氏櫟**書解折衷**

佚。

櫟自序曰：「周禮外史掌三皇五帝之書，楚左史倚相亦能讀此書。蓋伏羲、神農、黄帝之書，是爲三墳，此三皇書也。少昊、顓頊、高辛、唐堯、虞舜之書，是爲五典，此五帝書也。至孔子始斷自唐、虞以下，訖於周，去三墳、五典所定者，二帝三王書，凡百篇焉，豈三墳五典簡編脱落而不可通耶？抑孔子所見但始於唐、虞耶？今不可考矣。及秦坑焚禍作，百篇之書，無敢藏者。漢孝文時，聞濟南有伏生勝能讀之，生時年九十餘，欲召之，不能行。詔鼂錯往受，生又老不能正言，其女傳言教，鼂以意屬讀，所得僅二十餘篇爾。先是孔子遠孫有犯秦禁，密藏竹簡書於其家壁中者，至漢景帝子魯共王壞孔子舊宅，又於壁中得尚書數十篇，皆科斗書，後世遂目出於孔壁者爲古文，出於伏生者爲今文，合古今文共五十八篇，即今行於世者是也。外四十二篇，自此時已亡矣。篇各有序，或曰孔子作，然序多與經戾，非孔子作也。自孔壁初藏時已有此序，百序共爲一篇。武帝詔孔安國傳書，安國始分序各冠每篇之首，即今所謂小序，而亡書四十二篇之名，尚賴小序可見焉。三皇五帝之書，自孔子時而已失二帝三王之書，遭嬴秦氏而不全，今所存五十八篇，學者可不知其旨哉！書體有六：典、謨、訓、誥、誓、命是也。今篇名元有此六字者，固不待言矣。其無此六字，如太甲、咸有一德、旅獒、無逸、立政，訓體也；盤庚、西伯戡黎、微子、多士、多方、君奭、周官，誥體也；胤征，誓體也；君陳、君牙、吕刑，命體也。雖其間不無簡編之殘斷，字語之舛訛，然上自堯、舜之盛，下逮東周之初，二千餘年之事，猶賴此可考焉。兼諸經之體，多已見於書中，舜、臯之歌，五子之歌，三百篇祖也；周官六卿，太平六典之綱也；洪範之占用二，可以見易之用；舜典、臯謨之五禮，可以該禮之名。自虞迄周，二千年之史筆在焉，下逮周平王、秦穆公，正與春秋接矣。諸經各得其一體，而書具諸經之全體。治經不盡心於此，非知本者。予幼習此經，老矣猶心醉焉，諸家之解，充棟汗牛，喙喙心心，孰爲真的？蔡氏受朱子付託，惜親訂僅三篇。朱子説書謂通其可通，毋強通其難通，而蔡氏於難通罕闕焉，宗師説者固多，異之者亦不少。予因訓子，遂掇朱子大旨及諸家之得經本意者，句釋於下，異同之説，低一字折衷之。語録所載，及他可採之説，與夫未盡之藴，皆列於是。惟以正大明白爲主，一毫穿鑿奇異悉去之。噫！講姚、姒覈灝①噩而至此，亦勞矣，爾小子其尚懋之。舊嘗述尚書大旨，繼成書解折衷②，屢欲序之，未遑也。大德癸卯十二月五日始取大旨略改，冠於篇端云。」

① 「灝」，四庫薈要本、文津閣四庫本俱作「渾」。
② 「書解折衷」，文津閣四庫本脱漏作「書折衷」。

又自述曰：「予編書傳折衷①，宗朱、蔡，采諸家，附己見，大略與深山董氏相類，第不盡載蔡傳於前爾。」

〔補正〕

自述條内「予編書傳折衷」，「傳」當作「解」。（卷三，頁十七）

尚書集傳纂疏

六卷。

存。

櫟自序曰：「書載帝王之治，而治本於道，道本於心，道安在？曰在中。心安在？曰在敬。揖讓放伐、制度詳略等事雖不同，而同於中；欽恭寅祇畏慎等字雖不同，而同於敬。求道於心之敬，求治於道之中，詳説反約，書之大旨不外是矣。況諸經全體上下數千百年之治迹，二帝三王之淵懿，皆在於書，稽古者舍是經奚先哉？孔子所定，半已逸遺，厥今所存，出漢儒口授，孔宅壁藏，錯簡斷編，當疑闕者何限。自有註解以來，三四百家，朱子晚年始命門人集傳之，惜所訂正三篇而止。聖朝科舉興行，諸經四書，一是以朱子爲宗，書宗蔡傳，固亦宜然。櫟不揆晚學，三十年前，時科舉未興，嘗編書解折衷，將以羽翼蔡傳，亡友胡庭芳見而許可之，又勉以即蔡傳而纂疏之。遂加博采精究，方克成編，今謀板行，幸

① 「書傳折衷」，依補正、四庫薈要本、文淵閣四庫本應作「書解折衷」。

遇邢張子禹命工刊刻，以與四方學者共之。」

楊士奇曰：「書傳纂疏六卷，分爲三册，元新安陳櫟輯。櫟字壽翁，號定宇。今讀書傳者，率資此書及董鼎纂注；吾外氏有書傳會通尤詳備，而今學者多未及見，余雖見之，亦未及録也。」

劉氏莊孫**書傳上下篇**

二十卷。

佚。

胡氏炳文**書集解**

未見。

董氏鼎**尚書輯録纂注**①

〔補正〕

按：「注」當作「疏」。（卷三，頁十七）

六卷。

① 「尚書輯録纂注」，依補正、四庫薈要本、文淵閣四庫本應作「尚書輯録纂疏」。

存。

鼎自序曰：「生民之類，必帝王而後治，帝王之道，必聖賢而後行，考之古可見矣。黄虞遠矣，蒼姬訖矣，三代以降，有帝王而民不治者，聖賢未遇也。孔、孟繼作，有聖賢而道不行者，帝王不用也。噫！虞、夏、殷、周之盛，非適然也，人事之所致也。堯、舜、禹、湯、文、武之聖，非獨善也，人心之所同也。高風遐躅，豈遂不可追而及之哉？孟子言必稱堯、舜，孔子知百世可繼周，言豈苟乎哉？事豈虚乎哉？蓋於百篇之書，的然有見而云爾也。然則是書也，惟聖賢能盡之，惟聖賢能行之，顧其學聖賢之學而事帝王之事者何如耳？焚滅之而秦亡，表章之而漢興，往者可鑒矣。惜乎安國之傳不無可疑，而穎達之疏惟詳制度，二帝三王群聖人之用心，獨決於一夫之見，管窺天而蠡測海，豈足以得其奥藴哉？至宋諸儒數十家，而後其説漸備。又得文公朱子有以折其衷而悉合於古，雖集傳之功未竟，而委之門人九峰蔡氏，既嘗親訂定之，則猶其自著也。鼎生也晚，於道未聞，賴族兄介軒夢程親受學於勉齋黄氏、槃澗董氏，故再傳而鼎獲私淑焉。釋經緒①論多出朱子，迺以訂定集傳爲之宗，而蒐輯語録於其次，又增輯諸家之注有相發明者，并間綴鄙見於其末，庶幾會粹②以成朱子之一經，可無參稽互考之勞，而有統宗會元之極，則亦不無小補矣！第顧繙閲傳注，盈溢充斥，衆寶眩瞀，遺珠棄玉，或所不能免也。惟於君心王政人才民生之所係，諸儒之論可堪警策者，摭抉不遺，闕者補之，以備臨政，願治之觀覽，固不徒爲經

① 「緒」，文津閣四庫本作「諸」。
② 「粹」，四庫薈要本作「稡」。

生學士設。噫！人皆可爲堯、舜，塗人可以爲禹，而況聰明首出，受天之命，奄有四海，有能致之資，居得致之勢，而又有可致之權，可以千古聖賢自期，可以四代帝王自許，而顧乃謙讓未遑也哉？是書若遇，雖書之幸，實天下萬世生民之大幸也。至大戊申十二月己未序。」

子真卿跋曰：「先世以來，多習書經。先君子克承家學，復私淑朱子緒論，於蔡氏傳尤用力焉。大德甲辰，命真卿從雙湖胡先生一桂、退齋熊先生禾讀易武夷山中。因得刊行先君所著孝經大義，時欲并刻此書。真卿歸而以請，先君乃曰：『有朱、蔡二師在前，編集其可苟乎？吾餘齡暇日尚須校定。』且謂真卿曰：『是書將盛行，吾老矣，當不及見，傳之者汝也。』及悼棄藐孤之三年，會聖天子興賢，有詔命習書者惟蔡傳，是宗斯文，開運其在兹乎！蓋先君此書，懼其遺也而靡不録，覺其煩也而欲簡是從，晚雖重加校定，尚欲質之同志而未遂。真卿仰遵先訓，求正於當世①儒先與先君之舊交，如葵初王先生希旦、雙湖胡先生、定宇陳先生櫟、息齋余先生芑舒，多得所討論，於朱、蔡此書似爲大備，敬壽梓閩坊，以廣其傳，非徒不負先君之囑，且以欽承明詔，尊崇朱學之萬一云。延祐戊午十月朔日。」

吴澄序曰：「自樂經亡而經之行於世者惟五，詩、禮、易、春秋雖不無闕誤，而不若書經之甚也。朱子嘗欲作書説弗果，門人嘗請斷書句亦弗果，得非讀之有所疑而爲之不敢易耶？訂定蔡氏書傳，僅至『百官若帝之初』而止，他篇文義雖承師授，而周書洪範以後浸覺疏脱，師説甚明而不用者有焉，豈著述未竟而人爲增補與？抑草稿初成而未及修改與？金縢『弗辟』，鄭非孔是昭昭也，既迷於自擇而與朱子

① 「世」，文津閣四庫本作「時」。

詩傳、文集不相同，然謂鴟鴞取卵破巢比武庚之敗管、蔡及王室，則又同於詩傳而與上文避居東都之説自相反，一簡之内，而前後牴牾如此，何哉？召、洛二誥，朱子之説具在，而傳不祖襲之，故切①疑洪範以後，殆非蔡氏之手筆也。鄱陽董鼎季亨父治聖人之經，學朱子之學，詳稽遺語，旁采諸家，附於蔡氏各條之左，名曰輯録纂注，有同有異，俱有所裨。西伯戡黎，其國葢在黎陽之地，而非上黨、壺關之黎。武王伐商，兵渡孟津，必過黎陽，先戡黎而後至紂都，如齊桓伐楚，先潰蔡而遂入楚境也。輯録引董銖叔重之問，謂吴才老以戡黎爲伐紂時事。召誥三月甲子周公用書命庶殷侯甸男邦伯。多士篇即其命庶殷之書也，而舊注云多士作於祀洛次年之三月，纂注引陳櫟壽翁之説，以此三月誥商士爲周公至洛之年。周公居東，二説兼存，不以蔡之從鄭爲然也。略舉一二端，則季亨父之有功書經多矣。澄於書經，亦嘗因先儒所疑而推究其所可知，往往不能悉與舊説合，觀所輯纂，其間乃有與予不異者。季亨父篤行，信於鄉里，年六十八而終。子真卿來遊京師，出父書以示，嘉其窮經有特見，而無黨同護闕之弊，於是爲識其卷末。」

陳櫟曰：「鄱陽深山董公宗蔡氏書傳，輯朱子語録，增諸家注解，閒以己見發明之。」

江西通志：「董鼎，字季亨，德興人。」

---

① 「切」，依四庫薈要本應作「竊」。

何氏中**書傳補遺**

十卷。

佚。

〔補正〕

按：何中，江西撫州府樂安縣人。方綱嘗訪諸樂安人，無知此書存亡者。（卷三，頁十八）

余氏芑舒**讀蔡傳疑**

一卷。

佚。

書傳解

佚。

姓譜：「德興余芑舒潛心程、朱之學，著有書傳解。」

嚴氏畡**書說**

佚。

吴澂曰：「書經惟後晉增多二十五篇之文，明白易曉，其先漢伏生所傳者，則詰屈難讀。」章貢嚴啟篤志嗜經，博覽深探，於書有説，略述梗概，如金屑花片，雖未底渾全，然嘗鼎一臠，已可知矣。」

張氏仲實尚書講義

卷①。

佚。

牟巘序曰：「講學所以明理，理之不明而辭之徒費，雖多奚以爲？伏生書僅二十九篇。史稱秦恭增其家法，至百萬餘言，亦既多矣。論衡又稱説堯典篇目二字十萬言，但『曰若稽古』二三萬言，就其中尤猥多焉。度與近世所謂時文大義者復何異。班固以爲不思多聞闕疑，而務碎義逃難，便詞巧説，破壞形體，不惟切中當時之病，殆若爲時文發也。烏乎！書出屋壁，簡脱字訛，尚難究悉，苦於分外汎濫牽引，重自纏繞，辭愈繁，理愈失，終其身無所見，可哀已②。今爲講説者，固當一洗此陋，悉從簡要，求其坦然明白者，庶幾聖賢之意，或得五六，不然，亦一時文義耳。予倩張仲實在江陰時，嘗爲諸生講尚書，其從裒取數■③示予。異時吾家君高有牟氏章句，授業者萬人，顧予皓首不名一藝，甚慚無以發之，

① 「卷」，文淵閣四庫本作「一卷」，文津閣四庫本作「六卷」。
② 「已」，文津閣四庫本作「矣」。
③ 「■」，四庫薈要本作「以」，備要本作「篇」。

然深喜其不爲游詞，得講經之法。蓋先考音義名物度數，次列諸儒之説，辨其是否，暢其同異。大抵隨文直解，毫分粒析，求其至當，而一皆訂之以朱子之説。朱子雖不立訓傳，其見於他書，散於語録者，往往采用焉。如以『克明俊德，親九族，平章百姓，協和萬邦』合於大學，『危微精一執中』合於中庸，善於言聖人矣。仲實幼能刻苦力學，通於經術，徒稱其詩文，未爲深知仲實者。夫義理無窮，學問亦無窮，所當講者似未止此，尚益勉其未至，盡畢餘義，成一家可也。孔安國始注尚書，其族兄臧貽書規切，固不得雷同相私，■①有稱道，覽者當自得之。」

程氏龍**書傳釋疑**

佚。

①「■」，四庫薈要本作「意」，文津閣四庫本、備要本俱作「妄」。

經義考卷八十六

書十五

許氏謙**讀書叢説**

六卷。

存。

黄溍曰：「先生書説，時有與蔡氏不能盡合者，要歸於是而已。」

謙自序曰：「自堯至襄王六十五君。堯元年至襄二十八年，歷年一千七百三十四，而惟十八君之世有書。以亡書考之，亦惟沃丁、太戊、仲丁、河亶甲、祖乙五君之世有書十篇耳。自此二十三君之外，其餘豈無出號令紀政事之言？蓋皆孔子所芟夷者。緯書謂孔子求帝魁之書，迄於秦穆，凡三千二百四十篇，雖其言未必實，然有書者不止二十三君則明矣。愚嘗謂聖人欲納天下於善，無他道焉，惟示之觀戒而已。故孔子於春秋，嚴其褒貶之辭，使人知所懼。於書獨存其善，使人知所法，是故春秋之貶辭多而褒甚寡，書則全去其不善，獨存其善也，雖桀、紂、管、蔡之事猶存於篇。蓋有聖人誅鉏其暴虐，消弭其禍亂，獨取乎湯、武、周公之作爲，非欲徒紀其不善也。至於羿、浞之篡夏，幽、厲之滅周，略不及之，觀此則聖人之心可見矣。」

張樞序曰：「孔安國始爲書傳，辭義簡質，至唐孔穎達撰正義以推衍之。其後書説浸廣，見於著録者數十百家，間有所明，而其大要卒不能出夫二家之説焉。朱子爲經，於書屬之門人蔡氏，固嘗質疑問難，然非若易、詩之有全書也。本朝設科取士，並絀衆説而專用古注，書蔡氏猶以朱子故也。蔡氏之説或有未備，仁山先生文安金公於書表注、通鑑前編引書語中，既剖晰而著明之矣。先生受學之久，聞義之邃，獨患是經之傳出於朱子之門人，苟一毫之不盡，則學者無所折衷。乃研精覃思，博求其説，爲之圖説，以示學者，使人人易知焉。叢説中所引傳疏諸家之説，或采掇其詞而易置其次，不必盡如舊也。蓋皆有所裁定而畢致其意，非徒隨文援引而已。雖其説之時少異於蔡氏，而異者所以爲同也。先生嘗誦金先生之言曰：『在吾言之則爲忠臣，在人言之則爲讒賊，要歸於是而已。』豈不信哉？至正六年，門人南臺監察御史白野普花帖睦爾①與其僚大梁楊公惠移浙東廉訪使，鋟版以傳。於是先生所著詩名物鈔八篇、四書叢説十二篇，與讀書叢説皆刊行。先生不幸無位，退而求之於經，不爲新奇，不求近名，卒以救往説之偏，得聖人之意，而會夫大中之歸，既没而其言立，其施於人者溥矣。」

俞實序曰：「私以求聖人之意，求之愈深而失之愈遠，言之愈廣而襲之愈晦，此世士之爲經者之所

---

① 「白野普花帖睦爾」，四庫薈要本作「巴延布哈特穆爾」，文津閣四庫本作「布延巴哈特穆爾」。

同病也。先生不幸無位，退而求之於經，不爲新奇，不爲近名，卒以救往説之偏，得聖人之意，而會夫大中之歸。既没而其言立，其施於人者溥矣。宜其爲士所宗，爲時所尚，考行易名，而令聞長世也。先生金華人，其諱字世系言行本末具今翰林直學士烏陽黄公溍所爲墓序誌銘，兹不述。」

俞氏元燮**尚書集傳**

十卷。

未見。

或問

二卷。

未見。

黄虞稷曰：「元燮居於吴，其卒也，虞集銘之。」

張景春曰：「元燮，字邦亮，其先建寧人，徙長州。通蔡氏傳，博采群説，著集傳十卷、或問二卷。」

吴氏萊**尚書標説**

六卷。

未見。

元氏明善尚書節文

佚。

陸元輔曰：「元明善復初以太子文學事文宗於東宮，陞翰林直學士。譯尚書節文以進，每奏一篇，必稱善。」

王氏充耘讀書管見

二卷。

存。

亡名子序曰：「書有管見，曷爲而作也？耕野王先生考訂蔡傳而誌其所見也。先生當前代科目鼎盛時，用書經登二甲進士第，授承務郎，同知永新州事。先生棄官養母，著書授徒，益潛心是經，自微辭奧旨，名物訓詁，以至山川疆理，靡不究竟，辨析必公是之從，而不苟爲臆説阿附。其用功精深，造詣微密，豈徒專門名家、黨同伐異者之爲哉？此其能爲蔡氏之忠臣，不啻蘇黄門古史之有功於子長也。先生易簀之際，書其卷端曰：『凡爲吾徒者，須人録一編，以的本付吾兒。』其惓惓遺後之意爲何如耶？先生没未幾而元綱板蕩，山棚搆孽，世家藏書，悉遭焚盪。是編賴先生從子光薦密置諸複壁中，僅免於燬。乃以别本訂其訛缺，以付先生之子吉，光薦其可謂善學先生之學而不失其本者矣。先生於四書别有管見若干卷，多所發明，而不獲與是編俱存，惜哉！」

梅鶚曰：「此書得之西皐王氏，寫者甚草草，而其末尤甚，當時恐失其真，輒以紙臨寫一本，而以意正若干字，略可讀。吁！惜吾生之晚，不得摳衣於耕埜之堂也。」

黄虞稷曰：「充耘，字與耕，吉水人。登元統甲戌進士，授永州同知，以母老棄官歸。著是書外，有四書經疑貫通，失傳。」

書義主意

六卷。

存。

劉景文序曰：「四代之書，蔡氏訓詁，深得於朱子心傳之妙，宜今日科舉之所尚也。王君與耕以是經拾①巍科，愚嘗購求得其經義主意，語雖不離乎傳注之中，而實有得乎傳注之外，又可謂能發蔡氏之所未言者歟！是編輯作義要訣於其前，附群英書於其後，學者苟先熟乎經傳，因是推廣而講明之，則於二帝三王之道，自有以得其藴矣。學優而仕，其於致君澤民，豈小補哉！不敢私秘，用刻諸梓，以廣其傳云。時至正戊子七月既望。」

---

① 「拾」，文津閣四庫本作「掇」。

書義矜式

六卷。

存。

張雲章曰："宋熙寧四年，王安石始更科舉法，罷詩賦，以經義論策試士，士各占法一經，此經義之始。其格律有破題、接題、小講，謂之冒子。冒子後入官題，官題下有原題、有大講、有餘意，亦曰從講。又有原經，亦曰考經，有結尾。承襲既久，冗長繁複可厭，則不盡拘格律。然大概有冒題、原題、講題、結題，此經義定式也。充耘主張題意率本功令，而又自爲經義，名曰矜式①，存此猶見當時體製。充耘名進士，是編之出，操觚家詎不奉爲鴻寶哉！今雖流傳於後，孰取而寓目焉。"

李氏天篪書經疏

佚。

江西通志："李天篪，吉水人。得劉静修道學之傳。"

① "矜式"，文津閣四庫本作"經式"。

陳氏悦道**書義斷法**

六卷。

存。

張雲章曰："此亦科舉書，以其流傳久存之。後附作義要訣，新安倪士毅所輯也。"

王氏天與**尚書纂傳**

四十六卷。

存。

天與自序曰："愚少從師取友讀尚書，審問明辨，亦既有年，追惟百篇之義，由伏生傳、二孔注疏暨數百家解釋，富矣。晦庵先生於易、於詩，皆有訓傳，獨於書晚年屬之蔡九峰。二典、禹謨親所訂定。其貢舉私議則曰諸經皆以註疏爲本，書則兼取劉、王、蘇、程、楊、晁、葉、吴、薛、吕，其與門人答問，則如林、如史、如曾、如李、如陳，各取其長。西山先生讀書記纂三十餘篇，大學衍義講數十餘條。愚嘗稽首敬嘆，曰古今傳書者之是非，至晦庵先生而遂定。晦庵先生折衷傳書者之是非，至西山先生而愈明。學者不於二先生乎據，將焉據？乃本二先生遺意，作尚書纂傳。其條例則先二孔氏説者，崇古也。有未當則引諸家説平之，有未備則引諸家説足之，説俱通者並存之，間或以臆見按之，大要期與二先生合而已。愚亦安敢以私意見去取哉！且愚之編此，特示兒振耳。積日累月而編始就，就矣未敢自安。

乙亥冬，攜是編偕振求是正於集齋彭先生，先生首肯增廣校定，凡若干條，往復究竟十四五載，且慫慂流布，以與四方同志共切磋之。先生以是經擢巍科，視富貴如浮雲，不鄙末學，是講是迪，使帝王遺書昭如日月，愚父子之幸也。晦庵、西山二先生所望於後來者，其庶幾乎，庸是俾振鋟之梓云。」

劉坦序云：「梅浦王君立大書纂傳成，集齋先生爲之序，而又俾余贅一語。余於立大十年以長，居相鄰，世相好也。梅浦籍籍有聲場屋，一時從之遊者，膏殘馥賸，無不意滿，而猿臂數奇，衆猶以晚器目之。梅浦於是息意科舉之學，研精覃思，博采詳説，纂爲此書，勤亦至矣。向使業舉子時，龍躍虎變，未必有暇著述。由今而觀，發百篇之奥藴，集四百氏之大成，私淑諸人，垂訓來世，其視夫收科膴仕，甘與草木俱腐者，又孰爲得失也。近有善評紫陽，謂其山林之日長，學問之功深，輒借斯言挂名傳末，若其傳中大義數十，微顯闡幽，有先儒所未到，覽者宜自得之。」

劉辰翁序曰：「聞若稽古説三萬言，又聞書解近年至四百家，使人茫然，孰何不識其所謂，得王君纂傳，如遠遊半天下，首路以歸，如觀樂請止，不願更有，是可嘉也。每憶咸淳初，諸老薦徐幾經筵第一義，論人心道心，以爲人心惡幾也，余歎曰有是哉？以其在理欲之間也。故危概以爲惡則過矣，亦何所附麗以爲道心哉！侍御史陳千峰聞吾言是之，幾以是論去。又數十年，過金陵，入明道書院，讀真西山所爲記，記首二語，則亦幾説也。蓋駭然爲之愧悔自失，是幾亦有所本也。懼哉，以此明民，猶有出於金口木舌之外者，故知食不厭精而膾不厭細。君纂傳多西山氏已得，彼復遺此耶？或謂君有功於纂擇政在此。」

彭應龍序曰：「書繇伏傳孔注若疏，至近代博矣。唐、虞、三代，遼哉邈乎，上溯三千五百餘年，而聖賢心至今猶在者，書在焉故也。書藴奥難見，而庶幾可探討而見者，諸家説在焉故也。如余習讀時，尤愛鞏氏抄、東萊説，開卷初，首引伊川發明欽字義，以爲理學精微，當年闡自伊、洛，後讀書者如欲求書旨到親切的當處，舍是宜何折衷？久之又讀紫陽、西山二先生所考釋與所記衍，竊知其淵源上出伊、洛之正，發經義理，惠淑後學，又至矣乎！惜其未成全書，於百篇或開繹之而未竟，微言粹旨之别見者，世亦莫有能考而會之一。梅浦王立大專勤力學，用工於是經者有年，間與余言，今解者多矣，眩於多而莫適爲之决擇，則將焉用。爲是竭其聞見心思之力，考諸衆説，遠摭伏生、二孔之訓詁義疏，近據紫陽、西山之考釋記衍，雖其説之散在文集、語録者，靡不會粹①於其中，而諸家説有合而弗畔者，一準此類取焉，然後由博歸約，而一經大義至是益以彪炳。蓋嘗讀之，嘉其編摩之力匪易，足慰余夙昔之所有志而未償者。遂以余初與兒曹録前輩説附之，及管見一二，以備商確。嗟乎！百代而上，世運迹陳而得其説者，猶因是獲窺聖賢用心之萬一，可幸也已。運會以逝，思古人之巍冠講論事，付之一慨，抑就此書人人玩味無不切己者，斯言何謂？與其藏諸家塾之思，孰若廣而流布，與四方同志之士切磋之，以無忘往訓。適有諗梅浦刻諸梓以傳者，意熾益甚，余復爲之慫慂，叙其説於帙之初。」

崔君舉後序曰：「六經惟書最難讀，去古既遠，世人無唐、虞、三代聖賢心胸，往往以其褊且薄者揣臆其寬大忠厚，故非惟文義少通，句讀亦未易曉。自韓昌黎已目盤、誥以聱牙。近代大儒朱晦庵白首明經，獨不爲是完書，意者返之於心而亦慨悼於世代人物之不可强合也。惟場屋之士決得失於一夫，

① 「粹」，四庫薈要本誤作「稡」。

承訛習舛而無所忌，然亦時有先者，舜、禹授受十六字，得徐景説演明之；立政任準牧三事，因陳行之而正釋者之誤，特如此自不數數爾。余猶及記長老言，渡江建太學，百年間，陳、徐二上舍，始發先儒之不及。他如皇極二字，先儒固已盡發其秘，由今逆數，不作大中訓詁，才三四十年爾。後來諸儒出新意於箋解之外，析精理於毫釐之間，近則科舉廢久，士無繫累，蕩然失其所挾，試使口誦本經且不能以句矣。吾友梅浦王君纂書傳，晚又得鄉先生彭集齋往復考訂，無復遺憾，首尾十餘年而後就。嗟乎！是書盛行，爲君必執典禮命討，爲臣必辨貨寶鞠謀，在朝廷必明目達聰，在四方必棐彝率乂，共工必流必殛，馬牛必放必歸，三風十愆必具訓，六卿九牧必阜成。其於世道，銷方來而救已往，淵哉百世之澤，宜家藏而人誦之也。」

子振跋曰：「帝王之學，莫先尚書，自訓傳浩繁，蘊義滋晦。先父皓首窮經，潛心纂要，書成流布，幸際明時。大德二年，憲使魯山臧公夢解保申臺省，迺得上聞，先父遂繇贛州路先賢書院山長授臨江路儒學教授。恩命正隆，餘齡忽殞，歲月既久，字畫缺漫，遺孤振泣抱父書，深思聖澤，倩工補葺，庶幾永傳。欽惟清朝，復唐、虞、三代之風，先父臣得附伏生、夏侯勝之列，亦萬萬幸也。」

王氏希旦**尚書通解**

佚。

李氏恕**書旁注**

佚。

韓氏信同**書經講義**一曰集解

未見。

閩書：「信同，字伯循，寧德人。受業陳普之門。延祐四年，應江、浙①舉，不合，歸，杜門不出，弟子請教，屨滿户外。著書經講義、三禮、易經旁注。」

吕氏椿**尚書直解**

佚。

閩書：「椿，字之壽，晉江人。初從丘釣磯學，貧隱授徒，所著有春秋精義、詩書直解、禮記解。」

黄氏鎮成**尚書通考**

十卷。

---

① 「江、浙」，文津閣四庫本作「仕」。

存。

鎮成自序曰：「書載二帝三王之政，政者心與事之所形也。是故道德仁聖統於心，制作名物達於事，内外之道合，而帝王之政備矣。然統乎心者，先後古今，脗合無二，達於事者，儀章器物，因革無存。故求帝王之心易，而考帝王之事難，矧後儒稽古不過以周爲據，而秦人滅學，周典亦多殘缺，迺欲以不完之文，以徵隆古之舊，斯益難矣。然昔者紫陽夫子之教，必語學者以有業次，如所謂堯、舜典曆象、日月星辰、律度量衡、五禮六樂、禹貢山川、洪範九疇之類，須一一理會令透。蓋讀書窮理，即器會通，乃學者之當務也。余方授兒輩以書，間或有問，不容立答，則取關涉考究者，會萃抄撮。或不可言曉者，規畫爲圖以示之。至衆家之説有所不通，則間述臆見以附於下。如舊圖舊説已備者，不復贅出；其有未盡，則隨條辨晰焉。歲月積累，寖成卷帙，兒輩乃請次其顛末，以便尋考，名曰尚書通考。竊謂學有本末，道無精粗，禮樂官名，聖人猶問，則讀是經者，安得不求其故哉？方將就正於博學君子，然後退授於家？俾得格致之助，亦庶乎紫陽夫子之教云爾①。」

〔補正〕

自序末當補「云天三歷年正月」。（卷三，頁十八）

① 「爾」字下，依補正應補「云天三歷年正月」七字。

甚大。」

陳氏師凱**書蔡傳旁通**

六卷。

存。

黄虞稷曰：「師凱，彭蠡人。至治辛酉爲此書，凡傳中所引名物度數，必詳究所出，有功蔡傳

師凱自序曰：「天道無心而成化，聖人有心而無爲，惟其有心也，故無爲而無不爲；惟其無爲而無不爲，故動而世爲天下道，行而世爲天下法，言而世爲天下則，此二帝三王之所以不能不有書也。書既有矣，凡一動一行一言，雖千萬世而一日矣。然書出於千萬世之前，而書讀於①千萬世之後，則其一動一行一言，又烏得而備知之？此朱、蔡師弟子之所以不能不有傳也。傳既出矣，後之讀書，將不能究朱子之所傳，不能領蔡氏之所受，又不能如其行輩之所講明，則雖有傳，猶未能備知也。此鄱陽董氏之所以有輯録纂注也。然其輯録特問答之多端，纂注又專門之獨見，初學於此，苟本傳尚未曉晰，而乃覽博，則茫無畔岸，吾誰適從？是董氏所纂，乃通本傳以後之事，殆未可由此以通本傳也，此旁通之所以贅出也。嗟夫！書之有傳，如堂之階，如室之户，未有不由此而可以造其地也。然傳文之中，片言之嘖，隻字之隱，呻其佔畢之際，囁嚅而齟齬者，不爲無矣，況有所爲天文、地理、律曆、禮樂、兵刑、龜策、

① 「千萬世而一日矣。然書出於千萬世之前，而書讀於」二十字，文津閣四庫本脱漏。

河圖、洛書、道德、性命、官職、封建之屬，未可以一言盡也？是以旁通之筆，不厭瑣碎，專務釋傳，固不能效正義之具舉，但值片言隻字之所當尋繹、所當考訓者，必旁搜而備録之，期至于通而後止，俾初學之士，對本傳於前，置旁通於側，或有所未了者，即轉矚而取之左右，庶幾微疑易釋，大義易暢，乘迎刃之勢，求指掌之歸，吾見其有融會貫通之期，無囁嚅齟齬之患矣。其言道德性命之際，文理已明者，略爲衍説。或於名物度數之末，無乃太簡者，則詳究所出，以致弗明弗措之意焉。由是以了本傳，次及輯録纂注，則先入者定而中不摇，權度在我而外不惑，近可以得諸儒之本旨，遠可以會朱、蔡之授受。若夫二帝三王之所以爲天下道、爲天下法、爲天下則者，則又存乎其人而已。雖然，愚之所以云云而不避僭越者，非敢爲通人道也，爲初學小子費師説者設也，以謏聞而陳之通人之前，寧不詒玉巵無當之誚乎？姑藏之以俟知者。」

倪氏士毅**尚書作義要訣**

四卷。

存。

趙汸曰：「先生守身制行，不爲名高，而事親至孝，接物以誠，非其人不交，非其有不取，非仁義道德之説，嘗論定於郡先師朱子者，不以教人。雖大寒暑，未嘗一日輟其業以嬉，終其身，人不見疾言遽色，是故黟人信其言而尊其行。倪氏世家休寧，先生諱士毅，仲弘其字。其師曰陳壽翁，所著書曰四書輯釋，閩坊購其初稿刻之，嘗别爲纂釋之例甚精，書未脱稿，又將以次及他經，皆未就而卒。」

按：是書乃元時舉子兔園册，東山趙氏作仲弘改葬誌稱於他經皆未就，度此必書坊僞托也。

吴氏師道**書雜説**

六卷。

未見。

李氏公凱**纂集柯山尚書句解**

三卷。

存。

按：仲容於詩取東萊吕氏，於書則舍吕氏而從夏氏，蓋不偏主一家者。

吴氏迂**書編大旨**

未見。

吾邱氏衍**尚書要略**

未見。

周氏聞孫**尚書一覽**

未見。

吉水縣志:「周聞孫,字以立。至正辛巳舉於鄉,赴春官,中乙榜,薦入史館修宋、遼、金三史,時當事多遼、金故臣子孫,不肯以正統予宋,聞孫具疏爭之,不報,遂棄職歸。尋授鰲溪書院山長,改貞文書院。所著有尚書一覽、河圖洛書序説。」

余氏日強**尚書補注**

佚。

楊維楨作碣曰:「日強,字産壯,崑山人。學通六經百氏,博貫精析,退然不知有餘,且善屬文,根柢六經,不淆異説。所著有尚書補注藏於家。」

黄虞稷曰:「日強本福建吉田,流寓太倉。」

朱氏祖義**尚書句解**

十三卷。

存。

黄虞稷曰:「祖義,字子由,廬陵人。」

馬氏道貫**尚書疏義**

六卷。

未見。

黄虞稷曰：「道貫，字德珍，金華東陽人。師事許謙，自號一得叟。」

丘氏迪**尚書辨疑**

佚。

姑蘇志：「迪，字彦啓，從熊朋來學，著書辨疑。」

王氏文澤**尚書制度圖纂**

三卷。

佚。

松江府志：「王文澤，字伯雨，別號梅泉，家風涇①，遷上海鹹魚港。累舉不第，爲府學訓導，卒葬横雪山，秦裕伯銘其墓。」

---

①「風涇」，依補正、四庫薈要本、文淵閣四庫本應作「楓涇」。

〔補正〕

松江府志條內「家風涇」，「風」當作「楓」。（卷三，頁十八）

韓氏性**尚書辨疑**

一卷。

佚。

紹興府志：「韓性①，字明善，會稽人。魏公琦後，辟薦皆不就，卒，賜謚莊節先生。」

鄒氏季友**尚書蔡傳音釋**

六卷。

存。

〔校記〕

善本書室藏書志有尚書蔡傳音釋辨誤六卷，元至正刊本。（書，頁二四）

黃虞稷曰：「季友，字晉昭，鄱陽人。書傳會選多采用其書。」

---

①「韓性」，文津閣四庫本誤作「韓生」。

邵氏光祖**尚書集義**

六卷。

存。

張景春曰：「邵光祖，字弘道，父宦遊來吳，因家焉。博通好古，研精經傳，窮六書之旨。張士誠據吳，授湖州學正，不赴，遂以布衣終其身。」

方氏傳**書蔡氏傳考**

佚。

陳氏研**尚書解**

佚。

鄭氏翔**尚書注**

佚。

方氏公權尚書審是

佚。

黄氏艾尚書講義

佚。

鄭氏彦明尚書説

佚。

方氏通尚書義解

佚。

黄氏力行書傳

佚。

趙氏杞尚書辨疑

未見。

按：葉氏菉竹堂目載之，止云一册，無卷數。

季氏仁壽春谷讀書記

佚。

括蒼彙記：「季仁壽，字山甫，龍泉人。元末，用薦教諭慈谿，改松陽，轉婺州教授。」

經義考卷八十七

書十六

劉氏三吾**等書傳會選**

六卷。

存。

實録：「洪武十年三月，上與群臣論天與日月五星之行，翰林應奉傅藻、典籍黄麟、考功監臣郭傳皆以蔡氏左旋之説爲對。上曰：『天左旋，日月五星皆右旋，二十八宿，經也，附天體而不動，日月五星，緯乎天者也。朕自起兵以來，與善推步者仰觀天象二十有三年矣，嘗於天氣清爽之夜，指一宿爲主，太陰居是宿之西，相去丈許，盡一夜則太陰漸過而東矣。由此觀之，則是右旋，曆家亦嘗論之。蔡氏謂爲左旋，此則儒家之説，爾等不晰而論之，豈所謂格物致知之學乎？』二十七年四月丙戌，詔徵儒臣定正宋儒蔡氏書傳。上觀蔡氏書傳日月五星運行與朱子詩傳不同，及其他注説與鄱陽鄒季友所論，間有未安者，遂詔徵天下儒臣定正之。於是太子少保唐鐸等舉翰林編修致仕張美和、國子監博士致仕錢宰、助教致仕靳觀、教授高讓、學正王子謙、教諭張士諤、俞友仁、何原銘、傅子裕、周惟善、訓導唐棐、周寬、趙信、洪初、萬鈞、王賓、謝子方、吴子恭、博士解震、熊釗、揭軏、蕭尚仁、蕭子尚、王允升、張文翰、張思哲、宋麟，並遣行人馳傳徵之。九月己酉，正蔡氏書傳成。初，詔徵國子博士錢宰等至，上語以正定書傳之意，且曰：『爾等知天象乎？』皆對以不知。上曰：『朕每觀天象，自洪武初，有黑氣凝於奎壁，乃文章之府，朕甚異焉。今年春暮，其間黑氣始消，文運興矣，爾等宜考古①正今，有所述作，以稱朕意。』乃命翰林院學士劉三吾董其事，開局翰林院，正定是書。時禮遇諸儒甚厚，各賜以綺繒衣被等物。又御製詩，命次韻和之。朝參則班於侍衛之前②，宴亨則次坐殿中。時酒樓成，人賜鈔宴其上，各獻詩謝。上大悦，復遣禮部尚書任亨泰諭旨諸儒有年老願歸者先遣之，衆皆願留。至是書成，凡蔡氏集傳得者存之，失者正之，又集諸家之説，足其未備。三吾等率諸儒上進，賜名曰書傳會選，命禮部頒行天下，賜諸儒宴及鈔，俾馳驛而還。」

按：書傳會選載纂修諸人無靳觀、吴子恭、宋麟，而有國子祭酒胡季安、左春坊左贊善門克新、右春坊右贊善王俊華、翰林修撰許觀、張信、編修馬京、盧原質、齊麟、張顯宗、景清、戴德彝、國子助教高耀、王英、定公静、儒士靳權，凡一十五人，蓋永樂中修實録，以許觀、景清等皆坐逆黨，因連類而刪去

---

① 「古」，文津閣四庫本誤作「今」。

② 「前」，文津閣四庫本誤作「宴」。

之也。

〔四庫總目〕

朱彝尊經義考謂許觀、景清、盧原質、戴德彝等皆以死建文之難，删去其説，是已。然胡季安、門克新、王俊華等十一人何以併删？且靳觀、吴子恭、宋麟三人此書所不載，又何以增入。蓋永樂中重修太祖實録，其意主於誣惠宗君臣以罪，明靖難之非得已耳。其餘草草，非所注意，故舛謬百出，不足爲據，此書爲當時舊本，當以所列姓名爲定可也。（卷十二，頁十三，書傳會選提要）

三吾序曰：「今天下車同軌，書同文，行同倫，當大德聖人在天子位。舉議禮制度考文之典，謂六書莫古於書，帝王治天下之大法莫備於書，今所存者僅五十八篇，諸儒訓註又各異同。至宋九峯蔡氏本其師朱子之命，作爲集傳，發明殆盡矣。然其書成於朱子既殁之後，有不能無可議者，如堯典天與日月皆左旋，洪範相協厥居爲天之陰騭下民，有未當者宜考正其説，開示方來。臣三吾備員翰林，屢嘗以其説聞，上允請，乃召天下儒士倣石渠、虎觀故事，與臣等同校定之。凡蔡氏之得者存之，失者正之，旁采諸家之説，足其所未備，書成，賜名曰書傳會選。今所引用先儒姓氏，定爲凡例，列之於後云。」

祝允明曰：「高皇帝聖學超傑，以尚書『咨羲、和惟天陰騭下民』二節蔡沈註誤，嘗問群臣七政左旋然乎？編修答禄與權，仍以蔡氏新説對。上曰：『朕自起兵迄今，未嘗置步覽，焉可徇儒生腐談？』因命諸儒臣改正，爲書傳會選，劄示天下學者。其略曰：凡前元科舉，尚書專以蔡傳爲主，考其天文一節，已自差謬。謂日月隨天而左旋，今仰觀乾象，甚爲不然，當依朱子詩傳十月之交注文爲是。又如洪範内『惟天陰騭下民，相協厥居』一節，俱以天言，不知陰騭下民乃天之事，相協厥居乃人君之事，天之陰騭下民者何？風霜雨露，均調四時，五穀結實，立蒸民之命，此天之陰騭也。君之相協厥居者何？敷五教以教民，明五刑而弼教，使強不得以淩弱，衆不得以暴寡，而各安其居也。若如蔡氏之說，則相協厥居事皆付之於天，而君但安之自若，奉天勤民之政，略不相與，又豈天祐下民，作君作師之意哉？」

顧炎武曰：「按：此書若堯典謂天左旋，日月五星違天而右轉，主陳氏祥道。高宗肜日謂祖庚繹于高宗之廟，主金氏履祥。西伯戡黎謂是武王，亦主金氏。洛誥『惟周公誕保文、武受命惟七年』，謂周公輔成王之七年，主張氏、陳氏。皆不易之論。又如禹貢厥賦貞，主蘇氏軾，謂賦與田正相當。涇屬渭汭，主孔傳水北曰汭。太甲自周有終，主金氏，謂周當作君。多方不克開千①民之麗，主葉氏。金縢周公居東，謂孔氏以爲東征，非是。至洛誥又取東征之説，自相牴牾。每傳之下，繫以經文及傳音釋，於字音字體字義，辨之甚詳。其傳中用古人姓氏，古書名目，必具出處，兼亦考證典故。蓋宋、元以來諸儒之規模猶在，而其爲此書者，皆自幼爲務本之學，非由八股發身之人，故所著之書雖不及先儒，而尚有功於後學。至永樂中修尚書大全，不惟刪去異說，并音釋亦不存矣。愚嘗謂自宋之末造，以至有明之初年，經術人材，於斯爲盛。自八股行而古學棄，大全出而經說亡。洪武、永樂之間，亦世道升降之一會矣。」

① 「千」，四庫薈要本、文淵閣四庫本、文津閣四庫本俱作「于」。

梁氏寅**書纂義**

十卷。

未見。

寅自述曰：「歸老之後，於書也，以蔡氏傳之詳明而姑釋其略，謂之書纂義。」

朱氏升**尚書旁注**

六卷。

存。

書傳補正輯註

一卷。

未見。

升自序曰：「朱子傳註諸經略備，獨於書未暇及，嘗別出小序①，辨正疑誤，指其領要，以授蔡氏而爲集傳，惜其成於朱子既殁之後，門人語録未輯之前。自是以來，諸儒繼作，講明著述，補益宏多，然往

---

① 「小序」，文津閣四庫本應作「外序」。

往不與經傳相附，而繙閱之難也。升不揆愚陋，蒐輯見聞，既爲讀經者作旁註，綱目有統，離合成章。又爲讀傳爲傳輯，補缺正訛，發明旨趣，亦既有年矣。今爲此編，不過約取傳輯，補缺正訛之文，僅使傳文周密，經意通暢而已。庶幾文字簡潔而學章誦習不憚其繁，若欲求其發明旨趣之詳，則有傳輯在。時至正庚寅二月壬辰，書成於石門山中，題以授子同。」

陳氏謨**書經會通**

未見。

人物考：「陳謨，字一德，又字心吾，泰和人，學者稱海桑先生。洪武初，徵至京師議禮，學士宋濂、待制王褘交章請留爲國子師，引疾辭歸，家居教授，屢應聘爲江廣考試官。所著有書經會通、詩經演疏。」

朱氏右**書集傳發揮**

十卷。

未見。

右自序曰：「愚讀孔子所删述易、書、詩、春秋，而深歎夫聖人之道不行。及觀漢、唐諸儒傳疏，又以痛聖人之道不能明也。道不行猶得以明其理義，布諸方策，以淑夫後之人。道之不明於天下，貿貿焉棄本而逐末，趨僞而厭真，幾何不爲異端功利之歸矣乎。竊以君臣父子之道，尊尊親親之懿，莫詳於書。自成、康王澤一熄，五百年而我父子出，雖不得司其典禮命討之權，猶能修其典禮命討之具，奈何遭焚滅之禍，千數百年間，大禮泯絕。至宋程、朱諸儒，始能因遺經以闡其教，其功固不在漢、唐下也。天相元德，崇信五經，詔取士科，書以朱子訂傳爲主，經生學子尤知嚮方，則孔氏删定之書將行於今矣。噫！世固有明經而不得以行道者，未有經不明而能行道者也；固有通其辭而不得其心者，未有不察其辭而能知其心者也。然則道之行當自明經始，經之通當自達辭始；達其辭以知其心，即其心以行夫道，奚可以二觀哉！右生也晚，於道未聞，信習是經，積有年矣。集傳之作，非後學所敢妄議。嘗參諸當代名儒，質以所聞父師之教，則不無相發明者，於是謹述集傳發揮六卷、綱領始末一卷、指掌圖一卷、通證二卷，凡一十卷，藏之於家，以詒子孫。蓋以世有古今，時有先後，人心之所同然一耳。心之所同然者何也？謂理也，義也。聖人先得我心之所同然耳。苟得其所同然，雖越天地、亘古今如一日也。嗟夫！君心之要，王政之綱，具在是經，安敢以覬其萬一。初學之士，尋繹之繁，或庶免於紛紜眩惑之病云。」

李祁序曰：「書經孔子之手而定，然自漢以下，文有古今之殊；自唐以來，傳有是非之雜，如是而求夫精義之歸一，難矣哉！九峯蔡氏親授朱子指畫，作爲集解，而諸家之說始有折衷，學者始有準則，二帝三王之道亦既廓然明矣。然其微辭隱義，諸家或所①未發，蔡氏亦止據其所長而采之，使當時復有他說，則亦必在所不遺矣。自集傳既行之後，諸儒之講論益精，考訂益密，皆足以發是書之隱而闡其

① 「所」，四庫薈要本作「有」。

微。於是天台朱君伯賢復會其所長，附以己見，編而爲集，名曰發揮。蓋非以求異乎蔡氏之傳，乃所以補其遺闕而全之也。予嘗得而讀之，開卷數節，即犂然當於人心，然後知二帝三王之書雖非出於一時，而會之於道則無不同。諸家之説雖非出於一人，而揆之於理則必有合，其理同則其道同，又何疑乎是非之難辨哉！伯賢用力精深，故其采擇詳審。至其綱領、圖説、音釋、通證，皆有補於是書，有功於學者，是亦不可少也。嗚呼！安得起蔡氏於九京而與之論伯賢之所學哉？」

錢謙益曰①：「右，字伯賢，臨海人。後徙上虞。元末，累舉不就。洪武初，召修元史，再修日曆，除翰林院編修，擢晉相府長史。」

冉氏庸**尚書精萃**

佚。

陳璉志墓曰：「先生諱庸，克常其字，保定蠡縣人。登至正丙午進士第，授完州判官，不就，尋改長信寺知事。洪武初。例徙南京。上欲授以官，辭之甚力，遂謫桂林。永樂初，應詔至南京，以老疾辭歸，年九十六卒。」

---

① 「錢謙益曰」，四庫薈要本作「錢陸燦曰」，文津閣四庫本作「紹興府志」。

徐氏蘭書經體要

一卷。

未見。

黄虞稷曰：「蘭，字與善，浙江開化人。洪武初，官助教。門人歐陽齊進其書於朝。」

陳氏雅言尚書卓躍

〔校記〕

四庫存目著録作書義卓躍。（書，頁二四）

六卷。

未見。

鄒緝表墓曰：「永豐陳雅言受詩於傅志行，受書於徐復。明興，首起典教縣學，其著述多所發明，有四書一覽、大學管闚、中庸類編、書經卓躍行於世。」

楊士奇曰：「書卓躍二册，永豐陳雅言著，專爲科舉設，今南昌有刻板，余得之雅言之孫彝訓，今爲中書舍人。」

黄虞稷曰：「雅言，永豐人。洪武中，稱病不赴薦，嘗領永豐縣教事。」

鄭氏濟書經講解

未見。

黄虞稷曰：「濟，閩縣人。洪武中，儋州學正。」

林氏遜尚書經義

未見。

黄虞稷曰：「遜，廣東潮陽人。洪武乙丑進士，授閩縣丞。」

黄氏紹烈書經主意

未見。

黄虞稷曰：「紹烈，臨川人。洪武二十七年進士，官瑞安知縣。」

郭氏元亮尚書該義

十二卷。

佚。

台州府志：「元亮，仙居人，樌從子，以儒士任新昌訓導。」

謝鐸曰：「尚書該義，黄巖郭元亮著，今亡。」

詹氏鳳翔**書經釋義旁通撮要**

未見。

江西通志：「詹鳳翔，字道存，樂安人，以薦任府學訓導。」

劉氏朴**書義精要**

佚。

江西通志：「劉朴，字子素，吉水人。洪武中，舉明經，試於京師，授學官。其卒也，解縉表其墓。」

胡氏廣**等書傳大全**

十卷。

存。

吴任臣曰：「書傳舊爲六卷，今分十卷，大旨本二陳氏。纂修諸臣則翰林院學士兼左春坊大學士奉政大夫胡廣，奉政大夫右春坊右庶子兼翰林院侍講楊榮，奉直大夫右春坊右諭德兼翰林院侍講金幼孜，翰林院修撰承務郎蕭時中、陳循，翰林院編修文林郎周述①、陳全、林誌，翰林院編修承事郎李貞、陳景著，翰林院檢討從仕郎余學夔、劉永清、黄壽生、陳用、陳燧，翰林院五經博士迪功郎王進，翰林院典籍修職佐郎黄約仲，翰林院庶吉士涂順，奉議大夫禮部郎中王羽，奉議大夫兵部郎中童謨，奉訓大夫禮部員外郎吴福，奉直大夫北京刑部員外郎吴嘉静，承直郎禮部主事黄裳，承德郎刑部主事段民、章敞、楊勉、周忱、吾紳，承直郎刑部主事洪順、沈升，文林郎廣東道監察御史陳道潛，承事郎大理寺評事王選，文林郎太常寺博士黄福，修職郎太醫院御醫趙友同，迪功佐郎北京國子監博士王復原，泉州府儒學教授曾振，常州府儒學教授廖思敬，蘄州　②儒學學正傅舟，濟陽縣儒學教諭杜觀，善化縣儒學教諭顔敬守，常州府儒學訓導彭子斐，鎮江府儒學訓導留季安，凡四十二人。」

佚。

王氏達**書經心法**

王孚曰：「耐軒先生有詩、書二經心法，學者多傳之。」

錢謙益③曰：「達字達善，無錫人。洪武中，舉明經，除國子助教。永樂中，擢翰林編修，遷侍讀

①「周述」二字，文淵閣四庫本脱漏。
②「蘄州　」，依備要本應作「蘄州府」。
③「錢謙益」，四庫薈要本作「錢陸燦」，文津閣四庫本作「陸元輔」。

學士。」

張氏洪尚書補傳

十二卷。

未見。

王氏原書傳補遺

未見。

黄虞稷曰：「原，龍巖人。永樂甲申進士，官潮州知府。」

彭氏勗書傳通釋

六卷。

存。

勗自述曰：「愚讀是經傳，叨中甲科，且嘗推所得以淑諸人，而其中微辭奥義，有弗能辨析者尤多。比伏覩頒降書傳，藏於學校，閭巷①未易得覩，是以忘其不韙之咎，摘取其切要者，附載下方，名曰書傳

① 「巷」，四庫薈要本作「里」。

通釋，繕寫成編，歸貽家塾，庶與吾鄉之士共焉。」

人物考：「彭勗，字祖期，吉安永豐人。永樂乙未進士。正統初，拜監察御史，改考功郎中，出爲山東按察副使。」

黄虞稷曰：「是書錢塘董鏞音點，宣德乙巳，曾刻於建陽。」

徐氏善述**尚書直指**

六卷。

存。

人物考：「徐善述，字好古，天台人。以薦授桂陽州學正。仁宗爲皇太子，簡入宫僚，爲左春坊左司直郎，陞右贊善，卒於官。洪熙間，贈太子少保，謚文肅。」

黄虞稷曰：「仁宗在東宫，徐贊善善述纂尚書直指六卷上進。」

按：是書徐文肅爲東宫講官時所進，未曾刊行，亦不列撰書姓名。其後中璫錢能從宫中攜出，遂爲鏤版。於時錢溥、劉宣序之，童軒跋之，皆不知爲文肅所著。予從同里曹侍郎溶家見之，因爲標出。

陳氏濟**書傳補注**

一卷。

未見。

書傳通證

未見。

姓譜：「陳濟，字伯載，武進人。永樂初，以布衣召修永樂大典，爲總裁官，書成，授右春坊右贊善，所著有書傳通證、書傳補注。」

何氏文淵**書義庭訓**

未見。

陸元輔曰：「書義庭訓，太子太保吏部尚書廣昌何文淵巨川撰。文淵中永樂戊戌進士，晚號鈍庵。」

經義考卷八十八

書十七

章氏陬書經提要

四卷。

〔校記〕

四庫存目著録，無卷數。（書，頁二四）

未見。

陬自序曰：「韓子有言，記事者必提其要，若天文、地理、圖書、律吕四者，皆書之要也。然天文之度數或未易析，地理之沿革或有不同。至於圖書、律吕，先儒固有成説而散見他書，未有萃於一者，故學經之士得其一，或遺其二。愚竊病焉，輒不自揆，用摭先儒之説，爲書四篇，名以提要。或爲之圖，或述其義，間以一得之愚附焉。其具於蔡傳者不複出，庶幾其説簡明易見，不假他求而得其要矣。」

台州府志：「章陬，字仲寅，黄巖人。正統丙辰進士，官至兵部主事。」

按：章氏書載西亭王孫萬卷堂目。

張氏瀾**書經集説**

未見。

蔣方馨曰：「張瀾，字道本，潼川人。正統己未進士。」

黄氏諫**書傳集義**

未見。

〔校記〕

善本書室藏書志作：「書傳集解十二卷。」（書，頁二四）

人物考：「黄諫，字廷臣，蘭州人。正統壬戌賜進士第三人，授翰林院編修，轉左春坊左中允。天順初，改尚寶司丞，仍兼翰林院編修，陞尚寶司卿，進翰林院侍講學士，謫判廣州府，尋被逮，至京道卒。」

夏氏寅**尚書劄記**

未見。

錢謙益曰①：「寅，字正夫，華亭人。正統十三年進士，除南京吏部主事，歷郎中二十年，爲副使十六年，終山東右布政使。」

費氏希冉**尚書本旨**

七卷。

未見。

南海縣志：「費希冉，字師敬，正統間諸生。」

劉氏斆**尚書句解**

未見。

楊廉狀曰：「公諱斆，字于學，吉安人。領景泰庚午鄉薦，司訓武昌，調武進，陞南京翰林院孔目。」

楊氏守陳**書私抄**

一卷。

存。

---

① 「錢謙益曰」，四庫薈要本作「錢陸燦曰」，文津閣四庫本作「松江府志」。

守陳自序曰：「孟子曰：『盡信書，則不如無書。』書蓋唐、虞、三代之史所記，孔子所録，何爲不可盡信耶？蓋古之書傳世既久，則其錯簡缺文訛字，浸浸多有，至孟子時已然。秦人焚之，則併其簡編文字，蕩然亡矣。漢世旁求，一得於女子之口授，一出於先世之壁藏。壁藏者已經後人修潤，故鮮錯訛；口授者蓋其所誦已非盡本文，而當時傳言後世謄寫，益多闕與錯訛，且有重複，滋不可盡信矣。而漢、唐諸儒乃盡信力解，至有所難通，則亦强爲之説。宋儒始疑之，若東坡之於康誥，荆公之於武成，吴才老之於梓材，皆明其錯，而晦庵先生又重定武成，一時諸家傳注，往往有愈於漢、唐者。元時王魯齋嘗作書疑，謂皐陶謨、説命、武成、洪範、多方、立政六篇多錯簡訛字，自以其意更定，雖未必盡合於古，然合者亦不鮮矣。歐陽子曰：『經非一世之書也，其傳之謬，非一日之失也，刊正補輯，非一人之能也，使學者各極其所見，而明者擇焉，以俟後聖之生也。』其言至矣。蒙自童時受書，每遇今文，腐唇弊舌而不能以熟，稍長聽講，苦心焦思而不能以通也。其後頗覺蔡傳似欠明備，乃取諸家偏閲，疑久不釋。及得魯齋書疑，則躍然喜曰：『此先得我心之所同者。』於是取堯典以下經傳，手自鈔録，凡經有錯簡者移之，而其闕訛重複者明言之，蔡傳有欠明備者，采諸家補之，而或以私説附焉。其所移者既未必合於古經，所補者又未必勝乎舊傳，徒爲紛更，以取僭竊之罪。然飽食終日而於此乎用心，差賢於博弈者而已。雖然，世有古今，人有聖愚，而理之在人心者，則無古今聖愚之異也。以今窺古，以愚測聖，雖不能盡合，而理之所在，亦豈無一二其庶幾乎？後之君子，倘有取其一字一言之合，則亦不枉其用心矣。」

張氏業**書經節傳**

未見。

江西通志：「張業，字振烈，安福人。景泰辛未進士，歷官國子監司業。」

黄氏瑜**書經旁通**

十卷。

未見。

黄虞稷曰：「瑜，香山人。景泰丙子舉人，官長樂知縣。」

劉氏縉**書經講義**

未見。

分水縣志：「劉縉，字大紳，天順己卯舉人，知武昌縣事。」

黄氏仲昭**讀尚書**

一篇。

存。

繆泳曰：「仲昭，名潛，以字行，莆田人。成化丙戌進士，改庶吉士，授編修，與同館章懋、莊㫤諫鰲山煙火詩，予杖謫湘潭知縣，遷南京大理寺評事，進寺副，乞休。弘治初，起江西提學僉事。」

姚氏誠**書經義**

佚。

陝西通志：「姚誠，字通夫，蘭州人。成化乙酉舉人，知聞喜、新鄭二縣。」

羅氏倫**書義旁通**

佚。

鮑氏麒**壁經要略**

佚。

温州府志：「麒，字仲瑞，平陽縣人。成化己丑進士，官工部郎中。」

吴氏寬**書經正蒙**

未見。

錢謙益曰①：「寬，字原博，長洲人。成化八年，會試、廷試俱第一，入翰林，累遷至掌詹禮部尚書，卒贈太子少保，謚文定。」

林氏俊**尚書精藴**

未見。

陸元輔曰：「林俊，字見素，莆田人。成化戊戌進士，歷官刑部尚書，加太子太保，贈少保，謚貞肅。」

呂氏獻**書經定説**

未見。

黄虞稷曰：「獻，字丕文，新昌人。成化甲辰進士，累官南京工部右侍郎。」

李氏承恩**書經拾蔡**

二卷。

未見。

---

①「錢謙益曰」，四庫薈要本作「錢陸燦曰」，文淵閣四庫本、文津閣四庫本俱作「蘇州府志」。

黄虞稷曰：「承恩，嘉魚人，成化甲辰進士。」

錢氏福**尚書叢説**

未見。

姓譜：「福，字與謙，華亭人。弘治庚戌賜進士第一，官止修撰。」

尹氏洪**尚書章句訓解**

十卷。

未見。

按：尹洪，錦衣衛人。弘治庚戌進士，書載西亭王孫萬卷堂目。

黄氏瀾**尚書資講**

未見。

鍾欽立曰：「黄瀾，號壺陰，莆田人。弘治癸丑進士，歷官南京翰林院侍講學士。」

王氏大用**書經旨略**

一卷。

未見。

陸元輔曰：「王大用，號蘗谷，上海人。弘治癸丑進士。」

趙氏鶴**書經會注**

未見。

汪楫曰：「趙鶴，字叔鳴，江都人。弘治丙辰進士，歷山東按察副使。」

張氏邦奇**書說**

一卷。

存。

穆氏孔暉**尚書困學**

未見。

姓譜：「穆孔暉，字伯潛，堂邑人。弘治乙丑進士，歷官禮部左侍郎兼學士，謚文簡。」

周氏灝**尚書口義**

二卷。

未見。

包氏沐**尚書解義**

佚。

寧波府志：「包沐，字民新，鄞人，以貢授石埭訓導。」

應氏璋**尚書要略**

未見。

金華府新志：「應璋，字德夫，永康人。以貢歷羅源縣儒學教諭，學者稱爲東白先生。」

揭氏其大**尚書世義**

未見。

黄虞稷曰：「廣昌人，隱居不仕。」

蕭氏孟景**尚書説**

佚。

李舜臣曰：「先生三河人，字時泰。正德乙亥，余從先生於崇文門①外草場巷，後爲濟南太守。其説書曰：『宗彝，蔡傳虎蜼，蓋謂虎彝與蜼彝爾。』若然，是以一章而二之矣。夫宗彝者，宗廟之常尊也。弼成五服，至於五千。五千者，五服每面一千二百二十五里，故王制流沙至海、衡至恆皆三千里，云三千里者，周尺小也。」

馬氏明衡**尚書疑義**

一卷。

存。

〔校記〕

四庫本六卷。（書，頁二四）

明衡自序曰：「孔安國、穎達用意雖勤，其於大道概未有聞。蔡氏仲默承文公之訓，義理大有發明，然愚從而求之，謂其悉可以得聖人之心而達聖人之道，則不敢以自詭也。故凡於所明而無疑者從蔡氏，其有所疑於心而不敢苟從者，輒録爲篇。聖人之行事非細故也，萬古至大之公案，予何人哉？謂足以辨之。顧先儒或有未論者，予特發其疑，以引其端，將來君子其毋以爲妄與僭而不之正，則予今日之心也。嘉靖壬寅。」

---

①「崇文門」，文津閣四庫本誤作「崇文外」。

張雲章曰：「治書之家，其與蔡氏異者：元新安程氏直方著蔡傳辨正，鄱陽余氏芑舒、程氏葆舒著讀蔡傳疑、蔡傳訂誤，明嘉善袁氏仁有砭蔡編，今其書不盡傳，是編亦止見抄本，顧未詳其出處。」

呂氏柟**尚書説疑**

〔校記〕

四庫存目及惜陰軒刊本作：「尚書説要。」（書，頁二四）

五卷。

存。

張雲章曰：「此涇野門人因扣擊而得之其師者，舉而筆之於編，焦氏經籍志、朱氏授經圖所載因問録，疑即其書也。嘉靖己亥曾鏤版，其門人汪尚庭序之。」

按：呂氏書説，吾鄉項鼎鉉孟璜曾刻之家塾。

韓氏邦奇**書説**

一卷。

未見。

汪氏玉**尚書存疑録**

二卷。

未見。

寧波府志：「汪玉，字汝成，鄞縣人。正德戊辰進士，歷巡撫順天都御史。」

王氏崇慶**書經説略**

一卷。

存。

崇慶自序曰：「五經莫古於易，其次莫如書。易以道道之體，所謂先天而天弗違；書以道道之用，所謂後天而奉天時，其致一也。然二帝以揖讓而官天下，古未有也。故其書皆曰典，典，主也，主夫道也，非三王比也。先儒以其事可爲後世之法，故曰典，失傳經之大旨矣。夫書先人之家傳，慶讀有年矣。五十而後，再取讀之，始若粗有得焉。於是乃述四代而撮其要，斷其義，因名曰説略。聊復以備自考，且爲家塾童蒙之地云爾。」

蔣一葵曰：「蓋聞尼父序書，篇有一大義焉，其間小節目不論也，是故典謨，禪繼也。湯誥、牧誓，弔伐也。太甲，遷也。大誥，攝也。顧命，終也。康王之誥，始也。他篇準是，蓋無無義者，余讀王先生説略而益信所聞也。」

王氏道**書億**

四卷。

未見。

梅氏鷟**讀書譜**

四卷。

〔校記〕

四庫存目作：「尚書譜五卷。」（書，頁二四）

存。

尚書考翼

一卷。

〔四庫總目〕

明史藝文志不著録，朱彝尊經義考作一卷。此本爲范懋柱家天一閣所藏，不題撰人姓名，而書中自稱鷟按，則出鷟手無疑。原稿未分卷數，而實不止於一卷，今約略篇頁，釐爲五卷。鷟又別有尚書譜，大旨略同，而持論多涉武斷，故別存其目，不複録焉。（卷十二，頁十五，尚書考異提要）

存。

〔校記〕

當作尚書考異，原稿不分卷。四庫本由館臣釐爲五卷。（書，頁二四—二五）

鷟自序曰：「甚矣，儒之好怪也，不論其世，不稽其人，惟怪之從。當伏生傳經廿有八篇，序一篇，共二十九篇，以教於齊、魯之間，如日月之行天，人皆仰之，是聖經之正也。若乃孔壁所藏，高祖過魯祀孔子時，不言古文。惠帝除挾書令時，不言古文。文帝求能治尚書時，不言古文。雖景帝時，亦無一人言孔氏有古文者。至孝武世延七八十年間，聖孫孔安國者專治古文，謂以今文讀之，因以起其家。降及東晉，有高士曰皇甫謐者，見安國書摧棄，人不省惜，造書二十五篇、大序及傳，冒稱安國古文，以授外弟梁柳，柳授臧曹，曹授梅頤，遂獻上而施行焉，人遂信爲真安國書。前此諸儒，如王肅、杜預晉初人，鄭沖、何晏、韋昭三國人，鄭玄、趙岐、馬融、班固，後漢人，劉向、歆、張霸前漢人，皆未見，不曰逸書，則曰今亡。史漢所載，絶無二十五篇影響。其曰鄭沖蘇愉，皆誣之耳。又舜典篇首慎徽突出，好事者遂造爲南齊建武四年，吴興姚方興於金陵大航頭偶見二十八字，伏法未上。隋、開皇時，始購求得之。朱子曰：『古文東晉時始出，前此諸儒皆未之見。』豈不痛切而明快哉！無而爲有，將以誰欺？安國不言，史記不載，使聖人正經反附僞書以行世。隋唐以來千餘年，自吴先生纂言之外，曾無一人爲聖經之忠臣義士者，豈不痛哉？予在嚴陵時已作此譜，草創未備，今加修飾，使古文廢興之由，先後義僭之辨，如指諸掌，庶幾裨纂言之所未備，以承吴先生之志云。」

陳第曰：「近世旌川梅鷟譸張立論，其斷古文謂皇甫謐僞作，集合諸傳記所引而補綴爲之，不知文本於意，意達而文成。若彼此瞻顧，勉強牽合，則詞必有所不暢。今如禹謨『克艱』二語，謂本論語之『爲君難，爲臣不易』。『不矜不伐』謂本老子之『夫惟不争，故天下莫能與争』。『滿招損，謙受益』謂本易之『謙尊而光，卑而不可踰』。不知宇宙殊時而一理，聖賢異世而同心，安得以其詞之相近也而遽謂其相襲乎？又如『人心道心』則謂本之道經。嘗考荀子曰：『舜之治天下，不以事治而萬物成』，故道經曰：『人心之危，道心之微。』註者曰：『此虞書語。』而云道經，蓋有道之經即虞書也。今篤指爲道經，豈别有所據耶？又如五子之歌：『鬱陶乎余心，顔厚有忸怩。』謂『鬱陶』取諸孟子，『顔厚』取諸①詩。胤征之『火炎崑岡，玉石俱焚』，取諸三國志。仲虺之『慚德』，取諸『季札曰聖人之弘也，而猶有慚德』。『口實』，取諸『王孫圉曰以寡君爲口實』。湯誥之『降衷』，取諸『夫差曰天降衷於吴』。伊訓『從諫弗咈』，取諸班彪之『從諫如流』。太甲『升高陟遐』，取諸中庸之『行遠自邇，登高自卑』。咸有一德之『觀德觀政』，取諸吕氏春秋之『引曰五世之廟，可以觀怪。萬夫之長，可以生謀』。説命『建邦設都』，取諸墨子尚同之篇。秦誓『離心離德』，取諸『子太叔曰棄同即異，是謂離德』。武成『歸馬放牛』，取諸樂記。旅獒『爲山九仞』，謂『爲山』取諸論語，『九仞』取諸孟子。微子之命『余嘉乃德』，取諸左氏：『王命管仲曰：余嘉乃勳，應乃懿德。』蔡仲之命：『致辟管叔于商，囚蔡叔于郭鄰。』取諸『祝鮀云：管、蔡甚間王室，王於是乎殺管叔而蔡②蔡叔』。周官：『致治于未亂，保邦于未危。』取諸老子『爲之未有，圖之于未

---

① 「孟子，『顔厚』取諸」六字，文淵閣四庫本脱漏。
② 「蔡」，四庫薈要本作「囚」。

亂』。君陳『勿辟勿宥』，取諸文王世子：『公曰宥之有司曰在辟。』畢命『收放心』，取諸孟子『求其放心而已矣』。君牙：『思其艱以圖其易』，取諸老子『圖艱於其易』。伯冏：『交修不逮。』取諸楚語『衛武公曰朝夕交戒我』。諸如此類，難以悉數，句疵其攘，字剥其竊，無非欲二十五篇古文盡廢之而後已。然由君子觀之，不可廢也。何者？二十五篇其旨奥，其文詞卑而高，近而遠，幽通鬼神，明合禮樂，故味道之士見則書，書則玩，紬繹而浸漬，歎息而詠歌，擬議之以身，化裁之以政，定事功而成亹亹矣，孰是書也而可以僞疑之乎？」

馬氏理**尚書疏義**

未見。

霍氏韜**書解**

未見。

舒氏芬**書論**

一卷。

存。

王氏漸逵讀書記

未見。

漸逵自序曰：「予讀書至堯、舜、禹之相授受曰『允執其中，人心惟危，道心惟微，惟精惟一』，然後知聖學之大要也。夫心也者，天人相禪之機也。而學也者，又所以維持此心，令其自作主宰，無間斷而不息焉者也。三代盛王如湯之聖敬日躋，文王之緝熙敬止，武王之敬義警戒，得於此者也。太甲之仁義懲艾，高宗之始終典學，成王之緝熙光明，勉乎此者也。下至桀、紂、幽、厲，昧乎此者也。故得此學然後能大其心，大其心然後能崇其德，崇其德然後能廣其業，廣其業然後能成其治。帝王而非此，則無以同乎天地；學者而非此，則無以齊乎聖賢，此讀書者之首務也。外此而今文古文之異，孔壁僞書之辨，平易艱澀之證，殘篇斷簡之考，此其末焉而已矣。予之所深惜者，孔安國不以科斗之字遍求譯於四方，而劉歆校書之時，秘府之藏猶在也，而皆未嘗注意焉，其能已於予之感乎？」

經義考卷八十九

書十八

鄭公曉**尚書考**

二卷。

闕。

徐文貞公志墓曰：「公諱曉，字窒甫，别號淡泉，海鹽人。嘉靖壬午舉浙江鄉試第一。明年中會試，授兵部職方主事，以議大禮杖闕下，起考功郎中。嚴世蕃以治中求爲尚寶丞，公謂非故事，不聽，貶和州判，入爲太僕丞，遷爲考功郎中。又遷南尚寶卿，歷南太僕少卿、鴻臚光禄太常卿，遷刑部右侍郎，改兵部，出撫鳳陽，選民兵，集鹽場壯勇禦倭於通泰，襲之於如皋，擊之於海門，搗之於吕、泗，圍之於狼山，斬首九百餘級。入爲吏部左侍郎，尋遷南京吏部尚書。世宗以公知兵，留爲右都御史，協理戎政，改刑部尚書。分宜譖公自專，落公職。及公卒，分宜得罪去。世宗詔復公職，今皇帝嗣統，賜祭葬，贈太子少保，謚端簡。」

按：書考一册，彝尊得之公家，失其上卷，中多辨證古文之非，蓋公自撰也。

林氏雲同**尚書正宗**

未見。

盛子鄴曰：「林雲同，號退齋，莆田人。嘉靖癸未進士，改庶吉士，累官南京刑部尚書，贈太子少保，謚端簡。」

葉氏良珮**讀書記**

未見。

豐氏坊**古書世學**

六卷。

存。

顧炎武曰：「五經得於秦火之餘，其中固不能無錯誤，學者不幸而生乎二千餘載之後，信而闕疑，乃其分也。近世之説經者，莫病乎好異，以其説之異於人，而不足以取信，於是舍本經之訓詁，而求之諸子百家之書；猶未足也，則舍近代之文而求之遠古；又不足，則舍中國之文而求之四海之外，如豐熙之古書世本，尤可怪焉！鄞人言出其子坊僞撰，曰箕子朝鮮本者，箕子封於朝鮮，傳書古文自帝典至微子止。後附洪範一篇，曰徐市倭國本者。徐市爲秦博士，因李斯坑殺儒生，託言入海求仙，盡載古書至島上，立倭國，即今日本是也。二國所譯書，其曾大父河南布政使慶録得之，以藏於家。按：宋歐陽永叔日本刀歌：『徐福行時書未焚，逸書百篇今尚存。』蓋昔時已有是説，而葉少藴固已疑之。夫詩人寄興之詞，豈必真有其事哉？日本之職貢於唐久矣，自唐及宋，歷代求書之詔不能得，而二千載之後，慶乃得之，其得之又不以獻之朝廷而藏之家，何也？至曰箕子傳書古文自帝典至微子，則不應別無一篇逸書，而一一盡同於伏生、孔安國之所傳，其曰後附洪範一篇者，蓋徒見左氏傳三引洪範，皆謂之商書，而不知王者周人之稱，十有三者，周史之記，不得謂商人之書也。禹貢以道山道水移於九州之前，此不知古人先經後緯之義也。五子之歌：『爲人上者柰何不敬？』以其不叶而改之曰：『可不敬乎？』謂本之鴻都石經。據正義言，蔡邕所書石經尚書止今文三十四篇，無五子之歌，熙又何以不考而妄言之也？夫天子失官，學在四夷，使果有殘編斷簡可以裨經文而助聖道，固君子之所求之而惟恐不得者也。若乃無益於經，而徒爲異以惑人，則其於學也，亦謂之異端而已。愚因歎夫昔之君子遵守經文，雖章句先後之間，猶不敢輒改，故元行沖奉明皇之旨，用魏徵所著類禮，撰爲疏義，成書上進，而爲張説所駮，謂：『章句隔絶，有乖舊本。』竟不得立於學官。夫禮記二戴所録，非夫子所删，況其篇目之次，元無深義，而魏徵所著，則又本之孫炎。以累代名儒之作，申之以詔旨，而不能奪經生之所守。蓋唐人之於經傳，其嚴也如此。故啖助之於春秋，卓越三家，多有獨得，而史氏猶譏其一本所承，自用名學，謂後生詭辨，爲助所階。乃近代之人，其於讀經鹵莽滅裂，不及昔人遠甚，又無先儒爲之據依，而師心妄作，刊傳記未已也，進而議聖經矣；更章句未已也，進而改文字矣。此陸游所致慨於宋人，而今且彌甚。徐防有言，今不依章句，妄生穿鑿，以遵師爲非義，意説爲得理，輕侮道術，寝①以成俗。嗚呼！此學者所宜深戒，若豐坊之徒，又不足論也。」

〔補正〕

顧炎武條内「寝以成俗」，「寝」當作「寖」。（卷三，頁十八）

陸元輔曰：「古書云者，以今文、古文、石經列於前，而後以楷書釋之，且采朝鮮、倭國二本以合於古本，故曰古書也。世學云者，豐氏自宋迄明，四世學古書，稷爲正音，慶爲續音，熙爲集説，道生爲考補，故曰世學也。續音中多異聞新説，其序云：『正統六年，慶官京師，朝鮮使臣嫣文卿、日本使臣徐睿入貢，因召與語，二人皆讀書能文辭，議論六經，亹亹出人意表，因以尚書質之。文卿曰：「吾先王箕子所傳，起神農政典，至洪範而止。」睿曰：「吾先王徐市所傳，起虞書帝典，至秦誓而止。」又笑：「官本錯誤甚多，孔安國僞序皆非古經之舊。如虞書帝告紀堯、舜禪授之事，汨作紀四凶之過，九共紀四岳九官十二牧考績之事，槀飫紀后稷種植之法，序皆不知。吾國之法，有傳古經一字入中國者夷九族，使臣將行，搜檢再三，遣兵衛之出境，則六一翁令嚴不許傳中國者，不信然歟？」固請訂其錯誤，僅録一典、二謨、禹貢、盤庚、泰誓、武成、康誥、洛誥、顧命見示，謹録附先清敏公正音之下，俾讀是經者尚有考於麟角鳳毛之遺雋云。』又曰：『梁姚方興妄分堯典、舜典爲二篇，伏生今文、孔安國古文、鴻都古經、魏三體

① 「寝」，依補正應作「寖」。

石經合爲一篇，止名堯典。箕子朝鮮本、徐市倭國本總作帝典，與子思大學合。王魯齋、王深寧皆以爲最是，今從之。考補云姚方興本，齊篡主蕭道成之臣僞增「曰若稽古帝舜曰」七字於「重華」之上，變亂其文，分爲二典。於建武二年上之，後事篡主蕭衍，以罪見誅。箕子封於朝鮮，書古文，自政典至微子而止，後附洪範一篇。徐市爲秦博士，因李斯坑殺儒生，託言入海求仙，盡載古書至島上立倭國，即今日本是也。二國所繹書經，先曾祖通奉府君與楊文懿公皆嘗録得，以藏於家。』觀其序説，依託之迹顯然。鄞人萬斯大曰：『此吾鄉豐禮部廢棄於家，窮愁著書而僞託者，名爲世學，其實一手所爲，五經皆有僞撰，不獨古書也。』吁！可怪哉。」

黄氏光昇**讀書愚管**

未見。

姓譜：「黄光昇，字明舉，晉江人。嘉靖己丑進士，歷刑部尚書。」

黄氏㦸**書經便註**

十三卷。萬卷堂目：「十卷。」

未見。

姓譜：「㦸，字天章，寧晉人。嘉靖己丑進士，授行人，選御史，以言事與楊爵等繫獄，罷歸，教授鄉里，人稱洨濱先生。」

沈氏朝宣**書經發隱**

未見。

繆泳曰：「朝宣，字三吾，仁和人。嘉靖辛卯舉人。」

錢氏應揚**尚書説意**

未見。

蔣方馨曰：「後楓錢氏應揚，餘姚人。嘉靖壬辰進士。」

王氏問**書經日抄**

未見。

錢謙益曰①：「問，字子裕，無錫人。嘉靖壬辰進士，歸里六年，然後殿試，除户部主事，歷廣東按察司僉事。」

---

① 「錢謙益曰」，四庫薈要本作「錢陸燦曰」，文淵閣四庫本作「蘇州府志」，文津閣四庫本作「常州府志」。

蔣氏騰蛟**書傳折衷**

六卷。

未見。

李因篤曰：「渭南人，嘉靖乙未進士。」

胡氏賓**書經全圖**

一卷。

未見。

按：賓，光州人，嘉靖乙未進士，書載山陰祁氏澹生堂目。

馬氏森**書傳敷言**

十卷。

存。

姓譜：「森，字孔養，福建懷安人。嘉靖乙未進士，歷户部尚書。」

子欻曰：「書傳敷言，先恭敏爲諸生時所著也。三山故鮮習是經者，嘉靖乙酉，督學邵公鋭拔取進士内二十有八人改習之，延莆田林公學道受業，先公師承其説，鑽研敷衍，浹期成帙。及官大司徒明農後，方付梓行於世。崇禎丙子，鄰弗戒於火，收拾煨燼之餘，得敷言若干版，付際明藏之。際明蒐補，復爲完書。」

孫際明曰：「先恭敏所著有四書口義、春秋仲義、春秋辨疑、易經説義、輯禮、書傳敷言、奏疏、地理正宗、文集若干卷。惟文集版係不肖際明收藏無恙，頃見書傳數版，奚忍目擊殘缺，隨拮据次第編補，亦以質同業者之敦尚云爾。」

張雲章曰：「森亦守心學之説，而與朱、蔡有違言者，觀其疏虞廷十六字可見。其書嘉靖癸亥，門人張科序之，其孫際明重刊，沈履祥序之。」

陳氏言書疑

未見。

言自序曰：「經之行於世者，未有若書之闕誤者也。上下五十九篇，吾讀今文焉，然而何詰曲也？吾讀古文焉，然而何萎薾也？吾衡觀於二帝三王之異代焉，然而其文何較若二體也？吾茲惑焉，而姑就所傳述以考釋之，則諸儒訓注何異同也？合異同而會通之，吾將以蔡氏爲歸焉，而疑且殆者何蝟毛起也？遡授受而折衷之，吾必以紫陽氏爲宗焉，而何書注之弗果？即所訂定者僅二典而止也。吾又以質之繼紫陽而興者，若慈湖、文正諸君子焉，而疑義何縷縷也？無已則研精覃思而持衡其間，本以家所世業日記篇額者，參伍而裁酌之，其於蔡傳比而同之不爲黨，擿而正之不爲嫌，以成紫陽之遺而暢未盡之旨，命其草曰書疑。疑之者，翼之也。噫！業蔡而疑蔡①，又安知後之疑吾不尤甚於今之疑蔡也。」

莫氏如忠**尚書訓詁大旨**

未見。

錢謙益曰②：「莫如忠，字子良，華亭人。嘉靖戊戌進士，歷浙江布政使。」

陸氏穩**書經便蒙詳節**

未見。

蔣方馨曰：「北川陸氏穩，歸安人。嘉靖甲辰進士，累官兵部侍郎。」

譚氏綸**書經詳節**

未見。

姓譜：「綸，字其理，宜黃人。嘉靖甲辰進士，歷官太子少保、兵部尚書，謚襄敏。」

---

① 「蔡」字，文津閣四庫本脱漏。

② 「錢謙益曰」，四庫薈要本作「錢陸燦曰」，文淵閣四庫本作「江南通志」，文津閣四庫本作「松江府志」。

吴氏文光尚書審是

十卷。

未見。

張氏居正書經直解

八卷。

〔校記〕

四庫存目作：「十三卷。」（書，頁二五）

存。

錢與暎序曰：「傳曰：『自天子至於庶人，壹是皆以修身爲本。』修身之道，孰要於明經哉！六經之道同歸，而宏綱大要足以垂世立教，又莫要於典謨訓誥誓命之文。爲人君而建極馭宇，不可不知書，爲人臣而爲德爲民，不可不知書，爲庶人而遵由道路，不可不知書。自漢興，立在學官，諸家註互相同異。至紫陽朱先生獨授蔡氏爲傳，高皇帝制科取士，詔遵其説，著爲功令。自是師弟講明，篇章益衍。今上冲年嗣位，江陵公倡率儒術，輯爲一編，既資日講，且備睿覽，融古人之傳記，質近日之異同，存是去非，削繁增簡，詞富而備，義弘而雅。萬曆丙戌，不佞偕計，得之京邸，歸授家庭，兒周刊行，傳之通都大邑，刊成，暎不佞，略序其端如此。萬曆十八年庚寅秋九月。」

錢謙益曰①：「居正，字時大，江陵人。嘉靖丁未進士，改庶吉士，由編修歷宫坊掌院。隆慶初，以禮部侍郎召入内閣，官至太師左柱國、吏部尚書、中極殿大學士，卒謚文忠，追論削籍。崇禎中，有詔追復。」

王氏樵**尚書日記**

十六卷。

存。

樵自序曰：「傳尚書者非一家，至蔡先生集傳宗本程、朱，義始益精，而學者罕窮其歸趣，何也？經文簡要，事理兼陳，非不該不徧之學，輒能通貫。孟子曰：『誦其詩，讀其書，不知其人，可乎？是以論其世也。』蓋以詩、書所載，皆其人之實，讀其書如身在其時，論其世如事在於己，則我之心即古人之心，古人之心即我之心，然後所謂知其人者，可得而幾也。吁！豈易言哉？今去聖人之世雖遠，而其心固在。故居千載之下，可仰而求，有不求，未有求而無得者也。予未有得而不敢不求者也。敬援横渠張子劄記之法，但以自驗所進，日久成帙，遂編次之。初不敢以傳之人人，然此學人之所共有，願觀者則出之。倘讀而頗亦有契焉者乎，則以是爲適國之舟車，送者自崖而反，奚不可者。」

李維禎序曰：「書有古文、今文，而今之解書者又有古義、時義。明高皇帝嘗御注洪範，命學士劉

---

① 「錢謙益曰」，四庫薈要本作「錢陸燦曰」，文淵閣四庫本作「湖廣通志」，文津閣四庫本作「黄景昉曰」。

三吾等爲書傳會選。其後有直指、輯注、會通、纂義、疏意、書繹數十家，是爲古義，而經生科舉之文不盡用。自書經大全布在學官，獨重蔡氏注，經生習之，其主蔡氏而爲之説者，坊肆所盛行亦數家，皆便科舉之文，是爲時義。惟金壇王中丞公日記，裒録百家訓詁，於經旨多所發明，而亦可用於科舉之文。其中若精一協一，建中建極，禹、箕衍疇之法，湯、尹談理之宗，召誥、周官之義，微、箕抱器受封，周公居東致辟之辨，本原學術，窮究性命，昭揭倫常，破除誣罔，有功於經不小也。」

張萱曰：「萬曆間，金壇王樵著。上自羲、黄之紀，洎於稗官，即今士大夫譚議，凡有當於尚書者，皆參收之，凡十六卷。」

張雲章曰：「方麓先生日記，字比句櫛，討論折衷，或並存衆説，或定從一家，必求至當之歸，而於曆象璣衡地里，皆詳稽而得其依據。有明一代，以尚書之學著聞者絶少，而異説雜出，若梅鷟之流，狂悖尤甚，朱、蔡之傳，賴先生以不墜云。」

書帷別記

四卷。

存。

張雲章曰：「此亦爲舉業而作，萬曆甲申六月自爲之序行之。」

俞氏時及**蔡傳説意**

未見。

蔣方馨曰：「濛泉俞氏時及，新昌人。嘉靖丁未進士。」

李氏儒烈**尚書啓蒙**

未見。

蔣方馨曰：「見川李氏儒烈，海鹽人。嘉靖丁未進士。」

湯氏日新**尚書録**

未見。

蔣方馨曰：「練川湯氏日新，秀水人。嘉靖庚戌進士。」

吕氏穆**書經講意**

未見。

蔣方馨曰：「字岡吕氏穆，秀水人。嘉靖癸丑進士。」

曹氏大章**書經疎見**

未見。

蔣方馨曰："含齋曹氏大章，金壇人。嘉靖癸丑進士。"

陳氏錫**尚書經傳別解**

一卷。

存。

張雲章曰："臨海陳氏所撰。"

吴氏福**書傳**

十卷。

未見。

陸氏相儒**尚書正説**

未見。

蔣方馨曰："雨樓陸氏相儒，嘉興人。嘉靖己未進士。"

陳氏言**尚書講義**

六卷。

未見。

黄虞稷曰：「言，字宜易，莆田人。嘉靖己未進士，廉州知府。」

申氏時行**書經講義會編**

十二卷。

存。

時行自序曰：「余羈丱受尚書，是時吳中大師治尚書者少，乃從書肆中求疏解訓義，手自採録，積數年，至若干卷。既以詞臣久次，横經勸講，日侍今上於帷幄，所進尚書直解，雖分日更撰，而余以專經删訂爲多，今内府所刊書經直解是已。蓋余向所採録，第以舉業從事，多尋章摘句，拘牽藝文，而廣厦細旃之上，直以闡發大旨，剖析微言，要在啓沃聖聰，敷陳理道，不爲箋疏制義所束縛，其簡切明暢，有不待深思強索而昭然者。獨是書藏於禁中，惟閣臣講寮，乃蒙宣賜，學士大夫罕獲覩焉。余甥李漸卿鴻從余邸第得而讀之，因與懋、嘉兩兒共加裒輯，合余前所採録，共爲一編。於是尚書大義，論説衍釋，粲然備矣。」

錢謙益曰①：「時行，字汝默，長洲人。嘉靖壬戌狀元。以修撰歷官詹翰，以吏部左侍郎入直東閣，官至少師、吏部尚書、中極殿大學士，爲元輔九年而歸，歸二十有三年，壽八十考，終於里第。」

徐乾學曰：「長洲申文定公以舉子時所業及講筵所進，合輯成編，今博士家多習其書。」

〔四庫總目〕

考徐允錫作鄭曉禹貢説跋云：「嘗屬徐瑶泉作虞、商、周書説，以補所未備。」徐瑶泉者即謂時行，蓋時行初冒徐姓，允錫跋作於隆慶二年，時猶未復姓也。（卷十三，頁二十，書經講義會編提要）

歸氏有光尚書叙録

存。

有光自序曰：「有光少讀尚書，即疑今文、古文之説。後見吴文正公叙録，忻然以爲有當於心。揭曼碩稱其『綱明目張，如禹之治水』，信矣。自是數訪其書，未得也。己亥之歲，讀書於鄧尉山中，頗得深究書之文義，益信吴公所著爲不刊之典。因念聖人之書存者，年代久遠，多爲諸儒所亂。其可賴以別其真僞，惟其文辭格製之不同，後之人雖悉力模擬，終無以得其萬一之似，學者由其辭可以達於聖人，而不惑於異説。今伏生書與孔壁所傳，其辭之不同，固不待於別白而可知。昔班固藝文志有尚書二十九篇，古經十六卷。古經，漢世之僞書。別於經，不以相混，蓋當時儒者之慎重如此，而唐初諸臣

① 「錢謙益曰」，四庫薈要本作「錢陸燦曰」，文淵閣四庫本作「江南通志」，文津閣四庫本作「蘇州府志」。

不能深考，猥以晚晉雜亂之書，定爲義疏，而漢、魏專門之學，遂以廢絶。朱子蓋有所不安，而未及是正，吴公實有以成之。而今列於學官者，既有著令，縉紳先生莫知廣石渠、白虎之異義，學者蹈常習故，漫不復有所尋省，以數百年雜亂之書，表章於一代大儒之手，而世亦莫能尊信之，可嘆也已。余未見吴公書，乃依倣其義，釐爲今文如左，而存其叙録於前，以俟他日得公書參考焉。」

經義考卷九十

書十九

程氏弘賓**書經虹臺講義**

十二卷。

存。

弘賓自序曰：「今之經生治書者，自蔡傳外，率祖閩中所刻心法、正宗、資講、精蘊，諸家之説，歷時既久，海内操觚之士，各出意見，辭與理融，義與經合，於典謨訓誥之奥，得其肯綮，殆有超於閩刻諸書之外者。賓幼受讀是經，閲歷寒暑，今亦有年。蓋嘗三復舊説，博採師友之聞見，如屠道南研幾録、張潤江錦囊録、沈虹野、徐瑶泉諸講説，群聚而折衷之，積以歲時，集成尚書講義，不欲自私，鳩工梓之，以畀同志。嘉靖甲子孟春。」

蔣方馨曰：「鍾山程氏著尚書講義。」

袁氏仁**尚書砭蔡篇**①

〔補正〕

「篇」當作「編」。（卷三，頁十八）

一卷。

未見。

仁自序曰：「襄兒就塾師習尚書，專求通蔡氏傳爲案據。余考國朝典令，書主古疏兼蔡傳，初未嘗專主蔡也，學者以注疏繁而難閱，遂棄不觀，然而非制矣。余弱冠時曾誦壁經正文，至是始取蔡氏閱之，則悖理者種種也。因博考先儒舊説，參以己意，正其謬誤，揭之家塾。」

沈道原序曰：「昔伏生從負圖先生受書，以繩繞於腰領，一誦一結，十尋之繩竟，而誦習不已，要亦尋繹其義耳。近世習書者爲舉業地，彼其意在魚兔，而又奚筌蹄爲？吾舅袁葠波先生世爲鉅儒，恥舉業而托之醫，於尚書有砭蔡編。書自伏生之女句讀而授之晁錯，其後孔安國、鄭康成諸人爲之詮解，凡百有三十家，至宋而衷於蔡仲默，吾明遂布之學官。蔡何砭也？非蔡淺、書固真爾。世有蔡即有砭蔡者，道無涯也。」

① 「尚書砭蔡篇」，依補正應作「尚書砭蔡編」。

杜氏偉**尚書説意**

未見。

〔四庫總目〕

按：朱彝尊經義考有杜氏偉尚書説意，不著卷數，註云「未見」。考偉本姓杜，少育於沈漢家，因冒其姓，後乃歸宗。此書蓋其未復姓時所作，故仍題沈姓，彝尊所載則據其後而言之也。（卷十三，頁二十，書經説意提要）

〔校記〕

四庫存目作：「書經説意十卷。」又偉本姓杜，少育於沈漢家，因冒其姓，後乃歸宗。此書蓋未復姓時作，仍題沈偉，此作杜偉，據其後言之。（書，頁二五）

蔣方馨曰：「靜臺杜氏著説意。」

俞氏鯤**百家尚書彙解**

未見。

陸元輔曰：「鯤，字之鵬。」

林氏鴻儒**書經日録**

未見。

閩書：「鴻儒，字允德，安溪諸生。精治尚書，郡人士治書者皆從之。」

屠氏本畯**尚書別録**

六卷。

存。

韓氏綱**書經廣説**

未見。

廣信永豐志：「韓綱，字正夫，以歲貢授臨湘教諭。」

鄧氏元錫**尚書繹**

二卷。

存。

劉氏文卿**尚書便蒙纂註**

未見。

章氏潢**尚書圖説**

三卷。

存。

陳氏第**尚書疏衍**

四卷。

存。

第自序曰：「少受尚書，讀經不讀傳注，讀愈專，篋中積至十餘册，無不字句磨滅，默誦嘗不遺一字，日①誦心維，得其義於深思者頗多。近因宋、元諸儒疑古文僞作，竊著辨論數篇，因復取古今注疏詳悉讀之，意所是者標之，意未安者微釋之，句讀未是者正之，其素得於深思者附著②之，間又發揮於言

---

① 「日」，依四庫薈要本、文淵閣四庫本、文津閣四庫本、備要本應作「口」。

② 「著」字，文津閣四庫本脱漏。

外，以竢後世冀修己治人者，實有取於經，徵諸行事而已矣。」

〔補正〕

陳第，字季立。（卷三，頁十八）

羅氏敦仁**尚書是正**

二十卷。

存。

子喻義序曰：「書百篇，尼父所定，虞夏書二十篇、商書四十篇、周書四十篇、書序是也。秦時禁挾書，博士伏生壁藏之。禁解，求其書，亡數十篇，獨得二十八篇，以教於齊、魯之間。掌故晁錯寫以隸古，是爲今文。時人惟知尚書二十八篇取象二十八宿，不知其有百篇也。既而僞泰誓、百兩篇之屬稍出，然不大行，惟孔氏有古文尚書學。安國以今文字讀之，因以起其家，逸書得二十五篇，蓋尚書滋多於是矣。百兩篇者，出東萊張霸採左氏傳、書序爲作首尾，凡百二篇。孔氏古文吾不能知，而採傳序作首尾，猶百兩也，庸癒乎？或曰書何以有僞也？曰漢時有經學，各欲名家，至有行金易中書漆經以合其私説者。而人主以尚書爲樸學，不好，懼且中廢。汾陰寶鼎，周、漢孰辨，是以趨爲僞而不辭。安國書未上，不列學官，故蔡邕所勒石經仍今文，而古文至東晉始盛行於世。夫其是也，二十八篇已足矣；如其非也，多亦奚爲？王通氏言，書殘於古今，蓋傷之也。先君贈公家世受書，補博士弟子，已乃棄去，不交人事者二十年，靜中有獲，時著筆札。小子謹識之，鈔集成書，是爲尚書是正。大率原本今文，首列書序，次載本書，次下己意。亡者闕之，而散見論語、左、國、孟、荀者附録焉。非是族也，雖世所稱十六字，不敢不正。翦卻梧桐枝，灉湖方可窺。先君誦之云爾，予小子承厥志也。」

張雲章曰：「是正云者，正經、正傳、正字、正句、正術也。其正術之説曰：書者，道政事者也，人心惟危，道心惟微，分形氣義理之名，德無常師，善無常主，標萬殊一本之目，此則講堂義理之書，非道政事之書也。信如此言，則義理與政事果可判而爲二乎？又以允執其中補書之亡，而曰中之言空也，空不可持其中，安在執之何法？就令執之，當其舍時，頓放何處？此以禪家機鋒語説書矣。又舉中庸『執其兩端，用其中於民』釋之，而曰中也者，天下之至虚也，不言心也；兩也者，天下之至化也，不言一也；用也者，天下之至賾也，不言精也。其意以人心道心、惟精惟一爲非經語，以千百年聖作明述之書，而一旦欲滅裂之，可乎？」

陳氏履祥**尚書極**

一卷。

未見。

余氏懋學**尚書折衷**

未見。

繆泳曰：「余懋學，字行之，婺源人。隆慶戊辰進士，歷户部侍郎，贈工部尚書。」

張氏位**尚書講略**

未見。

王猷定曰：「南昌洪陽張公中，隆慶戊辰進士，改庶吉士，累官禮部尚書，兼文淵閣大學士。」

鍾氏庚陽**尚書傳心録**

七卷。

存。

王樵序曰：「六經中惟書最古，博士家蓋難言之。余家世業是經，少嘗受讀，粗得其文義，晚而味之，乃始有悟，時時爲子弟説之，然其詞不能不多。今觀鍾先生書説，則約而該，贍而覈，盡述其父學山公之訓而筆之簡者也。先生守鎮，愛民作士，有古循良風，而出之以真誠，養之以鎮静，湛恩瀸澤，淪洽於四境。莊生曰：『書以道政事。』夫書之於政事，如詩之於性情，皆在我而已，故未有不得於心而能神明其迹，以見於用者也。先生父子自相師承，而又以其所會心者成一家言，會通其聱牙難解之語，而出之以明易，使人如見，蓋長於經學者也。學者得此篝火明燭，而行乎屈曲之途，可無顛躓之虞矣。萬曆辛巳五月。」

王肯堂跋曰：「大江之南，以尚書起家者，莫盛於檇李。當嘉靖中，學山鍾先生以名儒爲斯文盟主，綴學之士執經而質難者，常數十人。隆慶之初，吾師西星先生始登春官高第，而先生亦將貢京師。

已乃受璽書封如子官，又十餘年而吾師受命來爲潤州牧，則迎養於郡齋，時起居小不適，則召肯堂診，始得一望見眉宇，蓋退而歎仰者累日。吾師既以良二千石爲明時倚重，發抒先生蓄積，而又時時念先生學爲儒宗，莫遇賞音，即列職郎署，而不及以身効。每以語肯堂，輒不怡者久之。噫！先生之所養與吾師之所以事先生者可知也已。而吾邑諸生得一編，則吾師之所趨庭而得者，儼然在焉。邑侯劉公見而悦之，以金壇之治尚書者十户而九也，謂是書足爲指南。顧諸生校而傳之，四閱月而工成焉。檇李之説經者，屠氏之研幾、鄭氏之題旨，皆能味經之腴，不囿宿見，嗣是而後寥寥焉，是編出，足集其成哉！」

俞汝言曰：「鍾庚陽，字西星，秀水人。隆慶戊辰進士，除太平府推官，入爲大理寺評事，陞工部主事，歷員外郎中，出知鎮江府，謫廣德知州，遷刑部員外卒。」

張雲章曰：「此雖帖括之書，然猶足録。庚陽爲鎮江守，王方麓序其書，謂其父子相師承，又以其得之心者會通其聱牙難解之辭，而出以明易，使人如見。庚陽父名天才，老於經學，口授庚陽而述之爲書者也。」

沈氏位**尚書筆記**

未見。

蔣方馨曰：「虹臺沈氏著尚書筆記。」

俞汝言曰：「位，吴江人。隆慶戊辰進士，改庶吉士，授簡討，卒於邳州。」

龔氏勉**書義卓見**

未見。

嚴繩孫曰：「勉，號毅所，無錫人。隆慶戊辰進士，官至浙江右布政使。」

汪氏在前**讀書拙見**

未見。

蔣方馨曰：「雅堂汪氏在前，歙縣人。隆慶戊辰進士。」

陸氏光宅**尚書主說**

未見。

蔣方馨曰：「雲臺陸氏有主說。」

鍾欽立曰：「光宅，平湖人。隆慶庚午舉人。」

張氏元忭**讀尚書考**

未見。

人物考：「張元忭，字子藎，號陽和，山陰人。隆慶辛未賜進士第一，除翰林院修撰，遷左諭德兼侍講，所著有讀尚書考、讀詩考。」

王氏祖嫡**書疏叢抄**

一卷。

存。

黄虞稷曰：「祖嫡，字師竹，信陽州人一云：「德州人。」隆慶辛未進士，改庶吉士，授檢討，陞國子監司業，遷司經局洗馬，終右庶子。」

方氏揚**尚書集解**

未見。

吴�曰：「揚，字初庵，歙縣人。隆慶辛未進士，杭州知府。」

瞿氏九思**書經以俟録**

六卷。

存。

史學遷序曰：「曩瞿子以書來，謂帝王之學與韋布異，以故行年且六十，終不敢談尚書。然今觀其所論著，以天道、人道、君道、臣道、世道、治道鳌爲六部。論篇章次第，則以爲世運①相遞而下，自不得無此篇章，運在此則篇章亦當在此，而徐觀其聯絡之勢，信纍纍如貫珠，然後知尚書之篇章果秩然不可移易。其論篇名則以爲待人而成，有聖君，有聖臣，自不得無此篇名，而參考於無篇名之君臣，則皎□②若觀火，然後知尚書之篇名果犂然不可增損。且其以洪範爲範圍治道之本，尤爲卓有綱維，而又謂後世君臣不當覽觀前史，恐前史有敗度敗禮、慆淫匪彝，諸所行事，令後世臣主覽觀後，反若樹之的而久將漸漬而從之。乃摘尚書有裨君德臣道治道諸語爲綱，而稍取考亭綱目所紀載，係於其下，使人但見其綱而不能遽其敗禮慆淫匪彝之實，及其以紀傳爲質；既見其敗度敗禮慆淫匪彝之實③，而又已見考亭之書法，謂如此則是，如此則非，如此則吉，如此則凶，時必有愓然深省，必不敢復敗度敗禮慆淫匪彝者，其有功於萬世君臣，可勝道説哉！吾是以令有司趣刻之。」

高世泰曰：「瞿九思，字睿夫，黄梅人。從學羅洪先、耿定向，歷主鹿洞、濂溪、岳麓、石鼓四書院。中萬曆癸酉舉人，罹冤獄，得解爲民，還里，尋論學於河南、廣東，作中庸口授、中庸位育圖、中庸運卦、古樂測、孔廟禮樂考、至聖榮哀考、六經以俟録、洪範衍義、曆正諸書。徵授翰林院待詔，謝不赴。詔歲給米六十石，以資著述。乃撰明詩擬、萬曆武功録，長吏爲起江漢書院居之。」

① 「運」，文津閣四庫本作「道」。
② 「□」，依文津閣四庫本應作「洞」。
③ 「及其以紀傳爲質；既見其敗度敗禮慆淫匪彝之實」二十字，文津閣四庫本、備要本俱脱漏。

蔡氏立身**删補書經註**

未見。

温州府志：「蔡立身，字師曾，浙江平陽人。萬曆癸酉舉人，高唐知州。」

姚氏舜牧**書經疑問**

十二卷。

存。

舜牧自序曰：「書教至有宋諸儒，闡發殆盡，將安所置疑？又安所致問哉？蓋書無可疑，而所以説書者，或稍失其故也。則管窺蠡測之説，苟有可與天下共疑者，未必非聖賢之所與矣。余今所疑，未嘗求異於傳注，惟必求其是，終歸於無疑，與天下萬世共知共由之耳。然此可傳之學究哉？藏之名山可也。萬曆甲辰四月。」

孫氏繼臯**尚書意解**

未見。

嚴繩孫曰：「孫繼臯，字□□，無錫人。萬曆甲戌進士第一，歷官吏部左侍郎。」

馮氏夢禎**尚書大意**
未見。
俞汝言曰：「馮夢禎，字開之，秀水人。萬曆丁丑進士，歷官國子監祭酒。」

沈氏自邠**尚書衷引**
未見。
俞汝言曰：「沈自邠，號九軒，秀水人。萬曆丁丑進士，改庶吉士，授簡討，歷修撰。」

楊氏起元**書録**
未見。
姚瀚曰：「起元，字復所，歸善人。萬曆丁丑進士，改庶吉士，歷官吏部右侍郎，兼侍讀學士。」

陳氏泰來**尚書注考**
一卷。
未見。

俞汝言曰：「陳泰來①，號長水，平湖人。萬曆丁丑進士，由順天府儒學教授陞國子監博士，歷禮部精膳司員外，降饒平縣典史。」

項皋謨曰：「高皇帝明經比士，詔用古注疏，不知罷於何年，豈自文皇纂修大全後乎？大全首經文，次傳注，後附諸説，意深遠矣。同倩治尚書，編注考，其嘉惠學者，豈小補耶？」

〔四庫總目〕

朱彝尊經義考載陳氏泰來尚書註考一卷，註曰：「未見。」又註：「泰來字長水，平湖人。萬曆丁丑進士，官至禮部精膳司員外郎。」案：吴永芳嘉興府志載「陳泰交字同倩，萬曆中國子監生，所著有尚書注考」，與經義考迥異。然經義考引項皋謨之説，稱「同倩治尚書作注考」云云。明出泰交之字，則彝尊未見其書，誤以泰交爲泰來審矣。（卷十二，頁十九，尚書註考提要）

〔補正〕

丁杰按：吴永芳嘉興府志：「秀水國子生。」陳泰交字同倩，著尚書注考。此處作陳泰來，又引「俞汝言曰陳泰來號長水」云云。至後引項説稱同倩，與府志合，可知此書是泰交撰。其云泰來及所引俞説似訛。（卷三，頁十八）

〔校記〕

四庫著録提要引吴永芳嘉興府志謂「陳泰交字同倩，萬曆中國子監生，所著有尚書考注」，朱引俞汝

---

① 「陳東來」，文淵閣四庫本作「陳東交」。

言作陳泰來，誤。（書，頁二五）

鍾氏化民**尚書臆見**

未見。

鄒氏龍光**書經約言**

未見。

蔣方馨曰：「斗墟鄒氏龍光，長洲人，萬曆庚辰進士。」

劉氏應秋**尚書旨**

十卷。

存。

蔣方馨曰：「兑陽劉氏應秋，吉水人。萬曆癸未進士第三人，歷官國子監祭酒。」

湯氏顯祖**玉茗堂尚書兒訓**

未見。

錢謙益曰①：「顯祖，字義仍，臨川人。萬曆癸未進士，除南太常博士，稍遷南祠郎。抗疏劾政府，謫徐聞典史，量移知遂昌縣。」

潘氏士藻**尚書心鏡**

未見。

徐氏即登**書說**

十卷。

未見。

陸元輔曰：「即登，號匡岳，豐城人。萬曆癸未進士，除工部主事，歷河南左參政，著書說凡四册。」

郭氏正域**東宮進講尚書義**

一卷。

存。

① 「錢謙益曰」，四庫薈要本作「錢陸燦曰」，文淵閣四庫本作「江西通志」，文津閣四庫本作「俞汝言曰」。

姜氏鏡**書經見解**

未見。

毛奇齡曰：「姜鏡，字翼龍，山陰人。萬曆癸未進士，歷官廣東布政使。」

何氏喬遠**書經釋**

一卷。

未見。

沈氏瓚**尚書大義**

未見。

潘耒曰：「瓚，字□□，吴江人，萬曆丙戌進士。」

袁氏宗道**尚書纂注**

四卷。

存。

錢謙益曰①："宗道，字伯修，公安人。萬曆丙戌會元，選庶吉士，授編修，歷官春坊中允，至右庶子，贈禮部侍郎。有二弟，曰稽勳宏道、儀部中道，所謂公安三袁也。"②

① "錢謙益曰"，四庫薈要本作"錢陸燦曰"，文津閣四庫本作"黄景昉曰"。
② "錢謙益曰"以下五十九字，文淵閣四庫本脱漏，疑遭四庫館臣删除。

經義考卷九十一

書二十

董氏其昌**書經原旨**

未見。

卞洪勳序曰：「今之治書者，率多承襲傅會，又或標奇逞臆，經學之厄甚矣。雲間董玄宰氏以尚書起家，獨深得其旨，凡疏義箋解，皆虛心闡繹，勒爲一家言，令觀者劃然解頤也。昔鄭寬中入説尚書於金華，成帝詔班伯受之，賞賚甚渥，以其剖析經義，不昧作者之旨耳。若玄宰氏，固已詣古人之奧室矣。」

吳氏炯**書經質疑**

一卷。

存。

烱自跋曰：「余於六籍，易有繹旨，詩、春秋有質疑，禮有孝經以輯其遺逸，有大學以訂其章句，而獨缺尚書。嘗曰：帝王之大經大法，義本直截，故無辨難之辭，雖然，終未卒業也。今採叢語所載及閒居酬應之言，凡有關於四代者，輯成一編。自古文後出，談經者失其統緒，互有牴牾。故於傳注居多，雖未能章分節解，庶幾少補其缺云。萬曆庚申秋七月。」

王氏肯堂**尚書要旨**

三十一卷。

〔校記〕

四庫存目作三十卷。（書，頁二五）

存。

張雲章曰：「金壇損齋王氏，中丞樵之次子，萬曆己丑進士，改庶吉士，除翰林院檢討。要旨一書，館中所撰，其從兄爾祝守滄州，爲之鋟版，天津兵備副使張汝蘊序之。蓋原本家學而爲學士家剌經訓故之用者也。」

郝氏敬**尚書辨解**

十卷。

存。

張雲章曰：「京山郝氏專信今文，而力辨孔傳爲非，且以周公未嘗有東征殺管叔之事，亦未嘗有踐阼朝諸侯之事。蔡仲之命致辟管叔，乃誤解金縢中『我之弗辟』一句。禮記明堂位周公朝諸侯，誤解洛誥中『周公誕保文武受命惟七年』之文，其意以孔書僞作，禮記出於漢儒，俱不足信。其旨似出吴幼清纂言，而郝氏於纂言又未之見，不過率其私智臆説而本無所據也。」

黄虞稷曰：「前八卷解今文二十八篇，後二卷辨正古文。」

范氏應賓**璧業**

未見。

姚瀚曰：「范應賓，字□□①，秀水人。萬曆壬辰進士，工部主事。」

〔補正〕

姚瀚曰：「范應賓，字□□，秀水人。」案：應賓字光父。（卷三，頁十九）

鍾氏鳴陛**書經素言**

未見。

① 「□□」，依補正、四庫薈要本、文淵閣四庫本應作「光父」。

蔣方馨曰：「抱瑜鍾氏鳴陛，丹陽人。萬曆壬辰進士，刑部主事。」

盧氏廷選**尚書雅言**

六卷。

存。

湯顯祖曰：「學古堂尚書雅言，採唐孔氏以後，至宋蔡氏所詁，而折衷己意，存其異同，有疏通知遠之益，蓋深於書者。」

高兆曰：「廷選，字真常，莆田人。萬曆壬辰進士，歷官湖廣參政。」

曹氏學佺**書傳會衷**

〔四庫總目〕

是書自一卷堯典至六卷召誥，題曰書傳會衷。七卷洛誥以下則題曰書傳折衷。篇帙相連，而兩名互見，莫喻其故，今姑從其前名，以歸畫一。（卷十四，頁三，書傳會衷提要）

十卷。

存。

張雲章曰：「天啓中，先生官廣西右參議，魏忠賢黨摘其所撰爲謗書，除名爲民。崇禎中，復起廣西，疏辭家居，殉節死。此書大概即蔡傳而損益之。」

賀氏燦然**書略**

未見。

俞汝言曰："燦然，字伯闇，秀水人。萬曆乙未進士，除行人，陞吏部主事，歷員外郎。"

胡氏瓚**尚書過庭雅言**

未見。

陳繼儒①曰："桐江胡伯玉先生，官工部郎，出參江右藩，遂還環山②。少受澤庵公訓，用尚書起家，晚課諸子，博采經史，以及山鑱冢刻旁證之，二十年始成，題曰過庭雅言，志先訓也。"

陳忱曰："瓚字伯玉，桐城人。萬曆乙未進士，官至江西布政司參政。"

史氏記事**尚書疑問**

五卷。

未見。

---

① "陳繼儒"，四庫薈要本作"陳眉公"。

② "官工部郎，出參江右藩，遂還環山"十三字，文津閣四庫本脱漏。

洪氏翼聖**尚書祕旨**

未見。

蔣方馨曰：「南池洪氏翼聖，歙縣人。萬曆戊戌進士。」

謝氏廷讚**書經翼注**

七卷。

存。

俞汝言曰：「廷讚，字曰可，金谿人。萬曆戊戌進士，官尚寶司丞。」

王氏建中**尚書新説**

未見。

姚瀚曰：「山陰人，字位宇，萬曆戊戌進士，山陽知縣。」

趙氏維寰**尚書蠡**

四卷。

存。

董其昌序曰：「我明以經術取士，士之治尚書者，閩推莆田，浙推檇李。若黄學士葵陽、馮司成開之、陳宫詹孟常，皆用尚書名世，其所論譔，經生家奉之，不啻天球弘①璧也。吾友趙無聲歲庚子用尚書冠北闈。余嘗謂書道政事，即唐、虞、三代之史，體兼編年紀傳，凡律曆兵刑河渠食貨諸治典，靡不具，故深於書者必精於史。無聲向有史癖，下上三千年間，日取其興亡治亂之故，而衷以典謨訓誥之理，淹晰貫串，直合經術治術而一之矣。頃無聲官留曹，與余兒同舍，出其講義，付諸劂士，題其端曰蠡。讀是編者，毋徒藉爲嫁衣可也。崇禎乙亥秋七月。」

鍾淵映曰：「維寰，字無聲，平湖人。萬曆庚子鄉試第一，署海寧儒學教諭，遷南國子監丞，轉刑部主事，歷郎中，著尚書蠡、讀史快編。」

孫氏奇逢**書經近指**

未見。

湯斌志墓曰：「康熙十有四年四月，明萬曆庚子舉人徵君孫先生卒於輝縣夏峰之居，年九十有二，其冬十月，葬於夏峰之東原。先生幼當梁谿、吉水講學都門之日，與鹿忠節公交修默證，以聖賢相期許。忠節既殁，獨肩斯道者四十載，兩朝徵聘十一次，堅卧不起，故天下稱爲徵君云。先生字啓泰，號鍾元，容城人。」

---

① 「弘」，備要本作「宏」。

黃氏景星**尚書解**

未見。

陳萬言序曰：「自唐及宋，説書者不一家，蔡註一出，頗爲簡備，昭代令甲，壹以是爲宗，人習專經，家無異説，顧標詞立義者日繁，縱於訓詁不盡齟齬，可信爲定則則未也。吾師黃若頊先生以莆中尚書名家成進士，自赤城李入儀曹，寅清之暇，乃得研精抽祕，博考故義，參以心裁①，薈成尚書解一書，理簡而該，詞弘而雅，約文中義，大暢宗風，所爲振起於將來，而發皇其未墜者，其在斯乎！其在斯乎！」

俞汝言曰：「黃景星，號若頊，莆田人。萬曆辛丑進士，歷官廣東右布政使。」

來氏宗道**尚書祕省**

未見。

姚翰曰：「蕭山人，字路然，萬曆甲辰進士，累官太子太保、禮部尚書兼東閣大學士。」

樊氏良樞**書繹**

一卷。

① 「裁」，備要本誤作「栽」。

存。

陳氏臣忠書經集意

二卷。

未見。

按：臣忠，莆田人，萬曆甲辰進士，書載祁氏澹生堂目。

陸氏鍵尚書傳翼

十卷。

存。

陳懿典曰：「邇來經生專務新説，實府氏所訂尚書傳翼，博而不泛，深而不僻，其見卓，其心苦矣。」

蔣方馨曰：「長水先生陸實府傳翼之書，精研深入，多發金壇王氏所未逮。」

姚瀚曰：「平湖人，字開仲，都御史萬垓子。萬曆丁未進士，建昌府推官。」

秦氏繼宗書經彙解

四十六卷。

未見。

姚瀚曰：「蘄水人，萬曆庚戌進士。」

張氏爾嘉尚書貫言

二卷。

存。

陳懿典曰：「宗峰張明府貫言脱稿於課最之暇，淺言彌深，簡言彌廣，淡言彌旨。」

高層雲曰：「宗峰張氏爾嘉，青浦人。萬曆癸丑進士，官至浙江右布政使。」

朱氏道行尚書集思通

十二卷。

存。

繆泳曰：「朱道行，字簡修，海寧人。萬曆乙卯舉人，其書自爲之序。」

史氏惟堡尚書晚訂

十二卷。

存。

姜逢元曰：「金沙肆尚書者，推王中丞父子，所著日記、要旨，有功來學，今得水部史心南晚訂，考證尤詳。」

姚瀚曰：「惟堡，字心南，仁和籍，金壇人。萬曆丙辰進士，官都水司主事。」

錢氏大復**尚書旨授**

未見。

姚瀚曰：「大復，華亭人，大學士龍錫之父。」

項氏儒**書經大全纂**

未見。

蔣方馨曰：「珍亭項氏，名儒。」

鄭氏若曾**尚書集義**

六卷。

未見。

吳氏從周**書疑**

四卷。

未見。

黄虞稷曰：「甌寧人，字世憲。萬曆中，海鹽縣儒學訓導。」

徐氏允禄**勉思齋尚書解**

未見。

陸元輔曰：「明嘉定徐允禄汝廉撰。允禄博學有文名，屢試不遇，厄窮無悶，一介不苟取予，經史皆有論説，著述頗多。」

黄氏佗**尚書精義**

六卷。

佚。

台州府志：「黄巖人。」

吴氏桂森**書説**

未見。

汪氏應魁**尚書句讀**

六卷。

存。

顧錫疇曰："尚書蔡傳，邇來坊刻，亥豕混淆。汪玄杓，余通家子，從余遊，遵京本精校，詳其句讀，令窮經者有指南，有志翼經者也。"

楊氏肇芳**尚書副墨**

六卷。

存。

馬世奇曰："斯編創於金沙楊葆元先生，成於其長君公才氏。先生爲諸生時，學使者首拔之，上其卷於部，至頒爲天下式，而以苜蓿老，不知者或爲扼腕，而先生處之怡然也。本凡五易，草創始就，公才補其滲漏。其言約而該，精而覈，深而亮，疏而密，微而不詭，樸而不俚，所謂集尚書之大成者非歟！"

張明弼曰："葆元先生治尚書，僅以明經出仕，嘗注經解，未成而歿。厥嗣公才能世其學，取先生之書，彌綸而銓敘之，以傳於世。"

楊廷樞曰："楊葆元振鐸婁江，率其兩子公才、公穎苦研經術，副墨一編，典型在目。"

洪氏禹功**尚書揀珠**

未見。

壽昌縣志：「禹功，字懋卿，天啓元年拔貢生，考授州同知。」

張氏睿卿**書箋**

未見。

鄭元慶曰：「睿卿，字稚通，歸安人。」

潘氏士遴**尚書葦籥**

五十卷。

〔四庫總目〕

目録止二十一卷，而分編則爲五十八卷，蓋以篇數爲子卷也。（卷十四，頁七，尚書葦籥提要）

〔校記〕

四庫存目云：「目録止廿一卷，而分編則爲五十八卷。蓋以篇數爲子卷也。」（書，頁二五）

存。

鍾嶔立曰：「青蓮潘氏，字叔獻，烏程人。天啓壬戌進士，授行人。崇禎初，擢雲南道御史，尋謫官福建鹽運司知事，稍遷大理寺副，著尚書葦籥，錫山高僉事世泰序之。」

徐氏大儀**書經補註**

六卷。

存。

曹溶曰：「大儀，字象卿，貴溪人。天啓壬戌進士，歷官雲南按察副使，崇禎壬申自序。」

經義考卷九十二

書二十一

徐氏可期**書經貫言**

未見。

金華府新志：「徐可期，字烜父，永康人。崇禎戊辰進士，除行人，擢福建道御史，改刑部主事，終員外郎。」

傅氏元初**尚書撮義**

四卷。

存。

林胤昌①序曰：「吾郡襟江帶海，扁舟上下，可以溯洄，然郡士大夫鮮有爲此遊具者。渼溪傅子既卜其尊人宅兆於渼溪，復以一葉作江上岵廬，風朝月夕，乘潮往來而省視焉。余問舟中往來所讀何書？渼溪曰：『吾幼從父祖讀尚書，開卷見放齊舉胤子②，爲千古諂媚之祖；驩兜薦共工，爲千古朋比之祖。當時未設諫官，知人之哲，獨推聖帝，然四岳舉舜，未嘗論賞，薦鯀不效，未嘗議罪。吾忝諫官，每念二祖列宗，用人行政之大，克媲美於典謨。因撮史合經，名爲撮義，夫猶是幼從父祖所讀尚書也。』一日，林子攜榼舟中，與渼溪汎遊筍江、浯溪、溜墖③諸勝，訪曾子霖寰於法石，則撮義已成帙，刊傳海内矣。余既羨渼溪之思奇而才敏，志孝而願忠。顧竊嘆以其烺烺天球之章，爲坎坎河干之具，因爲朗誦説命三篇，拜手颺言曰：『君家傅巖，濟川作楫，亦惟代言納誨，啓沃乃心。今撮義稱引古昔，揚扢昭代，閑邪陳義，足爲講筵。啓沃之資日者，聖天子轉圜從諫，側席旁求，吾子其以尚書進，爲恭默遜志稽古訓之一助，巨川之濟，有如此舟，豈獨借岵廬於江上哉！』曾子曰：『善。請書之爲撮義序。』」

元初自跋④曰：「齋頭索居，餘忠耿耿，輒温尚書舊聞，參合經史，要求真實經濟，而訓詁經生之習，愧未免焉。集中掛漏，尚可續增，因就正有道，繕寫爲難。遂付之剞劂，無乃示璞愚陋滋恧矣。」

俞汝言曰：「渼溪傅氏，晉江人。崇禎戊辰進士，官給事中。」

---

① 「林胤昌」，備要本誤作「林允昌」。
② 「胤子」，備要本誤作「允子」。
③ 「溜墖」，備要本作「溜塔」。
④ 「自跋」，文津閣四庫本誤作「自拔」。

袁氏儼**尚書百家彙解**

六卷。

存。

曹溶曰："儼，字若思，嘉善人。崇禎戊辰進士，高要知縣，其書董尚書其昌序之。"

孫氏承澤**尚書集解**

二十卷。

存。

承澤自序曰："註經難，註尚書尤難。尚書乃夫子之所序定者。今傳世有古文、今文之不同，有艱澀平易之互異。漢人言書有百篇，今存者僅及其半，所存者果盡出於夫子之所序定者乎？且易有程子之傳、朱子之本義，春秋有程子之傳，詩有朱子之集傳，大儒著述，確乎可循。程、朱俱不註書，朱子僅屬之蔡仲默氏。仲默每註一篇，輒請正朱子，然止訂二典、禹謨，遽捐館舍，其餘未經訂正者，果盡合朱子之意乎？且漢人表章，易有數家，詩分爲四，春秋分爲五，獨以書爲樸學，不好，馬、鄭諸家俱失傳，行世者獨孔安國一傳而已。余垂髫，先人麗澤府君口授周易。比長，兼習尚書，尚書不獨治統所屬，道統寄焉，言心言性言敬，實開萬古理學之宗，視諸經爲尤要。登第後，筮仕汴梁，故宗西亭先生家多經學祕本，因得盡讀諸儒書義，抄貯笥中。變後尚有存者，退居二十年，迴環熟繹。因嘆書固全經，其不死濟南一老於秦始、漢高之世，留傳遺經於文帝之時，天也。濟南記憶不全者，復出於故宫殘壁之中，天也。文有艱澀平易之不一，以事非一代，作非一手。如周易四聖，繁簡不一。詩之正變不同，三頌簡縟之相遠也。朱子即不註書，而仲默所注或曾面授意旨，况同時有東萊之書説，後百年有金仁山先生之表註、許白雲先生之叢説，其精粹不遜於朱子。余舊著集解一編，今年屆八旬，恐其散逸，重加裒益，刊之家塾。所解多從蔡傳，參以東萊，其有不合者，正以仁山、白雲兩先生，要歸之明顯暢達而止。至於書之有序，其言簡古，即不出於孔子，或出於當日之史官。故程子、吕子皆尊信之。今乃弁於每篇之首，以補蔡傳之缺。又蔡傳中有日月隨天左旋之説，明初命學士劉三吾修會選一書，改正其失。左旋之説，其實不誤，此不足爲蔡傳病。若其考證失真，如璿璣之璿，玉也，誤以爲珠；簡潔，二河也，誤以爲一。如此尚多。又洪範一篇有禹之經，有箕子之傳，乃俱以爲箕子之言，此其失之大者，余故曰註尚書尤難也。」

史氏煒**尚書纂要**

未見。

廣平府志：「史煒，成安人，崇禎癸酉舉人，知縣。」

朱氏朝瑛**讀書略記**

二卷。

〔校記〕

四庫存目作：「讀尚書略記，無卷數。」（書，頁二五）

未見。

江氏旭奇**尚書傳翼**

二卷。

存。

旭奇自述曰：「國家命儒臣收輯大全，於以嘉惠來學甚厚。自元以前，諸儒疏說，其不詭於經者，業已收之無遺矣。迄今又二百餘年，重熙累洽，經教益明，邇者經筵進講，則張江陵、申吳縣二公爲最著。他如莫中江氏、呂宇岡氏、黃葵陽氏、袁了凡氏、孫柏潭氏、顧涇陽氏、張侗初氏、周玉繩氏，諸所詮說，皆不可磨。旭奇研索十年，删繁補漏，名曰傳翼。又五年而始成編。時萬曆戊午歲。」

陸元輔曰：「旭奇，字舜升，婺源人。以貢入太學，授安岳簿，移台州衛經歷。」

顧氏懋樊**桂林書響**

十卷。

存。

繆泳曰：「錢唐顧懋樊書響十卷，吳太沖、文德翼爲之序。其曰書響者，取孔壁金絲之義也。」

鄒氏期楨①**尚書揆一**

未見。

嚴繩孫曰：「字公寧，無錫人。崇禎中，御史祁彪佳舉賢良方正不就，學者稱經畬先生。」

〔校記〕

四庫存目作：「六卷。」（書，頁二五）

鄒氏期相**尚書筆指**

未見。

孫氏弘祖②**尚書詮註**

未見。

嘉興縣志：「孫弘祖③，字令弘④，簡肅公植孫。」

---

① 「期楨」，文淵閣四庫本作「期禎」。

②③ 「弘祖」，備要本作「宏祖」。

④ 「令弘」，備要本作「令宏」。

陸氏又機**尚書集解**

未見。

平湖縣志：「陸又機，字衡如，由選貢知日照縣事。」

陳氏弘緒**尚書廣録**

未見。

陸氏萬達**尚書講略**

未見。

平湖縣志：「萬達，字天相，諸生。」

龐氏招俊**書經正旨**

六卷。

存。

陳忱曰：「任邱龐招俊脩予輯，其孫塏知建寧府事刊行之。」

唐氏達**尚書臆解**

未見。

鄭元慶曰：「達，字灝如，德清貢士，里人私謚淵靖先生。」

沈氏澣**尚書印**

六卷。

存。

繆泳曰：「澣，字則新，嘉興人。舉業書也。」

姚氏之鳳**尚書定解**

未見。

平湖縣志：「姚之鳳，字叔瞻，諸生。」

金氏鏡**尚書評注**

未見。

莊氏日思**尚書説準**

未見。

嘉興縣志：「莊日思，字汝立，國子監生。」

朱氏鶴齡**尚書裨傳**

十卷。

〔校記〕

四庫本十七卷。（書，頁二六）

存。

考異

一卷。

存。

鶴齡自序曰：「古經之學，非訓詁不明，然有訓詁不能無異同，有異同不能無踳駁，他經皆然，尚書爲甚。蓋尚書者，帝王之心法，治法所總而萃也。後世大典章、大政事，儒者朝堂集議，多引尚書之文爲斷，義解一訛，貽害非眇。如誤解『用牲于郊牛二』，而世遂有主合祭天地及南郊、北郊之説者矣。誤解『九族』與『罪人以族』，遂有旁及母族、妻族而坐之者矣。誤解『桐宮居憂』、『復子明辟』，而世遂以放君負扆爲伊、周之事矣。誤解『金作贖刑』，始以黄金易黄鐵矣。誤解『臣妾逋逃』，始以婦女從軍矣。誤以洪範五行牽合庶徵福極，而介甫文之，遂謂天變不足畏矣。誤以弗辟爲致辟，居東爲東征，而公孫碩膚之美不白矣。誤解弱水在條支，崑崙即河源，及書序成王伐東夷，而漢武之窮兵西北，隋、唐之越海征遼東。馬融、鄭玄、王肅之徒，開闢草萊，甚爲簡略。古文孔傳晚出，書義稍顯。孔穎達爲之疏，雖正二劉之失，未愜學者之心，求其條貫群言，闡明奥旨，信無逾於仲默集傳者。但其意主於撥棄注疏，故名物制度之屬，不能無訛，筆力視紫陽易、詩二傳，亦多不逮，識者不能無憾焉。考明初令甲本宗注疏，蔡傳附之，後又以蔡傳未精，命儒臣劉三吾等博採諸説，參互考訂，名書傳會選，頒諸學官。其後大全行而此書遂廢。又其後科舉專取蔡氏，而大全亦置高閣，白首窮經，仍訛踵陋。讀禹貢者，河渠遷改，眩若進風。陳洪範者，九數相乘，迷如辨霧。此以攻經生章句猶隔重山，況望其酌古準今，坐而論，作而行，卓然稱有用之儒哉？余竊用愍嘆，此裨傳之所由作也。記曰：『疏通知遠而不誣，書教也。』夫推之時務，而有宜有不宜，不可謂通。試之異代，而或驗或不驗，不可謂遠。列聖經筵進講，必首及尚書，誠以三五以來，崇功廣業，咸出其中，非徒古史記言記事之體。余之輯是書也，主詁義而兼及史家，臚群疑而斷以臆説，務爲通今適用之學，庶幾孔堂之金石絲竹，不盡至於銷沈磨滅云爾。若以仲默之書，群然尸祝，不應輒有異詞，則余撟舌而退。夫仲默作傳已不盡同紫陽之説，何獨疑於生仲默之後者哉？」

潘耒曰：「先生字長孺，居吴江之北郭，閉户著書，撰述甚富，所有書裨傳已刊行，禹貢長箋尚未雕印。」

楊氏文彩**書繹**

十二卷。

〔校記〕

未見。

四庫存目作：「六卷。」（書，頁二六）

魏禧序曰：「楊子書繹既成，以授其門人魏禧。禧再拜稽首，作而歎曰：『吾今而知後世之必可以復三代矣。』楊子曰：『何爲其然也？』禧曰：『吾以是書知之。夫二帝三王之言天也，傳註百家曆象也。天之神化，不借助於曆象，然曆象失占，則違天而無以前民用。是書也，綜百家之是而去其紕駁，殫五十年之神明而會通其道，故其大義之昭明也，如日月之麗天；其確乎不可易也，如華嶽之峙地；其以經世應事也，如舟之利水，車之濟陸；其切近於身心也，如菽粟之療饑，布帛之禦寒；其不可見、不可聞也，則冥心力索於章句文字之外，恍惚乎古聖人之心。嗚呼！有王者起而欲復斯民於三代，則直舉而措之已矣。』楊子曰：『三代而後，唐、虞其可復矣乎？』禧對曰：『唐、虞去上古未遠，人事開而天氣未漓，故其治化與天無間。堯典曰：「黎民於變時雍。」舜典曰：「四方風動。」有非三代之化俗所及。故其後雖有禹、湯、文、武之爲君，益、伊、周、呂之爲臣，而天下已不可復爲唐、虞。若夫三代之治，聖人以人事救之。蓋自夏、商之季，浸淫至於周衰，其間弒逆蒸報，凶慝姦宄，如漢、唐以下之變，無

錢氏肅潤**尚書體要**

六卷。

存。

繆泳曰：「肅潤，字礎日，無錫人。馬素修先生弟子，隱居十峯艸堂，其説書多本於馬。」

沈氏嗣選**尚書傳**

四卷。

存。

嗣選自序曰：「乙酉避亂葭川，作洪範傳，友人勸併及全書，予謝未遑。今歲稍多暇晷，欲思著述以自見，遂有事焉。見近世大儒如鄧潛谷、郝京山之書，非無可觀，然覺功多而用少者，由於句句而疏之也。予意因文釋義，蔡傳已明者，不必更爲蛇足，惟是微言大旨，前賢所未發者，潛心弋獲，不可使之埋没。乃每篇各作一論，其章句之間有獨得者，亦疏而記之云。」

繆泳曰：「嗣選，字仁舉，嘉興貢士。」

閻氏若璩**尚書古文疏證**

十卷。

〔四庫總目〕

其書初成四卷，餘姚黄宗羲序之。其後四卷，又所次第續成。若璩没後，傳寫佚其第三卷。其二卷第二十八條、二十九條、三十條，七卷第一百二條、一百八條、一百九條、一百十條，八卷第一百二十二條至一百二十七條，皆有録無書。編次先後，亦未歸條理。蓋猶草創之本。（卷十二，頁二十六，古文尚書疏證提要）

〔校記〕

四庫本作：「八卷。」（書，頁二六）

存。

姚氏際恒**古文尚書通論别僞例**

十卷。

存。

錢氏煌**壁書辨疑**

六卷。

存。

右山陽閻百詩、錢塘姚善夫、桐鄉錢曉城三家，皆攻古文尚書者。

弗有者，故其勢已極於無可加。當此之時，有聖人出焉以救之，則爲三代之治；無聖人以救之，則爲三代以下之亂，故曰三代必可復也。且夫禹、湯、文、武皆大聖人，其去堯、舜不過幾微尺寸之間，而不能躋三代於唐、虞。嘗觀漢、唐文帝、太宗爲治，萬里昇平，四海刑措，幾至於三代矣。然其立身致治之道，去三代聖人蓋已千百蓓蓰而不可數計。嗚呼！是必世有禹、湯、文、武之爲君，而其天下亦第如漢、唐極盛之治而止，然後可曰三代不可復耳。今天下之亂已極，其勢必有所變，三代極盛之治已數千年絶於天下，其勢亦宜有所復。昔滕文公問井地。孟子曰：「有王者起，必來取法，是爲王者師也。」夫生聖人爲斯民主，上以禹、湯、文、武自期其身，下志伊尹、傅説、周公之學，苟取是書而法之，愚以爲庶幾得三代之所以復。』楊子聞之曰：『是予之志也，汝其以是言弁諸册。』禧曰：『唯唯。』再拜而退。」

又墓表曰：「先生諱文彩，字治文，晚號一水，學者稱一水先生。年未二十，即教授弟子，多至數百人。崇禎戊辰，用登極恩，選貢士，先生作尚書繹，必浣手執筆曰：『吾方對二帝三王，奈何不敬。』書未成，先生之屋火，器服盡燬，惟書繹存，病將革，執禧手謂曰：『尚書三吾一人書，當見於天下後世。』書凡十二卷。」

黄氏宗羲**書經筆授**

二卷。

存。

毛氏奇齡古文尚書寃詞

八卷。

存。

右蕭山毛氏見説經者多攻古文尚書之僞，作此爲孔安國、梅賾訟寃。

經義考卷九十三

書二十二

明世宗皇帝書經三要

三卷。

未見。

黄虞稷曰："三要者，臯陶謨、伊訓、無逸三篇也。嘉靖四年十一月，帝謂周書無逸一篇與聖祖御注洪範一篇，皆治天下大法，因命輔臣撰序刊布。大學士費宏等言皇上勵精圖治，真與聖祖同心一德，兹欲刊布，亦宜依御注洪範體式，因經分注，直解肯綮，繕寫成書，以備觀覽。已復有旨，再注伊訓及二書，分爲三册，共爲一書。宏等請以洪範居首，次伊訓，次無逸。以洪範雖演於箕子，而原出夏禹，且注自聖祖，序之先後宜然。已乃帝製洪範序略一篇，後將臯陶謨、伊訓、無逸等篇，通加注釋，名曰書經三要。"

文氏彦博**尚書二典義**

一卷。

存。

彦博進表曰：「臣伏覩尚書序曰：『仲尼討論墳典，斷自唐、虞以下，訖於周。』所以堯、舜二典爲書之首篇，垂世立教，示人主以軌範，帝王之制，坦然明白，可舉而行。堯、舜二典並云『曰若稽古帝堯、帝舜』，以謂二帝並能順考古道而行之，乃知人主之聖必由稽古。恭惟皇帝陛下日御經筵，集講官説尚書，蓋聰明文思，稽考古道，垂意於安天下之民，天下幸甚。臣以衰殘，忝位保傅，得侍經閣，爲幸已深，又不自揆，輒於二典之中，采掇事義數條，兼以訓傳。或理有切近治體，亦以愚短之義附之，庶幾粗有所備。夫以齊之霸國而孟軻陳堯、舜之道於齊王之前，欲勉進之。今臣遭堯、舜之時，陳堯、舜之道，固其宜矣。臣愚不勝區區之誠，謹録以上進。」

程子頤**堯典舜典解**

宋志：「一卷。」

存。

陸氏佃**二典義**

通考：「一卷。」

未見。

陳振孫曰：「陸佃農師撰。佃爲王氏學，長於考訂。」

范氏浚**堯典論**

一篇。

存。

羅氏欽順**堯典説**

一篇。

存。

汪氏琬**九族考**

一篇。

存。

晁氏説之**堯典星日歲考**

一卷。

存。載嵩山集。

陳氏櫟**堯典中星考**

一篇。

存。

貝氏瓊**中星考**

一篇。

存。

錢謙益曰①：「瓊，字廷臣，一字廷琚，崇德人。領鄉薦。張士誠據吴，隱於殳山，累徵不就。洪武三年，徵修元史。六年，除國子助教，遷中都國子學助教致仕。」

程氏廷策**中星圖説**

一卷。

未見。

① 「錢謙益曰」，四庫薈要本作「錢陸燦曰」，文淵閣四庫本作「江南通志」，文津閣四庫本作「嘉興府志」。

吴氏觀萬**閏月定四時成歲講義**

佚。

徽州府志：「休寧人，字亨壽，篤尚考亭之學。」

來氏汝賢**虞書解**

未見。

毛奇齡曰：「菲泉來氏汝賢，蕭山人，嘉靖壬辰進士。」

袁氏黄**虞書大旨**

未見。

茅氏瑞徵**虞書箋**

二卷。

存。

瑞徵自序曰：「古稱極治，唐、虞尚矣。乃考其時，九年之洪水，每廑其咨①，七旬之干羽，尚煩訓定，而猾夏震師，紀述不絕於書，亦烏覩所謂泰寧之象哉！其廷臣動色相戒，一則曰『無怠無荒』，再則曰『無若丹朱傲』。曾未嘗以神聖諛其君，而其君亦不敢寬然以神聖自命，兢兢業業，常若不能一日安於臣民之上，故曰堯、舜其猶病諸。只此一念，便足千古，此帝王相傳之治脈也。今主上每事誦法堯、舜，而廷臣將順不遑，卒遜處於稷、契、皐、夔之後。頃歲，邊庭告警②，水旱時聞，大似唐、虞儆予之日，惟諸臣共以堯、舜事君，而無虛以堯、舜頌君，此亦千載一時矣。南局多暇，日取唐、虞論治之書讀之，意有所會，輒次數語簡端，久便成帙，漫題曰虞書箋，蓋曰此其最淺淺者，予未有知云爾。崇禎壬申。」

羅氏泌**六宗論**

一篇。

存。載路史餘論。

沈氏顔**象刑解**

一篇。

---

①「咨」，文津閣四庫本誤作「洛」。

②「邊庭告警」，文津閣四庫本作「中原郡縣」。

存。載唐文粹。

程氏大昌**象刑説**

一篇。

存。

朱子熹**舜典象刑説**

一篇。

存。

戴氏亨**人心道心説**

一篇。

佚。

倪氏思**昆命元龜説**

一卷。

佚。

葉紹翁曰：「寧皇嘉定初，拜右相制麻，翰林權直陳晦偶用『昆命於元龜』事。時倪文節公思帥福閩，即束裝奏疏，謂哀帝拜董賢爲大司馬，有『允執其中』之詞，當時父老流涕，謂漢帝將禪位大司馬。寧宗得思疏甚駭，宣示右相，右相拜表以爲臣一時恭聽王言，不暇指摘，乞下思疏以示晦，晦翼日除御史，遂上章徧舉本朝自趙普而下，凡拜相麻詞用元龜事至六七，且謂臣嘗詞科放思，思非不記，此特出於一旦私憤，遂忘故典，以藩臣而議王制，不懲，無以示後。文節遂不復敢再辨，免所居官。陳與真文忠最厚，蓋辨明故典，頗質於文忠云。」

周密曰：「嘉定初元，史忠獻彌遠拜右丞相，相麻，翰林權直陳晦之筆也。有『昆命元龜，使宅百揆』之語，時倪文節思知福州，即具申朝省，謂『昆命元龜』，此乃舜、禹揖遜授受之語，見於大禹謨，非僻書也。據漢書董賢爲大司馬册文云『允執其中』，蕭咸謂此乃堯禪舜之文，非三公故事，今『昆命元龜』與『允執其中』之詞何以異？若聖上初無是意，不知詞臣何從而援引此言，受此麻者豈得安然而不自明乎？給舍臺諫又豈得不辨白此事乎？竊見曩之詞臣以聖之清、聖之和褒譽韓侂胄，以有文事、有武備褒譽蘇師旦，然亦未敢用人臣不當用之語。昔歐陽修論韓琦、富弼、范仲淹立黨事在爲河北轉運使時，故敢援此爲比。乞行貼麻，史相得之甚駭，遂拜表繳奏，且謂當時惟知恭聽王言，所有制詞會合取會詞臣合與不合，貼麻時，陳晦已除侍御史，遂具奏之。其詞內云：『茲方艱於論相，顧無異於象賢，昆命元龜，使宅百揆。』此蓋演述陛下卜相之意甚明，而思乃以爲人臣不當用之語。臣觀尚書所稱『師錫帝曰虞舜』與『乃言底可績』者，其上下文顯，是揖遜授受之語，而孫近行趙鼎制云：『亶由師錫之公。』蔣芾行洪适制云：『用符師錫之公。』陳誠之行沈該制云：『言皆可績，僉曰汝諧。』從大禹謨之文：『惟口出好興戎，朕言不再。禹曰：枚卜功臣，惟吉之從。帝曰：禹！官占，惟先蔽志，昆命元龜。朕志先定，詢謀僉同，鬼神其依，龜筮協從，卜不習吉。禹拜稽首固辭。帝曰：毋惟汝諧。』今以本朝宰相制詞考之，呂夷簡制曰：『或營求方獲，或枚卜乃從。』富弼制曰：『遂膺枚卜，實契具瞻。』王欽若制曰：『廟堂虛位，龜筮協謀。』曾公亮制曰：『拂龜而見祥，端扆而定制，稽用師言之錫，進居台路之先。』陳執中制曰：『考嘉績而惟茂質，枚卜以僉同。』趙鼎制曰：『龜弗克違，既驗詢謀之協。』陳康伯制曰：『詢於僉言，蔽自朕志。』無非用大禹謨此一段中語。此類甚多，不敢盡舉。唐人作韋見素相制曰：『爾惟不矜，朕志先定。』此兩全句皆用禹事。本朝蘇軾草賜范純仁詔亦曰：『蔽自朕志。』賜文彦博詔亦曰：『朕命不再，至於歷試諸難。』蓋堯、舜事。軾於呂大防、胡宗愈詔屢用『歷試』二字，然臣不敢援此爲例，恐未是命龜的證。國初。趙普拜相，制曰：『詢於元龜，歷選群后。』又有甚的切者。唐元和中，裴度拜相，制曰『人具爾瞻，天方賚予，昆命元龜，爰立作相』云云。古人舉事無大小，未嘗不命龜，如洪範、周禮、左傳皆可考也。今思乃以董賢册文『允執其中』爲比，以聖上同之漢哀云云。凡臣所陳，事理甚明，所有已降相麻，即不合貼改，繼得旨，陳晦援證明白，無罪可待。倪思輕侮朝廷，肆言誣罔，可特降兩官。其後文節作辨析一狀甚詳，又專作一書曰昆命元龜說，備載始末。然一時公論，多以文節出位而言，近於忿激，而陳之論辨雖詳，終不若不用之爲佳也。」

王氏惲**百獸率舞說**

一篇。

存。

漢禹貢圖

一卷。

佚。

後漢書王景傳：「永平十二年，議修汴渠，乃引見景，問以理水形便。景陳其利害，應對敏給，帝善之。又以嘗修浚儀，功業有成，乃賜景山海經、河渠書、禹貢圖及錢帛衣物。」

裴氏秀**禹貢地域圖**

十八篇。

佚。

晉書：「裴秀，字季彦，河東聞喜人。武帝受禪，官尚書令、左光禄大夫，久之，以爲司空。秀儒學洽聞，職在地官，以禹貢山川地名，從來久遠，多有變易。後世説者或彊牽引，漸以暗昧。於是甄摘舊文，疑者則闕，古有名而今無者，皆隨事注列，作禹貢地域圖十八篇，奏之，藏於祕府。」

秀自序曰：「圖書之設，由來尚矣。自古立象垂制，而賴其用。三代置其官，國史掌厥職。暨漢屠咸陽，丞相蕭何盡收秦之圖籍。今祕書既無古之地圖，又無蕭何所得，惟有漢時輿地及括地諸雜圖，各不設分率，又不考正準望，亦不備載名山大川。雖有麤形，皆不精審，不可依據。或荒外迂誕之言，不合事實，於義無取。大晉龍興，混一六合，以清宇宙，始於庸蜀，冞入其岨①。文皇帝乃命有司，撰訪吴、蜀地圖。蜀土既定，六軍所經，地域遠近，山川險易，征路迂直，校驗圖記，罔或有差。今上考禹貢山海川流，原隰陂澤，古之九州，及今之十六州，郡國縣邑，疆界鄉陬，及古國盟會舊名，水陸徑路，爲地圖十八篇。制圖之體有六焉：一曰分率，所以辨廣輪之度也。二曰準望，所以正彼此之體也。三曰道里，所以定所由之數也。四曰高下，五曰方邪，六曰迂直，此三者各因地而制宜，所以校夷險之異也。有圖象而無分率，則無以審遠近之差；有分率而無準望，雖得之於一隅，必失之於他方；有準望而無道里，則施於山海絶隔之地，不能以相通；有道里而無高下、方邪、迂直之校，則徑路之數必與遠近之實相違，失準望之正矣，故以此六者參而攷之。然遠近之實定於分率，彼此之實定於道里，度數之實定於高下、方邪、迂直之算。故雖有峻山鉅海之隔，絶域殊方之迥，登降詭曲之因，皆可得舉而定者。準望之法既正，則曲直遠近無所隱其形也。」

顧氏愷之**夏禹治水圖**

一卷。

佚。

宣和畫譜：「顧愷之，字長康，小字虎頭，無錫人。義熙中，爲散騎常侍，今御府所藏有夏禹治

① 「岨」，文淵閣四庫本作「阻」。

水圖。」

無名氏禹貢圖

二卷。

佚。

右見唐裴孝源貞觀公私畫史。

孔氏武仲**禹貢論**

一篇。

存。

毛氏晃**禹貢指南**

二卷。

未見。

〔四庫總目〕

是書宋史藝文志不著録，焦竑經籍志載禹貢指南一卷，宋毛晃撰。朱彝尊經義考云：「未見。」又云：「文淵閣書目有之，不著撰人，疑即晃作。」則舊本之佚久矣。今考永樂大典所載與諸家註解散附經文各句下，謹綴録成篇，釐爲四卷，以世無傳本，其體例之舊不可見，謹以經文次第標列，其無註者，則經文從略焉。（卷十一，頁八，禹貢指南提要）

〔校記〕

四庫輯大典本四卷。（書，頁二六）

按：文淵閣書目有禹貢指南一册，不著撰人姓名，疑即晁書。昆山葉氏菉竹堂目亦有之。

程氏大昌**禹貢論**

宋志：「五卷。」萬卷堂目：「二卷。」

存。

禹貢論圖

宋志：「五卷。」萬卷堂目：「二卷。」

〔補正〕

案：通考作「四卷」，今通志堂本作「一卷」。（卷三，頁十九）

未見。

禹貢後論

宋志：「一卷。」

未見。

〔四庫總目〕

宋史藝文志載大昌禹貢論五卷，後論一卷，又禹貢論圖五卷。陳振孫書録解題則謂論五十二篇，後論八篇，圖三十一。王應麟玉海則謂淳熙四年七月大昌上禹貢論五十三篇，後論八篇，詔付祕閣，不及其圖，蓋偶遺也。今諸論皆存其圖。據歸有光跋稱吴純甫家有淳熙辛丑泉州舊刻，則嘉靖中尚有傳本，今已久佚。故通志堂經解惟刻其前、後論，而所謂禹貢山川地理圖者，則僅刻其叙説。今以永樂大典所載校之，祇缺其九州山水實證及禹河、漢河二圖耳，其餘二十八圖巋然並在，誠世所未覯之本。今依通志堂圖叙原目併爲二卷，而大昌之書復完。（卷十一，頁九，禹貢論、後論、山川地理圖提要）

〔校記〕

四庫本禹貢論五卷，後論一卷。通志堂本論二卷，後論一卷。禹貢論圖久佚，四庫館臣據永樂大典輯禹貢山川地理圖二卷，序稱凡卅一圖，大典載廿八圖。皕宋樓藏影宋本禹貢論二卷，後論一卷，圖一卷，卅一圖完具。（書，頁二六）

彭椿年序曰：「禹迹所及，周徧天下，而載之禹貢者，僅餘千言。其施置閎大，而書法嚴簡，絶非一見可以遽解，故薦紳先生難言之。漢永平間，詔遣王景治汴，而賜以禹貢圖，曰：『圖云者，爲其道里悠遠，功緒汗漫，故圖以著之。』則禹貢有圖，其已久矣。予嘗恨古圖不存，歷世諸儒，耳受臆決，無所稽據，每對禹貢，輒闕然不滿。紹興初，肇復大學，與今泉守程公偕冠而中弟子員，俱業書，又適同一舍，每相與談經，至不安處，輒共嘆諸儒之説未能通貫。時方事場屋，作舉子文字，未暇究竟也。淳熙四年，程公以侍從講尚書禁中，門下省頒行其奏劄曰：『禹貢大川七，而諸儒沿襲，乃謁其六。』予聞之有會於心，而疑其是正之難也。已而聞上御講殿，問黑水甚詳，知公有見，俾之來上。程公具以其所知，爲書以奏，上見之，大加褒勞，詔付祕書省，藏以垂後。予聞諸學士大夫，稱其精博，實未嘗一見其書也。六年，出管閩舶。明年，而程公以敷文閣直學士來鎮泉南，暇日論文，因請觀之，程公欣然出副本相示。予取以歸，熟而復之，則其書條理甚備，辨正經指者，著之於論，論凡五十有二。論嘗指事説理而當證以山川實地者，則事爲之圖，圖三十有一。至其事不隸虞、夏，而源流本出此經者，則又爲後論八篇。數千年間，州域更革，山川迹道，率皆本禹語以爲之宗，而後采取歷世載籍以爲之證，其所據謂是者必其協諸經而協，乃始皆措，而其救正前人違誤者，亦皆稽案經語而執規矩以格方圓，其不合者有狀而指自出若語也。至於執以爲據者，惟輿圖史志之所載，兵師使驛之所經，實有其地，甫以立辨。至於禆説怪語，奇聞異教，荒忽誕謾，不可案核者，悉棄不取。嗚呼！亦勤矣，而無一語不從禹貢以出，予乃知衆稱精博者不誣也。若九河之淪於海，三江之當爲一，嘉陵江誤爲西漢，而漢中之漢，本無二派。濟水通溢爲滎，而濟之爲濟，實非潛行地下。弱水之既西，黑水之入南，歷世禹河漢河之别，貢道入河入菏之誤，以其言而質之禹貢，若合符節，無所差爽。予始念孟子之言曰：『天之高也，星辰之遠也，苟求其故，千歲之日至，可坐而致也。』程公之於地理禹迹，可謂求之而知其故也矣，是可傳也。且其奏御之語曰：『東西朔南，漸被聲教，皆自此規摹以出。』則其拳拳不獨爲夏世故書發語而已。聖天子亦既知其志之不狹矣，從而褒諭之曰：『禹貢於古今山川地理，無不該貫，最爲難明，卿著論以要其歸，爲功甚大。』則所得褒寵，亦不止義訓之近也。郡博士陳君應行請以其著刻木①郡庠，布之學者，而求予文爲表，予不容辭，故爲之書。」

陳應行後序曰：「閣學尚書程公，曩在經筵，進黑水之説，上動天聽。因以禹貢爲論爲圖，啓沃帝心，且以東漸西被，教暨朔南，爲惓惓之忠，盡在於此。嗚呼！大哉言乎，其本藏之秘館，天下學者欲見而不可得。歲在庚子，公以法從出守溫陵，而編修彭公提舶於此，與公有同舍之舊，得其副本。應行一日摳衣彭公之門，質疑之餘，出示書一編曰：『此程公所進禹貢論圖也，子見之乎？』因再拜以請而三復其説。見其議論宏博，引證詳明，皆先儒之所未及，乃請於公，願刊之郡庠，以與學者共之。公曰：『是吾志也。』乃出公帑十五餘萬以佐其費，復請公序以冠其首。凡所畫之圖，以青爲水者，今以黑色爲②水波别之；以黄爲河者，今以雙黑線别之；古今州道郡縣疆界，皆畫以紅者，今以單黑線别之。舊説未安，今皆識之以雌黄斷線别之。斯文一傳，使學者觀帝王之疆理，見宇宙之寥廓，感慨今昔，皆有勒功燕然之心，則閲此書者，豈小補哉！淳熙辛丑上元後五日。」

① 「木」，備要本誤作「本」。
② 「爲」，依正應作「與」。

〔補正〕

陳應行後序序内「今以黑色爲水波」，「爲」當作「與」。（卷三，頁十九）

大昌自序曰：「臣惟帝王臨御天下，凡四海九州之面勢，名山大川之向背，九夷八蠻之區域，必先究其曲折表裏。然後宅撫大略得以審所施置而效之於事。禹之出也，其所遭者水也，故其經晝必以奠高山大川爲始，蓋高山既奠，則避礙有方；大川不迷，則濬距有向。是以功力所及，地平天成，不愆於素知所指而措之罄無不宜也。今具載之禹貢，雖曰主爲水役，而區處夷夏，播敷政教，使四海得爲唐、虞，其遺範所詔，蓋帝王必當取法者也。孔子採録而紀之書，豈直爲行河之地哉？大有爲之主將陟禹迹，以方行天下，是書也，即禹輿地圖志而可稽者矣。然而極天下大川，如江、淮、河、漢、濟、黑水、弱水此七者，宇宙不能越之以自大，禹功不能外之以自立，而其名稱迹道，世傳失實，七繆其六。人主苟欲追會禹蹟而不得七者之真，正猶禹之行水高山大川，其猶未奠而欲行其荒度，則將何據以爲施置之序也？然則士而考古以待有國者之採擇，推諸世務，宜無要於此書者矣。然去古益遠，簡編不與禹接，其辨正實難。顧有一者，經文雖簡，而於事情無所不該，如即其簡而得其該，則雖茫茫之迹，見於千餘言，亦既無所乏少。若但病其簡，言外輒無餘見，必且越而求之經文之外，説成而經不應，則於稽據何賴。臣爲此故，方其疑悟古説，則盡屏訓傳，獨經文而熟復之，研味既久，忽於一言一字之間，覺其意指可以總括後先，則主以爲據，而益加參校。暨其通之一經而合，質之旁史而信，稽諸人情物理而準。於是躍然喜，渙然悟，知甚簡之中有甚該者焉。如人有脈，綿綿若存，可以精察而不可以亟見，然後知聖經之異於凡史也。積其所見，撰次成論，凡五十有一①篇，豈敢謂能有明，然童而習之，白首不知止，亦冀施之實用，不徒爲此空言爾。臣近因進講黑水，遂得陳道其素，聖明盡下，不以爲愚，而寵褒之，且宣諭臣曰：『禹貢於古今山川地理，無不關貫，最爲難明。卿著論以據證之，用功甚矣。』嘉賞至於再三，俾之來上。臣恭稟睿訓，豈敢以淺陋爲辭，謹具所著論，繕寫塵獻。夫其淺聞而博考，居千百世後而討究前人之未安，持窾啓之見，以敷露於天縱聖學之前，極自知其不量，然千慮之愚，或庶幾其一得者。率皆本經而求之傳，會傳而反諸經，因禹貢以言禹貢，未始舍經而自出一見，以此致之君上，非臣之敢爲若言也。禹也書叙載其經啓功用，曰：『東漸于海，西被于流沙，朔南暨聲教。』臣惓惓所願效忠者，正在此語也。若夫山川方域，散在四海，而名稱迹道不啻千百其變，臣所著論，撮總其事而不能縷陳其方鄉位置，則別爲之圖以表著之，苟蒙采擇，庶幾便於省覽。」

又自序後論曰：「臣惟禹之水功被賴萬世，而大河特不輟，爲治世之患，較其勞費，殆若一敵國然，而民又未嘗得寧也。汴渠規模不出於禹，而轉輸之利愈於未有汴時，臣以是知天下事其迹狀未形於前，則雖聖人亦無所感發，以出其智。故周監二代而文物郁郁，漢創笞杖徒流以代肉刑，而百世遂不可易，蓋見其形而後知所措也。臣本爲稽考禹貢而及古今山川曲折，於是念河、汴二水本朝極嘗關意，而其間應講求以備稽用者，實云有之，輒隨見記録，以爲禹貢後論。比因奏對，忝蒙睿旨宣取，臣不敢以愚陋爲辭，謹此録進。夫事未至而逆知其理之當然，則事至而策畫審定，此臣區區愚誠也。」

① 「五十有一」，依補正、四庫薈要本應作「五十有二」。

〔補正〕

自序内「凡五十有一篇」，「一」當作「二」。（卷三，頁十九）

陳振孫曰：「凡論五十三①篇，後論八篇，圖三十一。其於江、河、淮、漢、濟、黑、弱水七大川，以爲舊傳失實，皆辨證之。淳熙四年上進。宇宙廣矣，上下數千載，幅員數萬里，身不親歷，耳目不親聞見，而欲決於一心，定於一説，烏保其皆無牴牾，然要爲卓然不詭隨傳注者也。」

〔補正〕

陳振孫條内「凡論五十三篇」，「三」當「二」。（卷三，頁十九）

中興書目：「禹貢論五卷，後論一卷，專論河、汴二水之患。又禹貢論圖五卷，因禹貢備論歷代山川郡縣名稱改易，以唐世地書爲正。」

王應麟曰：「淳熙四年七月，刑部侍郎程大昌上禹貢論五十二篇、後論八篇，詔付祕閣。」

周密曰：「程泰之以天官兼經筵，進講禹貢，闕文疑義，疏説甚詳，且多引外國幽奥地理，阜陵頗厭之，宣諭宰執云：『六經斷簡，闕疑可也，何必强爲之説，且地理既非親歷，雖聖賢有所不知，朕殊不曉其説，想其治銓曹亦如此也。』既而補外。」

歸有光跋曰：「禹貢論五十二篇，得之魏恭簡公，而亡友吴純甫家藏有禹頁圖②，皆淳熙辛丑泉州

---

① 「五十三」，依補正應作「五十二」。

② 「禹頁圖」，依四庫薈要本、文津閣四庫本、備要本應作「禹貢圖」。

舊刻也。泰之此書，世稱其精博，然予以爲山川土地，非身所履，終無以得其真。太史公言張騫窮河源，烏覩所謂崑崙者。元世祖至元十七年，使驛治運河土番朶甘思西鄙星宿海，所謂河源者，始得其真。如泰之所辨鳥鼠同穴數百言，以爲二山，而吾郡都太僕常親至其山，見鳥鼠來同穴，乃知宇宙間無所不有，不可以臆斷也。」

王氏炎禹貢辨

一卷。

未見。

經義考卷九十四

書二十三

陳氏埴**禹貢辨**

一卷。

未見。

浙江通志：「陳埴，字器之，永嘉人。從學朱文公，舉進士，以通直郎致仕，學者稱潛室先生。」

李氏方子**禹貢解**

未見。

邵武府志：「李方子，字公晦，光澤人。朱子高弟，自號果齋。嘉定七年進士第三人，累官國子録，通判辰州。寶慶二年，真德秀、袁甫取所著禹貢解以進，特授朝奉郎。」

余氏嘉**禹貢考**

佚。

閩書：「嘉，字若蒙，龍谿人。任惠、潯二州教授。差浙西倉幹，上書論韓侂胄，改通直郎，主管嶽祠，所著周禮解、禹貢考、春秋地例增釋。」

黃氏千能**禹貢圖説**

佚。

江西通志：「黃千能，字必強，豐城人。刻意讀書，謂皇極九疇之統，漢儒舉以參五事配六極，則失之妄作。皇極要論又謂古今地理無一定之形神，禹疏河之故道，蕪没而難考，作禹貢圖説。」

孟氏先**禹貢治水圖**

宋志：「一卷。」

佚。

傅氏寅**禹貢集解**

二卷。

存闕。

〔四庫總目〕

案：朱彝尊經義考有寅所著禹貢集解二卷，通志堂嘗刊入九經解中，而永樂大典載其書則題曰禹貢説斷，無集解之名。又經解所刊本稱原缺四十餘簡，今檢永樂大典，不獨所缺咸在，且其五服辨三千餘言、九州辨千數百言，較之原註缺文，多至數倍。又山川總會及九河、三江、九江四圖，經解俱誤編入程大昌禹貢論中，與其書絶不相比附，而永樂大典獨繫之説斷篇内，蓋當時所見，實宋時原本，足以援據，而經解刊行之本，則已傳寫錯漏，致并書名而竄易之，非其舊矣。書中博引衆説，斷以己意，具有特解，不肯蹈襲前人。其論孟子決汝、漢，排淮、泗，而注之江，爲古溝洫之法，尤爲諸儒所未及，洵卓然能自抒所見者。今取經解刊本與永樂大典互相勘校，補闕正譌，析爲四卷，仍題説斷舊名，而於補缺之起訖，各加註語以别之，庶幾承學之士得以復見完書焉。（卷十一，頁十三，禹貢説斷提要）

〔校記〕

四庫輯大典本作「禹貢説斷四卷」，通志堂本集解二卷。（書，頁二二六）

喬行簡序曰：「今學之不古若，科舉之習害之也。明經記誦固不足以言古，然猶近古，文詞之習興，而義疏之學泯矣。利所不在，誰復睥目視之乎？同叔家故貧，亦以教舉子爲業，乃能取古書天官地志、律曆權度、井田兵制、分寸零整、乘除杪忽之説，究觀篤考，窮日夜不惕，無是書則多方從人借之，月累歲積，而其學成矣。遂取其書事爲之圖，條列諸説，而斷以己意，名曰群書百考，禹貢説蓋其一也。夫説禹貢者多家，三江莫定其名，黑水弗知所入，諸如此類甚衆。余曩得同叔此書讀之，蓋躍如也。然間有疑而未決者，方圖與之講切，會而一之，而同叔亡矣。以同叔之用工，如此其至，既勒成一家之言，是固不可使之無傳也。百考文多，欲鋟之板未辦，姑摭其禹貢説出之，庶幾留意此學，將求證於是者有取焉。同叔姓傅，名寅，烏傷人也，蓋晚而徙居，與余爲同里云。」

呂祖儉曰：「同叔禹貢圖考，可謂集先儒之大成。」

葉適曰：「同叔博通古書，特有隱趣。」

黄溍曰：「鄉先生傅公從説齋唐公質疑問難，皆有援據可反復。説齋喜曰：『吾益友也。』及聞其升陑、分陝之説，語門人曰：『職方輿地盡在同叔腹中矣。』大愚呂公閲其禹貢圖考曰：『是書可謂集先儒之大成矣。』揭其圖，請申言之，而坐諸生以聽，且曰：『以所能者教人，所不能者受教於人，理之所在，初無彼此。』先生亦樂爲之盡，亹亹不倦。」

金華志：「傅寅，字同叔，義烏人。於天文、地理、明堂、封建、井田、律曆、兵制之屬，世儒置不講者，靡不窮究，訂其譌謬，學者稱之曰杏溪先生。」

易氏祓**禹貢疆理記**

一卷。

佚。

戴氏蒙**禹貢辨**

一卷。

佚。

鄒氏近仁**禹貢集説**

未見。

陸元輔曰：「近仁，字魯卿，鄱陽人。官龍陽丞，嘗問學於楊簡，著歸軒集。」

王氏柏**禹貢圖**

一卷。

未見。

按：西亭王孫萬卷堂藏書目載之。

陳氏剛**禹貢手抄**

一卷。

佚。

温州府志：「剛，字公潛，平陽縣人。從胡石塘學，隱居教授，學者稱爲潛齋先生。」

林氏洪**禹貢節要**

一卷。

佚。

張氏性善**禹貢沿革圖**

佚。

王氏禕**禹貢山川名急就章**

一篇。

存。

朱氏右**禹貢凡例**

一卷。

存。

右自序曰：「愚讀禹貢而知聖人之書法謹而有辨也。其載九州山川地理曲折及貢賦封域之事，言簡義密，詞嚴意周，一字之間，含蓄無盡，如書山川廣平曰原，下濕曰隰，山南曰陽，水北曰汭，地高曰丘，再成曰陶，高平曰陸，豬水曰澤，其土色無塊曰壤，土黏曰埴，脈起曰墳，青黑曰黎，玄而疏曰壚。其草木少長曰夭，上竦曰喬，繇言其茂條無甚長①，叢生而積②曰苞③。其水道因水入水曰達，循行水涯曰沿，舟行水上曰浮，絶水而渡曰逾，曰亂，大水合小水曰過，小水合大水謂之入，二水勢均相入謂之會，會而合之一謂之同。其治功除木曰刊，祭山曰旅，致功曰績，可種曰藝，可治曰乂，順其道曰從，得其正曰殷，經始治之謂之載，已盡平治謂之既。其賦法最薄曰貞，雜出曰錯。其貢賦常獻曰貢，器盛曰篚，包裹曰包，待命曰錫，非一物曰錯，凡例不過四十，而千萬世之豐功盛德盡在是矣，因詮次以便覽者。」

〔補正〕

自序内「地高曰邱」，案：廣雅作「小陵曰邱」，此從孔傳。「條無甚長」當作「條言其長」。「叢生而積曰苞」，「積」當作「稹」。案：正義云：「釋言：『苞，稹也。』孫炎曰：『物叢生曰苞，齊人名曰稹。』郭璞曰：『今人呼叢緻者爲稹。』」「可治曰乂」，孔傳謂「已治爲乂」。（卷三，頁十九）

---

① 「條無甚長」，依補正、四庫薈要本、文淵閣四庫本應作「條言其長」。
② 「積」，依補正應作「稹」。
③ 「苞」，四庫薈要本誤作「包」。

郭氏餘禹貢傳注詳節

一卷。

佚。

楊士奇曰：「禹貢傳注詳節，先友湖州府經歷郭慶宜先生刪節傳注爲之，以便記誦者也。先生治書，嘗從元進士邁養高講習，其授受有自云。」

江西通志：「郭餘，字慶宜，泰和人。洪武中，徵授廣東按察司僉事。」

葛氏大紀禹貢要略

一卷。

未見。

鄭氏瑶禹治水譜

一卷。

未見。

夏氏寅**禹貢詳節**

一卷。

未見。

姓譜：「夏寅，字正夫，華亭人。正統十三年進士，歷南京吏部郎中，陞江西提學副使，終山東右布政使。」

張氏吉**禹貢疑誤辨**

一篇。

存。

楊廉撰碑曰：「公諱吉，字克修，餘干人。成化辛丑進士，仕至貴州左布政使。」

劉氏龍**、徐氏**縉**等禹貢注解**

未見。

陸元輔曰：「明世宗命劉龍、徐縉撰進。龍字舜卿，弘治己未進士第三人，歷禮部尚書，謚文安。縉字子容，吴縣人。弘治乙丑進士，歷禮部侍郎，謚文愍。」

韓氏邦奇**禹貢詳略**

二卷。

〔校記〕

四庫存目：「無卷數。」（書，頁二六）

存。

邦奇自序曰：「略者，爲吾家初學子弟也。復講説者，舉業也。詳釋之者，俟其進而有所考也。弘治丁巳。」

歐思誠後序曰：「禹貢詳節①，迺苑洛韓公心得之學傳之家塾者。往歲愚承乏朝邑，知而求傳之。公辭曰：『此特以教我子弟者，非敢傳之人人也。』嘉靖乙巳春，適公奉命總理河道於濟寧，愚復備屬東昌，獲伸前請，公諾。愚歸郡，壽諸梓，俾讀是經者本其説以研經義，考其圖以窮源委，庶知公用心之勤，析理之精，有裨後學，不爲小補云。」

桂氏萼**禹跡九州圖**

四幅。

---

① 「禹貢詳節」與書「禹貢詳略」異，前者似邦奇先請序于思誠時擬名，后者似書成正式名。

未見。

陸元輔曰：「嘉靖四年十二月，吏部桂萼繪禹跡九州圖以進，言古人之學，右圖左書，未嘗偏廢，後世書籍繁而圖學不傳。頃者陛下命禮部侍郎劉龍、徐縉撰成禹貢注解以供覽觀，用意勤矣。臣謂禹貢大旨分敘九州以經之，總敘山川以緯之。每州之下，奠山川，豬藪澤，而後繼之以物土宜，定田制，經賦法，通職貢。其總敘於後則列山川，敘原委，總成功，定封建，別限制，同教化，是大禹先後經理之本末也。皇上蓋將因禹貢以考地理之遠近，見貢賦之難易，爲施教之次第，而求所以祗台德先，非若經生學士徒爲考索記問而已。臣輒於龍、縉取前代方輿形制，合今日一統地圖，重爲四幅。其一別禹九州之限，而禹貢導水之略書焉。其一列山川原委，而禹貢田制貢賦之略書焉。其一載禹貢九州之域。其一列禹貢五服之制。經理分明，本末具備，皇上誠於清閒之燕，一展玩之，則不煩訓詁而所以法象禹貢之意者，舉在目前矣。上曰：『覩所繪圖，具知忠愛，以是開發朕學，深有裨益。』因命左右揭之御屏，以便省覽。」

鄭公曉**禹貢圖說**

一卷。

存。

〔校記〕

四庫存目作：「禹貢說。」（書，頁二七）

子履淳曰：「家翁禹貢圖并著之説，分疆界於各州之中，而貢道以别；列山川於諸條之下，而州境益明。至若河表東西，荆分南北，或地雖小而紀之必備，或彼州治而此功亦成。本諸經文，質諸傳義，更附以昭代之地制，使觀者開卷披玩，恍如身歷九有①。」

劉氏天民**禹貢溯洄**

一卷。

未見。

曾氏于乾**禹貢簡傳**

一卷。

佚。

吉安府志：「曾于乾，字思健，泰和人。邑諸生，從羅洪先學。」

張氏朝瑞**禹貢本末**

一卷。

① 「有」，依備要本應作「宥」。

未見。

陸元輔曰：「朝瑞，字鳳梧，海州人。隆慶戊辰進士，歷官鴻臚寺卿。」

徐氏常吉**禹貢注**

三卷。

未見。

禹貢辨

一卷。一云：「禹貢解一卷。」

未見。

全氏天叙**禹貢略**

一卷。

未見。

陸元輔曰：「天叙，號玄州，鄞縣人。萬曆丙戌進士，歷官少詹事。」

何氏槐**禹貢解**

一卷。

存。

焦氏竑**禹貢解**

一卷。

存。

戚氏里貴**禹貢瑶琨**

一卷。

未見。

蔣方馨曰：「戚里貴，字良父。」

褚氏效善**禹貢詳節**

一卷。

未見。

陸氏大初**禹貢華末**

一卷。

未見。

按：二書載山陰祁氏澹生堂書目。

姜氏逢元**禹貢詳節**

一卷。

存。

沈蕙纕曰：「姜逢元，字□□，餘姚人。萬曆癸丑進士，歷官禮部尚書。」

茅氏瑞徵**禹貢匯疏**

十二卷。

〔校記〕

四庫存目作：「十五卷。」（書，頁二七）

存。

瑞徵自序曰：「禹貢一書，兩孔氏註疏，原本山川，頗得其概，而三江九江，悉屬影響。至宋蔡氏捃摭諸家之説，深心訂定，多出先儒意表。然援引證據，未能曲暢，間考蘇端明書傳，意解各殊。及參以大全諸儒論著，問難鋒起，因從誦讀之餘，凡關禹貢疑義，信手摘録，爰採群碎，彙爲全書，而益神禹之明德，于今猶在天壤間也。鴻水懷襄，禹不辭胼胝，起昏墊而登之袵席矣，而規畫封疆物土之宜而布之利，曾不遺餘力。其於量衡貢賦，差等正錯，辨晰主名，惟恐經制一淆，適以起異日無藝之征，而貽黎庶無窮之累，故其言曰『底慎財賦』。聖人逆知後世暴君污吏必有以財賦藉口，而先事曲爲之防，計深慮遠若此。今海内非有九年之洪水，而瀕河流離，穿渠轉漕無寧歲。頃者邊鄙時警戈矛，竊發窮鄉，方苦加派，繼以水旱間作，每來廟堂，蒿目之憂，使神禹持籌則壤定賦，不知當若何底慎，而尚忍以無名之箕斂重困吾民乎？讀禹貢者，詳九州之山川，則可供聚米之畫；習漕渠之岐路，則可商飛輓之宜；察東南之物力，則當念杼軸之空；考甸服之遺制，則當興樹藝之利。而挈要於『底慎財賦』一語，疏解浩繁，可以一言以蔽之，如必字比句櫛，執今圖制，疑古山川，索碣石左右之端，滋黑水、梁、雍之辨，三條四列，地派臚分，兩漢九河，源流靡訂，此不離經生之耳食，亦何益孔、蔡之舊聞乎？」

何氏模**禹貢圖注**

一卷。

未見。

錢謙益曰①：「往余搜采國史，獨儒林一傳，寥寥乏人。國初則有趙子常，嘉靖中則有熊南沙。近見何玄子之注易，私心服膺，以爲可與二公接踵者也。玄子之弟平子，作禹貢解，上自山海經，下逮桑、酈經注，古今水道，條分理解，如堂觀庭，如掌見指，此亦括地之珠囊，治水之金鏡也。昔謝莊分左氏經傳，隨國立篇，製木方丈，圖山川土地，各有分理。離之則州別縣殊，合之則宇内爲一。予每嘆之，以爲絶學。今平子殆可以語此。平子其勉之，更與玄子努力遺經，兄弟並列儒林，豈非本朝聖事哉！」

鄭氏鄤**禹貢注**

一卷。

存。

艾氏南英**禹貢圖注**

一卷。

〔校記〕

四庫存目：「無卷數。」（書，頁二七）

存。

---

① 「錢謙益曰」，四庫薈要本作「錢陸燦曰」，文淵閣四庫本作「何光遠曰」。

南英自序曰：「禹貢一書，古今地理志之祖，學者窮經，將以經世，則仰觀俯察，莫非分内事，何可皓首一經，聽其汶汶已也。是編内注一遵蔡氏，定於功令，不可易也。而又删繁就簡者，以便童蒙者記誦耳。其所删有不可廢者，仍録爲外注，并諸儒之論：精核足與傳註互相發者，亦咸收之，以備參考。間有訂訛釋疑，皆出前儒之旨，無敢師心妄用。若乃疆域之下，形勝表裏之獨詳，古今都會之孰優，以至河道之遷徙，轉運之難易，猶若加意焉者，非贅也。形勢要害，守國之所重，而河、淮、汶、濟之間，又今國家蒿目之秋，吾黨所不可不講也。古人左圖右書，故蕭何入秦取圖籍，而漢業旋定；馬援聚米爲山谷，而敵在目中。今人徒讀書而廢圖，譬如欲聞人之言，不欲見人之形，而謂知其人也可乎？是圖考正特詳，與經傳一字不迕。凡脈絡之紆曲，方面之縱横，讀者開卷瞭然矣。語云不出户知天下，或者亦有於斯歟！」

王氏綱振**禹貢逆志**

一卷。

存。

綱振自序曰：「大夏侯氏有云：『諸生欲芥拾青紫，宜務明經，不明不若歸耕。』僕不能掇青紫，既自棄諸生，又退耕無地。我求童蒙以告，積而成帙，將以問世，先取禹貢孤行。昔杜林傳古尚書，有同郡賈逵爲作訓，既又馬融作傳，康成注解，而杜遂用顯。僕誠不能無意其人也。」

張氏能恭**禹貢訂傳**

一卷。

存。

蔣垣曰：「福，寧州人，字禮言，崇禎庚午鄉試第一人。」

黄氏翼登**禹貢注删**

一卷。

存。

沈蕙纕曰：「黄翼登，字學衡，晉江人。著尚書述解，今行世者禹貢注删一卷而已。有朱廷旦、莊奇顯二序。」

蔣氏之驎**禹貢注**

一卷。

未見。

黄宗羲曰：「之驎，字龍友，鄞縣人。崇禎戊寅行保舉法，掌院徐蓼莪以君應詔，授順天儒學訓導。」

高氏秉薬禹貢通考

四卷。

未見。

錢金甫曰：「高秉薬，字映甫，華亭人。崇禎中貢士。」

孫氏承澤禹貢九州山水考

三卷。

存。

承澤自序曰：「粤稽天地間形勢，闊大莫過於山水，故中庸言天地之爲物不貳，而指山水以實之；孟子言性，而舉禹之治水以爲證。蓋山水有原有委，有脈有絡，有分有合，有性有情，而其理無盡也。古今山經水志，搜奇者失之荒唐，紀遊者但狎其耳目，無足取也。禹貢一篇，不獨紀載成功造化之功用，神聖之彌綸俱在焉。余反覆讀之，乃著其總目於前，而分考之於後。夫山之所墳，水之所湧；水之所奔，山之所亙。動静相生，剛柔互錯，先儒謂理一分殊，一理之妙，不於山水益見乎？」又曰：「余於丙午之春注洪範成，復注禹貢，至次年中夏，三易稿而書成。夫禹貢紀成功也，實與洪範相表裏。洪範曰：『水潤下。』禹行其無事，以水治水也。水之性不汩，而五行之性俱順，彝倫所以攸叙也。吾夫子獨贊其盡力溝洫，何也？推禹之心也。禹之時，懷山襄陵，不以爲天行之數，曰由己饑、由己溺之云爾。

及水土平，溝洫出，向之無水不爲害者，今之無水不爲利也。運輸之政興焉，灌溉之澤普焉，千載水利之經也。讀者以是求之，禹之功至今在，禹之心至今在也，予所以迴環是編，經年而不能已也。」

夏氏允彝**禹貢古今合注**

〔校記〕

四庫存目作：「禹貢合注。」（書，頁二七）

五卷。

存。

陳子龍序曰：「今天下之大患在於國貧，而國之所由貧者，田功之不治，水利之不修也。昔者夏后氏隨山刊木，薄海内外，靡不周也。而漢司馬遷曰：『禹通九道，陂九澤，度九山。然河菑衍溢，害中國也尤甚。惟是爲務。』以是知禹之用功多而防患深者，莫黄河若也。禹貢言治水也，而其究曰：『庶土交正，底慎財賦，咸則三壤，成賦中邦。』言治賦也。即禹之自稱曰：『濬畎澮，距川。』由是觀之，禹之所以驅害者，在於治江河之大水；其所以成利者，在於治溝洫之小水也。自河失故道，日以横決，而冀、豫、徐、兗之區民，若履冰而處，蓋數千百年而靡定也。自秦廢阡陌，而周禮瀦防溝遂列澮之屬，蕩然無餘，即後世陂池塘濼之制，其人亡而事亦旋廢矣。故西北之荒蕪者半天下，至於國家歲費數十百萬之資，漕荆、揚之粟以給京師，而西北邊萬餘里，皆仰灌輸於内。凡轉運所輦，商賈所販，自京師而東，則循灤、薊抵榆關。或自直沽走遼碣，稍北則牛車負載出居庸，由龍固以給宣、雲。稍西則自大河以北浮漳、衛，度太行，達晉陽。又西則浮河入渭，或自武牢、洛口，或南由武關通褒斜道，以達關中，遠轉北河，西至涼部，大約三十鍾致一石。民既恃漕，益媮惰不治生業，此其大患也。黄河既已日決，而南與淮同，兖、豫之地，被禍益烈，勢惟有縱其所如，使還故道，而東南之漕又必假道於河，堤之防之，以使之必出，於是不能免於決，而中州徐、淮之民病矣。絶河而北，又竭泉源以充會通，而東省病矣。始也因田功廢而恃轉運，既也恃轉運而田功益廢。其初因轉運而急治河，既也因治河而滯運，卒又因轉運而河益不治，豈非盡失古人之意哉？今人主之所急，莫大於強兵，欲強兵莫先於富國，欲富國莫先於盡地利，盡地利莫先於治水，治水之道，古今則有異矣。禹之時，九州同溢，患其泛溢而無所歸，故必先治其大者，而後溝澮可成，田賦可定。今也患於隱伏而不爲人用，其淫溢爲災者，止黄河耳。然西北之田功不立，則漕不可省，漕不可省，勢不得不用河，而河終不可得而治矣。故曰今日之治水，必先治其小者，而後大者可理也。夫天下之水莫大於江、河，禹之治河也，勞於治江，荆、揚之田賦下於諸州，而後世每藉大江以南衣食天下，雖曰天時，豈非人功哉？夏子嘗憤國家之貧弱，思大有以振之，而方今士大夫襲從容、安苟且，言及務農任地，則以爲迂遠不近情實。又或以管、商之書，儒者不道，而一旦事急，則鑄山榷商，加税鬻爵，不復顧其後。嗟乎！禹貢則聖人治天下之書也，管、商云乎哉！觀其制州列服，任土作貢，凡天喬竹石之微，骨革齒毛之細，靡不詳貫，要其大端，不過曰『烝民乃粒，萬邦作乂』而已。今夏子之書，引伸觸類，窮覽史傳，博訪公卿，山水之經，郡國之志，無不採；險要之區，泉澤之利，無不載；探奇覽勝之迹，物産方俗之異，無不記。皆附見於經文之下，可謂宏博而該矣。夫縉紳先生知今而不知古，則以爲古人之事皆不可行，學者狃於誦習，不能損益以合於時勢，所以貴於通才也。夏子之書備矣，予獨論其事之最大爲當世所急者著於篇，使世之覽者有所本焉。」

允彝自序曰：「余少恫愚，每行道路，輒迷往來。長偕陳卧子出入，見其留意博詢，凡水泉之曲折，塗徑之分岐，必明晰而後已。因念即此是學，欲作地理圖，仿朱思本意爲之，益增其所未備，兼爲之説，而於用兵險要、水利屯田、城池賦税，尤加詳焉。其説閎遠，非數年不能竣，先舉其大略，爲禹貢古今合註，惟閩、粤、滇、黔未入九州，不能贅附，餘已包舉，大都方之註疏、大全，何敢比肩，以爲用世之助，亦庶幾云。」

張氏睿卿**禹貢便讀**

一卷。

存。

朱氏鶴齡**禹貢長箋**

十卷。

存。

鶴齡自序曰：「記稱書教爲疏通知遠。夫推之時務有不宜，非通也；試之異代或不驗，非遠也。逖覽史籍，凡職方、地理、河渠、田賦諸書，其文皆祖禹貢。蓋經國鴻規，莫備於此，後之人以爲文焉而已。即哆口自命專門者，類亦苟安舊聞，弗加深考，安望其斟酌曩今，坐而論，作而行，卓然稱有用之儒哉？夫自禹迄今，陵谷代變，山川往蹟，難以深求。幸而漢、唐以來，諸儒辨論各出，以及乘志圖經約略可據，雖其間甲乙牴牾，往往有之。然而考今正古，析同合異，亦存其人，若復矜一家之言，侚千載之惑，襲舛成譌，曷可殫詰？予竊愍焉。兵火餘生，屏居無事，爰取注疏、大全與百氏之説，條貫而衷斷之。大約體宗詁訓而旁及史家，求爲通經適用之學，所愧身未履乎方州，力止憑乎書卷，支離紕繆，敢謂必無，惟望博雅君子，論定而是正焉！嗟乎！農政不修，漕渠日壞，轉運困而搜括頻，此世變之所以益亟也。有能慨然慕古寬平休息，以上合於底慎成賦之意，庶幾宛委遺文猶不至磨滅天壤哉！」

陸氏敷樹**禹貢注**

一卷。

存。

陳忱曰：「字賁庵，嘉善人。」

邵氏璜**禹貢通解**

一卷。

存。

陸棻曰：「璜，字魯重，秀水新塍里人。中崇禎壬午鄉試，知大姚縣事。」

嚴氏觀**禹貢輯要**

一卷。

未見。

嘉興縣志：「嚴觀，字質人，貢生，與弟進士勳、舍人臨並負才名。稱爲禾中三嚴。」

趙氏泗**禹貢新書**

一卷。

未見。

平湖縣志：「趙泗，字天來，諸生。」

胡氏渭生**禹貢錐指**

二十卷。

存。

〔校記〕

尚有圖一卷。（書，頁二七）

羅氏泌**三江詳證**

一篇。

存。

朱氏鶴齡**禹貢三江辨**

一篇。

存。

朱子熹**九江彭蠡辨**

一篇。

存。

羅氏泌**九江詳證**

一篇。

存。

薛氏應旂**甘誓論**

一篇。

存。

同谷子五子之歌詩

五首。

存。

何光遠曰：「天復中，昭宗播岐，時梁太祖與秦王茂貞羽檄交馳，欲迎車駕。何皇后恃其深寵，不顧阽危，酷好遊畋，放牧於兩舍之外，踐踏苗稼，百里飛埃。有成州同谷山逸人戴一巨笠，跨青年，琴袋酒壺，俱在牛上，自稱同谷子，不顯姓名，直詣行朝，上書兩卷，論十代興亡之事，叙四方理亂之源。帝覽其書，數日減膳，宣王驃騎賜之酒食。同谷子唯吟太康失政之詩。何皇后慮失恩旨，潛令秦王誅之，其事未行，預已奔去。」